施工企业
税务管理与核算

SHIGONG QIYE
SHUIWU GUANLI YU HESUAN

主　编　宋昌英
副主编　易华焱　王晓芸

中国电力出版社
CHINA ELECTRIC POWER PRESS

内 容 提 要

本书主要内容共有五章，涵盖了施工企业税务日常管理和会计核算相关内容，并着重讲解了施工企业跨区域经营过程中税务问题的解决办法，有助于提升施工企业的税法遵从度和财税管理水平。具体包含了施工企业增值税、企业所得税、个人所得税以及其他税种的涉税管理与核算，涵盖了国内典型施工企业所涉及的主要税种；同时，对施工企业的发票管理和纳税申报也进行了详细讲解，明确了施工企业"营改增"后税务管控的重要内容，有助于提升企业税务风险管控能力。此外，本书还以综合案例形式全面介绍了施工企业涉税会计处理实务，并汇总列举相关税收政策，便于施工企业财会人员学习查阅。

图书在版编目（CIP）数据

施工企业税务管理与核算 / 宋昌英主编. —北京：中国电力出版社，2018.8（2019.7重印）
ISBN 978-7-5198-2318-4

Ⅰ. ①施…　Ⅱ. ①宋…　Ⅲ. ①施工企业–企业管理–税收管理–中国②施工企业–企业经济–经济核算–中国
Ⅳ. ①F426.9②F812.423

中国版本图书馆 CIP 数据核字（2018）第 179067 号

出版发行：中国电力出版社
地　　址：北京市东城区北京站西街 19 号（邮政编码 100005）
网　　址：http://www.cepp.sgcc.com.cn
责任编辑：王晓蕾（010-63422610）
责任校对：黄　蓓　常燕昆
装帧设计：王英磊
责任印制：杨晓东

印　　刷：三河市航远印刷有限公司
版　　次：2018 年 8 月第一版
印　　次：2019 年 7 月北京第二次印刷
开　　本：889 毫米×1194 毫米　16 开本
印　　张：17.5
字　　数：518 千字
定　　价：68.00 元

本书编委会

主　编　宋昌英

副主编　易华焱　王晓芸

编　委　邬良军　杨友全　彭兴光　吴海霞　田　隽

　　　　罗文玉　刘　群　罗治太　尹文斌　朱尧嘉

　　　　彭宇浩　黄凤鸣　李忠林　叶志刚　蒋文颖

　　　　高　峰　杨兰正　唐正胜　陈小兵　李益坤

　　　　王　秋　陈　军　潘洪宇　杨　俊　刘淑宾

　　　　王槐川　王　杰　谭净之　王娅兰　朱腾芳

主　审　张潇泓　付　宇

前　言

　　施工企业亦称"建筑安装企业"，包括各种土木建筑公司、设备安装公司、机械施工公司等，其主要承揽工业与民用建筑、设备安装、矿山建设、铁路、公路、桥梁等施工任务，是依法自主经营、自负盈亏、独立核算的经济实体。施工企业通过建筑安装活动，把各种建筑材料和构件建成各种建筑物或构筑物，把各种机器设备组装起来形成生产能力，是国民经济建设的重要力量，为国民经济的发展提供物质技术基础。

　　施工企业的生产经营具有流动性、跨区域性和生产周期长等特点，因此在企业经营模式、组织模式、管理风险等方面与其他行业均有显著差异和特点，因而涉税事项更为复杂，税务风险更难把控。为有效指导广大施工企业财税工作者在企业税务管理和核算方面的实务操作，我们组织专家编写了《施工企业税务管理与核算》一书，详细阐述了施工企业增值税、企业所得税等主要税种的税务管理和会计核算。

　　本书的特点是将税收政策理论与实务操作紧密结合，全面阐述施工企业所涉及的主要税种的全流程管理，并辅之以会计核算实例，具有较高的理论性和极强的业务指导性。本书既可作为施工企业涉税业务学习培训教材，也可以作为涉税业务实际操作指南。

　　由于施工企业涉税业务涉及面广、内容层次多，错漏之处在所难免，恳请读者和专家指正。

本书编委会

2018 年 7 月

目 录

第一章

概　述

近年来，国内税收政策发生了较大幅度的变化，特别是全面推开"营改增"后，施工企业的税收体系较原有模式发生了重大改变；另外，由于施工企业经营范围广，纳税环节较一般固定经营企业更为复杂，在要求企业提高税法遵从度、依法合规纳税的前提下，施工企业更要根据自身特点，有效规范企业内部的涉税管理和核算，从而降低企业涉税风险。本书结合施工企业行业现状，并对当前施工企业主要的涉税政策进行分析，并提出规范性涉税管理操作和会计核算指引，旨在为施工企业规范税务管理提供规范性参考。

一、施工企业的生产经营特点

施工企业又称建筑安装企业，指依法自主经营、自负盈亏、独立核算，提供建筑安装服务，具有法人地位的经济组织。施工企业主要从事房屋建筑、公路、水利、电力、桥梁、矿山等土木工程施工，线路、管道和设备安装以及装修装饰工程等，包括建筑公司、设备安装公司、建筑装饰工程公司、地基与基础工程公司、土石方工程公司、机械施工公司等。

施工企业与其他行业相比，其生产经营活动具有较大差异和显著的特点，研究这些差异和特点，对于提高企业的经营管理水平、提升企业的效益具有重要的意义。这些特点主要表现为以下三个方面：

1. 经营模式的特殊性

施工企业的经营方式与其他的企业有显著不同。首先，由于施工企业建筑安装服务主要包括房屋、建筑物、桥梁、道路、码头和设备的建筑安装等，很多涉及国家的基础建设项目和国计民生工程，在现行国家政策之下，施工企业一般是通过招投标或议标等方式取得工程项目承包合同。其次，建筑安装服务形成的产品通常为不动产，每项建筑产品都有其特定的用途和建设要求，具有固定性、使用年限长等特点，且工程建设的周期长，投资金额大，需要分期、分部来确认工程完成情况，根据完工进度确认合同收入，分阶段进行工程款的收取。再次，由于建筑安装服务的产品的不动产属性，项目施工的地点是固定的，但施工企业跨区域经营的情况比较普遍，企业在资源的配置方面却是流动的。最后，从项目开工建设开始，经历项目前期准备、项目施工、项目完工验收、项目交付使用，直到质保期满、质保金收取完毕，是一个长期复杂的过程。

2. 组织模式的特殊性

施工企业是订单式服务，项目要求必须在现场完成施工，才能完成项目的设计要求。工程项目的人员、机构、材料、物资等要在不同的地区、不同的类别的工程间流动施工，围绕项目建设变动的特性，决定了施工企业组织模式的特殊性。目前，施工企业采用项目法施工模式组织生产经营，项目经理部作为内部独立机构管理项目，工程项目建设开工前，成立项目经理部；工程项目完成竣工并交付后，撤销项目经理部。以完成工程项目建设为核心来进行资源配置，以工程项目为成本或利润中心来考核经营业绩。

3. 经营风险的特殊性

由于正常施工一般是室外作业，室外作业造成工作条件千变万化，即使同一张图纸，因地质、气象、水温等条件不同，施工项目会在施工组织乃至施工成本上均有很大的区别。加之作业时间长，隐蔽性工程多，施工过程中不确定自然因素非常多，如地震、洪水、飓风、滑坡、溶洞地质、水文变化等，都会给施工企业带来不可预知的风险。其次是来自社会上的风险，施工企业外埠施工项目，阻工现象较普遍，如果承揽工程施工队伍的施工水平不过硬，容易影响到工程建设质量，造成各种索赔，让施工企业遭受不必要的损失。另外施工合同标的金额大，款项分期收回，部分工程会出现前期垫资情况，财务风险大，异地施工涉及税收政策不一致，税务管理风险大。

二、施工企业的会计核算特点

施工企业生产经营的特点，决定了施工企业会计核算及项目成本有以下特征：

1. 分级管理、分级核算

施工的流动性，决定了企业管理人员、施工机具、材料物资等生产要素，以及施工管理、后勤服务等组织机构，都要随工程地点的转移而流动。因此，施工企业在组织会计核算时，要适应施工分散、流动性大等特点，采取分级管理、分级核算，使会计核算与施工生产有机地结合起来，充分调动施工单位搞好生产的积极性。同时要更加重视施工现场的施工机具、材料物资等的管理和核算，及时反映它们的保管和使用情况。对于集中核算的单位，应建立完整的项目核算体系，避免造成会计核算与施工生产脱节现象。

2. 成本核算的特点

对于单个建筑安装合同而言，由于建筑安装过程长，分部分项工程繁多且经常出现在同一时期交叉工序施工，在企业内部不同分部工程由不同成本中心建造的情况下，不能根据一定时期内发生的全部施工生产费用和完成的工程数量来计算各项工程的单位成本，而必须按照承包的单项工程分别归集施工生产费用，单独计算单项工程成本。同一施工企业在同一时期也会承建众多工程项目，施工生产费用的归集和分配必须紧紧围绕着确定的工程项目来进行核算，严格遵循收入与费用配比的会计原则。由于不同施工项目之间的差异大、可比性差，不同项目之间的实际成本不便进行比较，因此，施工企业工程成本的分析、控制和考核无可比产品成本为参考，只能以项目预算成本为依据。

施工企业除了主要计算建筑安装工程成本之外，还需要计算其附属工业产品成本、机械施工及运输单位的机械作业成本以及企业内部非独立核算的辅助生产部门所生产的产品成本和提供劳务的成本等。此外，施工生产流动性的特点，还决定了企业施工队伍每转移到一个新的施工现场，都要根据施工的需要搭建各种临时设施。因此，施工企业还需做好有关临时设施的搭建、施工过程中的价值摊销、维修、报废、拆除等方面的会计核算工作。

3. 工程价款结算的特点

施工企业的工程项目造价高、周期长，在施工过程中需垫支大量的资金。工程全部竣工后才进行工程价款结算，会影响施工企业的资金周转，影响施工生产的正常进行，所以除工期较短、造价较低的工程采用竣工后一次结算价款外，大多采用按月结算、分段结算等方法。为了解决施工企业垫支资金较多的问题，在合同中多数约定预收工程款或备料款，在办理工程价款结算时逐步扣回。

对于跨年度施工的工程，施工企业需根据工程的完工进度，采用完工百分比法计算和确认各年度的工程价款结算收入和工程施工费用，以确定各年的经营成果。

4. 成本开支受自然力影响

施工企业由于工程项目体积庞大，决定了施工企业一般只能露天施工，有些施工机械和材料露天堆放，受自然力侵蚀的影响很大。因此，成本核算应考虑风、霜、雨、雪等气候因素造成的停窝工损失；施工机械除使用磨损外，受自然力侵蚀而造成的有形损耗也较为严重，其折旧率相对较高；在进行材料核算时，也要考虑因自然损耗造成的损失。

三、施工企业税务管理和核算的特点

由于建筑施工企业具有流动性、跨区域性和生产周期长等特点，在企业税务管理和核算方面也有诸多特殊性。

（1）施工企业在实际操作过程中，可根据企业自身的纳税人身份及工程的相关属性适用不同的增值税税率。"营改增"之后，对建筑业规定的增值税基本税率是 11%。根据《财政部 税务总局关于调整增值税税率的通知》（财税〔2018〕32 号）规定，从 2018 年 5 月 1 日起，纳税人提供建筑服务的适用税率调整为 10%。对于属于小规模纳税人的施工企业，则适用简易计税方法，适用 3%的征收率。对于一般纳税人，政策规定了可以选择简易计税方法的 3 种情形，适用 3%的征收率：一是一般纳税人以清包工方式提供的建筑服务，可以选择适用简易计税方法计税；二是一般纳税人为甲供工程提供的建筑服务，可以选择适用简易计税方法计税；三是对于一般纳税人为《建筑工程施工许可证》注明的合同开工日期在 2016 年 4 月 30 日前的建筑工程项目（即"老项目"）提供的建筑服务，可以选择适用简易计税方法计税。

（2）跨区域经营过程中的涉税事项办理较为复杂。对于跨区域的经营活动，需要填报《跨区域涉税事项报告表》，并向建筑服务发生地税务机关进行报验登记和预缴税款，在预缴申报过程中，不仅涉及建筑服务发生地国税机关，还涉及建筑服务发生地地税机关。税务机关在创新跨区域涉税事项报验管理制度以后，不再按照 180 天设置报验管理的固定有效期，改按跨区域经营合同执行期限作为有效期限。合同延期的，纳税人可向经营地或机构所在地的国税机关办理报验管理有效期限延期手续。

（3）在跨区域经营预缴增值税时，涉及分包款项扣除问题的，需要对分包款的相关支付手续和分包发票的取得进行严格的规范，避免扣除障碍；在预缴企业所得税时，需要分清楚项目经理部的属性，是属于施工企业的分支机构还是项目部，特别是在分支机构的情况下，需要进行复杂的计算预缴企业税税款。在经营地计算缴纳个人所得税时，需要正确确定个人所得税适压税目，避免错误缴纳。

（4）由于增值税纳税义务发生时间与发票开具时间、会计收入确认时间存在一定的差异，为准确反映这种差异带来的影响，在会计涉税核算方面也具有一定的特殊性。

第二章

施工企业增值税管理及会计核算

第一节 增 值 税 概 述

增值税是以单位和个人生产经营过程中取得的增值额为课税对象征收的一种税。在我国,增值税是以在我国境内销售货物或者加工、修理修配劳务,销售服务、无形资产、不动产("货物或者加工、修理修配劳务,销售服务、无形资产、不动产"以下统称为"商品")以及进口货物的单位和个人为纳税义务人的一种流转税。

一、关于增值额的问题

什么是"增值额"呢,从理论上讲,增值额是单位和个人生产经营过程中的新增价值部分,即销售额减去购进货物、劳务、服务、不动产和无形资产支出(以下称"购进金额")后的部分,也就是说,纳税人在一定时期内,所取得的销售收入大于购进金额的差额。

例如,某企业本期销售产品取得销售额 200 万元,本期外购材料或劳务支出 170 万元,那么增值额 30 万元,即是(200 − 170)万元,增值税就是对本环节的增值额 30 万元进行征税。假设征税税率为 16%,那么应纳税额为 4.8 万元,即(30 × 16%)万元,然而,在实际生活中,由于新增价值或商品附加值在商品流通过程中是一个难以准确计算的数据,对于税务部门来说,也难于检查和核查纳税人真实发生的增值额,因此,增值税的实际操作上采用间接法计算,即:从事货物销售和提供应税劳务纳税人,要根据货物或应税劳务销售额,按照规定的税率计算税款,然后从中扣除上一道环节已纳增值税,其余额即为纳税人应缴纳的增值税税款,这就是所谓的税款"抵扣制"。

承前列例,该企业销售产品应收取的销项税额为 32(200 × 16%)万元,其购进材料与劳务应承担的税额为 27.2(170 × 16%)万元,本期应纳税额为 4.8(32 − 27.2)万元。

实行增值税的国家,增值额是法定上的增值额,并非理论上的增值额。所谓法定增值额是指各国政府根据各自的国情、政策,在增值税制度中人为确定的增值额。法定增值额可以等于理论上的增值额也可以大于或小于理论上的增值额。造成法定增值额和理论增值额不一致的一个重要原因,是各国在规定扣除范围时,对外购固定资产的处理方法不同。一般来说,各国在确定征税的增值税额时,对外购流动资产价款都允许从货物总价值中扣除。但是,对外购固定资产价款各国处理办法则有所不同,有些国家允许扣除,有些国家则不允许扣除,在允许扣除的国家,扣除情况也不一样。另外,存在一些难以征收增值税的行业以及一些项目没有给予减免税,造成理论增值额和法定增值额有很大不同。

二、增值税的类型

增值税按对外购固定资产处理方式的不同,可划分为收入型增值税、生产型增值税和消费型增值税。

1. 收入型增值税

收入型增值税是指计算增值税时,对外购固定资产价款只允许扣除当期计入产品价值的折旧费部分,从国民经济来看，这一课税基数相当于国民收入部分，故称为收入型增值税。该种类型增值税法定增值额等于理论增值额，此种类型的增值税从理论上讲是一种标准的增值税，完全避免了重复征税，但由于外购固定资产价款是以计提折旧的方式分期转入产品价值的，但转入部分没有逐笔对应的外购凭证，故给凭票扣税的计算方法带来困难，影响了这种方法的广泛采用。

2. 生产型增值税

在我国，生产型增值税是在 1994 年～2003 年实行的，该种增值税是指计算增值税时，不允许扣除任何外购固定资产的价款，作为课税基数的法定增值额除了包括纳税人新创造价值外，还包括当期计入成本的外购固定资产价款部分，即法定增值额相当于当期工资、利息、租金、利润等理论增值额和折旧额之和。从整个国民经济来看，这一课税大体相当于国民生产总值的统计口径，故称为生产型增值税。此种类型的增值税对固定资产存在重复征税，而且越是资本有机构成高的行业，重复征税就越重。这种类型的增值税法定增值额大于理论增值额，可以保证财政收入，缺点是不利于鼓励投资。

3. 消费型增值税

我国消费型增值税是从 2009 年 1 月 1 日起实行的，该种类型的增值税是指计算增值税时，允许将当期购入的固定资产价款一次全部扣除，作为课税基数的法定增值额相当于纳税人当期全部销售额扣除外购的全部生产资料价款后的余额。其法定增值额小于理论增值额。从整个国民经济来看，这一课税基数仅限于消费资料价值的部分，故称为消费型增值税。此种类型的增值税在购进固定资产的当期因扣除额增加，会减少财政收入。但这是目前规范凭票扣税的最佳方法，纳税人凭外购固定资产的扣税凭证可以一次抵扣相应的进项税额，因此，这种方法是上述三种增值税类型中最能体现增值税优越性的一种。

三、增值税的特点

（1）不重复征税。这主要体现在增值税只是对生产过程中创造的增值额进行征税，也就是只对货物或劳务销售额中没有征过税的那部分增值额征税，对销售额中属于转移过来的以前环节征收过的那部分销售额不再征税。

（2）价外计税，价税分离。在销售商品过程中，销售方向购买方收取的款项应该包括货物本身的价款和转嫁出去的税额（即销售额），所以会有"含税销售额"和"不含税销售额"，含不含税，主要是指含不含向购买方收取的增值税税额，增值税以不含税销售额为计税依据，即计税价格不包含本身的税额。这一点与含税价格为计税依据的其他流转税税种是完全不同的，一般开具的增值税发票都会标明价款和增值税税额。

（3）以票控税，凭票抵扣。为了保证税款抵扣制度的实施，税务部门很大程度上通过增值税发票对纳税人的交易进行管理。根据增值税的管理规定，发生交易行为时，销售方应该开具增值税发票给购买方，销售方凭票面注明价税合计金额收取货款，而购买方凭增值税专用发票票面注明的税额在计算当期应纳税额时进行抵扣。在实际操作中，税务部门对发票的开具、管理和抵扣是有严格规定的，购买方取得抵扣联应当按照规定进行认证以后才能抵扣。

（4）税负转嫁。在税款抵扣制下，商品流通中各环节的经营者作为纳税人，在购进的货物的同时随同购进货物的价款向销售方支付进项税额，销售时随同销售产品的价款向购买方收取销项税额，再以销项税额扣除进项税额的差额作为应纳税额上交给税务部门。这样，在流转过程中，纳税人本身并不承担增值税税款，税款抵扣环节环环相连，随着各环节交易活动的进行，增值税税负具有逐环节转移的特点，作为纳税人的生产经营者并不是增值税的真正负担者，只有最终消费者才是全部税款的负担者。

实行增值税的国家之所以都规定在本国税制中有法定增值额，其原因有两方面，一方面是开征任何一种税都是为政府的经济政策和财政政策服务的，各国征税的增值额可以由政府根据政策的需要来确定。例如，为扩大投资、加速固定资产更新，对外购固定资产价款允许在纳税期内一次扣除；有些国家考虑到财政收入的需要，规定外购固定资产的价款一律不准扣除，使增值额扩大从而增加税收来源。另一方面，只有规定法定增值额，才能保证增值税计算的一致性，从而保证增值税税负的公平合理。

四、增值税的性质及计税原理

1. 增值税的性质

增值税以增值额为课税对象，以销售额为计税依据。作为流转税，增值税同产品销售税以及对特定消费品征收的消费税有着很多的共同点。

（1）税负具有转嫁性。增值税是价外税，税款附加在价格之上，转嫁给消费者，税款由最终的消费者来承担。

（2）以全部流转额为计税销售额。实行增值税的国家无论采用哪种类型的增值税，在计税方法上都是以销售商品取得的全部金额为计税依据。

（3）按产品或行业实行比例税率，而不是采取累进税率。增值税的主要作用在于广泛征集财政收入，而不是调节收入差距，因而不宜采用累进税率。

2. 增值税的计税原理

增值税的计税原理是通过增值税的计税方法体现出来的。增值税的计税方法是以每一个生产经营环节发生的商品销售额为计税依据，然后按规定的税率计算出商品的整体税负，通过税款抵扣方式将外购项目在以前环节已纳税款予以扣除，避免重复征税，该原理主要体现在：

（1）按全部销售额计算税款，但只对商品价值中新增价值部分征税。

（2）税款随着商品销售环节逐步转移，全部税款由最终的消费者承担，各环节的纳税人并不直接承担增值税款，政府不直接向消费者征税，而是在生产经营的各个环节分别征收。

（3）实行税款抵扣制度，对上一环节已纳税款予以扣除。

五、增值税的计税方法

增值税计税方法分为直接计算法和间接计算法两种类型。

1. 直接计算法

直接计算法，是指首先计算出应税货物或劳务的增值额，然后按不同的适用税率计算出应纳税额。直接计算法按计算增值额方法的不同，分为加法和减法。

2. 间接计算法

间接计算法，是指不直接根据增值额计算增值税，而是首先计算出应税货物的整体税额。从整体税额中扣除法定的外购项目已纳税款。这种方法简便易行，计算准确，既适用于单一税率，又适用于多档税率，因此，是实行增值税的国家广泛采用的计税方法。

六、我国增值税制度的建立与发展

1954 年法国首先推行增值税，对世界和欧洲都产生了重大影响。

1. 我国增值税制度的发展历程

1979 年，我国开始对开征增值税的可行性进行调研；继而在 1980 年选择在柳州、长沙、襄樊等城市，对重复征税矛盾较为突出的机器机械和农业机具两个行业试点开征增值税；1981 年，试点范围扩大到自行车、电风扇和缝纫机三种产品；1982 年财政部制定了《增值税暂行办法》，自 1983 年 1 月 1 日起开始在全国试行。1984 年，国务院发布《中华人民共和国增值税暂行条例（草案）》，并于当年 10 月试行。这一阶段的增值税税率档次过多，征税范围并不包括全部产品和所有环节，只是引进了增值税计税方法，并非真正意义上的增值税。

1993 年底税制改革，增值税成为改革的重点。1993 年 12 月 13 日国务院发布《增值税暂行条例》，明确了自 1994 年 1 月 1 日起，增值税的征税范围为销售货物，加工、修理修配劳务和进口货物，因不允许一般纳税人扣除购进固定资产的进项税额，故称"生产型增值税"。实行生产型增值税，主要是基于控制投资规模、引导投资方向和调整投资结构的需要。

1994 年后征收的增值税，与此前试行开征的增值税相比，具有以下几个方面的特点：

（1）实行价外税，即与销售货物相关的增值税额独立于价格之外单独核算，不作为价格的组成部分；

（2）扩大了征收范围，即征收范围除了生产、批发、零售和进口环节外，还扩展到劳务活动中的加工和修理修配；

（3）简化了税率，即重新调整了税率档次，采用基本税率、低税率和零税率；

（4）采用凭票计算扣税的办法，即采用以票控税的征收管理办法，按照增值税专用发票等抵扣凭证上注明的税款确定进项税额，将其从销项税额中抵扣后计算出应纳税额；

（5）对纳税人进行了区分，即按销售额的大小和会计核算的健全与否，将纳税人划分为一般纳税人和小规模纳税人，对小规模纳税人实行简易征收办法。

2004 年，我国开始实行由生产型增值税向消费型增值税的转型试点。自 2004 年 7 月 1 日起，东北地区的辽宁省、吉林省、黑龙江省实行扩大增值税抵扣范围政策的试点；自 2007 年 7 月 1 日起，扩大增值税抵扣范围的改革由东北三省扩大到中部地区 26 个老工业基地城市；自 2008 年 7 月 1 日起，东北老工业基地扩大增值税抵扣范围试点政策适用于内蒙古东部地区；与此同时，增值税转型试点扩大到汶川地震中受灾严重地区，包括极重灾区 10 个县市和重灾区 41 个县区。2008 年 11 月 5 日，国务院修订《增值税暂行条例》，决定自 2009 年 1 月 1 日起，在全国范围内实施增值税转型改革，实行消费型增值税。

2. 营业税改征增值税改革历程

从 2012 年 1 月 1 日起，在部分地区和行业开展营业税改征增值税试点，到 2016 年 5 月 1 日，将征收营业税的行业全部改为征收增值税。

（1）试点地区。营业税改征增值税涉及面广，行业复杂，为保证改革顺利实施，在部分地区和行业先行开展试点工作。考虑到各种综合因素，先期选择经济发达、改革示范作用明显的地区开展试点。选择上海市先行试点，有利于为营改增的全面实施改革积累经验。

（2）试点行业。试点行业先在交通运输业、部分现代服务业等生产型服务业开展试点，逐步推广至其他行业。

选择交通业试点的主要原因：一是交通运输业与生产流通联系紧密，在生产性服务业中占有重要地位；二是运输费用属于现行增值税进项税额抵扣范围，改革的基础较好。

选择部分现代服务业开展试点的主要原因：一是现代服务业是衡量一个国家社会经济发达程度的重要标志，通过改革支持其发展有利于提升国家综合实力；二是选择与制造业关系密切的部分现代服务业进行试点，可以减少产业分工细化存在的重复征税因素，既有利于现代服务业的发展，也有利于制造业产业升级和技术进步。

（3）试点进程。2012 年 1 月 1 日起，我国率先在上海实行交通运输业及部分现代服务业的营业税改征增值税试点改革。随后，北京市、天津市、江苏省、安徽省、浙江省（含宁波市）、福建省（含厦门市）、湖北省、广东省（含深圳市）自 2012 年 9 月 1 日起纳入营业税改征增值税的试点地区。

经国务院批准，自 2013 年 8 月 1 日起，在全国范围内开展交通运输业和部分现代服务业营改增试点。自 2014 年 1 月 1 日起，铁路运输和邮政业也纳入了营业税改征增值税的试点。2014 年 6 月 1 日，国务院将电信业纳入营业税改征增值税试点范围。

2016 年 5 月 1 日，国务院决定将试点范围扩大到建筑业、房地产业、金融业、生活服务业，并将所有企业新增不动产所含增值税纳入抵扣范围。营改增试点工作自 2012 年 1 月 1 日启动，到 2016 年 4 月底最终完成。

第二节　纳税人和扣缴义务人

一、纳税人和扣缴义务人

（一）增值税纳税人及认定标准

1. 纳税人

（1）根据《中华人民共和国增值税暂行条例》（中华人民共和国国务院令第691号修订）的规定：在中华人民共和国境内销售货物或者加工、修理修配劳务（以下简称"劳务"），销售服务、无形资产、不动产以及进口货物的单位和个人，为增值税的纳税人。

单位，是指企业、行政单位、事业单位、军事单位、社会团体及其他单位。

个人，是指个体工商户和其他个人（自然人）。

（2）根据《财政部　国家税务总局关于全面推开营业税改征增值税试点的通知》（财税〔2016〕36号）的规定：单位以承包、承租、挂靠方式经营的，承包人、承租人、挂靠人（以下称"承包人"）以发包人、出租人、被挂靠人（以下称"发包人"）的名义对外经营并由发包人承担相关法律责任的，以该发包人为纳税人。否则，以承包人为纳税人。

2. 增值税纳税人的分类

（1）增值税纳税人分类的依据。根据《增值税暂行条例》及其实施细则，以及《增值税一般纳税人登记管理办法》（国家税务总局令第43号）的规定，划分一般纳税人和小规模纳税人的基本依据是纳税人年应税销售额是否超过规定的标准，以及纳税人的会计核算是否健全。会计健全，是指能够按照国家统一的会计制度规定设置会计账簿，根据合法的、有效的凭证进行核算。

（2）划分一般纳税人与小规模纳税人的目的。对增值税纳税人进行分类，主要是为了适应纳税人经营管理规模差异大、财务核算水平不一的实际情况。分类管理有利于税务机关加强重点税源管理，简化小型企业的税款计算缴纳程序，也有利于确保增值税专用发票管理规定的落实。这两类纳税人在计算税款的方法和适用的税率（征收率）都有所不同。对一般纳税人实行凭票扣税的一般计税方法，对小规模纳税人实行相对简单的简易计税方法。小规模纳税人实行简易计税方法时，不得抵扣进项税额。

3. 一般纳税人和小规模纳税人的划分标准

（1）在2018年5月1日以前，一般纳税人和小规模纳税人划分的具体标准见表2-1。

表2-1　　　　　　　　2018年5月1日前一般纳税人和小规模纳税人划分标准

纳税人	一般纳税人	小规模纳税人
从事货物生产或提供应税劳务的纳税人，以及以从事货物生产或提供应税劳务为主，并兼营货物批发或零售的纳税人	年应税销售额在50万元以上	年应税销售额在50万元以下（含）
批发或零售货物的纳税人	年应税销售额在80万元以上	年应税销售额在80万元以下（含）
营改增试点纳税人	营改增试点实施前应税服务年销售额在500万元以上	营改增试点实施前应税服务年销售额在500万元以下（含）
年应税销售额超过小规模纳税人标准的其他个人	—	按小规模纳税人纳税
非企业性单位、不经常发生应税行为的企业（从事非营改增业务）		可选择按小规模纳税人纳税
不经常发生应税行为的单位和个体工商户（从事营改增业务）		可选择按小规模纳税人纳税

（2）在2018年5月1日以后，一般纳税人和小规模纳税人划分的具体标准见表2-2。

表 2-2 　　　　　　　　　　 **2018 年 5 月 1 日后一般纳税人和小规模纳税人划分的具体标准**

纳税人	一般纳税人	小规模纳税人
销售服务、无形资产、不动产以及进口货物的纳税人	年应税销售额在 500 万元以上	年应税销售额在 500 万元以下（含）
年应税销售额超过小规模纳税人标准的其他个人	—	按小规模纳税人纳税
非企业性单位、不经常发生应税行为的企业（从事非营改增业务）	—	可选择按小规模纳税人纳税
不经常发生应税行为的单位和个体工商户（从事营改增业务）	—	可选择按小规模纳税人纳税

（二）扣缴义务人

（1）根据《中华人民共和国增值税暂行条例》（中华人民共和国国务院令第 691 号修订）规定：中华人民共和国境外的单位或者个人在境内销售劳务，在境内未设有经营机构的，以其境内代理人为扣缴义务人；在境内没有代理人的，以购买方为扣缴义务人。

在中华人民共和国境内提供加工、修理修配劳务，是指提供的应税劳务发生在境内。

（2）《营业税改征增值税试点实施办法》（财税〔2016〕36 号印发）规定：中华人民共和国境外（以下称境外）单位或者个人在境内发生应税行为，在境内未设有经营机构的，以购买方为增值税扣缴义务人。

在境内销售服务、无形资产或者不动产，是指：

1）服务（租赁不动产除外）或者无形资产（自然资源使用权除外）的销售方或者购买方在境内。

2）所销售或者租赁的不动产在境内。

3）所销售自然资源使用权的自然资源在境内。

4）财政部和国家税务总局规定的其他情形。

二、一般纳税人的登记管理

（一）一般纳税人的登记范围

按照《国务院关于取消和调整一批行政审批项目等事项的决定》（国发〔2015〕11 号）精神，国家税务总局对增值税一般纳税人管理有关事项进行了调整，增值税一般纳税人资格实行登记制。

（1）一般纳税人是指年应税销售额超过财政部和国家税务总局规定的小规模纳税人标准的单位和个体工商户，未超过规定标准的纳税人为小规模纳税人。

（2）上述年应税销售额，是指纳税人在连续不超过 12 个月或四个季度的经营期内累计应征增值税销售额，包括纳税申报销售额、稽查查补销售额、纳税评估调整销售额。

销售服务、无形资产或者不动产（以下简称"应税行为"）有扣除项目的纳税人，其应税行为年应税销售额按未扣除之前的销售额计算。纳税人偶然发生的销售无形资产、转让不动产的销售额，不计入应税行为年应税销售额。

（3）年应税销售额未超过规定标准的纳税人，会计核算健全，能够提供准确税务资料的，可以向主管税务机关办理一般纳税人登记。

本办法所称会计核算健全，是指能够按照国家统一的会计制度规定设置账簿，根据合法、有效凭证进行核算。

（4）下列纳税人不办理一般纳税人资格登记：

1）个体工商户以外的其他个人（自然人）。

2）非企业性单位、不经常发生应税行为的企业可选择按小规模纳税人纳税（纳税人经营非营改增业务）。

3）年应税销售额超过规定标准但不经常发生应税行为的单位和个体工商户可选择按照小规模纳税

人纳税（纳税人经营营改增业务）。

非企业性单位是指行政单位、事业单位、军事单位、社会团体和其他单位。

（二）一般纳税人资格登记程序

（1）自 2015 年 4 月 1 日起，增值税一般纳税人资格实行登记制，纳税人办理一般纳税人登记的程序如下：

1）纳税人向主管税务机关填报《增值税一般纳税人登记表》，如实填写固定生产经营场所等信息，并提供税务登记证件。

2）纳税人填报内容与税务登记信息一致的，主管税务机关当场登记。

3）纳税人填报内容与税务登记信息不一致，或者不符合填列要求的，税务机关应当场告知纳税人需要补正的内容。

（2）年应税销售额超过财政部和国家税务总局规定标准，符合选择按照小规模纳税人纳税条件的纳税人，应当向主管税务机关提交书面说明。

其他个人年应税销售额超过规定标准的，按照小规模纳税人纳税，不需要向主管税务机关提交书面说明。

除国家税务总局另有规定外，一经登记为一般纳税人后，不得转为小规模纳税人。

除财政部、国家税务总局另有规定外，纳税人自其选择的一般纳税人资格生效之日起，按照增值税一般计税方法计算应纳税额，并按照规定领用增值税专用发票。

（3）办理登记的时间要求。纳税人在年应税销售额超过规定标准的月份（或季度）的所属申报期结束后 15 日内按照规定办理相关手续；未按规定时限办理的，主管税务机关应当在规定时限结束后 5 日内制作《税务事项通知书》，告知纳税人应当在 5 日内向主管税务机关办理相关手续；逾期仍不办理的，次月起按销售额依照增值税税率计算应纳税额，不得抵扣进项税额，直至纳税人办理相关手续为止。

（三）一般纳税人纳税辅导期管理

1. 适用范围

主管税务机关可以在一定期限内对下列一般纳税人实行纳税辅导期管理：

（1）新认定为一般纳税人的小型商贸批发企业。

"小型商贸批发企业"，是指注册资金在 80 万元（含 80 万元）以下、职工人数在 10 人（含 10 人）以下的批发企业。

（2）具有下列情形之一者：

1）增值税偷税数额占应纳税额的 10% 以上并且偷税数额在 10 万元以上的。

2）虚开增值税扣税凭证的。

3）骗取出口退税的。

4）国家税务总局规定的其他情形。

2. 纳税辅导期

新认定为一般纳税人的小型商贸批发企业实行纳税辅导期管理的期限为 3 个月，自主管税务机关制作《税务事项通知书》的当月起执行；其他一般纳税人实行纳税辅导期管理的期限为 6 个月，自主管税务机关制作《税务事项通知书》的次月起执行。

3. 发票领购

（1）限额：实行纳税辅导期管理的小型商贸批发企业，领用专用发票的最高开票限额不得超过 10 万元；其他一般纳税人专用发票最高开票限额应根据企业实际经营情况重新核定。

（2）限量辅导期纳税人专用发票的领用实行按次限量控制，主管税务机关可根据纳税人的经营情况核定每次专用发票的供应数量，但每次发售专用发票数量不得超过 25 份。

4. 纳税辅导期进项税额的抵扣

辅导期纳税人取得的增值税专用发票抵扣联、海关进口的增值税专用缴款书应当在交叉稽核比对无误后，方可抵扣进项税额。

5. 辅导期纳税人预缴增值税规定

辅导期纳税人一个月内多次领购专用发票的，应从当月第二次领购专用发票起，按照上一次已领购并开具的专用发票销售额的3%预缴增值税，未预缴增值税的，主管税务机关不得向其发售专用发票。

纳税辅导期纳税人按规定预缴的增值税可以在本期增值税应纳税额中抵扣，抵扣后预缴增值税仍有余额的，可以抵减下期再次领购专用发票时应当预缴的增值税。

辅导期结束后，纳税人因增购专用发票发生的预缴增值税有余额的，主管税务机关应在纳税辅导期结束后的一个月内，一次性退还纳税人。

6. 辅导期纳税人的"应交税费"科目

辅导期纳税人应当在"应交税费"科目下增设"待抵扣进项税额"明细科目，核算尚未交叉稽核比对的专用发票抵扣联、海关进口增值税专用缴款书以及运输费用结算单据注明或者计算的进项税额。

辅导期纳税人取得增值税抵扣凭证后，借记"应交税费——待抵扣进项税额"明细科目，贷记相关科目。交叉稽核比对无误后，借记"应交税费——应交增值税（进项税额）"科目，贷记"应交税费——待抵扣进项税额"。经核实不得抵扣的进项税额，红字借记"应交税费——待抵扣进项税额"，贷记相关科目（红字）。

主管税务机关定期接收交叉稽核比对结果，通过《稽核结果导出工具》导出发票明细数据和《稽核结果通知书》并告知辅导期纳税人。

辅导期纳税人根据交叉稽核比对结果相符的增值税抵扣凭证本期数据申报抵扣进项税额，未收到交叉稽核比对结果的增值税抵扣凭证留待下期抵扣。

第三节　征税范围和进项税抵扣

一、国际上征税范围类型

目前，世界上实行增值税的国家由于经济发展特点和财政政策不同，增值税的征税范围也不同，归纳起来有以下几种情况：

（1）征税范围仅限于工业制造环节。实行这种办法时，由于征税范围小，从整个再生产过程看并不能彻底解决重复征税问题，限制了增值税优越性的发挥。

（2）在工业制造和货物批发两环节实行增值税。将征税范围扩展到货物批发，可以在较大范围内消除因货物流转环节不同而引起的税负失平问题，促进货物的合理流通。特别是对由批发商直接出口的货物，实行增值税后可以方便、准确地计算出口退税。

（3）在工业制造、货物批发和货物零售三环节实行增值税。这种大范围内实施的增值税，能够较充分地发挥增值税的优越性，更好地平衡进口货物和本国货物的税负。

（4）将征税范围扩展到服务业。即在制造、批发和零售三环节实施增值税的基础上，对服务业也实施增值税。此外，一些国家对农业、采掘业等初级产品的生产行业也实施了增值税。欧盟国家就是在这一范围内实施增值税的。这种类型的增值税彻底排除了重复征税，是一种最完善的增值税。

二、我国现行增值税征税范围的一般规定

增值税征税范围包括货物的生产、批发、零售和进口四个环节，此外，加工和修理修配劳务、交通

运输劳务、现代服务业也属于增值税的征税范围。增值税征税范围的具体内容如下：

1. 销售货物

"货物"是指有形动产，包括电力、热力和气体在内。销售货物是指有偿转让货物的所有权。"有偿"不仅指从购买方取得货币，还包括取得货物或其他经济利益。

2. 提供加工和修理修配劳务

"加工"是指接收来料承做货物，加工后的货物所有权仍属于委托者的业务，即通常所说的委托加工业务。"委托加工业务"是指由委托方提供原料及主要材料，受托方按照委托方的要求制造货物并收取加工费的业务。"修理修配"是指受托对损伤和丧失功能的货物进行修复，使其恢复原状和功能的业务。这里的"提供加工和修理修配劳务"都是指有偿提供加工和修理修配劳务。但单位或个体工商户聘用的员工为本单位或雇主提供加工、修理修配劳务则不包括在内。

3. 营改增增值税征税范围

《财政部　国家税务总局关于全面推开营业税改征增值税试点的通知》（财税〔2016〕36号）规定：在中华人民共和国境内（以下称境内）销售服务、无形资产或者不动产（以下称应税行为）的单位和个人，为增值税纳税人，应当按照本办法缴纳增值税，不缴纳营业税。

（1）销售服务、无形资产或者不动产，是指有偿提供服务、有偿转让无形资产或者不动产，但属于下列非经营活动的情形除外：

1）行政单位收取的同时满足以下条件的政府性基金或者行政事业性收费。

① 由国务院或者财政部批准设立的政府性基金，由国务院或者省级人民政府及其财政、价格主管部门批准设立的行政事业性收费。

② 收取时开具省级以上（含省级）财政部门监（印）制的财政票据。

③ 所收款项全额上缴财政。

2）单位或者个体工商户聘用的员工为本单位或者雇主提供取得工资的服务。

3）单位或者个体工商户为聘用的员工提供服务。

4）财政部和国家税务总局规定的其他情形。

有偿，是指取得货币、货物或者其他经济利益。

（2）在境内销售服务、无形资产或者不动产，是指：

1）服务（租赁不动产除外）或者无形资产（自然资源使用权除外）的销售方或者购买方在境内。

2）所销售或者租赁的不动产在境内。

3）所销售自然资源使用权的自然资源在境内。

4）财政部和国家税务总局规定的其他情形。

下列情形不属于在境内销售服务或者无形资产：

1）境外单位或者个人向境内单位或者个人销售完全在境外发生的服务。

2）境外单位或者个人向境内单位或者个人销售完全在境外使用的无形资产。

3）境外单位或者个人向境内单位或者个人出租完全在境外使用的有形动产。

4）财政部和国家税务总局规定的其他情形。

下列情形视同销售服务、无形资产或者不动产：

1）单位或者个体工商户向其他单位或者个人无偿提供服务，但用于公益事业或者以社会公众为对象的除外。

2）单位或者个人向其他单位或者个人无偿转让无形资产或者不动产，但用于公益事业或者以社会公众为对象的除外。

3）财政部和国家税务总局规定的其他情形。

三、建筑服务的征税范围

建筑服务是指各类建筑物、构筑物及其附属设施的建造、修缮、装饰，线路、管道、设备、设施等的安装以及其他工程作业的业务活动，包括工程服务、安装服务、修缮服务、装饰服务和其他建筑服务。

1. 工程服务

工程服务是指新建、改建各种建筑物、构筑物的工程作业，包括与建筑物相连的各种设备或者支柱、操作平台的安装或者装设工程作业，以及各种窑炉和金属结构工程作业。

2. 安装服务

安装服务是指生产设备、动力设备、起重设备、运输设备、传动设备、医疗实验设备以及其他各种设备、设施的装配、安置工程作业，包括与被安装设备相连的工作台、梯子、栏杆的装设工程作业，以及被安装设备的绝缘、防腐、保温、油漆等工程作业。

固定电话、有线电视、宽带、水、电、燃气、暖气等经营者向用户收取的安装费、初装费、开户费、扩容费以及类似收费，按照安装服务缴纳增值税。

3. 修缮服务

修缮服务是指对建筑物、构筑物进行修补、加固、养护、改善，使之恢复原来的使用价值或者延长其使用期限的工程作业。

4. 装饰服务

装饰服务是指对建筑物、构筑物进行修饰装修，使之美观或者具有特定用途的工程作业。

5. 其他建筑服务

其他建筑服务是指上列工程作业之外的各种工程作业服务，如钻井（打井）、拆除建筑物或者构筑物、平整土地、园林绿化、疏浚（不包括航道疏浚）、建筑物平移、搭脚手架、爆破、矿山穿孔、表面附着物（包括岩层、土层、沙层等）剥离和清理等工程作业。

四、进项税额抵扣

根据国家现行税收政策，目前进项税额抵扣遵循"法无禁止皆可为"的基本理念，纳税人按"应取尽取、应抵尽抵、做好台账、做好备案"的原则管理进项税额。

纳税人购进货物、劳务、服务、无形资产、不动产支付或者负担的增值税额，为进项税额。

（一）下列进项税额准予从销项税额中抵扣

（1）从销售方取得的增值税专用发票（含税控机动车销售统一发票，下同）上注明的增值税额。

（2）从海关取得的海关进口增值税专用缴款书上注明的增值税额。

（3）购进农产品，除取得增值税专用发票或者海关进口增值税专用缴款书外，按照农产品收购发票或者销售发票上注明的农产品买价和10%的扣除率计算的进项税额。计算公式为：

$$进项税额 = 买价 \times 扣除率$$

买价，是指纳税人购进农产品在农产品收购发票或者销售发票上注明的价款和按照规定缴纳的烟叶税。

购进农产品，按照《农产品增值税进项税额核定扣除试点实施办法》抵扣进项税额的除外。

（4）自境外单位或者个人购进劳务、服务、无形资产或者境内的不动产，从税务机关或者扣缴义务人取得的代扣代缴税款的完税凭证上注明的增值税额。

（5）自2018年1月1日起，纳税人支付的道路、桥、闸通行费，按照以下规定抵扣进项税额：

1）纳税人支付的道路通行费，按照收费公路通行费增值税电子普通发票上注明的增值税额抵扣进项税额。

2018年1月1日至6月30日，纳税人支付的高速公路通行费，如暂未能取得收费公路通行费增值税电子普通发票，可凭取得的通行费发票（不含财政票据，下同）上注明的收费金额按照下列公式计算可抵扣的进项税额：

高速公路通行费可抵扣进项税额＝高速公路通行费发票上注明的金额/（1＋3%）×3%

2018 年 1 月 1 日至 12 月 31 日，纳税人支付的一级、二级公路通行费，如暂未能取得收费公路通行费增值税电子普通发票，可凭取得的通行费发票上注明的收费金额按照下列公式计算可抵扣进项税额：

一级、二级公路通行费可抵扣进项税额＝一级、二级公路通行费发票上注明的金额/（1＋5%）×5%

2）纳税人支付的桥、闸通行费，暂凭取得的通行费发票上注明的收费金额按照下列公式计算可抵扣的进项税额：

桥、闸通行费可抵扣进项税额＝桥、闸通行费发票上注明的金额/（1＋5%）×5%

3）通行费，是指有关单位依法或者依规设立并收取的过路、过桥和过闸费用。

（二）不予抵扣的进项税额

（1）纳税人取得的增值税扣税凭证不符合法律、行政法规或者国家税务总局有关规定的，其进项税额不得从销项税额中抵扣。

增值税扣税凭证，是指增值税专用发票、海关进口增值税专用缴款书、农产品收购发票、农产品销售发票和完税凭证。

（2）纳税人凭完税凭证抵扣进项税额的，应当具备书面合同、付款证明和境外单位的对账单或者发票。资料不全的，其进项税额不得从销项税额中抵扣。

（3）在实际业务操作中，纳税人取得的合法有效的增值税扣税凭证后，必须在税法规定的时限内认证相符，并且在规定的期限内纳进行申报才能抵扣。根据国家税务总局进一步明确营改增有关征管问题的公告（国家税务总局公告 2017 年第 11 号）第十条规定：自 2017 年 7 月 1 日起，增值税一般纳税人取得的 2017 年 7 月 1 日及以后开具的增值税专用发票和机动车销售统一发票，应自开具之日起 360 日内认证或登录增值税发票选择平台进行确认，并在规定的纳税申报期内，向主管国税机关申报抵扣进项税额。增值税一般纳税人取得的 2017 年 7 月 1 日及以后开具的海关进口增值税专用缴款书，应自开具之日起 360 日内向主管国税机关报送《海关完税凭证抵扣清单》，申请稽核比对。纳税人取得的 2017 年 6 月 30 日前开具的增值税扣税凭证，仍按《国家税务总局关于调整增值税扣税凭证抵扣期限有关问题的通知》（国税函〔2009〕617 号）执行。

（4）下列项目的进项税额不得从销项税额中抵扣：

1）用于简易计税方法计税项目、免征增值税项目、集体福利或者个人消费的购进货物、加工修理修配劳务、服务、无形资产和不动产。其中涉及的固定资产、无形资产、不动产，仅指专用于上述项目的固定资产、无形资产（不包括其他权益性无形资产）、不动产。

纳税人的交际应酬消费属于个人消费。

注意事项：如果当期购进的固定资产、无形资产（不包括其他权益性无形资产）、不动产是专用于简易计税方法计税项目、免征增值税项目、集体福利或者个人消费的，进项税额不能抵扣，但后期用途发生改变，不再专用于简易计税方法计税项目、免征增值税项目、集体福利或者个人消费的时候，其净值中包含的进项税额可以转回抵扣，但取得的扣税凭证必须在当期法律规定的时限内认证相符，并且在规定申报期内的纳税申报中进行申报才能进行相应抵扣，否则该进项税额也是不能抵扣的。

2）非正常损失的购进货物，以及相关的加工修理修配劳务和交通运输服务。

3）非正常损失的在产品、产成品所耗用的购进货物（不包括固定资产）、加工修理修配劳务和交通运输服务。

4）非正常损失的不动产，以及该不动产所耗用的购进货物、设计服务和建筑服务。

5）非正常损失的不动产在建工程所耗用的购进货物、设计服务和建筑服务。

纳税人新建、改建、扩建、修缮、装饰不动产，均属于不动产在建工程。

6）购进的旅客运输服务、贷款服务、餐饮服务、居民日常服务和娱乐服务。

7）纳税人接受贷款服务向贷款方支付的与该笔贷款直接相关的投融资顾问费、手续费、咨询费等费用，其进项税额不得从销项税额中抵扣。

8）财政部和国家税务总局规定的其他情形。

上述第（4）项、第（5）项所称货物，是指构成不动产实体的材料和设备，包括建筑装饰材料和给排水、采暖、卫生、通风、照明、通信、煤气、消防、中央空调、电梯、电气、智能化楼宇设备及配套设施。

根据《财税〔2016〕36号关于全面推开营业税改征增值税试点的通知附件——营业税改征增值税试点实施办法》第二十八条规定：不动产、无形资产的具体范围，按照本办法所附的《销售服务、无形资产或者不动产注释》执行。

固定资产，是指使用期限超过12个月的机器、机械、运输工具以及其他与生产经营有关的设备、工具、器具等有形动产。

非正常损失，是指因管理不善造成货物被盗、丢失、霉烂变质，以及因违反法律法规造成货物或者不动产被依法没收、销毁、拆除的情形。

根据《营业税改征增值税试点实施办法》（财税〔2016〕36号附件1）第二十九条规定：适用一般计税方法的纳税人，兼营简易计税方法计税项目、免征增值税项目而无法划分不得抵扣的进项税额，按照下列公式计算不得抵扣的进项税额：

不得抵扣的进项税额＝当期无法划分的全部进项税额×（当期简易计税方法计税项目销售额＋免征增值税项目销售额）/当期全部销售额

主管税务机关可以按照上述公式依据年度数据对不得抵扣的进项税额进行清算。

根据《营业税改征增值税试点实施办法》（财税〔2016〕36号附件1）第三十条规定：已抵扣进项税额的购进货物（不含固定资产）、劳务、服务，发生本办法第二十七条规定情形（简易计税方法计税项目、免征增值税项目除外）的，应当将该进项税额从当期进项税额中扣减；无法确定该进项税额的，按照当期实际成本计算应扣减的进项税额。

根据《营业税改征增值税试点实施办法》（财税〔2016〕36号附件1）第三十一条规定：已抵扣进项税额的固定资产、无形资产或者不动产，发生本办法第二十七条规定情形的，按照下列公式计算不得抵扣的进项税额：

不得抵扣的进项税额＝固定资产、无形资产或者不动产净值×适用税率

固定资产、无形资产或者不动产净值，是指纳税人根据财务会计制度计提折旧或摊销后的余额。

根据《营业税改征增值税试点实施办法》（财税〔2016〕36号附件1）第三十二条规定：纳税人适用一般计税方法计税的，因销售折让、中止或者退回而退还给购买方的增值税额，应当从当期的销项税额中扣减；因销售折让、中止或者退回而收回的增值税额，应当从当期的进项税额中扣减。

根据《营业税改征增值税试点实施办法》（财税〔2016〕36号附件1）第三十三条规定：有下列情形之一者，应当按照销售额和增值税税率计算应纳税额，不得抵扣进项税额，也不得使用增值税专用发票：

1）一般纳税人会计核算不健全，或者不能够提供准确税务资料的。

2）应当办理一般纳税人资格登记而未办理的。

五、进项税抵扣实际操作相关问题

营改增后，增值税一般纳税人可就取得的增值税专用发票上注明的税款进行抵扣，具体项目及税率、征收率分别如下：

1. 差旅费

员工因公出差、洽谈业务、拜访客户等所发生的机票、车船等交通费用、餐费和业务招待费不得抵

扣进项税额，所发生的住宿费可抵扣进项税额，抵扣率为3%或6%。

2. 办公费

单位生产和管理部门用文具、纸张印刷品（包括各路规程、制度、报表、票据、账簿等的印刷费和购置费）、报纸杂志费、图书资料费、邮电通信费（包括邮票、邮费、电报、电话费、市话初装费，以及调度通信话路以外的话路租金等），以及银行结算单据工本费等发生的办公费可抵扣进项税额，具体进项税额抵扣率如下：

（1）购进办公用品，进项抵扣率为3%或16%。

（2）办公电话费等基础电信服务，进项税额抵扣率为3%或10%，网络数据等增值电信服务，进项税额抵扣率为3%或6%。

（3）物品资料的快递费（收派服务）进项税额抵扣率为3%或6%。

（4）接受交通运输服务进项税额抵扣率为3%或10%，物流辅助服务进项税额抵扣率为3%或6%。

3. 租赁费

主要包括房屋租赁、设备租赁、植物租赁等支出，进项税额抵扣率分别如下：

（1）房屋、场地等不动产租赁费，进项税额抵扣率为5%或10%。

（2）汽车、设备、计算机、打印机等有形动产租赁费，进项税额抵扣率为3%或16%。

4. 车辆费用

（1）购买车辆配件、装饰物品、车辆保养维护及修理等支出，进项税额抵扣率为3%或16%。

（2）发生的车辆保险费进项税额抵扣率为3%或6%。

（3）发生的道路、桥、闸通行费，可以抵扣的进项税额如下：

1）暂凭取得的通行费发票（不含财政票据，下同）抵扣进项税额的，按照下列公式计算：

$$高速公路通行费可抵扣进项税额 = 高速公路通行费发票上注明的金额 / （1+3\%） \times 3\%$$

$$一级公路、二级公路、桥、闸通行费可抵扣进项税额 = 一级公路、二级公路、桥、闸$$
$$通行费发票上注明的金额 / （1+5\%） \times 5\%$$

2）凭通行费增值税电子普通发票抵扣进项税额的，以票面注明的增值税税额为进项税额，抵扣率为3%、5%或10%。

5. 物业费

支付的办公楼物业管理费用，进项税额抵扣率为3%或6%。

6. 书报费

单位购买的图书、报纸、杂志等支出，进项税额抵扣率为3%或10%。

7. 水、电、暖、气、燃煤费

（1）支付的电费，购进非居民用煤炭制品支出，进项税额抵扣率为3%或16%。

（2）支付的水费、天然气费、暖气费、冷气费、购进居民用煤炭制品支出，进项税额抵扣率为3%或10%。

8. 会议费

单位各类会议期间的费用支出，包括会议场地租金、会议设施租赁费用、会议布置费用等，进项税额抵扣率分别如下：

（1）外包给会议展览公司统一筹办的，进项税额抵扣率为3%或6%。

（2）租赁场地自行举办的，进项税额抵扣率为5%或10%。

9. 广告宣传费

单位发生的各种宣传活动的费用支出，进项税额抵扣率分别如下：

（1）宣传品的印刷费，条幅、展示牌等材料和制作费，进项税额抵扣率为3%或16%。

（2）展览活动广告宣传费、广告制作、代理等支出，进项税额抵扣率为3%或6%。

10. 维修费

单位发生的房屋的维修费、办公设备的维修费、自有机械设备修理费等，进项税额抵扣率分别如下：

（1）房屋及附属设施等不动产发生的改建、扩建、修缮、装饰费，进项税额抵扣率为3%或10%。

（2）办公设备、机械设备等有形动产发生的维修费，进项税额抵扣率为3%或16%。

11. 中介服务费

单位发生的聘请各类中介机构费用，如审计、验资审计、资产评估等发生的费用，或企业向有关咨询机构进行技术、经营管理咨询及聘请的财税顾问、法律顾问、技术顾问等，进项税额抵扣率为3%或6%。

12. 技术咨询、服务、转让费

单位购买其他单位或个人的专利和非专利技术所支付的费用，以及技术咨询、服务、培训、技术转让过程中发生的有关费用支出，进项税额抵扣率为3%或6%。

13. 财务费用

单位接受货币兑换、担保、电子银行、信用卡、信用、资产管理、信托管理、基金管理、资金结算、资金清算、金融支付等服务发生的支出，进项税额抵扣率为3%或6%。

此外，单位接受贷款服务，以及向贷款方支付的与该笔贷款直接相关的投融资顾问费、手续费、咨询费等费用，其进项税额不得从销项税额中抵扣。

14. 劳动保护费

单位因工作需要为职工配发的工服、手套、消毒剂、降温用品、防尘口罩、防噪声耳塞等以及按照规定对接触有毒物质、矽尘、放射线和潜水、沉箱、高温等作业工种所配备的保护品，进项税额抵扣率为3%或16%。

15. 研发、检验、试验费

单位在生产、质量改进过程中发生的研发、化验以及试验发生的费用，进项税额抵扣率分别如下：

（1）接受研发服务的支出，进项税额抵扣率为3%或6%。

（2）购买研发用资料、材料和设备，进项税额抵扣率为3%、10%或16%。

（3）接受化验以及试验服务发生的支出，进项税额抵扣率为3%或6%。

16. 培训费

单位发生的各类与生产经营相关的培训费用，如岗位培训、任职培训、专门业务培训、初任培训发生的费用，进项税额抵扣率为3%或6%。

17. 安全生产用品

单位在施工生产中购买的安全帽、安全带、防护网、安全网、绝缘手套、绝缘鞋、钢丝绳、工具式防护栏、灭火器材、临时供电配电箱、空气断路器、隔离开关、漏电保护器、防火防爆器材等，进项税额抵扣率为3%或16%。

18. 取暖费

单位在冬季取暖所支付的费用，进项税额抵扣率为3%或10%。

19. 财产保险费

单位为自有或租入的资产而购买的财产保险，进项税额抵扣率为3%或6%。

20. 人身保险

单位为员工购买的人身保险，属于国家法律、法规要求必须为特殊工种购买的，取得的专票可以抵扣进项税额，进项税额抵扣率为3%或6%。

21. 安保费

单位为安全保卫购置的摄像头、消防器材等费用，以及监控器材维修费用，进项税额抵扣率为3%或16%。

单位接受安全保护服务的支出，进项税额抵扣率为3%、5%或6%。

22. 绿化费

单位用于环境绿化发生的费用，如购买花草、办公场所摆放花木等，进项税额抵扣率为10%。

六、三类资产进项税额抵扣的注意事项

一般来说，企业的"三类资产"（固定资产、无形资产和不动产）价值较大，使用周期长，单位取得及后续管理中可能发生用途改变或者非正常损失，其进项税额抵扣的相关规定和要求与其他一般货物、劳务和服务存在较大的区别。

1. 关于购进"三类资产"不予抵扣的规定

《营业税改征增值税试点实施办法》（财税〔2016〕36号印发）第二十七条对"三类资产"进项税额不得从销项税额中抵扣的情形作了规定，纳税人购进"三类资产"（其他权益性无形资产除外）的进项税额，凡专用于《营业税改征增值税试点实施办法》第二十七条（一）项所述情形，以及发生非正常损失的，其进项税额一律不予抵扣；购进"三类资产"（其他权益性无形资产除外）既用于一般计税方法计税项目，又用于简易计税方法计税项目、免征增值税项目、集体福利或者个人消费的，其进项税额准予从销项税额中全额抵扣；纳税人购进其他权益性无形资产不在此范围，其进项税额抵扣相关规定和要求与其他一般货物、劳务和服务一致。

2. 按照规定不得抵扣且未抵扣进项税额的"三类资产"改变用途的处理

《营业税改征增值税试点有关事项的规定》（财税〔2016〕36号印发）对试点一般纳税人和原增值税一般纳税人发生此类情形均有规定，不得抵扣且未抵扣进项税额的固定资产、无形资产、不动产，发生用途改变，用于允许抵扣进项税额的应税项目，可在用途改变的次月计算可以抵扣的进项税额，其计算公式为：

可以抵扣的进项税额 = 固定资产、无形资产净值/（1 + 适用税率）× 适用税率

因为固定资产、无形资产购进时未抵扣相应的进项税额，按照含税金额入账，因此，改变用途以后计算可以抵扣的进项税额应当先做不含税换算，然后再乘以适用税率。

不动产可抵扣进项税额 = 增值税扣税凭证注明或计算的进项税额 × 不动产净值率

在办理具体纳税申报时，将"可以抵扣的进项税额"填在《增值税纳税申报表（一般纳税人适用）》附列资料（二）第8栏"其他——税额"项内。需要注意的是，不动产进项税额因分期抵扣规定，计算可抵扣进项税额60%部分于购进或改变用途的次月进行抵扣，40%部分于改变用途的次月起第13个月再行抵扣。

中途改变用途准予抵扣进项税额的"三类资产"必须在购进时取得符合法律、行政法规或者国家税务总局有关规定的增值税扣税凭证，否则不得计算抵扣相应的进项税额。"三类资产"涉及扣税凭证包括增值税专用发票（含税控机动车销售统一发票）、海关进口增值税专用缴款书和完税凭证。凭完税凭证抵扣进项税额的，应当具备书面合同、付款证明和境外单位的对账单或者发票，资料不全的，其进项税额不得从销项税额中抵扣。

3. 已抵扣进项税额的"三类资产"改变用途的处理

已抵扣进项税额的固定资产、无形资产或者不动产，发生《营业税改征增值税试点实施办法》（财税〔2016〕36号印发）第二十七条规定情形的，按照下列公式计算不得抵扣的进项税额：

不得抵扣的进项税额 = 固定资产、无形资产净值 × 适用税率

资产净值是指纳税人根据财务会计制度计提折旧或摊销后的余额，与计提的减值准备无关，因其以前抵扣时按照不含税金额入账，此时计算不需再做不含税换算。

根据《不动产进项税额分期抵扣暂行办法》（国家税务总局公告2016年15号）第七条规定：已抵扣进项税额的不动产，发生非正常损失，或者改变用途，专用于简易计税方法计税项目、免征增值税项目、

集体福利或者个人消费的，按照下列公式计算不得抵扣的进项税额：

$$不得抵扣的进项税额 = （已抵扣进项税额 + 待抵扣进项税额）\times 不动产净值率$$
$$不动产净值率 = （不动产净值/不动产原值）\times 100\%$$

不得抵扣的进项税额小于或等于该不动产已抵扣进项税额的，应于该不动产改变用途的当期，将不得抵扣的进项税额从进项税额中扣减。

不得抵扣的进项税额大于该不动产已抵扣进项税额的，应于该不动产改变用途的当期，将已抵扣进项税额从进项税额中扣减，并从该不动产待抵扣进项税额中扣减不得抵扣进项税额与已抵扣进项税额的差额。

此外，不动产在建工程发生非正常损失的，其所耗用的购进货物、设计服务和建筑服务已抵扣的进项税额应于当期全部转出；其待抵扣进项税额不得抵扣。

七、纳税人登记为一般纳税人前进项税额抵扣注意事项

《国家税务总局关于纳税人认定或登记为一般纳税人前进项税额抵扣问题的公告》（国家税务总局公告 2015 年 59 号）增值税纳税人登记为一般纳税人之前取得的增值税扣税凭证做了规定，纳税人自办理税务登记至认定或登记为一般纳税人期间，未取得生产经营收入，未按照销售额和征收率简易计算应纳税额申报缴纳增值税的，其在小规模纳税人期间取得的增值税扣税凭证，可以在登记为一般纳税人后抵扣进项税额。

如：甲公司成立于 2015 年 3 月，2015 年 3 月至 2017 年 2 月一直处于筹建期，未取得收入，也未登记为增值税一般纳税人，直到 2017 年 3 月 1 日才登记为增值税一般纳税人。2016 年 7 月进口设备 100 万元，税额为 17 万元，2016 年 8 月购进货物 50 万元，税额 8.5 万元，均取得增值税专用发票，那么如果甲公司在此期间未取得生产经营收入，且未按照销售额和征收率简易计算应纳税额进行增值税申报，取得的 25.5 万元进项税可以在登记为增值税一般纳税人之后进行抵扣；但如果甲公司在此期间取得生产经营收入，且已按照规定作了增值税申报，则登记为增值税一般纳税人之前取得的 25.5 万元进项税不能抵扣。

注意，企业筹建期在购进货物时，应尽量选取经营规范、信誉较高、经营时间长，并具有一般纳税人资格的企业进行交易，要求对方开具增值税专用发票时，开票方应提供有关资料，并仔细比对相关信息，看看是否符合规定，严格审查发票的真实性，并通过银行账户支付货款，对于项目不全、字迹模糊等不符合抵扣规定的情况，要求销售方重新开具发票，还可以登录"国家税务总局全国增值税发票查验平台"进行查询。

八、进项税额的扣减

已抵扣进项税额的购进货物（不含固定资产）、劳务、服务，发生不可抵扣情形的（简易计税方法计税项目、免征增值税项目除外），应当将该进项税额从当期进项税额中扣减，无法确定该进项税额的，按照当期实际成本计算应扣减的进项税额。

施工企业适用一般计税方法计税的，因购进货物、劳务、服务发生销售折让、中止或者退回而收回的增值税额，应当从当期的进项税额中扣减。

第四节　税率和征收率

一、一般规定

1. 税率

现行增值税分为四档税率，包括 16%、10%、6%、0%。其中，销售服务、无形资产和不动产适用

的增值税税率如下：

提供增值电信服务、金融服务、现代服务（租赁服务除外）、生活服务，税率为6%；

提供交通运输服务、邮政服务、基础电信服务、建筑服务、不动产租赁服务，税率为10%；

提供有形动产租赁服务，税率为16%；

境内单位和个人跨境提供应税服务，符合规定条件的，税率为0；

转让土地使用权，税率为10%；

转让土地使用权以外的其他无形资产，税率为6%；

境内单位和个人跨境转让无形资产，符合规定条件的，税率为0；

销售不动产的增值税税率为10%。

2. 征收率

增值税征收率为3%和5%，财政部和国家税务总局另有规定的除外。小规模纳税人和一般纳税人销售服务、无形资产或者不动产选择简易计税方法计税的，适用征收率。如小规模纳税人和一般纳税人选择简易计税方法计税的不动产销售、不动产经营租赁服务，征收率为5%。

3. 常见增值税税率表（表2-3）

表2-3 常 见 增 值 税 税 率 表

分类	项目	具体业务	适用税目	适用税率
资产类	固定资产	购买房屋等不动产	销售不动产	10%
		车辆、设备、符合固定资产条件的办公用品等动产	销售货物	16%
		电子设备	销售货物	16%
	无形资产	土地使用权	土地使用权	10%
		其他无形资产	销售无形资产	6%
金融服务	利息支出	贷款利息支出	—	不可抵扣
	手续费	（与贷款无关的）手续费支出	金融服务	6%
	保险服务	人身保险、财产保险	金融服务	6%
人员费用	工资	工资、奖金、绩效工资	—	无进项税
	社会保险	社会保险	—	
	工会经费	工会经费	—	
	企业年金	企业年金	—	
	福利费	福利费	—	不可抵扣
	食堂经费	食堂购进农产品、食物、用具、设备等	—	不可抵扣
	职工教育经费	各类培训支出等	教育服务	6%
		图书、报纸、杂志		图书免税，其余10%
业务费用	原材料	一般货物	销售货物	16%
		建筑用砂土石料	简易征收	3%
	运输费	货物运输服务	交通运输服务	10%
	建设场地清理费	青苗赔偿、土地征用、房屋拆迁、道路修筑、电力线改迁、地方协调费、植被恢复费、水土保持费、土地复耕等（部分委托单位的可以取得专票抵扣）		未取得增值税专用发票的不可抵扣
	专业（劳务）分包	分包商提供的建筑服务	一般计税方法	10%
			简易计税方法	3%
	差费	汽车、火车、飞机等旅客运输服务	—	不可抵扣
		住宿服务	餐饮住宿服务	6%
		公杂费		不可抵扣

续表

分类	项目	具体业务	适用税目	适用税率
业务费用	办公费	低值易耗的办公用品	销售货物	16%
		邮电费	邮政服务	10%
		电话费、网络费	基础电信服务	10%
			增值电信服务	6%
		印刷费	生活服务	6%
		快递费	物流辅助服务	6%
		图书、报纸、杂志	图书免税，其余10%	
	业务招待费	餐饮、娱乐等	不可抵扣	
	会议费	取得的专门会议费发票	文化创意服务	6%
	业务宣传费	宣传用品	销售货物	16%
		宣传服务	文化创意服务	6%
	租赁费	租赁房屋、建筑物和车位等不动产租赁	一般计税方法	10%
			简易计税方法（2016年4月30日前取得的不动产）	5%
			小规模纳税人	5%
			个人出租住房	5%（减按1.5%）
		租赁设备、大型机械、车辆等动产	有形动产租赁服务	16%
	水电气费	自来水、天然气、冷暖气、煤炭	销售货物	10%
		电费	销售货物	16%
	车辆使用费	过路费、过桥费等	高速公路	简易征收3%
			其余路、桥、闸	简易征收5%
		车辆年检费	政府收费	不可抵扣
	油料	机械设备、车辆等用油	销售货物	16%
	修理费	车辆、设备等修理费	修理、修配服务	16%
		房屋修缮、装饰	建筑服务	10%
	检测费	设备、材料检测服务等	鉴证咨询服务	6%
	物业费	物业管理服务	商务辅助服务	6%
	业务外包费	业务外包、委托服务、劳务派遣，人力资源外包（代理）	商务辅助服务	6%
			劳务派遣	差额5%简易
			经纪代理服务	差额5%简易
	安全费	安全系统监控以及其他安保服务	商务辅助服务	6%
	中介费	审计、税务、法律、资产评估、策划服务，以及软件、技术、内部管理、业务运作等咨询服务	鉴证咨询服务	6%
	劳动保护	购买工作服、劳用品等	销售货物	16%
	保管费	设备材料等保管费	物流辅助服务	6%

二、特殊规定

1. 兼营

纳税人销售货物、加工修理修配劳务、销售服务、无形资产或者不动产适用不同税率或者征收率的，应当分别核算适用不同税率或者征收率的销售额，未分别核算销售额的，按照以下方法适用税率或者征收率：

兼有不同税率的销售货物、加工修理修配劳务、销售服务、无形资产或者不动产，从高适用税率；

兼有不同征收率的销售货物、加工修理修配劳务、销售服务、无形资产或者不动产，从高适用征收率；

兼有不同税率和征收率的销售货物、加工修理修配劳务、销售服务、无形资产或者不动产，从高适用税率。

纳税人兼营免税、减税项目的，应当分别核算免税、减税项目的销售额，未分别核算的，不得免税、减税。

2. 混合销售

一项销售行为如果既涉及服务又涉及销售货物，为混合销售。从事货物的生产、批发或者零售的单位和个体工商户的混合销售行为，按照销售货物缴纳增值税，其他单位和个体工商户的混合销售行为，按照销售服务缴纳增值税。

3. 新政策规定

《国家税务总局关于进一步明确营改增有关征管问题的公告》（国家税务总局公告 2017 年 11 号公告）第一条规定，纳税人销售活动板房、机器设备、钢结构件等自产货物的同时提供建筑、安装服务，不属于《营业税改征增值税试点实施办法》（财税〔2016〕36 号文）第四十条规定的混合销售，应分别核算货物和建筑服务的销售额，分别适用不同的税率或者征收率。第二条规定，建筑企业与发包方签订建筑合同后，以内部授权或者三方协议等方式，授权集团内其他纳税人（以下称"第三方"）为发包方提供建筑服务，并由第三方直接与发包方结算工程款的，由第三方缴纳增值税并向发包方开具增值税发票，与发包方签订建筑合同的建筑企业不缴纳增值税。发包方可凭实际提供建筑服务的纳税人开具的增值税专用发票抵扣进项税额。第四条规定，一般纳税人销售电梯的同时提供安装服务，其安装服务可以按照甲供工程选择适用简易计税方法计税。纳税人对安装运行后的电梯提供的维护保养服务，按照"其他现代服务"缴纳增值税。

第五节　施工企业增值税计税方法

施工企业增值税的计税方法，包括一般计税方法和简易计税方法。

一、一般计税方法

按照现行增值税政策规定，施工企业中的一般纳税人以清包工方式提供的建筑服务，为甲供工程和建筑工程老项目提供的建筑服务，可以选择适用简易计税方法计税。施工企业中的一般纳税人为上述工程项目以外的工程项目提供的建筑服务，适用一般计税方法。

在实际工作中，施工企业中的一般纳税人适用于一般计税方法大部分都是针对新项目，但也有些施工企业对材料采购比重大的老项目采用一般计税方法。

二、简易计税方法

一般纳税人发生财政部和国家税务总局规定的特定应税为，可以选择适用简易计税方法计税，但一经选择，36 个月内不得变更。

（1）建筑服务

1）一般纳税人以清包工方式提供的建筑服务，可以选择适用简易计税方法计税。

以清包工方式提供建筑服务，是指施工方不采购建筑工程所需的材料或只采购辅助材料，并收取人工费、管理费或者其他费用的建筑服务。

2）一般纳税人为甲供工程提供的建筑服务，可以选择适用简易计税方法计税。

甲供工程，是指全部或部分设备、材料、动力由工程发包方自行采购的建筑工程。

3）一般纳税人为建筑工程老项目提供的建筑服务，可以选择适用简易计税方法计税。

建筑工程老项目，是指：

1）《建筑工程施工许可证》注明的合同开工日期在 2016 年 4 月 30 日前的建筑工程项目。

2）《建筑工程施工许可证》未注明合同开工日期，但建筑工程承包合同注明的开工日期在 2016 年 4 月 30 日前的建筑工程项目，属于财税〔2016〕36 号文件规定的可以选择简易计税方法计税的建筑工程老项目。

3）未取得《建筑工程施工许可证》的，建筑工程承包合同注明的开工日期在 2016 年 4 月 30 日前的建筑工程项目。

（2）销售不动产

1）一般纳税人销售其 2016 年 4 月 30 日前取得（不含自建）的不动产，可以选择适用简易计税方法，以取得的全部价款和价外费用减去该项不动产购置原价或者取得不动产时的作价后的余额为销售额，按照 5% 的征收率计算应纳税额。

2）一般纳税人销售其 2016 年 4 月 30 日前自建的不动产，可以选择适用简易计税方法，以取得的全部价款和价外费用为销售额，按照 5% 的征收率计算应纳税额。

（3）经营租赁服务

1）一般纳税人出租其 2016 年 4 月 30 日前取得的不动产，可以选择适用简易计税方法，按照 5% 的征收率计算应纳税额。

2）以纳入营改增试点之日前取得的有形动产为标的物提供的经营租赁服务。

3）在纳入营改增试点之日前签订的尚未执行完毕的有形动产租赁合同。

（4）建筑用和生产建筑材料所用的砂、土、石料（条件是用于建筑或生产建筑材料的砂石及土料）。

（5）以自己采掘的砂、土、石料或其他矿物连续生产的砖、瓦、石灰（不含黏土实心砖、瓦）。

（6）商品混凝土（仅限于以水泥为原料生产的水泥混凝土）。

（7）纳税人转让 2016 年 4 月 30 日前取得的土地使用权，可以选择适用简易计税方法，以取得的全部价款和价外费用减去取得该土地使用权的原价后的余额为销售额，按照 5% 的征收率计算缴纳增值税。

（8）一般纳税人销售自己使用过的、纳入营改增试点之日前取得的固定资产，或属于按照规定不得抵扣且未抵扣进项税额的固定资产，可按简易办法依 3% 征收率减按 2% 征收增值税，同时不得开具增值税专用发票。

（9）纳税人购进或自制固定资产时为小规模纳税人，登记为一般纳税人后再销售该固定资产，可按简易办法依 3% 征收率减按 2% 征收增值税，同时不得开具增值税专用发票。

三、增值税差额征税计税

（一）建筑施工企业适用差额征税规定

试点纳税人提供建筑服务适用简易计税方法的，以取得的全部价款和价外费用扣除支付的分包款后的余额为销售额。这里包括两种情况：

一种是一般纳税人对特定项目选择简易计税，还有一种是小规模纳税人按照简易计税，均可以实现差额征税。这里的差额征税实际上也是营业税关于建筑业总分包差额征税的政策平移。

差额征收的账务处理：

（1）一般纳税人选择简易计税方法，支付分包工程款时：

借：工程施工——合同成本——分包成本
　　应交税费——应交增值税（简易计税）
　　　贷：银行存款（或应付账款）
与建设单位结算工程款时：
借：银行存款（或应收账款）
　　　贷：工程结算
　　　　　应交税费——应交增值税（简易计税）
（2）小规模纳税人支付分包工程款时：
借：工程施工——合同成本——分包成本
　　应交税费——应交增值税
　　　贷：银行存款（或应付账款）
与建设单位结算工程款时：
借：银行存款（或应收账款）
　　　贷：工程结算
　　　　　应交税费——应交增值税

（二）金融商品转让

1. 增值税差额征税规定

金融商品转让，按照卖出价扣除买入价后的余额为销售额。这一点其实在营业税中已经有了规定，增值税仅仅是将原有营业税政策进行了平移。

2. 如何计算差额征税

转让金融商品出现的正负差，按盈亏相抵后的余额为销售额。若相抵后出现负差，可结转下一纳税期与下期转让金融商品销售额相抵，但年末时仍出现负差的，不得转入下一个会计年度。

金融商品的买入价，可以选择按照加权平均法或者移动加权平均法进行核算，选择后 36 个月内不得变更。

（三）劳务派遣服务

劳务派遣服务，是指劳务派遣公司为了满足用工单位对于各类灵活用工的需求，将员工派遣至用工单位，接受用工单位管理并为其工作的服务。

一般纳税人提供劳务派遣服务，可以按照《财政部国家税务总局关于全面推开营业税改征增值税试点的通知》（财税〔2016〕36 号）的有关规定，以取得的全部价款和价外费用为销售额，按照一般计税方法计算缴纳增值税；也可以选择差额纳税，以取得的全部价款和价外费用，扣除代用工单位支付给劳务派遣员工的工资、福利和为其办理社会保险及住房公积金后的余额为销售额，按照简易计税方法依 5%的征收率计算缴纳增值税。

【案例1】如果一般纳税人提供劳务派遣服务选择差额征税，含税销售额 100 万元，支付给劳务派遣员工工资、福利和为其办理社会保险及住房公积金的费用 80 万元。

【案例分析及解答】

（1）确认收入时会计处理

借：银行存款　　　　　　　　　　　　　　　　　　　　　　　1 000 000.00
　　　贷：主营业务收入　　　　　　　　　　　　　　　　　　　952 380.95
　　　　　应交税费——简易计税　　　　　　　　　　　　　　　　47 619.05

（2）支付给劳务派遣员工工资、福利和为其办理社会保险及住房公积金会计处理

借：应交税费——简易计税　　　　　　　　　　　　　　　　　　38 095.24
　　主营业务成本　　　　　　　　　　　　　　　　　　　　　761 904.76

贷：银行存款 800 000.00

　　小规模纳税人提供劳务派遣服务，可以按照《财政部国家税务总局关于全面推开营业税改征增值税试点的通知》（财税〔2016〕36 号）的有关规定，以取得的全部价款和价外费用为销售额，按照简易计税方法依 3%的征收率计算缴纳增值税；也可以选择差额纳税，以取得的全部价款和价外费用，扣除代用工单位支付给劳务派遣员工的工资、福利和为其办理社会保险及住房公积金后的余额为销售额，按照简易计税方法依 5%的征收率计算缴纳增值税。

　　【案例 2】如果小规模提供劳务派遣服务选择差额征税，含税销售额 8 万元，支付给劳务派遣员工工资、福利和为其办理社会保险及住房公积金的费用 6 万元时，按规定允许扣减销售额而减少的应交增值税 60 000.00/（1＋5%）×5%＝2857.14 元。

　　【案例分析及解答】

　　（1）确认收入时会计处理

借：银行存款 80 000.00
　　贷：营业收入 76 190.48
　　　　应交税费——应交增值税 3809.52

　　（2）支付给劳务派遣员工工资、福利和为其办理社会保险及住房公积金会计处理

借：应交税费——应交增值税 2857.14
　　主营业务成本 57 142.86
　　贷：银行存款 60 000.00

　　选择差额纳税的纳税人，向用工单位收取用于支付给劳务派遣员工工资、福利和为其办理社会保险及住房公积金的费用，不得开具增值税专用发票，可以开具普通发票。

　　（四）人力资源外包服务

　　纳税人提供人力资源外包服务，按照经纪代理服务缴纳增值税，其销售额不包括受客户单位委托代为向客户单位员工发放的工资和代理缴纳的社会保险、住房公积金。向委托方收取并代为发放的工资和代理缴纳的社会保险、住房公积金，不得开具增值税专用发票，可以开具普通发票。

　　一般纳税人提供人力资源外包服务，可以选择适用简易计税方法，按照 5%的征收率计算缴纳增值税。

　　这里特别需要注意的是，无论是一般计税方法还是简易计税方法，人力资源外包均可享受差额征税政策。

　　（五）转让营改增前取得的土地使用权

　　纳税人转让 2016 年 4 月 30 日前取得的土地使用权，可以选择适用简易计税方法，以取得的全部价款和价外费用减去取得该土地使用权的原价后的余额为销售额，按照 5%的征收率计算缴纳增值税。

　　这一条政策实际上是延续了以前营业税下土地使用权和不动产的差额征税政策。

　　（六）按照简易计税方法转让二手房

　　（1）一般纳税人转让其 2016 年 4 月 30 日前取得（不含自建）的不动产，可以选择适用简易计税方法计税，以取得的全部价款和价外费用扣除不动产购置原价或者取得不动产时的作价后的余额为销售额，按照 5%的征收率计算应纳税额。纳税人应按照上述计税方法向不动产所在地主管地税机关预缴税款，向机构所在地主管国税机关申报纳税。

　　（2）小规模纳税人转让其取得（不含自建）的不动产，以取得的全部价款和价外费用扣除不动产购置原价或者取得不动产时的作价后的余额为销售额，按照 5%的征收率计算应纳税额。

　　（3）个人转让其购买的住房，按照有关规定差额缴纳增值税的，以取得的全部价款和价外费用扣除购买住房价款后的余额为销售额，按照 5%的征收率计算应纳税额。

这里分为三种情况，一般纳税人、小规模纳税人和其他个人，但核心前提都是二手房的简易计税方法。

（七）物业公司水费收取

提供物业管理服务的纳税人，向服务接受方收取的自来水水费，以扣除其对外支付的自来水水费后的余额为销售额，按照简易计税方法依 3% 的征收率计算缴纳增值税。

这一条的由来也是营业税下物业公司代收水电费的差额征税政策，但营改增后，增值税视为转售行水电行为，电费可以正常按照 16% 抵扣进项税额，但水费能够抵扣的进项税额只有 3%，销项要按照 10%，存在较大的税率差。

第六节　应纳税额的计算

一、施工企业一般计税方法的应纳税额的计算公式

当期应纳税额＝当期销项税额－当期进项税额－当期增值税预缴税额

当期销项税额小于当期进项税额不足抵扣时，其不足部分可以结转下期继续抵扣。

销项税额＝销售额×税率

销售额＝含税销售额/（1＋税率），施工企业销售额＝含税销售额/（1＋10%）

增值税预缴税额＝（全部价款和价外费用－支付的分包款）/（1＋10%）×2%

进项税额，是指纳税人购进货物、加工修理修配劳务、服务、无形资产或者不动产，支付或负担的增值税额。

【案例 3】施工企业一般纳税人 2018 年 6 月取得跨县（市、区）施工服务一般计税方法计税的施工收入 1100 万元（含税），当月外购材料 100 万元，设备 100 万元，以上支出均为不含税金额，发生跨县（市、区）施工服务劳务分包支出 550 万元（含税，税率 10%），且按规定取得抵扣凭证。

【案例分析及解答】

销售额＝含税销售额/（1＋税率）＝1100/（1＋10%）＝1000（万元）

预缴增值税＝（1100－550）/（1＋10%）×2%＝10（万元）

当期销项税额＝销售额×税率＝1000×10%＝100（万元）

当期进项税额＝100×16%＋100×16%＋550/（1＋10%）×10%＝16＋16＋50＝82（万元）

当期应纳税额＝当期销项税额－当期进项税额＝100－82＝18（万元）

当期应补（退）税额＝应纳税额－预缴增值税＝18－10＝8（万元）

接上例当月外购材料 300 万元，其他条件不变，则

销售额＝含税销售额/（1＋税率）＝1100/（1＋10%）＝1000（万元）

预缴增值税＝（1100－550）/（1＋10%）×2%＝10（万元）

当期销项税额＝销售额×税率＝1000×10%＝100（万元）

当期进项税额＝300×16%＋100×16%＋550/（1＋10%）×10%＝48＋16＋50＝114（万元）

当期应纳税额＝当期销项税额－当期进项税额＝100－114＝－14（万元）

当期应补（退）税额为 0，期末多缴增值税 10 万元。

当前增值税政策规定，当期销项税额小于当期进项税额不足抵扣时，其不足部分可以结转下期继续抵扣。因此，纳税人当期不需要缴纳增值税，期末留抵税额 14 万元可以结转下期继续抵扣，期末多缴增值税 10 万元结转以后期间继续抵减。

二、施工企业简易计税方法的增值税应纳税额的计算公式

（1）增值税应纳税额＝销售额×征收率－增值税预缴税额

增值税销售额＝含税销售额/（1＋征收率）＝含税销售额/（1＋3%）

增值税预缴税额＝（全部价款和价外费用－支付的分包款）/（1＋3%）×3%

（2）销售额是指纳税人发生应税行为取得的全部价款和价外费用。

价外费用，是指价外的各种性质的收费，但不包括以下项目：

1）代为收取并符合《营业税改增值税试点实施办法》第十条规定的政府性基金或者行政事业性收费。

2）以委托名义开具发票代委托方收取的款项。

（3）适用简易计税方法的，进项税额不得抵扣。因销售折让、中止或者退回而退还给购买方的销售额，应当从当期销售额中扣减。扣减当期销售额后仍有余额造成多缴的税款，可以从以后的应纳税额中扣减。

《营业税改增值税试点实施办法》（财税〔2016〕36号印发）第二十七条规定进项税额不得从销项税额中抵扣的：用于简易计税方法计税项目、免征增值税项目、集体福利或者个人消费的购进货物、加工修理修配劳务、服务、无形资产和不动产。其中涉及的固定资产、无形资产、不动产，仅指专用于上述项目的固定资产、无形资产（不包括其他权益性资产）、不动产。

（4）施工企业纳税人适用简易计税方法的，以取得的全部价款和介外费用扣除支付的分包款后的余额为销售额。

【案例4】 施工企业一般纳税人2018年6月取得跨县（市、区）施工服务简易计税方法计税的项目收入1030万元（含税），当月外购材料100万元（不含税），发生跨县（市、区）施工服务劳务分包支出515万元（含税）。

【案例分析及解答】

销售额＝含税销售额/（1＋税率）＝1030/（1＋3%）＝1000（万元）

预缴增值税＝（1030－515）/（1＋3%）×3%＝15（万元）

当期应纳税额＝（全部价款和价外费用－支付的分包款）/（1＋3%）×3%－预缴增值税＝（1030－515）/（1＋3%）×3%－15＝0（万元）

三、施工企业异地增值税预缴税款

（1）纳税人跨县（市、区）提供建筑服务，按照以下规定预缴税款：

1）一般纳税人跨县（市、区）提供建筑服务，适用一般计税方法计税的，以取得的全部价款和价外费用扣除支付的分包款后的余额，按照2%的预征率计算应预缴税款。

2）一般纳税人跨县（市、区）提供建筑服务，选择适用简易计税方法计税的，以取得的全部价款和价外费用扣除支付的分包款后的余额，按照3%的征收率计算应预缴税款。

3）小规模纳税人跨县（市、区）提供建筑服务，以取得的全部价款和价外费用扣除支付的分包款后的余额，按照3%的征收率计算应预缴税款。

（2）税人跨县（市、区）提供建筑服务，按照以下公式计算应预缴税款：

适用一般计税方法计税的：应预缴税款＝（全部价款和价外费用－支付的分包款）/（1＋10%）×2%

适用简易计税方法计税的：应预缴税款＝（全部价款和价外费用－支付的分包款）/（1＋3%）×3%

纳税人取得的全部价款和价外费用扣除支付的分包款后的余额为负数的，可结转下次预缴税款时继续扣除。

纳税人应按照工程项目分别计算应预缴税款，分别预缴。

（3）纳税人按照上述规定从取得的全部价款和价外费用中扣除支付的分包款，应当取得符合法律、行政法规和国家税务总局规定的合法有效凭证，否则不得扣除。

1）上述凭证是指：

① 从分包方取得的 2016 年 4 月 30 日前开具的建筑业营业税发票。

② 上述建筑业营业税发票在 2016 年 6 月 30 日前可作为预缴税款的扣除凭证。

2）从分包方取得的 2016 年 5 月 1 日后开具的，备注栏注明建筑服务发生地所在县（市、区）、项目名称的增值税发票。

3）国家税务总局规定的其他凭证。

（4）纳税人跨地级行政区提供建筑服务，在向建筑服务发生地主管国税机关预缴税款时，需填报《增值税预缴税款表》，并出示以下资料：

1）与发包方签订的建筑合同复印件（加盖纳税人公章）。

2）与分包方签订的分包合同复印件（加盖纳税人公章）。

3）从分包方取得的发票复印件（加盖纳税人公章）。

（5）纳税人跨县（市、区）提供建筑服务，向建筑服务发生地主管国税机关预缴的增值税税款，可以在当期增值税应纳税额中抵减，抵减不完的，结转下期继续抵减。

纳税人以预缴税款抵减应纳税额，应以完税凭证作为合法有效凭证。

（6）小规模纳税人跨县（市、区）提供建筑服务，不能自行开具增值税发票的，可向建筑服务发生地主管国税机关按照其取得的全部价款和价外费用申请代开增值税发票。

（7）对跨县（市、区）提供的建筑服务，纳税人应自行建立预缴税款台账，区分不同县（市、区）和项目逐笔登记全部收入、支付的分包款、已扣除的分包款、扣除分包款的发票号码、已预缴税款以及预缴税款的完税凭证号码等相关内容，留存备查。

（8）纳税人跨县（市、区）提供建筑服务预缴税款时间，按照财税〔2016〕36 号文件规定的纳税义务发生时间和纳税期限执行。

（9）纳税人跨县（市、区）提供建筑服务，按照本办法应向建筑服务发生地主管国税机关预缴税款而自应当预缴之月起超过 6 个月没有预缴税款的，由机构所在地主管国税机关按照《中华人民共和国税收征收管理法》及相关规定进行处理。

第七节　异地工程项目税款预缴

一、施工企业关于外出经营活动的相关操作

外出经营活动税收管理作为现行税收征管的一项基本制度，是《税收征管法实施细则》和《增值税暂行条例》规定的法定事项，也是落实现行财政分配体制、解决跨区域经营纳税人的税收收入及征管职责在机构所在地与经营地之间划分问题的管理方式，对维持税收属地入库原则、防止漏征漏管和重复征收具有重要作用。根据《国家税务总局关于创新跨区域涉税事项报验管理制度的通知》（税总发〔2017〕103 号）的规定，为切实减轻纳税人办税负担，提高税收征管效率，按照该项制度的管理实质，将其更名为"跨区域涉税事项报验管理"。

（一）施工企业填报《跨区域涉税事项报告表》

纳税人跨区域经营前不再开具相关证明，改为填报《跨区域涉税事项报告表》（表 2−4）。纳税人跨省（自治区、直辖市和计划单列市）临时从事生产经营活动的，不再开具《外出经营活动税收管理证明》，改向机构所在地的国税机关填报《跨区域涉税事项报告表》。纳税人在省（自治区、直辖市和计划单列市）

内跨县（市）临时从事生产经营活动的，是否实施跨区域涉税事项报验管理由各省（自治区、直辖市和计划单列市）税务机关自行确定。

（二）《跨区域涉税事项报告表》的有效期

取消跨区域涉税事项报验管理的固定有效期。税务机关不再按照 180 天设置报验管理的固定有效期，改按跨区域经营合同执行期限作为有效期限。合同延期的，纳税人可向经营地或机构所在地的国税机关办理报验管理有效期限延期手续。

（三）跨区域涉税事项报验管理

实行跨区域涉税事项报验管理信息电子化。跨区域报验管理事项的报告、报验、延期、反馈等信息，通过信息系统在机构所在地和经营地的国税机关之间传递，机构所在地的国税机关、地税机关之间，经营地的国税机关、地税机关之间均要实时共享相关信息。

（四）跨区域涉税事项报告、报验及反馈

1.《跨区域涉税事项报告表》填报

具备网上办税条件的，纳税人可通过网上办税系统，自主填报《跨区域涉税事项报告表》。不具备网上办税条件的，纳税人向主管税务机关（办税服务厅）填报《跨区域涉税事项报告表》，并出示加载统一社会信用代码的营业执照副本（未换照的出示税务登记证副本），或加盖纳税人公章的副本复印件（以下统称"税务登记证件"）；已实行实名办税的纳税人只需填报《跨区域涉税事项报告表》。

2. 跨区域涉税事项报验

跨区域涉税事项由纳税人首次在经营地办理涉税事宜时，向经营地的国税机关报验。纳税人报验跨区域涉税事项时，应当出示税务登记证件。

3. 跨区域涉税事项信息反馈

纳税人跨区域经营活动结束后，应当结清经营地的国税机关、地税机关的应纳税款以及其他涉税事项，向经营地的国税机关填报《经营地涉税事项反馈表》（表 2-5）。

经营地的国税机关核对《经营地涉税事项反馈表》后，将相关信息推送经营地的地税机关核对（2个工作日内完成核对并回复，实行联合办税的即时回复），地税机关同意办结的，经营地的国税机关应当及时将相关信息反馈给机构所在地的国税机关。纳税人不需要另行向机构所在地的税务机关反馈。

二、异地预缴税款

施工企业跨地级行政区提供建筑服务，除了需要办理跨区域涉税事项报告，接受建筑服务发生地主管税务机关的报验管理之外，还需要再向建筑服务发生地主管税务机关预缴相应的税费。

1. 办理预缴税款的操作步骤

（1）纳税人跨地级行政区提供建筑服务，在向建筑服务发生地主管国税机关预缴税款时，需填报《增值税预缴税款表》（表 2-6），并出示以下资料：

1）与发包方签订的建筑合同复印件（加盖纳税人公章）。

2）与分包方签订的分包合同复印件（加盖纳税人公章）。

3）从分包方取得的发票复印件（加盖纳税人公章）。

（2）纳税人跨地区提供建筑服务的，应在建筑服务发生地预缴增值税时，以预缴增值税额为计税依据，并按预缴增值税所在地的城市维护建设税适用税率和教育费附加征收率就地计算缴纳城市维护建设税和教育费附加（表 2-7）。

实际操作中有些税务机关要求施工企业预缴个人所得税和企业所得税，如施工企业能提供已在机构所在地按规定缴纳所涉税种的证明并被建筑服务发生地主管税务机关认可则可以不用再预缴，否则施工企业还需要在建筑服务发生地预缴个人所得税和企业所得税。

2. 预缴税款的计算填写

目前建筑工程项目适用的增值税预征率分为两档：一是采用一般计税方法计税的项目税率为10%，其预征率为2%；二是采用简易计税方法计税的项目征收率是3%，其预征率为3%。

"预征税额"就是附加税（费）申报表上的计税基数，各种附加费的"计税（征）总额"取自该数。

$$本期应征附加税费 = 计税总额 \times 税率（费率）$$

就预缴税款的计算填写，下面举个简单的例子：

【案例5】 某施工企业注册地为甲地级市，在乙地级市有采用一般计税方法计税的A项目。2018年6月，A项目按完工百分比法确认工程量为880万元，当月支付分包款550万元，已取得分包方550万元的增值税专用发票（以上金额均含税），分包方已在乙地完成了相关的税款预缴，并取得了由乙地主管税务机关出具的完证凭证。乙地主管地税机关按规定收取教育费附加、地方教育费附加、城市维护建设税。请计算A项目此次需预缴的税款金额。

【案例分析及解答】

预缴增值税税额 = （8 800 000 − 5 500 000）/（1 + 10%）× 2% = 60 000（元）

城市维护建设税 = 60 000 × 5% = 3000（元）

教育费附加 = 60 000 × 3% = 1800（元）

地方教育费附加 = 60 000 × 2% = 1200（元）

此次A项目应在乙地主管国税机关预缴增值税60 000元，在乙地主管地税机关预缴附加费6000元。

假设该施工企业的A项目为简易计税方法计税的项目，其他条件不变，请计算A项目此次需预缴的税款金额。

预缴增值税税额 = （8 800 000 − 5 500 000）/（1 + 3%）× 3% = 96 116.50（元）

城市维护建设税 = 96 116.50 × 5% = 4805.83（元）

教育费附加 = 87 378.64 × 3% = 2883.50（元）

地方教育费附加 = 87 378.64 × 2% = 1922.33（元）

此次A项目应在甲地主管国家税务机关预缴增值税96 116.50元，在主管地税机关预缴附加费9611.66元。

表2-4 跨区域涉税事项报告表

纳税人名称		纳税人识别号 （统一社会信用代码）			
经办人		座机		手机	
跨区域涉税事项联系人		座机		手机	
跨区域 经营地址	_____省（自治区/市）_____市（地区/盟/自治州）_____县（自治县/旗/自治旗/市/区）_____乡（民族乡/镇/街道）_____ 村（路/社区）_____号				
经营方式	建筑安装☐ 装饰修饰☐ 修理修配☐ 加工☐ 批发☐ 零售☐ 批零兼营☐ 零批兼营☐ 其他☐				
企业所得税		国税☐ 地税☐ 无企业所得税☐			
合同名称				合同编号	
合同金额		合同有效期限	年 月 日至 年 月 日		
合同相对方名称		合同相对方纳税人识别号 （统一社会信用代码）			
延长有效期	跨区域涉税事项报验管理编号		税跨报〔 〕 号		
	最新有效期止		至 年 月 日		

续表

纳税人声明：我承诺，上述填报内容是真实的、可靠的、完整的，并愿意承担相应法律责任。

经办人：　　　　　　　　　　纳税人（盖章）
年 月 日

税务机关事项告知：纳税人应当在跨区域涉税事项报验管理有效期内在经营地从事经营活动，若合同延期，可向经营地的国税机关或机构所在地的国税机关办理报验管理有效期的延期手续。

以下由税务机关填写

跨区域涉税事项报验管理编号：　税跨报〔　〕　号

经办人：　　　　　　　　　　负责人：

税务机关（盖章）
年 月 日

税务机关联系电话：

跨区域涉税事项报验管理有效日期	自　年　月　日起至　年　月　日
延长后的跨区域涉税事项报验管理有效日期	自　年　月　日起至　年　月　日

【填表说明】

（1）本表由纳税人在跨区域经营活动前向税务机关报告时，以及在办理跨区域涉税事项报验管理有效期延期时填写。纳税人在跨区域经营活动前向机构所在地的国税机关填报，在办理报验管理有效期延期时向经营地或机构所在地的国税机关填报。

（2）本表一式二份，纳税人、机构所在地或经营地的国税机关各留存一份。

（3）"纳税人识别号（统一社会信用代码）"栏，未换领加载统一社会信用代码营业执照的纳税人填写原15位纳税人识别号，已领用加载统一社会信用代码营业执照的纳税人填写18位统一社会信用代码。

（4）"经办人"栏填写办理《跨区域涉税事项报告表》的人员；"跨区域涉税事项联系人"栏填写负责办理跨区域经营活动具体涉税事宜的人员。"座机""手机"栏请务必准确填写，以方便联系沟通，尤其是方便税务机关及时反馈办理进程。

（5）"经营方式"栏，按照实际经营情况在对应选项"□"里打"√"。

（6）"企业所得税"栏，根据实际情况选择，企业所得税在国税机关缴纳的在"国税□"里打"√"，企业所得税在地税机关缴纳的在"地税□"里打"√"，依法不需要缴纳企业所得税的在"无企业所得税□"里打"√"。

（7）"合同名称"和"合同编号"栏，按照同一份合同的名称和编号填写。

（8）"合同相对方纳税人识别号（统一社会信用代码）"栏，根据合同相对方的实际情况填写，若合同相对方无纳税人识别号（统一社会信用代码），可不填写。

（9）"跨区域涉税事项报验管理编号""最新有效期止"栏，由办理报验管理有效期延期的纳税人填写。

（10）纳税人因合同延期，需办理报验管理有效期延期的，重新使用本表，但只填写"纳税人名称""纳税人识别号（统一社会信用代码）"以及"延长有效期"栏次，并签章。

表 2-5   经营地涉税事项反馈表

纳税人名称					
纳税人识别号 （统一社会信用代码）			跨区域涉税事项报验 管理编号	税跨报〔　〕　　号	
实际经营期间	自　　年　月　日起至　　年　月　日				
货物存放地点					
合同包含的项目名称	预缴税款征收率	已预缴税款金额	实际合同执行金额	开具发票金额 （含自开和代开）	应补预缴税款金额
合计金额					

	税务机关意见：
经办人： 纳税人（盖章）： 　　　　　　　　　　　年　月　日	经办人： 税务机关（盖章）： 　　　　　　　　　　　年　月　日

【填表说明】

（1）本表由纳税人在跨区域经营活动结束时填写，向经营地的国税机关填报。国税机关受理后，纳税人可索取《税务事项通知书》（受理通知）。

（2）本表一式一份，经营地的国税机关留存。

（3）"纳税人识别号（统一社会信用代码）"栏，未换领加载统一社会信用代码营业执照的纳税人填写原15位纳税人识别号，已领用加载统一社会信用代码营业执照的纳税人填写18位统一社会信用代码。

（4）"跨区域涉税事项报验管理编号"栏填写原《跨区域涉税事项报告表》中注明的管理编号。

（5）"实际经营期间"栏填写实际经营开始日期和经营结束日期。

（6）"货物存放地点"栏填写跨区域经营货物的具体存放地点，要明确填到区、街及街道号。若无跨区经营货物的，此栏不需要填写。

（7）"预缴税款征收率"栏按预缴税款时适用的征收率填写。

（8）"已预缴税款金额"栏填写已向经营地国税机关预缴的增值税税款的累计金额（金额单位：元，下同）。

（9）纳税人在向经营地的国税机关预缴税款后，应当及时向经营地的地税机关申报缴纳相应的税费。纳税人结清经营地的国税机关、地税机关应纳税款以及其他涉税事项后，才能向经营地的国税机关填报本表。

表 2-6

增 值 税 预 缴 税 款 表

税款所属时间：　年 月 日 至 年 月 日

纳税人识别号：□□□□□□□□□□□□□□□□□□□□　　　是否适用一般计税方法　是□　　否□

纳税人名称：（公章）　　　　　　　　　　　　　　　　　　　　　　　　金额单位：元（列至角分）

项目编号				项目名称		
项目地址						
预征项目和栏次		销售额	扣除金额		预征率	预征税额
		1	2		3	4
建筑服务	1					
销售不动产	2					
出租不动产	3					
	4					
	5					
合计	6					
授权声明	如果你已委托代理人填报，请填写下列资料： 　为代理一切税务事宜，现授权 （地址）　　　　　为本次纳税人的代理填报 人，任何与本表有关的往来文件，都可寄予此人。 授权人签字：		填表人申明		以上内容是真实的、可靠的、完整的。 纳税人签字：	

表 2-7

城建税、教育费附加、地方教育附加税（费）申报表

税款所属期限：自　年 月 日至　年 月 日　填表日期：　年 月 日　　　　金额单位：元 角 分

纳税人识别号

纳税人信息	名称					□单位 □个人		
	登记注册类型			所属行业				
	身份证件号码			联系方式				
税（费）种	计税（费）依据					税率 （征收率）	本期应纳税 （费）额	本期减免税 （费）额
	增值税		消费税	营业税	合计			
	一般增 值税	免抵 税额						减免性 质代码

税（费）种	一般增值税	免抵税额	消费税	营业税	合计	税率（征收率）	本期应纳税（费）额	减免性质代码	减免额	本期已缴税（费）额	本期应补（退）税（费）额
	1	2	3	4	5=1+2+3+4	6	7=5×6	8	9	10	11=7-9-10
城建税											
教育费附加											
地方教育附加											
—											
合计			—			—					

以下由纳税人填写：

纳税人声明	此纳税申报表是根据《中华人民共和国城市维护建设税暂行条例》《国务院征收教育费附加的暂行规定》《财政部关于统一地方教育附加政策有关问题的通知》和国家有关税收规定填报的，是真实的、可靠的、完整的。			
纳税人签章		代理人签章	代理人身份证号	

以下由税务机关填写：

受理人		受理日期	年 月 日	受理税务机关签章	

本表一式两份，一份纳税人留存，一份税务机关留存。

减免性质代码：减免性质代码按照国家税务总局制定下发的最新《减免性质及分类表》中的最细项减免性质代码填报。

第八节 纳 税 申 报

本章节介绍《纳税申报表》（表 2-8）及其附列资料填写说明（以下简称本表及填写说明）适用于增值税一般纳税人（以下简称"纳税人"）。

一、名词解释

（1）本表及填写说明所称"货物"，是指增值税的应税货物。

（2）本表及填写说明所称"劳务"，是指增值税的应税加工、修理、修配劳务。

（3）本表及填写说明所称"服务、不动产和无形资产"，是指销售服务、不动产和无形资产。

（4）本表及填写说明所称"按适用税率计税""按适用税率计算"和"一般计税方法"，均指按"应纳税额＝当期销项税额－当期进项税额"公式计算增值税应纳税额的计税方法。

（5）本表及填写说明所称"按简易办法计税""按简易征收办法计算"和"简易计税方法"，均指按"应纳税额＝销售额×征收率"公式计算增值税应纳税额的计税方法。

（6）本表及填写说明所称"扣除项目"，是指纳税人销售服务、不动产和无形资产，在确定销售额时，按照有关规定允许其从取得的全部价款和价外费用中扣除价款的项目。

表 2-8

增 值 税 纳 税 申 报 表
（一般纳税人适用）

根据国家税收法律法规及增值税相关规定制定本表。纳税人不论有无销售额，均应按税务机关核定的纳税期限填写本表，并向当地税务机关申报。

税款所属时间：自　　年　月　日至　　年　月　日　　　填表日期：　　年　月　日　　　　　金额单位：元 角 分

纳税人识别号 □□□□□□□□□□□□□□□□□□□□　　　所属行业：

纳税人名称	（公章）	法定代表人姓名		注册地址		生产经营地址	
开户银行及账号				登记注册类型		电话号码	

项目		栏次	一般项目		即征即退项目	
			本月数	本年累计	本月数	本年累计
销售额	（一）按适用税率计税销售额	1				
	其中：应税货物销售额	2				
	应税劳务销售额	3				
	纳税检查调整的销售额	4				
	（二）按简易办法计税销售额	5				
	其中：纳税检查调整的销售额	6				
	（三）免、抵、退办法出口销售额	7			—	—
	（四）免税销售额	8			—	—
	其中：免税货物销售额	9			—	—
	免税劳务销售额	10			—	—
税款计算	销项税额	11				
	进项税额	12				
	上期留抵税额	13				
	进项税额转出	14				
	免、抵、退应退税额	15			—	—

续表

项 目	栏次	一般项目		即征即退项目	
		本月数	本年累计	本月数	本年累计
税款计算 按适用税率计算的纳税检查应补缴税额	16			—	—
应抵扣税额合计	17＝12＋13－14－15＋16			—	—
实际抵扣税额	18（如17＜11，则为17，否则为11）				
应纳税额	19＝11－18				
期末留抵税额	20＝17－18			—	
简易计税办法计算的应纳税额	21				
按简易计税办法计算的纳税检查应补缴税额	22			—	—
应纳税额减征额	23				
应纳税额合计	24＝19＋21－23				
税款缴纳 期初未缴税额（多缴为负数）	25				
实收出口开具专用缴款书退税额	26			—	—
本期已缴税额	27＝28＋29＋30＋31				
① 分次预缴税额	28			—	—
② 出口开具专用缴款书预缴税额	29			—	—
③ 本期缴纳上期应纳税额	30				
④ 本期缴纳欠缴税额	31				
期末未缴税额（多缴为负数）	32＝24＋25＋26－27				
其中：欠缴税额（≥0）	33＝25＋26－27			—	—
本期应补（退）税额	34＝24－28－29				
即征即退实际退税额	35	—	—		
期初未缴查补税额	36				
本期入库查补税额	37				
期末未缴查补税额	38＝16＋22＋36－37				

授权声明	如果你已委托代理人申报，请填写下列资料： 为代理一切税务事宜，现授权 （地址）　　　　　　　　　　　　为本纳税人的代理申报人，任 何与本申报表有关的往来文件，都可寄予此人。 授权人签字：	申报人声明	本纳税申报表是根据国家税收法律法规及相关规定填报的，我确定它是真实的、可靠的、完整的。 声明人签字：

主管税务机关：　　　　　　　　　　接收人：　　　　　　　　　　接收日期：

二、《增值税纳税申报表（一般纳税人适用）》填写说明

（1）"税款所属时间"：指纳税人申报的增值税应纳税额的所属时间。应填写具体的起止年、月、日。

（2）"填表日期"：指纳税人填写本表的具体日期。

（3）"纳税人识别号"：填写纳税人的税务登记证件号码。

（4）"所属行业"：按照国民经济行业分类与代码中的小类行业填写。

（5）"纳税人名称"：填写纳税人单位名称全称。

（6）"法定代表人姓名"：填写纳税人法定代表人的姓名。

（7）"注册地址"：填写纳税人税务登记证件所注明的详细地址。

（8）"生产经营地址"：填写纳税人实际生产经营地的详细地址。

（9）"开户银行及账号"：填写纳税人开户银行的名称和纳税人在该银行的结算账户号码。

（10）"登记注册类型"：按纳税人税务登记证件的栏目内容填写。

（11）"电话号码"：填写可联系到纳税人的常用电话号码。

（12）"即征即退项目"列：填写纳税人按规定享受增值税即征即退政策的货物、劳务和服务、不动产、无形资产的征（退）税数据。

（13）"一般项目"列：填写除享受增值税即征即退政策以外的货物、劳务和服务、不动产、无形资产的征（免）税数据。

（14）"本年累计"列：一般填写本年度内各月"本月数"之和。其中，第13、20、25、32、36、38栏及第18栏"实际抵扣税额""一般项目"列的"本年累计"分别按本填写说明第（二十七）（三十四）（三十九）（四十六）（五十）（五十二）（三十二）条要求填写。

（15）第1栏"（一）按适用税率计税销售额"：填写纳税人本期按一般计税方法计算缴纳增值税的销售额，包含：在财务上不作销售但按税法规定应缴纳增值税的视同销售和价外费用的销售额；外贸企业作价销售进料加工复出口货物的销售额；税务、财政、审计部门检查后按一般计税方法计算调整的销售额。

营业税改征增值税的纳税人，服务、不动产和无形资产有扣除项目的，本栏应填写扣除之前的不含税销售额。

本栏"一般项目"列"本月数"=《附列资料（一）》（表2-9）第9列第1至5行之和-第9列第6、7行之和；本栏"即征即退项目"列"本月数"=《附列资料（一）》第9列第6、7行之和。

（16）第2栏"其中：应税货物销售额"：填写纳税人本期按适用税率计算增值税的应税货物的销售额。包含在财务上不作销售但按税法规定应缴纳增值税的视同销售货物和价外费用销售额，以及外贸企业作价销售进料加工复出口货物的销售额。

（17）第3栏"应税劳务销售额"：填写纳税人本期按适用税率计算增值税的应税劳务的销售额。

（18）第4栏"纳税检查调整的销售额"：填写纳税人因税务、财政、审计部门检查，并按一般计税方法在本期计算调整的销售额。但享受增值税即征即退政策的货物、劳务和服务、不动产、无形资产，经纳税检查属于偷税的，不填入"即征即退项目"列，而应填入"一般项目"列。

营业税改征增值税的纳税人，服务、不动产和无形资产有扣除项目的，本栏应填写扣除之前的不含税销售额。

本栏"一般项目"列"本月数"=《附列资料（一）》第7列第1至5行之和。

（19）第5栏"按简易办法计税销售额"：填写纳税人本期按简易计税方法计算增值税的销售额。包含纳税检查调整按简易计税方法计算增值税的销售额。

营业税改征增值税的纳税人，服务、不动产和无形资产有扣除项目的，本栏应填写扣除之前的不含税销售额；服务、不动产和无形资产按规定汇总计算缴纳增值税的分支机构，其当期按预征率计算缴纳增值税的销售额也填入本栏。

本栏"一般项目"列"本月数"≥《附列资料（一）》第9列第8至13b行之和-第9列第14、15行之和；本栏"即征即退项目"列"本月数"≥《附列资料（一）》第9列第14、15行之和。

（20）第6栏"其中：纳税检查调整的销售额"：填写纳税人因税务、财政、审计部门检查，并按简易计税方法在本期计算调整的销售额。但享受增值税即征即退政策的货物、劳务和服务、不动产、无形资产，经纳税检查属于偷税的，不填入"即征即退项目"列，而应填入"一般项目"列。

营业税改征增值税的纳税人，服务、不动产和无形资产有扣除项目的，本栏应填写扣除之前的不含税销售额。

（21）第7栏"免、抵、退办法出口销售额"：填写纳税人本期适用免、抵、退税办法的出口货物、劳务和服务、无形资产的销售额。

营业税改征增值税的纳税人，服务、无形资产有扣除项目的，本栏应填写扣除之前的销售额。

本栏"一般项目"列"本月数"=《附列资料（一）》第9列第16、17行之和。

（22）第8栏"免税销售额"：填写纳税人本期按照税法规定免征增值税的销售额和适用零税率的销售额，但零税率的销售额中不包括适用免、抵、退税办法的销售额。

营业税改征增值税的纳税人，服务、不动产和无形资产有扣除项目的，本栏应填写扣除之前的免税销售额。

本栏"一般项目"列"本月数"=《附列资料（一）》第9列第18、19行之和。

（23）第9栏"其中：免税货物销售额"：填写纳税人本期按照税法规定免征增值税的货物销售额及适用零税率的货物销售额，但零税率的销售额中不包括适用免、抵、退税办法出口货物的销售额。

（24）第10栏"免税劳务销售额"：填写纳税人本期按照税法规定免征增值税的劳务销售额及适用零税率的劳务销售额，但零税率的销售额中不包括适用免、抵、退税办法的劳务的销售额。

（25）第11栏"销项税额"：填写纳税人本期按一般计税方法计税的货物、劳务和服务、不动产、无形资产的销项税额。

营业税改征增值税的纳税人，服务、不动产和无形资产有扣除项目的，本栏应填写扣除之后的销项税额。

本栏"一般项目"列"本月数"=《附列资料（一）》（第10列第1、3行之和－第10列第6行）+（第14列第2、4、5行之和－第14列第7行）；

本栏"即征即退项目"列"本月数"=《附列资料（一）》第10列第6行+第14列第7行。

（26）第12栏"进项税额"：填写纳税人本期申报抵扣的进项税额。

本栏"一般项目"列"本月数"+"即征即退项目"列"本月数"=《附列资料（二）》（表2-10）第12栏"税额"。

（27）第13栏"上期留抵税额"：

1）上期留抵税额按规定须挂账的纳税人，按以下要求填写本栏的"本月数"和"本年累计"。

上期留抵税额按规定须挂账的纳税人是指试点实施之日前一个税款所属期的申报表第20栏"期末留抵税额""一般货物、劳务和应税服务"列"本月数"大于零，且兼有营业税改征增值税服务、不动产和无形资产的纳税人（下同）。其试点实施之日前一个税款所属期的申报表第20栏"期末留抵税额""一般货物、劳务和应税服务"列"本月数"，以下称为货物和劳务挂账留抵税额。

① 本栏"一般项目"列"本月数"：试点实施之日的税款所属期填写"0"；以后各期按上期申报表第20栏"期末留抵税额""一般项目"列"本月数"填写。

② 本栏"一般项目"列"本年累计"：反映货物和劳务挂账留抵税额本期期初余额。试点实施之日的税款所属期按试点实施之日前一个税款所属期的申报表第20栏"期末留抵税额""一般货物、劳务和应税服务"列"本月数"填写；以后各期按上期申报表第20栏"期末留抵税额""一般项目"列"本年累计"填写。

③ 本栏"即征即退项目"列"本月数"：按上期申报表第20栏"期末留抵税额""即征即退项目"列"本月数"填写。

2）其他纳税人，按以下要求填写本栏"本月数"和"本年累计"。

其他纳税人是指除上期留抵税额按规定须挂账的纳税人之外的纳税人（下同）。

① 本栏"一般项目"列"本月数"：按上期申报表第20栏"期末留抵税额""一般项目"列"本月数"填写。

② 本栏"一般项目"列"本年累计"：填写"0"。

③ 本栏"即征即退项目"列"本月数"：按上期申报表第 20 栏"期末留抵税额""即征即退项目"列"本月数"填写。

（28）第 14 栏"进项税额转出"：填写纳税人已经抵扣，但按税法规定本期应转出的进项税额。

本栏"一般项目"列"本月数"+"即征即退项目"列"本月数"=《附列资料（二）》第 13 栏"税额"。

（29）第 15 栏"免、抵、退应退税额"：反映税务机关退税部门按照出口货物、劳务和服务、无形资产免、抵、退办法审批的增值税应退税额。

（30）第 16 栏"按适用税率计算的纳税检查应补缴税额"：填写税务、财政、审计部门检查，按一般计税方法计算的纳税检查应补缴的增值税税额。

本栏"一般项目"列"本月数"≤《附列资料（一）》第 8 列第 1 至 5 行之和+《附列资料（二）》第 19 栏。

（31）第 17 栏"应抵扣税额合计"：填写纳税人本期应抵扣进项税额的合计数。按表中所列公式计算填写。

（32）第 18 栏"实际抵扣税额"：

1）上期留抵税额按规定须挂账的纳税人，按以下要求填写本栏的"本月数"和"本年累计"。

① 本栏"一般项目"列"本月数"：按表中所列公式计算填写。

② 本栏"一般项目"列"本年累计"：填写货物和劳务挂账留抵税额本期实际抵减一般货物和劳务应纳税额的数额。将"货物和劳务挂账留抵税额本期期初余额"与"一般计税方法的一般货物及劳务应纳税额"两个数据相比较，取二者中小的数据。

其中：货物和劳务挂账留抵税额本期期初余额=第 13 栏"上期留抵税额""一般项目"列"本年累计"；

一般计税方法的一般货物及劳务应纳税额=（第 11 栏"销项税额""一般项目"列"本月数"－第 18 栏"实际抵扣税额""一般项目"列"本月数"）×一般货物及劳务销项税额比例；

一般货物及劳务销项税额比例=（《附列资料（一）》第 10 列第 1、3 行之和－第 10 列第 6 行）/第 11 栏"销项税额""一般项目"列"本月数"×100%。

③ 本栏"即征即退项目"列"本月数"：按表中所列公式计算填写。

2）其他纳税人，按以下要求填写本栏的"本月数"和"本年累计"：

① 本栏"一般项目"列"本月数"：按表中所列公式计算填写。

② 本栏"一般项目"列"本年累计"：填写"0"。

③ 本栏"即征即退项目"列"本月数"：按表中所列公式计算填写。

（33）第 19 栏"应纳税额"：反映纳税人本期按一般计税方法计算并应缴纳的增值税额。按以下公式计算填写：

1）本栏"一般项目"列"本月数"=第 11 栏"销项税额""一般项目"列"本月数"－第 18 栏"实际抵扣税额""一般项目"列"本月数"－第 18 栏"实际抵扣税额""一般项目"列"本年累计"。

2）本栏"即征即退项目"列"本月数"=第 11 栏"销项税额""即征即退项目"列"本月数"－第 18 栏"实际抵扣税额""即征即退项目"列"本月数"。

（34）第 20 栏"期末留抵税额"：

1）上期留抵税额按规定须挂账的纳税人，按以下要求填写本栏的"本月数"和"本年累计"：

① 本栏"一般项目"列"本月数"：反映试点实施以后，货物、劳务和服务、不动产、无形资产共同形成的留抵税额。按表中所列公式计算填写。

② 本栏"一般项目"列"本年累计"：反映货物和劳务挂账留抵税额，在试点实施以后抵减一般货物和劳务应纳税额后的余额。按以下公式计算填写：

本栏"一般项目"列"本年累计"=第13栏"上期留抵税额""一般项目"列"本年累计"-第18栏"实际抵扣税额""一般项目"列"本年累计"。

③ 本栏"即征即退项目"列"本月数"：按表中所列公式计算填写。

2）其他纳税人，按以下要求填写本栏"本月数"和"本年累计"：

① 本栏"一般项目"列"本月数"：按表中所列公式计算填写。

② 本栏"一般项目"列"本年累计"：填写"0"。

③ 本栏"即征即退项目"列"本月数"：按表中所列公式计算填写。

（35）第21栏"简易计税办法计算的应纳税额"：反映纳税人本期按简易计税方法计算并应缴纳的增值税额，但不包括按简易计税方法计算的纳税检查应补缴税额。按以下公式计算填写：

本栏"一般项目"列"本月数"=《附列资料（一）》（第10列第8、9a、10、11行之和-第10列第14行）+（第14列第9b、12、13a、13b行之和-第14列第15行）

本栏"即征即退项目"列"本月数"=《附列资料（一）》第10列第14行+第14列第15行。

营业税改征增值税的纳税人，服务、不动产和无形资产按规定汇总计算缴纳增值税的分支机构，应将预征增值税额填入本栏。预征增值税额=应预征增值税的销售额×预征率。

（36）第22栏"按简易计税办法计算的纳税检查应补缴税额"：填写纳税人本期因税务、财政、审计部门检查并按简易计税方法计算的纳税检查应补缴税额。

（37）第23栏"应纳税额减征额"：填写纳税人本期按照税法规定减征的增值税应纳税额。包含按照规定可在增值税应纳税额中全额抵减的增值税税控系统专用设备费用以及技术维护费。

当本期减征额小于或等于第19栏"应纳税额"与第21栏"简易计税办法计算的应纳税额"之和时，按本期减征额实际填写；当本期减征额大于第19栏"应纳税额"与第21栏"简易计税办法计算的应纳税额"之和时，按本期第19栏与第21栏之和填写。本期减征额不足抵减部分结转下期继续抵减。

（38）第24栏"应纳税额合计"：反映纳税人本期应缴增值税的合计数。按表中所列公式计算填写。

（39）第25栏"期初未缴税额（多缴为负数）"："本月数"按上一税款所属期申报表第32栏"期末未缴税额（多缴为负数）""本月数"填写。"本年累计"按上年度最后一个税款所属期申报表第32栏"期末未缴税额（多缴为负数）""本年累计"填写。

（40）第26栏"实收出口开具专用缴款书退税额"：本栏不填写。

（41）第27栏"本期已缴税额"：反映纳税人本期实际缴纳的增值税额，但不包括本期入库的查补税款。按表中所列公式计算填写。

（42）第28栏"① 分次预缴税额"：填写纳税人本期已缴纳的准予在本期增值税应纳税额中抵减的税额。

营业税改征增值税的纳税人，分以下几种情况填写：

1）服务、不动产和无形资产按规定汇总计算缴纳增值税的总机构，其可以从本期增值税应纳税额中抵减的分支机构已缴纳的税款，按当期实际可抵减数填入本栏，不足抵减部分结转下期继续抵减。

2）销售建筑服务并按规定预缴增值税的纳税人，其可以从本期增值税应纳税额中抵减的已缴纳的税款，按当期实际可抵减数填入本栏，不足抵减部分结转下期继续抵减。

3）销售不动产并按规定预缴增值税的纳税人，其可以从本期增值税应纳税额中抵减的已缴纳的税款，按当期实际可抵减数填入本栏，不足抵减部分结转下期继续抵减。

4）出租不动产并按规定预缴增值税的纳税人，其可以从本期增值税应纳税额中抵减的已缴纳的税款，按当期实际可抵减数填入本栏，不足抵减部分结转下期继续抵减。

（43）第29栏"② 出口开具专用缴款书预缴税额"：本栏不填写。

（44）第30栏"③ 本期缴纳上期应纳税额"：填写纳税人本期缴纳上一税款所属期应缴未缴的增值税额。

（45）第31栏"④ 本期缴纳欠缴税额"：反映纳税人本期实际缴纳和留抵税额抵减的增值税欠税额，

但不包括缴纳入库的查补增值税额。

（46）第 32 栏"期末未缴税额（多缴为负数）"："本月数"反映纳税人本期期末应缴未缴的增值税额，但不包括纳税检查应缴未缴的税额。按表中所列公式计算填写。"本年累计"与"本月数"相同。

（47）第 33 栏"其中：欠缴税额（≥0）"：反映纳税人按照税法规定已形成欠税的增值税额。按表中所列公式计算填写。

（48）第 34 栏"本期应补（退）税额"：反映纳税人本期应纳税额中应补缴或应退回的数额。按表中所列公式计算填写。

（49）第 35 栏"即征即退实际退税额"：反映纳税人本期因符合增值税即征即退政策规定，而实际收到的税务机关退回的增值税额。

（50）第 36 栏"期初未缴查补税额"："本月数"按上一税款所属期申报表第 38 栏"期末未缴查补税额""本月数"填写。"本年累计"按上年度最后一个税款所属期申报表第 38 栏"期末未缴查补税额""本年累计"填写。

（51）第 37 栏"本期入库查补税额"：反映纳税人本期因税务、财政、审计部门检查而实际入库的增值税额，包括按一般计税方法计算并实际缴纳的查补增值税额和按简易计税方法计算并实际缴纳的查补增值税额。

（52）第 38 栏"期末未缴查补税额"："本月数"反映纳税人接受纳税检查后应在本期期末缴纳而未缴纳的查补增值税额。按表中所列公式计算填写，"本年累计"与"本月数"相同。

表 2-9 增值税纳税申报表附列资料（一）
（本期销售情况明细）

税款所属时间：　　年　月　日至　　年　月　日

纳税人名称：（公章）　　　　　　　　　　　　　　　　　　　金额单位：元角分

项目及栏次			开具增值税专用发票		开具其他发票		未开具发票		纳税检查调整		合计			服务、不动产和无形资产扣除项目本期实际扣除金额	扣除后	
			销售额	销项（应纳）税额	销售额	销项（应纳）税额	销售额	销项（应纳）税额	销售额	销项（应纳）税额	销售额	销项（应纳）税额	价税合计		含税（免税）销售额	销项（应纳）税额
			1	2	3	4	5	6	7	8	9=1+3+5+7	10=2+4+6+8	11=9+10	12	13=11-12	14=13/(100%+税率或征收率)×税率或征收率
一、一般计税方法计税	全部征税项目	17%税率的货物及加工修理修配劳务 1												—	—	—
		17%税率的服务、不动产和无形资产 2														
		13%税率 3												—	—	—
		11%税率的货物及加工修理修配劳务 4a												—	—	—
		11%税率的服务、不动产和无形资产 4b														
		6%税率 5														

续表

项目及栏次				开具增值税专用发票		开具其他发票		未开具发票		纳税检查调整		合计			服务、不动产和无形资产扣除项目本期实际扣除金额	扣除后	
				销售额	销项（应纳）税额	销售额	销项（应纳）税额	销售额	销项（应纳）税额	销售额	销项（应纳）税额	销售额	销项（应纳）税额	价税合计	含税（免税）销售额	销项（应纳）税额	
				1	2	3	4	5	6	7	8	9=1+3+5+7	10=2+4+6+8	11=9+10	12	13=11-12	14=13/(100%+税率或征收率)×税率或征收率
一、一般计税方法计税	其中：即征即退项目	即征即退货物及加工修理修配劳务	6	—	—							—			—	—	—
		即征即退服务、不动产和无形资产	7	—								—			—		—
二、简易计税方法计税	全部征税项目	6%征收率	8										—		—	—	—
		5%征收率的货物及加工修理修配劳务	9a										—		—	—	—
		5%征收率的服务、不动产和无形资产	9b										—		—	—	—
		4%征收率	10										—		—	—	—
		3%征收率的货物及加工修理修配劳务	11										—		—	—	—
		3%征收率的服务、不动产和无形资产	12										—		—	—	—
		预征率（%）	13a										—		—	—	—
		预征率（%）	13b										—		—	—	—
		预征率（%）	13c										—		—	—	—
	其中：即征即退项目	即征即退货物及加工修理修配劳务	14	—	—	—	—	—	—	—	—		—		—	—	—
		即征即退服务、不动产和无形资产	15	—	—								—		—	—	—
三、免抵退税		货物及加工修理修配劳务	16	—		—		—		—			—		—	—	—
		服务、不动产和无形资产	17	—		—		—		—			—		—	—	—
四、免税		货物及加工修理修配劳务	18	—		—		—		—			—				—
		服务、不动产和无形资产	19	—	—								—				—

《增值税纳税申报表附列资料（一）》（本期销售情况明细）填写说明

（1）"税款所属时间""纳税人名称"的填写同主表。

（2）各列说明

1）第1至2列"开具增值税专用发票"：反映本期开具增值税专用发票（含税控机动车销售统一发票，下同）的情况。

2）第3至4列"开具其他发票"：反映除增值税专用发票以外本期开具的其他发票的情况。

3）第5至6列"未开具发票"：反映本期未开具发票的销售情况。

4）第7至8列"纳税检查调整"：反映经税务、财政、审计部门检查并在本期调整的销售情况。

5）第9至11列"合计"：按照表中所列公式填写。

营业税改征增值税的纳税人，服务、不动产和无形资产有扣除项目的，第1至11列应填写扣除之前的征（免）税销售额、销项（应纳）税额和价税合计额。

6）第12列"服务、不动产和无形资产扣除项目本期实际扣除金额"：营业税改征增值税的纳税人，服务、不动产和无形资产有扣除项目的，按《附列资料（三）》（表2-11）第5列对应各行次数据填写，其中本列第5栏等于《附列资料（三）》第5列第3行与第4行之和；服务、不动产和无形资产无扣除项目的，本列填写"0"。其他纳税人不填写。

营业税改征增值税的纳税人，服务、不动产和无形资产按规定汇总计算缴纳增值税的分支机构，当期服务、不动产和无形资产有扣除项目的，填入本列第13行。

7）第13列"扣除后""含税（免税）销售额"：营业税改征增值税的纳税人，服务、不动产和无形资产有扣除项目的，本列各行次=第11列对应各行次-第12列对应各行次。其他纳税人不填写。

8）第14列"扣除后""销项（应纳）税额"：营业税改征增值税的纳税人，服务、不动产和无形资产有扣除项目的，按以下要求填写本列，其他纳税人不填写。

① 服务、不动产和无形资产按照一般计税方法计税

本列各行次=第13列/（100%+对应行次税率）×对应行次税率

本列第7行"按一般计税方法计税的即征即退服务、不动产和无形资产"不按本列的说明填写。具体填写要求见"各行说明"第2条第（2）项第③点的说明。

② 服务、不动产和无形资产按照简易计税方法计税

本列各行次=第13列/（100%+对应行次征收率）×对应行次征收率

本列第13行"预征率 %"不按本列的说明填写。具体填写要求见"各行说明"第4条第（2）项。

③ 服务、不动产和无形资产实行免抵退税或免税的，本列不填写。

（3）各行说明

1）第1至5行"一、一般计税方法计税""全部征税项目"各行：按不同税率和项目分别填写按一般计税方法计算增值税的全部征税项目。有即征即退征税项目的纳税人，本部分数据中既包括即征即退征税项目，又包括不享受即征即退政策的一般征税项目。

2）第6至7行"一、一般计税方法计税""其中：即征即退项目"各行：只反映按一般计税方法计算增值税的即征即退项目。按照税法规定不享受即征即退政策的纳税人，不填写本行。即征即退项目是全部征税项目的其中数。

① 第6行"即征即退货物及加工修理修配劳务"：反映按一般计税方法计算增值税且享受即征即退政策的货物和加工修理修配劳务。本行不包括服务、不动产和无形资产的内容。

a. 本行第9列"合计""销售额"栏：反映按一般计税方法计算增值税且享受即征即退政策的货物及加工修理修配劳务的不含税销售额。该栏不按第9列所列公式计算，应按照税法规定据实填写。

b. 本行第10列"合计""销项（应纳）税额"栏：反映按一般计税方法计算增值税且享受即征即退

政策的货物及加工修理修配劳务的销项税额。该栏不按第 10 列所列公式计算,应按照税法规定据实填写。

② 第 7 行"即征即退服务、不动产和无形资产":反映按一般计税方法计算增值税且享受即征即退政策的服务、不动产和无形资产。本行不包括货物及加工修理修配劳务的内容。

a. 本行第 9 列"合计""销售额"栏:反映按一般计税方法计算增值税且享受即征即退政策的服务、不动产和无形资产的不含税销售额。服务、不动产和无形资产有扣除项目的,按扣除之前的不含税销售额填写。该栏不按第 9 列所列公式计算,应按照税法规定据实填写。

b. 本行第 10 列"合计""销项(应纳)税额"栏:反映按一般计税方法计算增值税且享受即征即退政策的服务、不动产和无形资产的销项税额。服务、不动产和无形资产有扣除项目的,按扣除之前的销项税额填写。该栏不按第 10 列所列公式计算,应按照税法规定据实填写。

c. 本行第 14 列"扣除后""销项(应纳)税额"栏:反映按一般计税方法征收增值税且享受即征即退政策的服务、不动产和无形资产实际应计提的销项税额。服务、不动产和无形资产有扣除项目的,按扣除之后的销项税额填写;服务、不动产和无形资产无扣除项目的,按本行第 10 列填写。该栏不按第 14 列所列公式计算,应按照税法规定据实填写。

3)第 8 至 12 行"二、简易计税方法计税""全部征税项目"各行:按不同征收率和项目分别填写按简易计税方法计算增值税的全部征税项目。有即征即退征税项目的纳税人,本部分数据中既包括即征即退项目,也包括不享受即征即退政策的一般征税项目。

4)第 13a 至 13c 行"二、简易计税方法计税""预征率 %":反映营业税改征增值税的纳税人,服务、不动产和无形资产按规定汇总计算缴纳增值税的分支机构,预征增值税销售额、预征增值税应纳税额。其中,第 13a 行"预征率 %"适用于所有实行汇总计算缴纳增值税的分支机构试点纳税人;第 13b、13c 行"预征率 %"适用于部分实行汇总计算缴纳增值税的铁路运输试点纳税人。

① 第 13a 至 13c 行第 1 至 6 列按照销售额和销项税额的实际发生数填写。

② 第 13a 至 13c 行第 14 列,纳税人按"应预征缴纳的增值税=应预征增值税销售额×预征率"公式计算后据实填写。

5)第 14 至 15 行"二、简易计税方法计税""其中:即征即退项目"各行:只反映按简易计税方法计算增值税的即征即退项目。按照税法规定不享受即征即退政策的纳税人,不填写本行。即征即退项目是全部征税项目的其中数。

① 第 14 行"即征即退货物及加工修理修配劳务":反映按简易计税方法计算增值税且享受即征即退政策的货物及加工修理修配劳务。本行不包括服务、不动产和无形资产的内容。

a. 本行第 9 列"合计""销售额"栏:反映按简易计税方法计算增值税且享受即征即退政策的货物及加工修理修配劳务的不含税销售额。该栏不按第 9 列所列公式计算,应按照税法规定据实填写。

b. 本行第 10 列"合计""销项(应纳)税额"栏:反映按简易计税方法计算增值税且享受即征即退政策的货物及加工修理修配劳务的应纳税额。该栏不按第 10 列所列公式计算,应按照税法规定据实填写。

② 第 15 行"即征即退服务、不动产和无形资产":反映按简易计税方法计算增值税且享受即征即退政策的服务、不动产和无形资产。本行不包括货物及加工修理修配劳务的内容。

a. 本行第 9 列"合计""销售额"栏:反映按简易计税方法计算增值税且享受即征即退政策的服务、不动产和无形资产的不含税销售额。服务、不动产和无形资产有扣除项目的,按扣除之前的不含税销售额填写。该栏不按第 9 列所列公式计算,应按照税法规定据实填写。

b. 本行第 10 列"合计""销项(应纳)税额"栏:反映按简易计税方法计算增值税且享受即征即退政策的服务、不动产和无形资产的应纳税额。服务、不动产和无形资产有扣除项目的,按扣除之前的应纳税额填写。该栏不按第 10 列所列公式计算,应按照税法规定据实填写。

c. 本行第 14 列"扣除后""销项(应纳)税额"栏:反映按简易计税方法计算增值税且享受即征即退政策的服务、不动产和无形资产实际应计提的应纳税额。服务、不动产和无形资产有扣除项目的,按扣除之后的应纳税额填写；服务、不动产和无形资产无扣除项目的，按本行第 10 列填写。

6）第 16 行"三、免抵退税""货物及加工修理修配劳务"：反映适用免、抵、退税政策的出口货物、加工修理修配劳务。

7）第 17 行"三、免抵退税""服务、不动产和无形资产"：反映适用免、抵、退税政策的服务、不动产和无形资产。

8）第 18 行"四、免税""货物及加工修理修配劳务"：反映按照税法规定免征增值税的货物及劳务和适用零税率的出口货物及劳务，但零税率的销售额中不包括适用免、抵、退税办法的出口货物及劳务。

9）第 19 行"四、免税""服务、不动产和无形资产"：反映按照税法规定免征增值税的服务、不动产、无形资产和适用零税率的服务、不动产、无形资产，但零税率的销售额中不包括适用免、抵、退税办法的服务、不动产和无形资产。

表 2-10　　　　　　　　　　增值税纳税申报表附列资料（二）
（本期进项税额明细）

税款所属时间：　　　年　月　日至　　年　月　日

纳税人名称：（公章）　　　　　　　　　　　　　　　　　　　　　　　金额单位：元　角　分

一、申报抵扣的进项税额				
项　目	栏次	份数	金额	税额
（一）认证相符的增值税专用发票	1＝2＋3			
其中：本期认证相符且本期申报抵扣	2			
前期认证相符且本期申报抵扣	3			
（二）其他扣税凭证	4＝5＋6＋7＋8			
其中：海关进口增值税专用缴款书	5			
农产品收购发票或者销售发票	6			
代扣代缴税收缴款凭证	7		—	
加计扣除农产品进项税额	8a	—	—	
其他	8b			
（三）本期用于购建不动产的扣税凭证	9			
（四）本期不动产允许抵扣进项税额	10	—	—	
（五）外贸企业进项税额抵扣证明	11			
当期申报抵扣进项税额合计	12＝1＋4－9＋10＋11			
二、进项税额转出额				
项　目	栏次	税额		
本期进项税额转出额	13＝14 至 23 之和			
其中：免税项目用	14			
集体福利、个人消费	15			
非正常损失	16			
简易计税方法征税项目用	17			
免抵退税办法不得抵扣的进项税额	18			
纳税检查调减进项税额	19			
红字专用发票信息表注明的进项税额	20			
上期留抵税额抵减欠税	21			
上期留抵税额退税	22			
其他应作进项税额转出的情形	23			

三、待抵扣进项税额				
项　目	栏次	份数	金额	税额
（一）认证相符的增值税专用发票	24	—	—	—
期初已认证相符但未申报抵扣	25			
本期认证相符且本期未申报抵扣	26			
期末已认证相符但未申报抵扣	27			
其中：按照税法规定不允许抵扣	28			
（二）其他扣税凭证	29＝30至33之和			
其中：海关进口增值税专用缴款书	30			
农产品收购发票或者销售发票	31			
代扣代缴税收缴款凭证	32	—		
其他	33			
	34			
四、其他				
项　目	栏次	份数	金额	税额
本期认证相符的增值税专用发票	35			
代扣代缴税额	36	—	—	

《增值税纳税申报表附列资料（二）》（本期进项税额明细）填写说明

（1）"税款所属时间""纳税人名称"的填写同主表。

（2）第1至12栏"一、申报抵扣的进项税额"：分别反映纳税人按税法规定符合抵扣条件，在本期申报抵扣的进项税额。

1）第1栏"（一）认证相符的增值税专用发票"：反映纳税人取得的认证相符本期申报抵扣的增值税专用发票情况。该栏应等于第2栏"本期认证相符且本期申报抵扣"与第3栏"前期认证相符且本期申报抵扣"数据之和。

2）第2栏"其中：本期认证相符且本期申报抵扣"：反映本期认证相符且本期申报抵扣的增值税专用发票的情况。本栏是第1栏的其中数，本栏只填写本期认证相符且本期申报抵扣的部分。

适用取消增值税发票认证规定的纳税人，当期申报抵扣的增值税发票数据，也填报在本栏中。

3）第3栏"前期认证相符且本期申报抵扣"：反映前期认证相符且本期申报抵扣的增值税专用发票的情况。

辅导期纳税人依据税务机关告知的稽核比对结果通知书及明细清单注明的稽核相符的增值税专用发票填写本栏。本栏是第1栏的其中数，只填写前期认证相符且本期申报抵扣的部分。

上述第1至3点中涉及的增值税专用发票均不包含从小规模纳税人处购进农产品时取得的专用发票，但购进农产品未分别核算用于生产销售16%税率货物和其他货物服务的农产品进项税额情况除外。

4）第4栏"（二）其他扣税凭证"：反映本期申报抵扣的除增值税专用发票之外的其他扣税凭证的情况。具体包括：海关进口增值税专用缴款书、农产品收购发票或者销售发票（含农产品核定扣除的进项税额）、代扣代缴税收完税凭证、加计扣除农产品进项税额和其他符合政策规定的抵扣凭证。该栏应等于第5至8b栏之和。

5）第5栏"海关进口增值税专用缴款书"：反映本期申报抵扣的海关进口增值税专用缴款书的情况。按规定执行海关进口增值税专用缴款书先比对后抵扣的，纳税人需依据税务机关告知的稽核比对结果通知书及明细清单注明的稽核相符的海关进口增值税专用缴款书填写本栏。

6）第 6 栏"农产品收购发票或者销售发票"：反映纳税人本期购进农业生产者自产农产品取得（开具）的农产品销售发票或收购发票及从小规模纳税人处购进农产品时取得增值税专用发票情况。

"税额"栏＝农产品销售发票或者收购发票上注明的农产品买价×10%＋增值税专用发票上注明的金额×10%

上述公式中的"增值税专用发票"是指纳税人从小规模纳税人处购进农产品时取得的专用发票。

执行农产品增值税进项税额核定扣除办法的，填写当期允许抵扣的农产品增值税进项税额，不填写"份数""金额"。

7）第 7 栏"代扣代缴税收缴款凭证"：填写本期按规定准予抵扣的完税凭证上注明的增值税额。

8）第 8b 栏"其他"：反映按规定本期可以申报抵扣的其他扣税凭证情况。

纳税人按照规定不得抵扣且未抵扣进项税额的固定资产、无形资产、不动产，发生用途改变，用于允许抵扣进项税额的应税项目，可在用途改变的次月将按公式计算出的可以抵扣的进项税额，填入"税额"栏。

9）第 9 栏"（三）本期用于购建不动产的扣税凭证"：反映按规定本期用于购建不动产并适用分 2 年抵扣规定的扣税凭证上注明的金额和税额。购建不动产是指纳税人 2016 年 5 月 1 日后取得并在会计制度上按固定资产核算的不动产或者 2016 年 5 月 1 日后取得的不动产在建工程。

取得不动产，包括以直接购买、接受捐赠、接受投资入股、自建以及抵债等各种形式取得不动产，不包括房地产开发企业自行开发的房地产项目。

本栏次包括第 1 栏中本期用于购建不动产的增值税专用发票和第 4 栏中本期用于购建不动产的其他扣税凭证。

本栏"金额""税额"≤第 1 栏＋第 4 栏且本栏"金额""税额"≥0。

纳税人按照规定不得抵扣且未抵扣进项税额的不动产，发生用途改变，用于允许抵扣进项税额的应税项目，可在用途改变的次月将按公式计算出的可以抵扣的进项税额，填入"税额"栏。

本栏"税额"列＝《附列资料（五）》（表 2 – 13）第 2 列"本期不动产进项税额增加额"。

10）第 10 栏"（四）本期不动产允许抵扣进项税额"：反映按规定本期实际申报抵扣的不动产进项税额。本栏"税额"列＝《附列资料（五）》第 3 列"本期可抵扣不动产进项税额"。

11）第 11 栏"（五）外贸企业进项税额抵扣证明"：填写本期申报抵扣的税务机关出口退税部门开具的《出口货物转内销证明》列明允许抵扣的进项税额。

12）第 12 栏"当期申报抵扣进项税额合计"：反映本期申报抵扣进项税额的合计数。按表中所列公式计算填写。

13）第 8a 栏"加计扣除农产品进项税额"：填写纳税人将购进的农产品用于生产销售或委托受托加工 17%税率货物时，为维持原农产品扣除力度不变加计扣除的农产品进项税额。该栏不填写"份数""金额"。

（3）第 13 至 23 栏"二、进项税额转出额"各栏：分别反映纳税人已经抵扣但按规定应在本期转出的进项税额明细情况。

1）第 13 栏"本期进项税额转出额"：反映已经抵扣但按规定应在本期转出的进项税额合计数。按表中所列公式计算填写。

2）第 14 栏"免税项目用"：反映用于免征增值税项目，按规定应在本期转出的进项税额。

3）第 15 栏"集体福利、个人消费"：反映用于集体福利或者个人消费，按规定应在本期转出的进项税额。

4）第 16 栏"非正常损失"：反映纳税人发生非正常损失，按规定应在本期转出的进项税额。

5）第 17 栏"简易计税方法征税项目用"：反映用于按简易计税方法征税项目，按规定应在本期转出的进项税额。

营业税改征增值税的纳税人，服务、不动产和无形资产按规定汇总计算缴纳增值税的分支机构，当期应由总机构汇总的进项税额也填入本栏。

6）第 18 栏"免抵退税办法不得抵扣的进项税额"：反映按照免、抵、退税办法的规定，由于征税税率与退税税率存在税率差，在本期应转出的进项税额。

7）第 19 栏"纳税检查调减进项税额"：反映税务、财政、审计部门检查后而调减的进项税额。

8）第 20 栏"红字专用发票信息表注明的进项税额"：填写主管税务机关开具的《开具红字增值税专用发票信息表》注明的在本期应转出的进项税额。

9）第 21 栏"上期留抵税额抵减欠税"：填写本期经税务机关同意，使用上期留抵税额抵减欠税的数额。

10）第 22 栏"上期留抵税额退税"：填写本期经税务机关批准的上期留抵税额退税额。

11）第 23 栏"其他应作进项税额转出的情形"：反映除上述进项税额转出情形外，其他应在本期转出的进项税额。

（4）第 24 至 34 栏"三、待抵扣进项税额"各栏：分别反映纳税人已经取得，但按税法规定不符合抵扣条件，暂不予在本期申报抵扣的进项税额情况及按税法规定不允许抵扣的进项税额情况。

1）第 24 至 28 栏均为增值税专用发票的情况。

2）第 25 栏"期初已认证相符但未申报抵扣"：反映前期认证相符，但按照税法规定暂不予抵扣及不允许抵扣，结存至本期的增值税专用发票情况。辅导期纳税人填写认证相符但未收到稽核比对结果的增值税专用发票期初情况。

3）第 26 栏"本期认证相符且本期未申报抵扣"：反映本期认证相符，但按税法规定暂不予抵扣及不允许抵扣，而未申报抵扣的增值税专用发票情况。辅导期纳税人填写本期认证相符但未收到稽核比对结果的增值税专用发票情况。

4）第 27 栏"期末已认证相符但未申报抵扣"：反映截至本期期末，按照税法规定仍暂不予抵扣及不允许抵扣且已认证相符的增值税专用发票情况。辅导期纳税人填写截至本期期末已认证相符但未收到稽核比对结果的增值税专用发票期末情况。

5）第 28 栏"其中：按照税法规定不允许抵扣"：反映截至本期期末已认证相符但未申报抵扣的增值税专用发票中，按照税法规定不允许抵扣的增值税专用发票情况。

6）第 29 栏"（二）其他扣税凭证"：反映截至本期期末仍未申报抵扣的除增值税专用发票之外的其他扣税凭证情况。具体包括：海关进口增值税专用缴款书、农产品收购发票或者销售发票、代扣代缴税收完税凭证和其他符合政策规定的抵扣凭证。该栏应等于第 30 至 33 栏之和。

7）第 30 栏"海关进口增值税专用缴款书"：反映已取得但截至本期期末仍未申报抵扣的海关进口增值税专用缴款书情况，包括纳税人未收到稽核比对结果的海关进口增值税专用缴款书情况。

8）第 31 栏"农产品收购发票或者销售发票"：反映已取得但截至本期期末仍未申报抵扣的农产品收购发票和农产品销售普通发票及从小规模纳税人处购进农产品时取得增值税专用发票情况。

9）第 32 栏"代扣代缴税收缴款凭证"：反映已取得但截至本期期末仍未申报抵扣的代扣代缴税收完税凭证情况。

10）第 33 栏"其他"：反映已取得但截至本期期末仍未申报抵扣的其他扣税凭证的情况。

（5）第 35 至 36 栏"四、其他"各栏。

1）第 35 栏"本期认证相符的增值税专用发票"：反映本期认证相符的增值税专用发票的情况。

2）第 36 栏"代扣代缴税额"：填写纳税人根据《中华人民共和国增值税暂行条例》第十八条扣缴的应税劳务增值税额与根据营业税改征增值税有关政策规定扣缴的服务、不动产和无形资产增值税额之和。

表 2 – 11

增值税纳税申报表附列资料（三）
（服务、不动产和无形资产扣除项目明细）

税款所属时间：　年　月　日至　年　月　日

纳税人名称：（公章）　　　　　　　　　　　　　　　　　　　　　　　　金额单位：元　角　分

项目及栏次		本期服务、不动产和无形资产价税合计额（免税销售额）	服务、不动产和无形资产扣除项目				
			期初余额	本期发生额	本期应扣除金额	本期实际扣除金额	期末余额
		1	2	3	4＝2＋3	5（5≤1 且 5≤4）	6＝4－5
17%税率的项目	1						
11%税率的项目	2						
6%税率的项目（不含金融商品转让）	3						
6%税率的金融商品转让项目	4						
5%征收率的项目	5						
3%征收率的项目	6						
免抵退税的项目	7						
免税的项目	8						

《增值税纳税申报表附列资料（三）》（服务、不动产和无形资产扣除项目明细）填写说明

（1）本表由服务、不动产和无形资产有扣除项目的营业税改征增值税纳税人填写。其他纳税人不填写。

（2）"税款所属时间""纳税人名称"的填写同主表。

（3）第 1 列"本期服务、不动产和无形资产价税合计额（免税销售额）"：营业税改征增值税的服务、不动产和无形资产属于征税项目的，填写扣除之前的本期服务、不动产和无形资产价税合计额；营业税改征增值税的服务、不动产和无形资产属于免抵退税或免税项目的，填写扣除之前的本期服务、不动产和无形资产免税销售额。本列各行次等于《附列资料（一）》第 11 列对应行次，其中本列第 3 行和第 4 行之和等于《附列资料（一）》第 11 列第 5 栏。

营业税改征增值税的纳税人，服务、不动产和无形资产按规定汇总计算缴纳增值税的分支机构，本列各行次之和等于《附列资料（一）》第 11 列第 13a、13b 行之和。

（4）第 2 列"服务、不动产和无形资产扣除项目""期初余额"：填写服务、不动产和无形资产扣除项目上期期末结存的金额，试点实施之日的税款所属期填写"0"。本列各行次等于上期《附列资料（三）》第 6 列对应行次。

本列第 4 行"6%税率的金融商品转让项目""期初余额"年初首期填报时应填"0"。

（5）第 3 列"服务、不动产和无形资产扣除项目""本期发生额"：填写本期取得的按税法规定准予扣除的服务、不动产和无形资产扣除项目金额。

（6）第 4 列"服务、不动产和无形资产扣除项目""本期应扣除金额"：填写服务、不动产和无形资产扣除项目本期应扣除的金额。

本列各行次＝第 2 列对应各行次＋第 3 列对应各行次

（7）第 5 列"服务、不动产和无形资产扣除项目""本期实际扣除金额"：填写服务、不动产和无形资产扣除项目本期实际扣除的金额。

本列各行次≤第 4 列对应各行次且本列各行次≤第 1 列对应各行次。

（8）第 6 列"服务、不动产和无形资产扣除项目""期末余额"：填写服务、不动产和无形资产扣除项目本期期末结存的金额。

本列各行次＝第 4 列对应各行次－第 5 列对应各行次

表 2－12　　　　　　　　　　　增值税纳税申报表附列资料（四）

（税额抵减情况表）

税款所属时间：　　　年 月 日至　　 年 月 日

纳税人名称：（公章）　　　　　　　　　　　　　　　　　　　　　　　　　　金额单位：　元　角　分

序号	抵减项目	期初余额	本期发生额	本期应抵减税额	本期实际抵减税额	期末余额
		1	2	3 = 1 + 2	4 ≤ 3	5 = 3 - 4
1	增值税税控系统专用设备费及技术维护费					
2	分支机构预征缴纳税款					
3	建筑服务预征缴纳税款					
4	销售不动产预征缴纳税款					
5	出租不动产预征缴纳税款					

《增值税纳税申报表附列资料（四）》（税额抵减情况表）填写说明

本表第 1 行由发生增值税税控系统专用设备费用和技术维护费的纳税人填写，反映纳税人增值税税控系统专用设备费用和技术维护费按规定抵减增值税应纳税额的情况。

本表第 2 行由营业税改征增值税纳税人，服务、不动产和无形资产按规定汇总计算缴纳增值税的总机构填写，反映其分支机构预征缴纳税款抵减总机构应纳增值税税额的情况。

本表第 3 行由销售建筑服务并按规定预缴增值税的纳税人填写，反映其销售建筑服务预征缴纳税款抵减应纳增值税税额的情况。

本表第 4 行由销售不动产并按规定预缴增值税的纳税人填写，反映其销售不动产预征缴纳税款抵减应纳增值税税额的情况。

本表第 5 行由出租不动产并按规定预缴增值税的纳税人填写，反映其出租不动产预征缴纳税款抵减应纳增值税税额的情况。

未发生上述业务的纳税人不填写本表。

表 2－13　　　　　　　　　　　增值税纳税申报表附列资料（五）

（不动产分期抵扣计算表）

税款所属时间：　　年　 月　 日至　 年 月 日

纳税人名称：（公章）　　　　　　　　　　　　　　　　　　　　　　　　　金额单位：　元　角　分

期初待抵扣不动产进项税额	本期不动产进项税额增加额	本期可抵扣不动产进项税额	本期转入的待抵扣不动产进项税额	本期转出的待抵扣不动产进项税额	期末待抵扣不动产进项税额
1	2	3 ≤ 1 + 2 + 4	4	5 ≤ 1 + 4	6 = 1 + 2 - 3 + 4 - 5

《增值税纳税申报表附列资料（五）》（不动产分期抵扣计算表）填表说明

（1）本表由分期抵扣不动产进项税额的纳税人填写。

（2）"税款所属时间""纳税人名称"的填写同主表。

（3）第 1 列"期初待抵扣不动产进项税额"：填写纳税人上期期末待抵扣不动产进项税额。

（4）第 2 列"本期不动产进项税额增加额"：填写本期取得的符合税法规定的不动产进项税额。

（5）第 3 列"本期可抵扣不动产进项税额"：填写符合税法规定可以在本期抵扣的不动产进项税额。

（6）第 4 列"本期转入的待抵扣不动产进项税额"：填写按照税法规定本期应转入的待抵扣不动产进项税额。

本列数≤《附列资料（二）》第 23 栏"税额"。

（7）第 5 列"本期转出的待抵扣不动产进项税额"：填写按照税法规定本期应转出的待抵扣不动产进项税额。

（8）第 6 列"期末待抵扣不动产进项税额"：填写本期期末尚未抵扣的不动产进项税额，按表中公式填写。

表 2-14　　　　　　　　固定资产（不含不动产）进项税额抵扣情况表

纳税人名称（公章）：　　　　　　　　　填表日期：　年 月 日　　　　　　　　　金额单位：元至角分

项目	当期申报抵扣的固定资产进项税额	申报抵扣的固定资产进项税额累计
增值税专用发票		
海关进口增值税专用缴款书		
合　计		

《固定资产（不含不动产）进项税额抵扣情况表》填写说明

本表反映纳税人在《附列资料（二）》"一、申报抵扣的进项税额"中固定资产的进项税额。本表按增值税专用发票、海关进口增值税专用缴款书分别填写。

表 2-15　　　　　　　　本期抵扣进项税额结构明细表

税款所属时间：　年 月 日至　年 月 日

纳税人名称：（公章）　　　　　　　　　　　　　　　　　　　　　　金额单位：元至角分

项　目	栏次	金额	税额
合计	1＝2＋4＋5＋11＋16＋18＋27＋29＋30		
一、按税率或征收率归集（不包括购建不动产、通行费）的进项			
17%税率的进项	2		
其中：有形动产租赁的进项	3		
13%税率的进项	4		
11%税率的进项	5		
其中：运输服务的进项	6		
电信服务的进项	7		
建筑安装服务的进项	8		
不动产租赁服务的进项	9		
受让土地使用权的进项	10		
6%税率的进项	11		
其中：电信服务的进项	12		
金融保险服务的进项	13		

续表

项　目	栏次	金额	税额
生活服务的进项	14		
取得无形资产的进项	15		
5%征收率的进项	16		
其中：不动产租赁服务的进项	17		
3%征收率的进项	18		
其中：货物及加工、修理修配劳务的进项	19		
运输服务的进项	20		
电信服务的进项	21		
建筑安装服务的进项	22		
金融保险服务的进项	23		
有形动产租赁服务的进项	24		
生活服务的进项	25		
取得无形资产的进项	26		
减按1.5%征收率的进项	27		
	28		
二、按抵扣项目归集的进项			
用于购建不动产并一次性抵扣的进项	29		
通行费的进项	30		
	31		
	32		

《本期抵扣进项税额结构明细表》填写说明

（1）"税款所属时间""纳税人名称"的填写同主表。

（2）第1栏反映本期申报抵扣进项税额的合计数。按表中所列公式计算填写。

本栏"税额"列＝《附列资料（二）》第12栏"税额"列。

（3）第2至17栏分别反映纳税人按税法规定符合抵扣条件，在本期申报抵扣的不同税率（或征收率）的进项税额。其中，用于购建不动产的进项税额按照本期实际抵扣的进项税额填写。

（4）第18栏反映纳税人按照农产品增值税进项税额核定扣除办法计算抵扣的进项税额。

（5）第19栏反映纳税人按照外贸企业进项税额抵扣证明注明的进项税额。

（6）本表内各栏间逻辑关系如下：

第1栏表内公式为1＝2＋4＋5＋10＋13＋15＋17＋18＋19；

第2栏≥第3栏；

第5栏≥第6栏＋第7栏＋第8栏＋第9栏；

第10栏≥第11栏＋第12栏；

第13栏≥第14栏；

第15栏≥第16栏。

表 2-16   **增值税减免税申报明细表**

税款所属时间：自　　年　月　日至　　年　月　日

纳税人名称（公章）：   金额单位：元至角分

一、减税项目						
减税性质代码及名称	栏次	期初余额	本期发生额	本期应抵减税额	本期实际抵减税额	期末余额
		1	2	3＝1＋2	4≤3	5＝3－4
合计	1					
	2					
	3					
	4					
	5					
	6					
二、免税项目						
免税性质代码及名称	栏次	免征增值税项目销售额	免税销售额扣除项目本期实际扣除金额	扣除后免税销售额	免税销售额对应的进项税额	免税额
		1	2	3＝1－2	4	5
合计	7					
出口免税	8		—	—	—	—
其中：跨境服务	9		—	—	—	—
	10					
	11					
	12					
	13					
	14					
	15					
	16					

《增值税减免税申报明细表》填写说明

（1）本表由享受增值税减免税优惠政策的增值税一般纳税人和小规模纳税人填写。仅享受月销售额不超过 3 万元（按季纳税 9 万元）免征增值税政策或未达起征点的增值税小规模纳税人不需填报本表，即小规模纳税人当期增值税纳税申报表主表第 12 栏"其他免税销售额""本期数"和第 16 栏"本期应纳税额减征额""本期数"均无数据时，不需填报本表。

（2）"税款所属时间""纳税人名称"的填写同增值税纳税申报表主表（以下简称主表）。

（3）"一、减税项目"由本期按照税收法律、法规及国家有关税收规定享受减征（包含税额式减征、税率式减征）增值税优惠的纳税人填写。

1）"减税性质代码及名称"：根据国家税务总局最新发布的《减免性质及分类表》所列减免性质代码、项目名称填写。同时有多个减征项目的，应分别填写。

2）第 1 列"期初余额"：填写应纳税额减征项目上期"期末余额"，为对应项目上期应抵减而不足抵减的余额。

3）第 2 列"本期发生额"：填写本期发生的按照规定准予抵减增值税应纳税额的金额。

4）第 3 列"本期应抵减税额"：填写本期应抵减增值税应纳税额的金额。本列按表中所列公式填写。

5）第 4 列"本期实际抵减税额"：填写本期实际抵减增值税应纳税额的金额。本列各行≤第 3 列对应各行。

一般纳税人填写时，第 1 行"合计"本列数＝主表第 23 行"一般项目"列"本月数"。

小规模纳税人填写时，第 1 行"合计"本列数＝主表第 16 行"本期应纳税额减征额""本期数"。

6）第 5 列"期末余额"：按表中所列公式填写。

（4）"二、免税项目"由本期按照税收法律、法规及国家有关税收规定免征增值税的纳税人填写。仅享受小微企业免征增值税政策或未达起征点的小规模纳税人不需填写，即小规模纳税人申报表主表第 12 栏"其他免税销售额""本期数"无数据时，不需填写本栏。

1）"免税性质代码及名称"：根据国家税务总局最新发布的《减免性质及分类表》所列减免性质代码、项目名称填写。同时有多个免税项目的，应分别填写。

2）"出口免税"填写纳税人本期按照税法规定出口免征增值税的销售额，但不包括适用免、抵、退税办法出口的销售额。小规模纳税人不填写本栏。

3）第 1 列"免征增值税项目销售额"：填写纳税人免税项目的销售额。免税销售额按照有关规定允许从取得的全部价款和价外费用中扣除价款的，应填写扣除之前的销售额。

一般纳税人填写时，本列"合计"等于主表第 8 行"一般项目"列"本月数"。

小规模纳税人填写时，本列"合计"等于主表第 12 行"其他免税销售额""本期数"。

4）第 2 列"免税销售额扣除项目本期实际扣除金额"：免税销售额按照有关规定允许从取得的全部价款和价外费用中扣除价款的，据实填写扣除金额；无扣除项目的，本列填写"0"。

5）第 3 列"扣除后免税销售额"：按表中所列公式填写。

6）第 4 列"免税销售额对应的进项税额"：本期用于增值税免税项目的进项税额。小规模纳税人不填写本列，一般纳税人按下列情况填写：

① 纳税人兼营应税和免税项目的，按当期免税销售额对应的进项税额填写；

② 纳税人本期销售收入全部为免税项目，且当期取得合法扣税凭证的，按当期取得的合法扣税凭证注明或计算的进项税额填写；

③ 当期未取得合法扣税凭证的，纳税人可根据实际情况自行计算免税项目对应的进项税额；无法计算的，本栏次填"0"。

7）第 5 列"免税额"：一般纳税人和小规模纳税人分别按下列公式计算填写，且本列各行数应大于或等于 0。

一般纳税人公式：第 5 列"免税额"≤第 3 列"扣除后免税销售额"×适用税率－第 4 列"免税销售额对应的进项税额"。

小规模纳税人公式：第 5 列"免税额"＝第 3 列"扣除后免税销售额"×征收率。

表 2–17   营改增税负分析测算明细表

税款所属时间：   年 月 日至   年 月 日

纳税人名称：（公章）   金额单位：元至角分

项目及栏次		增值税							营业税					
		不含税销售额	销项（应纳）税额	价税合计	服务、不动产和无形资产扣除项目本期实际扣除金额	扣除后		增值税应纳税额（测算）	原营业税税制下服务、不动产和无形资产差额扣除项目				应税营业额	营业税应纳税额
						含税销售额	销项（应纳）税额		期初余额	本期发生额	本期应扣除金额	本期实际扣除金额	期末余额	
应税项目代码及名称	增值税税率或征收率	营业税税率	1	2＝1×增值税税率或征收率	3＝1+2	4	5＝3－4	6＝5÷（100%＋增值税税率或征收率）×增值税税率或征收率	7	8	9	10＝8+9	11（11≤3且11≤10）	12＝10－11	13＝3－11	14＝13×营业税税率
合计	—	—													

《营改增税负分析测算明细表》填写说明

（1）"应税项目代码及名称"：根据《营改增试点应税项目明细表》所列项目代码及名称填写，同时有多个项目的，应分项目填写。

（2）"增值税税率或征收率"：根据各项目适用的增值税税率或征收率填写。

（3）"营业税税率"：根据各项目在原营业税税制下适用的原营业税税率填写。

（4）第1列"不含税销售额"：反映纳税人当期对应项目不含税的销售额（含即征即退项目），包括开具增值税专用发票、开具其他发票、未开具发票、纳税检查调整的销售额，纳税人所填项目享受差额征税政策的，本列应填写差额扣除之前的销售额。

（5）第2列"销项（应纳）税额"：反映纳税人根据当期对应项目不含税的销售额计算出的销项税额或应纳税额（简易征收）。

本列各行次＝第1列对应各行次×增值税税率或征收率。

（6）第3列"价税合计"：反映纳税人当期对应项目的价税合计数。

本列各行次＝第1列对应各行次＋第2列对应各行次。

（7）第4列"服务、不动产和无形资产扣除项目本期实际扣除金额"：纳税人销售服务、不动产和无形资产享受差额征税政策的，应填写对应项目当期实际差额扣除的金额。不享受差额征税政策的填"0"。

（8）第5列"含税销售额"：纳税人销售服务、不动产和无形资产享受差额征税政策的，应填写对应项目差额扣除后的含税销售额。

本列各行次＝第 3 列对应各行次－第 4 列对应各行次。

（9）第 6 列"销项（应纳）税额"：反映纳税人按现行增值税规定，分项目的增值税销项（应纳）税额，按以下要求填写：

1）销售服务、不动产和无形资产按照一般计税方法计税的

本列各行次＝第 5 列对应各行次÷（100%＋对应行次增值税税率）×对应行次增值税税率。

2）销售服务、不动产和无形资产按照简易计税方法计税的

本列各行次＝第 5 列对应各行次÷（100%＋对应行次增值税征收率）×对应行次增值税征收率。

（10）第 7 列"增值税应纳税额（测算）"：反映纳税人按现行增值税规定，测算出的对应项目的增值税应纳税额。

1）销售服务、不动产和无形资产按照一般计税方法计税的

本列各行次＝第 6 列对应各行次/《增值税纳税申报表（一般纳税人适用）》主表第 11 栏"销项税额""一般项目"和"即征即退项目""本月数"之和×《增值税纳税申报表（一般纳税人适用）》主表第 19 栏"应纳税额""一般项目"和"即征即退项目""本月数"之和。

2）销售服务、不动产和无形资产按照简易计税方法计税的

本列各行次＝第 6 列对应各行次。

（11）第 8 列"原营业税税制下服务、不动产和无形资产差额扣除项目""期初余额"：填写按原营业税规定，服务、不动产和无形资产差额扣除项目上期期末结存的金额，试点实施之日的税款所属期填写"0"。本列各行次等于上期本表第 12 列对应行次。

（12）第 9 列"原营业税税制下服务、不动产和无形资产差额扣除项目""本期发生额"：填写按原营业税规定，本期取得的准予差额扣除的服务、不动产和无形资产差额扣除项目金额。

（13）第 10 列"原营业税税制下服务、不动产和无形资产差额扣除项目""本期应扣除金额"：填写按原营业税规定，服务、不动产和无形资产差额扣除项目本期应扣除的金额。

本列各行次＝第 8 列对应各行次＋第 9 列对应各行次。

（14）第 11 列"原营业税税制下服务、不动产和无形资产差额扣除项目""本期实际扣除金额"：填写按原营业税规定，服务、不动产和无形资产差额扣除项目本期实际扣除的金额。

1）当第 10 列各行次≤第 3 列对应行次时

本列各行次＝第 10 列对应各行次。

2）当第 10 列各行次＞第 3 列对应行次时

本列各行次＝第 3 列对应各行次。

（15）第 12 列"原营业税税制下服务、不动产和无形资产差额扣除项目""期末余额"：填写按原营业税规定，服务、不动产和无形资产差额扣除项目本期期末结存的金额。

本列各行次＝第 10 列对应各行次－第 11 列对应各行次。

（16）第 13 列"应税营业额"：反映纳税人按原营业税规定，对应项目的应税营业额。

本列各行次＝第 3 列对应各行次－第 11 列对应各行次。

（17）第 14 列"营业税应纳税额"：反映纳税人按原营业税规定，计算出的对应项目的营业税应纳税额。

本列各行次＝第 13 列对应各行次×对应行次营业税税率。

三、行次填写说明

（1）"合计"行：本行各栏为对应栏次的合计数。

本行第 3 列"价税合计"＝《增值税纳税申报表附列资料（一）》（本期销售情况明细）第 11 列"价税合计"第 2＋4b＋5＋9b＋12＋13a＋13b 行。

本行第 4 列"服务、不动产和无形资产扣除项目本期实际扣除金额"=《增值税纳税申报表附列资料（一）》（本期销售情况明细）第 12 列"服务、不动产和无形资产扣除项目本期实际扣除金额"第 2＋4＋5＋9b＋12＋13a＋13b 行。

（2）其他行次根据纳税人实际发生业务分项目填写。

第九节 发 票 管 理

一、增值税发票概述

（一）发票的概念

发票是指是指在购销商品、提供或者接受服务以及从事其他经营活动中，开具、收取的收付款凭证。它是财务收支的法定凭证，是会计核算的原始凭据，是税务检查的重要依据。发票的基本联次包括存根联、发票联、记账联。存根联由收款方或开票方留存备查；发票联由付款方或受票方作为付款原始凭证；记账联由收款方或开票方作为记账原始凭证。

（二）增值税发票种类

发票种类繁多，主要是按行业特点和纳税人的生产经营项目分类，每种发票都有特定的使用范围。目前增值税发票主要包括以下四个票种：

1. 增值税专用发票

增值税专用发票是增值税一般纳税人销售货物或者提供应税劳务开具的发票，是购买方支付增值税额并可按照增值税有关规定据以抵扣增值税进项税额的凭证（图 2-1）。

增值税专用发票由基本联次或者基本联次附加其他联次构成，分为三联版和六联版两种。基本联次为三联：第一联为记账联，是销售方记账凭证；第二联为抵扣联，是购买方扣税凭证；第三联为发票联，是购买方记账凭证。其他联次用途，由纳税人自行确定。纳税人办理产权过户手续需要使用发票的，可以使用增值税专用发票第六联。

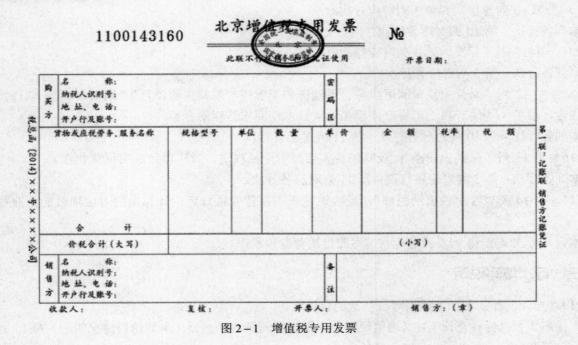

图 2-1 增值税专用发票

2. 增值税普通发票（含卷式发票、电子普通发票）

增值税普通发票是增值税纳税人销售货物或者提供应税劳务、服务时，通过增值税税控系统开具的普通发票。

（1）增值税普通发票（折叠票）。增值税普通发票（折叠票）的格式、字体、栏次、内容与增值税专用发票完全一致，按发票联次分为两联票和五联票两种，基本联次为两联，第一联为记账联，销货方用作记账凭证；第二联为发票联，购货方用作记账凭证。此外为满足部分纳税人的需要，在基本联次后添加了三联的附加联次，即五联票，供企业选择使用。纳税人办理产权过户手续需要使用发票的，可以使用增值税普通发票第五联。

（2）增值税普通发票（卷票）。2015 年 12 月 1 日起税务总局推行了通过增值税发票管理新系统（以下简称"新系统"）开具的增值税电子普通发票，增值税普通发票（卷票）自 2017 年 1 月 1 日起启用。增值税普通发票（卷票）分为两种规格：57mm×177.8mm、76mm×177.8mm，均为单联（图 2-2）。

76mm×177.8mm

57mm×177.8mm

图 2-2 增值税普通发票（卷票）

自 2017 年 7 月 1 日起，纳税人可按照《中华人民共和国发票管理办法》及其实施细则要求，书面向国税机关要求使用印有本单位名称的增值税普通发票（卷票），国税机关按规定确认印有该单位名称发票的种类和数量。纳税人通过新系统开具印有本单位名称的增值税普通发票（卷票）。印有本单位名称的增值税普通发票（卷票），由税务总局统一招标采购的增值税普通发票（卷票）中标厂商印制，其式样、规格、联次和防伪措施等与原有增值税普通发票（卷票）一致，并加印企业发票专用章。使用印有本单位名称的增值税普通发票（卷票）的企业，按照《国家税务总局 财政部关于冠名发票印制费结算问题的通知》（税总发〔2013〕53 号）规定，与发票印制企业直接结算印制费用。

（3）增值税电子普通发票。增值税电子普通发票的开票方和受票方需要纸质发票的，可以自行打印增值税电子普通发票的版式文件，其法律效力、基本用途、基本使用规定等与税务机关监制的增值税普通发票相同。（图2-3）

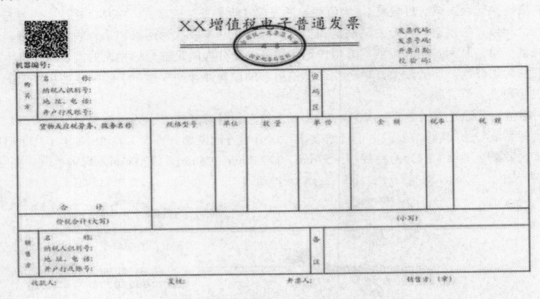

图2-3 增值税电子普通发票

3. 机动车销售统一发票

从事机动车零售业务的单位和个人，在销售机动车（不包括销售旧机动车）收取款项时，开具机动车销售统一发票（图 2-4）。机动车销售统一发票为电脑六联式发票：第一联为发票联，是购货单位付款凭证；第二联为抵扣联，是购货单位扣税凭证；第三联为报税联，车购税征收单位留存；第四联为注册登记联，车辆登记单位留存；第五联为记账联，销货单位记账凭证；第六联为存根联，销货单位留存。

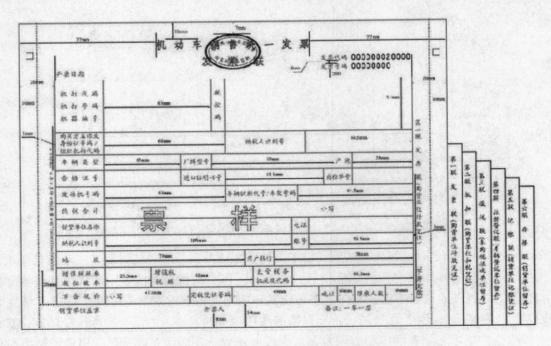

图2-4 机动车销售统一发票

货物运输业增值税专用发票已于 2016 年 7 月 1 日起停止使用。

（三）增值税专用发票与增值税普通发票的区别

在一般情况下，增值税专用发票只限于增值税一般纳税人领用，小规模纳税人可以到税务机关申请代开增值税专用发票。但是，从 2016 年 8 月 1 日起，国家税务总局逐步放开部分行业月销售额 3 万元（按季 9 万元）的增值税小规模纳税人可以通过增值税发票管理新系统自开增值税专用发票。但是，自开专用发票试点小规模纳税人销售其取得的不动产，需要开具增值税专用发票的，仍须向地税机关申请代开。

增值税专用发票除具有增值税普通发票的功能与作用外，与普通发票相比，还有以下区别：

1. 使用范围不同

一般情况下，增值税专用发票是在一般纳税人之间从事增值税应税应为时使用，而增值税普通发票则可以用于所有纳税人的所有经营活动。

2. 作用不同

一般情况下，增值税普通发票只是一种商事凭证，可以抵扣进项税额的普通发票仅包括农产品收购发票、农产品销售发票和通行费电子普通发票。而增值税专用发票不仅是一种商事凭证，还是一种扣税凭证。

3. 发票联次不同

增值税专用发票不仅包含增值税普通发票的联次，还多一联抵扣联。

（四）增值税专用发票构成要素

1. 规格与纸张

中文电脑票为 140mm×240mm，中英文电脑票为 153mm×240mm。纸张为无碳复写纸。

2. 增值税专用发票七要素

发票代码、发票号码、开票时间、购销双方纳税人识别号（已经"三证合一"的使用统一社会信用代码）、金额、税额。

（1）发票代码：票面左上角，发票代码由 10 位阿拉伯数字组成。

第 1～4 位代表省别（3700 代表山东各地市，3702 代表青岛，计划单列市地区代码不变）；

第 5、6 两位代表制版年代（03 代表 2003 年）；

第 7 位代表批次（1、2、3 表示）；

第 8 位代表语种（1 中文、2 中英文、3 藏汉文、4 维汉文）；

第 9 位代表发票联数；

第 10 位代表发票的版式和版位（0 为电脑版）；

例如：3700031140 表示山东省某某市 2003 年版第一批中文四联电脑票。

（2）发票号码：由 8 位阿拉伯数字组成。

（3）密文区：由七要素形成的 84 位电子密文。密文区的右面有打印的发票代码和号码，必须与原发票上的印刷体的代码和号码一致。

（4）纳税人识别号：包括销货单位的纳税人识别号、购货单位的纳税人识别号均由 15 位数字或字母组成。

（5）单位名称：销货方、购货方单位的名称必须使用全称。

（6）货物名称：如果货物种类繁多，可以汇总填列，写明"××货物一批"，发票后面附"销货清单"。

（7）金额：单价为不含税单价，金额也为不含税金额，加上税额，两者之和为大写栏的价税合计，也就是总销售额。

（8）税率：销货单位是一般纳税人，税率应为 16%、10%、6%、5%、4% 或 3%。销货单位为小规模纳税人，税率为 5% 或 3%。此票为税务机关代开，应当有"代开章"。

（9）印章：财务专用章或发票专用章（有税号）。

（10）专用发票由国家税务总局指定的企业印制，印制发票的企业按照总局批准的种类、数量等印制发票。发票票面的左侧竖排的一排文字为国家税务总局批准印制发票的文号。

3. 专用发票联次

专用发票由基本联次或者基本联次附加其他联次构成，基本联次为三联：发票联、抵扣联和记账联。发票联，作为购买方核算采购成本和增值税进项税额的记账凭证；抵扣联，作为购买方报送主管税务机关认证和留存备查的凭证；记账联，作为销售方核算销售收入和增值税销项税额的记账凭证。其他联次用途，由一般纳税人自行确定。

（五）增值税发票鉴别方法

自2014年8月1日起启用新版专用发票，取消发票监制章和双杠线微缩文字防伪特征。在保留部分防伪特征基础上，增加光角变色圆环纤维等防伪特征。

1. 造纸防伪线

（1）防伪效果。在发票的发票联、抵扣联和记账联专用纸张中含有造纸防伪线，防伪线在自然光下有黑水印的特点，在365nm紫外光照射下，为红蓝荧光点形成的条状荧光带，防伪线据票面右边缘20～80mm。

（2）鉴别方法。在日光下对光观察防伪线呈现黑色线状水印，使用标准365nm紫外光源垂直照射防伪线呈现红蓝荧光点形成的条状荧光带。

2. 光角变色圆环纤维

（1）防伪效果。防伪纤维的物理形态呈圆环状随机分布在发票的发票联、抵扣联和记账联专用纸张中，在自然光下观察与普通纸张基本相同，在365nm紫外光照射下，圆环靠近光源的半圆环为红色，远离光源的半圆环为黄绿色。

（2）鉴别方法。使用标准365nm紫外光源以小于45°的角度照射环形纤维，靠近光源的半圆环为红色，远离光源的半圆环为黄绿色。

（3）复合信息防伪

1）防伪效果。发票的发票联、抵扣联和记账联票面具有复合信息防伪特征。

2）鉴别方法。使用复合防特征检验仪检测，对通过检测的发票，检验仪自动发出复合信息防伪特征验证通过的语音提示。

3. 防伪油墨颜色擦可变

（1）防伪效果。发票各联次左上方的发票代码使用防伪油墨印制，油墨印记在外力摩擦作用下可以发生颜色变化，产生红色擦痕。

（2）鉴别方法。使用白纸摩擦票面的发票代码区域，在白纸表面以及地区代码的摩擦区域均会产生红色擦痕。

4. 专用异型号码

（1）防伪效果。发票各联次右上方的发票号码为专用异型号码，字体为专用异型变化字体。

（2）鉴别方法。直观目视识别。

5. 网络查验平台

2017年1月1日取得增值税发票的单位和个人可登录全国增值税发票查验平台（https://inv-veri.chinatax.gov.cn），对新系统开具的增值税专用发票、增值税普通发票、机动车销售统一发票和增值税电子普通发票的发票信息进行查验。（《国家税务总局关于启用全国增值税发票查验平台的公告》（税务总局公告2016年第87号））

二、增值税发票的领购

（一）防伪税控系统

一般纳税人应通过增值税防伪税控系统（以下简称防伪税控系统）使用专用发票。使用，包括领购、开具、缴销、认证纸质专用发票及其相应的数据电文。

防伪税控系统，是指经国务院同意推行的，使用专用设备和通用设备、运用数字密码和电子存储技术管理专用发票的计算机管理系统。专用设备，是指金税盘、税控盘和其他设备。通用设备，是指计算机、打印机、扫描器具和其他设备。

（二）初始发行

一般纳税人领购专用设备后，凭《最高开票限额申请表》、《发票领购簿》到主管税务机关办理初始发行。

本规定所称初始发行，是指主管税务机关将一般纳税人的下列信息载入空白金税卡和 IC 卡的行为。

（1）企业名称；

（2）纳税人识别号（或者统一社会信用代码）；

（3）开票限额；

（4）购票限量；

（5）购票人员姓名、密码；

（6）开票机数量；

（7）国家税务总局规定的其他信息。

一般纳税人发生上列第 1.3.4.5.6.7.项信息变化，应向主管税务机关申请变更发行；发生第 2.项信息变化，应向主管税务机关申请注销发行。

（三）增值税发票领购的范围

（1）依法办理税务登记的单位和个人，在领取《税务登记证》后可以申请领购发票，属于法定的发票领购对象；如果单位和个人办理变更或者注销税务登记，则应同时办理发票和发票领购簿的变更、缴销手续。

（2）依法不需要办理税务登记的单位，发生临时经营业务需要使用发票的，可以凭单位介绍信和其他有效证件，到税务机关代开发票。

（3）临时到本省、自治区、直辖市以外从事经营活动的单位和个人，凭所在地税务机关开具的《外出经营活动税收管理证明》，在办理纳税担保的前提下，可向经营地税务机关申请领购经营地的发票。

（四）增值税发票的领购方法

需要领购发票的单位和个人，应当持税务登记证件、经办人身份证明、按照国务院税务主管部门规定式样制作的发票专用章的印模，向主管税务机关办理发票领购手续。主管税务机关根据领购单位和个人的经营范围和规模，确认领购发票的种类、数量以及领购方式，在 5 个工作日内发给发票领购簿。

单位和个人领购发票时，应当按照税务机关的规定报告发票使用情况，税务机关应当按照规定进行查验。

1. 增值税发票核定

增值税纳税人按生产经营需要，向税务机关申请增值税发票管理新系统开具的发票种类（包括增值税专用发票、增值税普通发票及机动车销售统一发票、增值税电子普通发票）、单次（月）领用数量及增值税普通发票、机动车销售统一发票的最高开票限额。办理时需向税务局提交以下资料：《纳税人领用发票票种核定表》一式两份、税务登记证件原件、经办人身份证明原件及复印件（首次办理或经办人发生变化时提供）、发票专用章印模原件（首次申请发票核定时提供。对有增值税专用发票需求的纳税人，还需要同时申请增值税专用发票（增值税税控系统）最高开票限额许可事项。

2. 最高开票限额申请

增值税专用发票实行最高开票限额管理。最高开票限额，是指单份专用发票或机动车销售统一发票开具的销售额合计数不得达到的上限额度。

最高开票限额由一般纳税人申请，区县税务机关依法审批。一般纳税人申请最高开票限额时，需填报《增值税专用发票最高开票限额申请单》。主管税务机关受理纳税人申请以后，根据需要进行实地查验。一般纳税人申请专用发票（包括增值税专用发票和货物运输业增值税专用发票，下同）最高开票限额不超过 10 万元的，主管税务机关不需事前进行实地查验。各省国税机关可在此基础上适当扩大不需事前实地查验的范围，实地查验的范围和方法由各省国税机关确定。

3. 申请使用经营地发票

对已报验登记跨省、自治区、直辖市经营的纳税人，需要使用经营地发票的，可以向主管税务机关申请。办理时需向经营地税务局提供以下资料：《纳税人领用发票票种核定表》一份，《外出经营活动税收管理证明》一份、经办人身份证明原件及复印件（原件核对后退还，首次办理或经办人发生变化时提供）、发票专用章印模原件。

4. 增值税发票核定调整

已办理增值税发票核定纳税人，可以根据生产经营变化情况，向主管税务机关申请对其使用税控系统开具的增值税专用发票、货物运输业增值税专用发票、增值税普通发票和机动车销售统一发票单次（月）领用量、离线开具时限、离线开具总金额进行调整，以及机动车销售统一发票、增值税普通发票最高开票限额予以变更。办理时需向税务局要提交以下资料：《发票领用簿》、《纳税人领用发票票种核定表》一份、经办人身份证明原件及复印件（1.原件核对后退还；2.经办人变更的提供复印件）、金税盘（税控盘）。

5. 增值税税控系统专用设备变更发行

纳税人名称、开票限额、购票限量、开票机数量等事项发生变更或更换金税盘（税控盘）的纳税人，应到主管税务机关办理变更发行，办理时需向税务局要提交以下资料：金税盘或税控盘、报税盘（特定纳税人）、未使用完的增值税发票原件（更换金税盘或税控盘的纳税人报送，变更后退还）。

6. 增值税税控系统专用设备注销发行

注销税务登记的纳税人，应到主管税务机关办理增值税税控系统专用设备注销发行。办理时需向税务局要提交以下资料：金税盘或税控盘、《增值税税控系统专用设备注销发行登记表》一份。

7. 发票领用

对已办理发票核定的纳税人，在核定范围内向主管税务机关领用发票。办理时需向税务局要提交以下资料：《发票领用簿》、税务登记证件原件、经办人身份证明原件及复印件（原件核对后退还，经办人发生变化时提供复印件）、金税盘（税控盘）、税控收款机用户卡（领用税控收款机发票的纳税提供）。

2016 年 12 月 1 日起纳税信用 A 级的纳税人可一次领取不超过 3 个月的增值税发票用量，纳税信用 B 级的纳税人可一次领取不超过 2 个月的增值税发票用量。以上两类纳税人生产经营情况发生变化，需要调整增值税发票用量，手续齐全的，按照规定即时办理。

8. 发票退回

因发票印制质量、发票发放错误、发票发放信息登记错误、领票信息电子数据丢失、税控设备故障等原因造成已领用的发票错误的，纳税人可以向税务机关申请办理退票，再次发放发票。办理时需向税务局要提交以下资料：《发票领用簿》、金税盘（税控盘）、税控收款机用户卡（退回税控收款机发票的提供）、未使用的空白发票（应退回的发票的全部联次）。

（五）不得领购使用专用发票的情形

一般纳税人有下列情形之一者，不得领购使用增值税专用发票，如已领购专用发票，主管税务机关应暂扣其结存的专用发票和 IC 卡。

（1）会计核算不健全，不能按会计制度和税务机关的要求准确核算增值税的销项税额、进项税额和应纳税额者。

（2）不能向税务机关准确提供增值税销项税额，进项税额和应纳税额数据及其他有关增值税税务资料者（其他有关增值税税务资料的内容，由国家税务总局所属分局确定）。

（3）有下列行为，经税务机关责令限期改正而仍未改正者：

1）虚开增值税专用发票；

2）私自印制专用发票；

3）向税务机关以外的单位和个人买取增值税专用发票；

4）借用他人增值税专用发票；

5）未按《增值税专用发票使用规定》第十一条开具增值税专用发票；

6）未按规定保管增值税专用发票和专用设备；

7）未按规定申请办理防伪税控系统变更发行；

8）未按规定接受税务机关检查。

（4）销售的货物全部属于免税项目的。

（六）增值税发票的保管

1. 增值税发票的保管要求

（1）落实安全保管。购票户对领购的发票要落实专人保管，做到发票进入保险柜存放，落实防盗措施，纳入防伪税控机管理的一般纳税人，在购买发票之前，必须与税务局签订《增值税专用发票使用管理责任书》《防伪税控机使用管理责任书》，要将专用发票存放于专门的保险柜内，确保发票保管万无一失。增值税专用发票应视同现金管理，按库存现金要求管理。

（2）落实登记管理。纳税人对领购的发票必须建立《购、用、存登记簿》，如实填写有关情况。按领购批次的发票实行逐批汇总装订成册，在每册存根联前页附订上次该批次的《存根联明细表》的开票明细情况，对已填开发票存根联和发票登记簿，应保存五年，保存期满，报经税务局查验后销毁。认证相符的专用发票抵扣联，应装订成册，按原始凭证保管。

（3）禁止带票外出。任何单位和个人不准跨地区携带使用发票，不准带票外出经营。纳税人应妥善保管发票及金税卡，不得丢失。

2. 未按规定保管专用发票和专用设备的情形

有下列情形之一的，为未按规定保管专用发票和专用设备：

（1）未设专人保管专用发票和专用设备。

（2）未按税务局机关要求存放专用发票和专用设备。

（3）未将认证相符的专用发票抵扣联、《认证结果通知书》和《认证结果清单》装订成册。

（4）未经税务机关查验，擅自销毁专用发票基本联次。

三、增值税发票的开具

（一）增值税专用发票的开具范围

一般纳税人销售货物或者加工、修理修配劳务、服务、无形资产、不动产，购买方索取增值税专用发票的，应向购买方开具专用发票。

小规模纳税人发生应税行为，购买方索取增值税专用发票的，可以向主管税务机关申请代开。

由于建筑企业异地施工的特点，作为购买方在外地采购取得增值税发票时，为了能更方便的给开票方提供企业的开票信息，可以通过微信－小程序－发票小助手中录入企业的开票信息，直接发送给开票方或由开票方扫描二维码即可。

（二）增值税发票的开具要求

1. 基本要求

（1）项目齐全，与实际交易相符。

（2）字迹清楚，不得压线、错格。

（3）发票联和抵扣联加盖发票专用章。

（4）按照增值税纳税义务的发生时间开具。

对不符合上列要求的专用发票，购买方有权拒收。

单位和个人在开具发票时，要在发票联和抵扣联加盖发票专用章，发票的其他联次不要求必须盖发票专用章。

2. 开具发票基本规定

（1）增值税一般纳税人销售货物、提供加工修理修配劳务和发生试点应税行为，使用新系统开具增值税专用发票、增值税普通发票、机动车销售统一发票、增值税电子普通发票。

纳入新系统推行范围的小规模纳税人，使用新系统开具增值税普通发票、机动车销售统一发票、增值税电子普通发票。

（2）销售商品、提供服务以及从事其他经营活动的单位和个人，对外发生经营业务收取款项，收款方应当向付款方开具发票；特殊情况下，由付款方向收款方开具发票。

所有单位和从事生产、经营活动的个人在购买商品、接受服务以及从事其他经营活动支付款项，应当向收款方取得发票。取得发票时，不得要求变更品名和金额。

（3）增值税纳税人购买货物、劳务、服务、无形资产或不动产，索取增值税专用发票时，须向销售方提供购买方名称（不得为自然人）、纳税人识别号或统一社会信用代码、地址电话、开户行及账号信息，不需要提供营业执照、税务登记证、组织机构代码证、开户许可证、增值税一般纳税人资格登记表等相关证件或其他证明材料。

个人消费者购买货物、劳务、服务、无形资产或不动产，索取增值税普通发票时，不需要向销售方提供纳税人识别号、地址电话、开户行及账号信息，也不需要提供相关证件或其他证明材料。

（4）纳税人应在发生增值税纳税义务时开具发票。

（5）单位和个人在开具发票时，必须做到按照号码顺序填开，填写项目齐全，内容真实，字迹清楚，全部联次一次打印，内容完全一致，并在发票联和抵扣联加盖发票专用章。

开具发票应当使用中文。民族自治地方可以同时使用当地通用的一种民族文字。

（6）税务总局编写了《商品和服务税收分类与编码（试行）》，并在新系统中增加了商品和服务税收分类与编码相关功能。使用新系统的增值税纳税人，应使用新系统选择相应的商品和服务税收分类与编码开具增值税发票。

（7）纳税人应在互联网连接状态下在线使用新系统开具增值税发票，新系统可自动上传已开具的发票明细数据。

纳税人因网络故障等原因无法在线开票的，在税务机关设定的离线开票时限和离线开具发票总金额范围内仍可开票，超限将无法开具发票。纳税人开具发票次月仍未连通网络上传已开具发票明细数据的，也将无法开具发票。纳税人需连通网络上传发票数据后方可开票，若仍无法连通网络的需携带专用设备到税务机关进行征期报税或非征期报税后方可开票。

纳税人已开具未上传的增值税发票为离线发票。离线开票时限是指自第一份离线发票开具时间起开始计算可离线开具的最长时限。离线开票总金额是指可开具离线发票的累计不含税总金额，离线开票总金额按不同票种分别计算。

纳税人离线开票时限和离线开票总金额的设定标准及方法由各省、自治区、直辖市和计划单列市国家税务局确定。

按照有关规定不使用网络办税或不具备网络条件的特定纳税人，以离线方式开具发票，不受离线开票时限和离线开具发票总金额限制。

（8）一般纳税人销售货物、提供加工修理修配劳务和发生应税行为可汇总开具增值税专用发票。汇总开具增值税专用发票的，同时使用新系统开具《销售货物或者提供应税劳务清单》，并加盖发票专用章。

（9）任何单位和个人不得有下列虚开发票行为：

1）为他人、为自己开具与实际经营业务情况不符的发票；

2）让他人为自己开具与实际经营业务情况不符的发票；

3）介绍他人开具与实际经营业务情况不符的发票。

（10）纳税人 2016 年 5 月 1 日前发生的营业税涉税业务，需要补开发票的，可于 2017 年 12 月 31 日前开具增值税普通发票（税务总局另有规定的除外）。

（11）《根据国家税务总局关于增值税发票开具有关问题的公告》（国家税务总局公告 2017 年第 16 号）规定，自 2017 年 7 月 1 日起，购买方为企业的，索取增值税普通发票时，应向销售方提供纳税人识别号或统一社会信用代码；销售方为其开具增值税普通发票时，应在"购买方纳税人识别号"栏填写购买方的纳税人识别号或统一社会信用代码。不符合规定的发票，不得作为税收凭证。如果在 2017 年 7 月份的报销单据里，有 2017 年 6 月份开具的无统一社会信用代码的增值税普通发票，可以在 7 月份作为税收凭证。

如果在取得发票时，遇到开票方为事业单位的，出于谨慎原则，建议还是要求事业单位在发票上填写税号或社会统一信用代码。

（12）销售方开具增值税发票时，发票内容应按照实际销售情况如实开具，不得根据购买方要求填开与实际交易不符的内容。销售方开具发票时，通过销售平台系统与增值税发票税控系统后台对接，导入相关信息开票的，系统导入的开票数据内容应与实际交易相符，如不相符应及时修改完善销售平台系统。

3. 施工企业发票开具的特殊要求

（1）施工企业提供建筑服务，适用简易计税方法的，以取得的全部价款和价外费用扣除支付给分包方的分包款后的余额为销售额。同时，施工企业可以就取得的全部价款和价外费用向发包方开具增值税发票。

（2）一般纳税人提供建筑服务，均是自行开具增值税发票。小规模纳税人跨地级行政区提供建筑服务，不能自行开具增值税发票的，可向建筑服务发生地主管国税机关按照其取得的全部价款和价外费用申请代开增值税发票。

（3）建筑企业与发包方签订建筑合同后，以内部授权或者三方协议等方式，授权集团内其他纳税人（以下称"第三方"）为发包方提供建筑服务，并由第三方直接与发包方结算工程款的，由第三方缴纳增值税并向发包方开具增值税发票，与发包方签订建筑合同的建筑企业不缴纳增值税。发包方可凭实际提供建筑服务的纳税人开具的增值税专用发票抵扣进项税额。如总公司与发包方签订建筑合同后，总公司内部授权下属分公司提供建筑服务，并由分公司直接与发包方结算工程款的，由分公司缴纳增值税并向发包方开具增值税发票，总公司不缴纳增值税。

（4）《国家税务总局关于进一步明确营改增有关征管问题的公告》（国家税务总局公告 2017 年第 11 号）规定，自 2017 年 6 月 1 日起，将建筑业纳入增值税小规模纳税人自行开具增值税专用发票试点范围。月销售额超过 3 万元（或季销售额超过 9 万元）的建筑业增值税小规模纳税人（以下称"自开发票试点纳税人"）提供建筑服务、销售货物或发生其他增值税应税行为，需要开具增值税专用发票的，通过增值税发票管理新系统自行开具。

（5）提供建筑服务，纳税人自行开具或者税务机关代开增值税发票时，应在发票的备注栏注明建筑服务发生地县（市、区）名称及项目名称。

（三）施工企业不得开具增值税专用发票的相关情形

属于下列情形之一的，不得开具增值税专用发票：

（1）向消费者个人销售货物、提供应税劳务或者发生应税行为的。

（2）销售货物、提供应税劳务或者发生应税行为适用增值税免税规定的，法律、法规及国家税务总局另有规定的除外。

（3）部分适用增值税简易征收政策规定的：① 纳税人销售旧货，按简易办法依 3%征收率减按 2%征收增值税的。② 纳税人销售自己使用过的固定资产，适用按简易办法依 3%征收率减按 2%征收增值税政策的。

纳税人销售自己使用过的固定资产，适用简易办法依照3%征收率减按2%征收增值税政策的，可以放弃减税，按照简易办法依照3%征收率缴纳增值税，并可以开具增值税专用发票。

（4）法律、法规及国家税务总局规定的其他情形。

（四）增值税专用发票的作废

纳税人在开具增值税专用发票当月，发生销货退回、开票有误等情形，收到退回的发票联、抵扣联符合作废条件的，按作废处理；开具时发现有误的，可即时作废。

作废增值税专用发票须在新系统中将相应的数据电文按"作废"处理，在纸质增值税专用发票（含未打印的增值税专用发票）各联次上注明"作废"字样，全联次留存。

同时具有下列情形的，为上述所称作废条件：

（1）收到退回的发票联、抵扣联，且时间未超过销售方开票当月。

（2）销售方未抄税且未记账。

（3）购买方未认证，或者认证结果为"纳税人识别号认证不符""增值税专用发票代码、号码认证不符"。

（五）开具红字增值税专用发票

纳税人开具增值税专用发票后，发生销货退回、开票有误、应税服务中止等情形但不符合发票作废条件，或者因销货部分退回及发生销售折让，需要开具红字增值税专用发票的，按以下方法处理：

（1）购买方取得增值税专用发票已用于申报抵扣的，购买方可在新系统中填开并上传《开具红字增值税专用发票信息表》（以下简称《信息表》），在填开《信息表》时不填写相对应的蓝字增值税专用发票信息，应暂依《信息表》所列增值税税额从当期进项税额中转出，待取得销售方开具的红字增值税专用发票后，与《信息表》一并作为记账凭证。

购买方取得增值税专用发票未用于申报抵扣、但发票联或抵扣联无法退回的，购买方填开《信息表》时应填写相对应的蓝字增值税专用发票信息。

销售方开具增值税专用发票尚未交付购买方，以及购买方未用于申报抵扣并将发票联及抵扣联退回的，销售方可在新系统中填开并上传《信息表》。销售方填开《信息表》时应填写相对应的蓝字增值税专用发票信息。

（2）主管税务机关通过网络接收纳税人上传的《信息表》，系统自动校验通过后，生成带有"红字发票信息表编号"的《信息表》，并将信息同步至纳税人端系统中。

（3）销售方凭税务机关系统校验通过的《信息表》开具红字增值税专用发票，在新系统中以销项负数开具。红字增值税专用发票应与《信息表》一一对应。

（4）纳税人也可凭《信息表》电子信息或纸质资料到税务机关对《信息表》内容进行系统校验。

纳税人开具增值税普通发票后，如发生销货退回、开票有误、应税服务中止等情形但不符合发票作废条件，或者因销货部分退回及发生销售折让，需要开具红字发票的，应收回原发票并注明"作废"字样或取得对方有效证明。

纳税人需要开具红字增值税普通发票的，可以在所对应的蓝字发票金额范围内开具多份红字发票。红字机动车销售统一发票需与原蓝字机动车销售统一发票一一对应。

四、税务机关代开增值税发票

（一）代开发票范围

（1）已办理税务登记的小规模纳税人（包括个体工商户）以及国家税务总局确定的其他可予代开增值税专用发票的纳税人，发生增值税应税行为，可以申请代开增值税专用发票。其中，国家税务总局规定可以自行开具增值税专用发票的小规模纳税人除外。

（2）有下列情形之一的，可以向税务机关申请代开增值税普通发票：

① 被税务机关依法收缴发票或者停止发售发票的纳税人，取得经营收入需要开具增值税普通发票的；

② 正在申请办理税务登记的单位和个人，对其自领取营业执照之日起至取得税务登记证件期间发生的业务收入需要开具增值税普通发票的；

③ 应办理税务登记而未办理的单位和个人，主管税务机关应当依法予以处理，并在补办税务登记手续后，对其自领取营业执照之日起至取得税务登记证件期间发生的业务收入需要开具增值税普通发票的；

④ 依法不需要办理税务登记的单位和个人，临时取得收入，需要开具增值税普通发票的。

（二）代开发票种类

国税机关和地税机关使用新系统代开增值税专用发票和增值税普通发票。代开增值税专用发票使用六联票，代开增值税普通发票使用五联票。

国税机关为增值税纳税人代开的增值税专用发票，第五联代开发票岗位留存，以备发票的扫描补录；第六联交税款征收岗位，用于代开发票税额与征收税款的定期核对；其他联次交增值税纳税人。地税机关为纳税人代开的增值税专用发票，第四联由代开发票岗位留存，以备发票扫描补录；第五联交征收岗位留存，用于代开发票与征收税款的定期核对；其他联次交纳税人。

税务机关代开发票部门通过新系统代开增值税发票，系统自动在发票上打印"代开"字样。

（三）月销售额不超过3万元（按季纳税9万元）的增值税小规模纳税人代开增值税专用发票

增值税小规模纳税人销售其取得的不动产以及其他个人出租不动产，购买方或承租方不属于其他个人的，纳税人缴纳增值税后可以向地税机关申请代开增值税专用发票。不能自开增值税普通发票的小规模纳税人销售其取得的不动产，以及其他个人出租不动产，可以向地税机关申请代开增值税普通发票。

出租不动产，纳税人自行开具或者税务机关代开增值税发票时，应在备注栏注明不动产的详细地址。

增值税小规模纳税人月销售额不超过3万元（按季纳税9万元）的，当期因代开增值税专用发票（含货物运输业增值税专用发票）已经缴纳的税款，在增值税专用发票全部联次追回或者按规定开具红字增值税专用发票后，可以向主管税务机关申请退还。

（四）代开发票具体规定

1. 国税机关代开发票填列要求

（1）"单价"和"金额"栏分别填写不含增值税税额的单价和销售额。

（2）"税率"栏填写增值税征收率。

（3）"销售方名称"栏填写代开税务机关名称。

（4）"销售方纳税人识别号"栏填写代开税务机关的统一代码。

（5）"销售方开户行及账号"栏填写税收完税凭证字轨及号码或系统税票号码（免税代开增值税普通发票可不填写）。

（6）备注栏

1）备注栏内注明纳税人名称和纳税人识别号；

2）税务机关为跨地级行政区提供不动产经营租赁服务、建筑服务的小规模纳税人（不包括其他个人），代开增值税发票时，在发票备注栏中自动打印"YD"字样；

3）税务机关为纳税人代开建筑服务发票时应在发票的备注栏注明建筑服务发生地县（市、区）名称及项目名称；

4）税务机关为个人保险代理人汇总代开增值税发票时，应在备注栏内注明"个人保险代理人汇总代开"字样；

5）税务机关为出售或出租不动产代开发票时应在备注栏注明不动产的详细地址。

（7）代开增值税普通发票的，购买方为自然人或符合下列4项条件之一的单位（机构），纳税人识别号可不填写：

　　1）我国在境外设立的组织机构；

　　2）非常设组织机构；

　　3）组织机构的内设机构；

　　4）军队、武警部队的序列单位等。

　　2．地税机关代开发票填列要求

　　（1）"税率"栏填写增值税征收率。免税、差额征税以及其他个人出租其取得的不动产适用优惠政策减按 1.5%征收的，"税率"栏自动打印"***"。

　　（2）"销售方名称"栏填写代开地税局名称。

　　（3）"销售方纳税人识别号"栏填写代开发票地税局代码。

　　（4）"销售方开户行及账号"栏填写税收完税凭证字轨及号码（免税代开增值税普通发票可不填写）。

　　（5）备注栏填写销售或出租不动产纳税人的名称、纳税人识别号（或者组织机构代码）、不动产的详细地址。

　　（6）差额征税代开发票，通过系统中差额征税开票功能，录入含税销售额（或含税评估额）和扣除额，系统自动计算税额和金额，备注栏自动打印"差额征税"字样。

　　（7）纳税人销售其取得的不动产代开发票，"货物或应税劳务、服务名称"栏填写不动产名称及房屋产权证书号码，"单位"栏填写面积单位。

　　（8）按照核定计税价格征税的，"金额"栏填写不含税计税价格，备注栏注明"核定计税价格，实际成交含税金额×××元"。

　　（9）其他项目按照增值税发票填开的有关规定填写。

　　（五）代开发票盖章

　　增值税纳税人应在代开增值税专用发票的备注栏上，加盖本单位的发票专用章（为其他个人代开的特殊情况除外）。税务机关在代开增值税普通发票以及为其他个人代开增值税专用发票的备注栏上，加盖税务机关代开发票专用章。

　　（六）代开增值税发票办理流程

　　（1）在地税局委托国税局代征税费的办税服务厅，纳税人按照以下次序办理：

　　1）在国税局办税服务厅指定窗口：

　　① 提交《代开增值税发票缴纳税款申报单》；

　　② 自然人申请代开发票，提交身份证件及复印件；

　　其他纳税人申请代开发票，提交加载统一社会信用代码的营业执照（或税务登记证或组织机构代码证）、经办人身份证件及复印件。

　　2）在同一窗口申报缴纳增值税等有关税费。

　　3）在同一窗口领取发票。

　　（2）在国税地税合作、共建的办税服务厅，纳税人按照以下次序办理：

　　1）在办税服务厅国税指定窗口：

　　① 提交《代开增值税发票缴纳税款申报单》；

　　② 自然人申请代开发票，提交身份证件及复印件；

　　其他纳税人申请代开发票，提交加载统一社会信用代码的营业执照（或税务登记证或组织机构代码证）、经办人身份证件及复印件。

　　2）在同一窗口缴纳增值税。

　　3）到地税指定窗口申报缴纳有关税费。

　　4）到国税指定窗口凭相关缴纳税费证明领取发票。

（3）纳税人销售取得的不动产和其他个人出租不动产代开增值税发票业务所需资料，仍然按照《国家税务总局关于加强和规范税务机关代开普通发票工作的通知》（国税函〔2004〕1024号）第二条第（五）项执行：

1）申请代开发票人的合法身份证件；

2）付款方（或接受劳务服务方）对所购物品品名（或劳务服务项目）、单价、金额等出具的书面确认证明。

五、增值税扣税凭证管理

（一）增值税发票的传递

由于建筑企业施工性质的特殊性，具有工程项目多、覆盖地区广、施工周期长、管理难度高等特点，"营改增"后如果以法人为纳税主体，必然有大量的增值税发票在法人单位和各工程项目之间进行传递。企业对增值税发票的传递工作必须要加以重视，要执行统一的管理办法，严格传递流程控制，防止在传递过程中出现延误、丢失发票现象，从而影响结算、拨款、认证和抵扣。做好增值税发票的传递工作要特别注意以下两个方面：一是要注意传递的及时性，开票人员开出发票后要及时将发票抵扣联和发票联传往用票单位，经办人员取得增值税专用发票抵扣联后要及时传给所属单位财务人员用于认证和抵扣。二是要注意传递的安全性。专人送票或使用专门的快递公司，签订快递安全协议，开出的增值税专用发票的发票和抵扣联要分别寄送，防止同时丢失；建立传递记录和登记记录，对发票传递情况做到可追溯查询；各单位的发票邮寄最好制定专人负责，接受方收到后要及时向传出方反馈信息。

（二）收到由销售方开具的发票时的注意事项

1. 检查发票各项要素是否齐全

收到发票时，经办人员应按照发票开具的相关要求和注意事项，加强对取得发票的要素审核：

（1）发票项目是否填写齐全，单位名称等信息是否正确；核实发票与合同内容（如有合同）是否一致。

（2）核实是否按规定打印填写规格型号、数量、开票人等信息，是否按规定加盖发票专用章或税务机关代开发票专用章，发票专用章不清楚（含重复加盖）、备注信息不齐全的，退回开具单位作废重新开具。

（3）增值税纳税人应在代开增值税专用发票的备注栏上，加盖本单位的发票专用章（为其他个人代开的特殊情况除外）。税务机关在代开增值税普通发票以及为其他个人代开增值税专用发票的备注栏上，加盖税务机关代开发票专用章。

在收到由销售方开具的增值税专用发票时应注意发票联和抵扣联应整洁无污损，购买方和销售方的相关信息必须完整正确，发票自带印刷号码必须与打印时的发票号码一致，增值税专用发票的出具日期是必须在可抵扣进项税额的时间内，所有字符均应打印在相应的网格内，字符不得出界。自2017年7月1日起，购买方为企业的，索取增值税普通发票时，应向销售方提供纳税人识别号或统一社会信用代码；销售方为其开具增值税普通发票时，应在"购买方纳税人识别号"栏填写购买方的纳税人识别号或统一社会信用代码。不符合规定的发票，不得作为税收凭证。

（4）核实发票清单是否合规，内容为"详见销货清单"的增值税专用发票和增值税普通发票其清单是否为税控系统导出样式并盖章，不得以其他方式的清单代替。

各部门、各单位在取得发票时，如果遇到有的开票方用自制的出库单或者电子表格明细单作为销售清单，一定要拒收。不管金额大小，都应开具清单，数量少就直接在发票上列明具体品名，如胶水、回形针、订书机等；数量多就附清单，清单必须从税控系统出具。

2. 取得的以下不符合规定的发票，不得抵扣进项税金

（1）取得的不同时符合以下条件的增值税专用发票（"三流统一"）：

1）出票方纳税人向受票方（购买方）纳税人销售了货物，或者提供了增值税应税劳务、应税服务。

2）出票方纳税人向受票方（购买方）纳税人收取了所销售货物、所提供应税劳务或者应税服务的款项，或者取得了索取销售款项的凭据。

3）出票方纳税人按规定向受票方（购买方）纳税人开具的增值税专用发票相关内容，与所销售货物、所提供应税劳务或者应税服务相符，且该增值税专用发票是纳税人合法取得、并以自己名义开具的。

（2）纳税人取得虚开的增值税专用发票，不得作为增值税合法有效的扣税凭证抵扣其进项税额。

有下列情形之一的，无论购货方（受票方）与销售方是否进行了实际的交易，增值税专用发票所注明的数量、金额与实际交易是否相符，购货方取得的专用发票不得抵扣进项税款。

1）购货方取得的增值税专用发票所注明的销售方名称、印章与其进行实际交易的销售方不符的。

2）购货方取得的增值税专用发票为销售方所在省（自治区、直辖市和计划单列市）以外地区的。

3）其他有证据表明购货方明知取得的增值税专用发票系销售方以非法手段获得的。

（3）取得汇总开具专用发票的，没有《销售货物或者提供应税劳务清单》（需要在新开票系统内统一开具，清单不能采用其他方式开具）。

（4）获得的增值税专用发票超过法定认证期限 180 天（2017 年 7 月 1 日起认证期限为 360 天）。

（三）增值税扣税凭证的认证

1. 认证期限

《国家税务总局关于进一步明确营改增有关征管问题的公告》（国家税务总局公告 2017 年第 11 号）规定，自 2017 年 7 月 1 日起，增值税一般纳税人取得的 2017 年 7 月 1 日及以后开具的增值税专用发票和机动车销售统一发票，应自开具之日起 360 日内认证或登录增值税发票选择确认平台进行确认，并在规定的纳税申报期内，向主管国税机关申报抵扣进项税额。

增值税一般纳税人取得的 2017 年 7 月 1 日及以后开具的海关进口增值税专用缴款书，应自开具之日起 360 日内向主管国税机关报送《海关完税凭证抵扣清单》，申请稽核比对。

纳税人取得的 2017 年 6 月 30 日前开具的增值税扣税凭证，仍按《国家税务总局关于调整增值税扣税凭证抵扣期限有关问题的通知》（国税函〔2009〕617 号）执行，在 180 日内认证，并在认证通过的次月申报抵扣进项税额。

根据《关于增值税规范性文件有效性问题的批复》的规定，纳税人采用账外经营手段进行偷税，其取得的账外经营部分防伪税控专用发票，未按上述规定的时限进行认证，或者未在认证通过的当月按照增值税有关规定核算当期进项税额并申报抵扣，不得抵扣其账外经营部分的销项税额。

根据《国家税务总局关于修订增值税专用发票使用规定的补充通知》（国税发〔2007〕18 号）文件规定，红字专用发票暂不报送税务机关认证。

2. 网上勾选认证

根据《国家税务总局关于纳税信用 A 级纳税人取消增值税发票认证有关问题的公告》（国家税务总局公告 2016 年第 7 号）的规定，从 2016 年 3 月 1 日起，对纳税信用 A 级增值税一般纳税人取消增值税发票认证。

根据《国家税务总局关于全面推开营业税改征增值税试点有关税收征收管理事项的公告》（国家税务总局公告 2016 年第 23 号），自 2016 年 5 月 1 日起对纳税信用 B 级增值税一般纳税人取消增值税发票认证。

即 A、B 级增值税一般纳税人取得销售方使用新系统开具的增值税发票（包括增值税专用发票、货物运输业增值税专用发票、机动车销售统一发票），可以不再进行扫描认证，登录本省增值税发票查询平台，查询、选择用于申报抵扣或者出口退税的增值税发票信息，未查询到对应发票信息的，仍可进行扫描认证。

六、增值税发票的被盗、丢失及缴销

（一）增值税发票的被盗、丢失

《国家税务总局关于被盗、丢失增值税专用发票有关问题的公告》（国家税务总局公告2016年第50号）规定，税务总局决定取消"纳税人的增值税专用发票发生被盗、丢失时必须统一在《中国税务报》上刊登'遗失声明'"的规定。故发生发票被盗、丢失情形时，适用《国家税务总局关于修改〈中华人民共和国发票管理办法实施细则〉的决定》（国家税务总局令第37号）的规定，使用发票的单位和个人应当于发现被盗、丢失当日书面报告税务机关，并登报声明作废。

（二）增值税一般纳税人丢失已开具增值税专用发票

（1）一般纳税人丢失已开具专用发票的发票联和抵扣联，如果丢失前已认证相符的，购买方凭销售方提供的相应专用发票记账联复印件及销售方主管税务机关出具的《丢失增值税专用发票已报税证明单》或《丢失货物运输业增值税专用发票已报税证明单》（以下简称《证明单》），可作为增值税进项税额的抵扣凭证；如果丢失前未认证的，购买方凭销售方提供的相应专用发票记账联复印件进行认证，认证相符的凭专用发票记账联复印件及销售方主管税务机关出具的《证明单》，可作为增值税进项税额的抵扣凭证。专用发票记账联复印件和《证明单》留存备查。取消购买方主管税务机关审核同意后，方可作为增值税进项税额的抵扣凭证的程序，减少办税环节。

（2）一般纳税人丢失已开具专用发票的抵扣联，如果丢失前已认证相符的，可使用专用发票发票联复印件留存备查；如果丢失前未认证的，可使用专用发票发票联认证，专用发票发票联复印件留存备查。

（3）一般纳税人丢失已开具专用发票的发票联，可将专用发票抵扣联作为记账凭证，专用发票抵扣联复印件留存备查。

（三）纳税人丢失机动车销售统一发票

如在办理车辆登记和缴纳车辆购置税手续前丢失的，应先按照以下程序办理补开机动车销售统一发票的手续，再按已丢失发票存根联的信息开红字发票。

补开机动车销售统一发票的具体程序为：

（1）丢失机动车销售统一发票的消费者到机动车销售单位取得机动车销售统一发票存根联复印件（加盖销售单位发票专用章）；

（2）到机动车销售方所在地主管税务机关盖章确认并登记备案；

（3）由机动车销售单位重新开具与原机动车销售统一发票存根联内容一致的机动车销售统一发票。

（四）增值税发票的缴销

纳税人因变更或注销税务登记，发票换版、损毁等原因，向税务机关缴销未使用的空白发票。因变更或注销税务登记原因需缴销发票的在变更或注销税务登记之前办理；因发票换版、损毁等原因需缴销发票的按照税务机关要求时限办理。

《国家税务总局关于京津冀范围内纳税人办理跨省（市）迁移有关问题的通知》（税总发〔2015〕161号）规定，纳税人在京津冀范围内，因住所、经营地点变动涉及改变省（市）主管税务机关的，应当持有关证件和资料，向原主管税务机关申报办理注销税务登记。迁出前应向迁出地税务机关申请缴销其全部结存空白发票（包括各类税控系统中的电子发票）及发票领购簿。

一般纳税人注销税务登记或者转为小规模纳税人，应将专用设备和结存未用的纸质专用发票送交主管税务机关。主管税务机关应缴销其专用发票，并按有关安全管理的要求处理专用设备。

七、虚开增值税专用发票

虚开增值税专用发票是指有为他人虚开、为自己虚开、让他人为自己虚开、介绍他人虚开增值税专

用发票行为之一的。

（一）虚开增值税专用发票的处罚

违反《中华人民共和国发票管理办法》第二十二条第二款的规定虚开发票的，由税务机关没收违法所得；虚开金额在1万元以下的，可以并处5万元以下的罚款；虚开金额超过1万元的，并处5万元以上50万元以下的罚款；构成犯罪的，依法追究刑事责任。

根据《刑法》第205条规定，虚开增值税专用发票或者虚开用于骗取出口退税、抵扣税款的其他发票的，处3年以下有期徒刑或者拘役，并处2万元以上20万元以下罚金；虚开的税款数额较大或者有其他严重情节的，处3年以上10年以下有期徒刑，并处5万元以上50万元以下罚金；虚开的税款数额巨大或者有其他特别严重情节的，处10年以上有期徒刑或者无期徒刑，并处5万元以上50万元以下罚金或者没收财产。

（二）不属于虚开增值税专用发票的情形

纳税人通过虚增增值税进项税额偷逃税款，但对外开具增值税专用发票同时符合以下情形的，不属于对外虚开增值税专用发票：

（1）纳税人向受票方纳税人销售了货物，或者提供了增值税应税劳务、应税服务；

（2）纳税人向受票方纳税人收取了所销售货物、所提供应税劳务或者应税服务的款项，或者取得了索取销售款项的凭据；

（3）纳税人按规定向受票方纳税人开具的增值税专用发票相关内容，与所销售货物、所提供应税劳务或者应税服务相符，且该增值税专用发票是纳税人合法取得、并以自己名义开具的。

受票方纳税人取得的符合上述情形的增值税专用发票，可以作为增值税扣税凭证抵扣进项税额。

（三）善意取得虚开的增值税专用发票

1. 定义

纳税人善意取得虚开的增值税专用发票是指购货方与销售方存在真实交易，且购货方不知道取得的增值税专用发票是以非法手段获得的。

2. 善意取得虚开的增值税专用发票的处理

（1）购货方与销售方存在真实的交易，销售方使用的是其所在省（自治区、直辖市和计划单列市）的专用发票，专用发票注明的销售方名称、印章、货物数量、金额及税额等全部内容与实际相符，且没有证据表明购货方知道销售方提供的专用发票是以非法手段获得的，对购货方不以偷税或者骗取出口退税论处。但应按有关规定不予抵扣进项税款或者不予出口退税；购货方已经抵扣的进项税款或者取得的出口退税，应依法追缴。

（2）购货方能够重新从销售方取得防伪税控系统开出的合法、有效专用发票的，或者取得手工开出的合法、有效专用发票且取得了销售方所在地税务机关已经或者正在依法对销售方虚开专用发票行为进行查处证明的，购货方所在地税务机关应依法准予抵扣进项税款或者出口退税。

纳税人善意取得虚开的增值税专用发票被追缴其已抵扣的进项税款的，不属于《税收征收管理法》规定的"纳税人未按照规定期限缴纳税款"的情形，不适用该条"税务机关除责令限期缴纳外，从滞纳税款之日起，按日加收滞纳税款万分之五的滞纳金"的规定。

八、失控发票

失控发票是指防伪税控企业丢失税卡中未开具的发票或空白专用发票，以及被列为非正常户的防伪税控企业未向税务机关申报或未按规定缴纳税款的发票。

施工企业要关注"失控票"对企业的影响，在税务机关系统内经常会出现发票"无法认证""认证不符""密文有误""重复认证""认证时失控""认证后失控"和"纳税人识别号认证不符"等信息，企业取得该类发票将不得进行进项抵扣或是加大认证难度，从而增加企业税务风险。

按照《国家税务总局关于失控增值税专用发票处理的批复》（国税函〔2008〕607号）规定，失控票处理如下：

（1）在税务机关按非正常户登记失控增值税专用发票后，增值税一般纳税人又向税务机关申请防伪税控报税的，其主管税务机关可以通过防伪税控报税子系统的逾期报税功能受理报税。

（2）购买方主管税务机关对认证发现的失控发票，应按照规定移交稽查部门组织协查。属于销售方已申报并缴纳税款的，可由销售方主管税务机关出具书面证明，并通过协查系统回复购买方主管税务机关，该失控发票可作为购买方抵扣增值税进项税额的凭证。

九、异常凭证

（一）异常凭证的范围

走逃（失联）企业存续经营期间发生下列情形之一的，所对应属期开具的增值税专用发票列入异常增值税扣税凭证（以下简称"异常凭证"）范围。

（1）商贸企业购进、销售货物名称严重背离的；生产企业无实际生产加工能力且无委托加工，或生产能耗与销售情况严重不符，或购进货物并不能直接生产其销售的货物且无委托加工的。

（2）直接走逃失踪不纳税申报，或虽然申报但通过填列增值税纳税申报表相关栏次，规避税务机关审核比对，进行虚假申报的。

（二）异常凭证进项税额的处理

增值税一般纳税人取得异常凭证，尚未申报抵扣或申报出口退税的，暂不允许抵扣或办理退税；已经申报抵扣的，一律先作进项税额转出；已经办理出口退税的，税务机关可按照异常凭证所涉及的退税额对该企业其他已审核通过的应退税款暂缓办理出口退税，无其他应退税款或应退税款小于涉及退税额的，可由出口企业提供差额部分的担保。经核实，符合现行增值税进项税额抵扣或出口退税相关规定的，企业可继续申报抵扣，或解除担保并继续办理出口退税。

（三）异常凭证的核实

接受异常凭证的纳税人，对税务机关认定的异常凭证存有异议，提出核查申请的，主管税务机关一般应自接收申请之日起90个工作日内完成异常凭证的核实。

第十节　会　计　核　算

一、与应交增值税相关的会计科目设置

（一）一般纳税人的增值税会计科目设置

根据施工企业一般纳税人的日常业务情况，增值税相关的会计科目设置见表2-18。

表2-18　　　　　　　　　　增值税相关的会计科目设置

一级科目	二级科目	三级科目
应交税费	应交增值税	进项税额
		已交税金
		转出未交增值税
		减免税款
		销项税额

一级科目	二级科目	三级科目
应交税费	应交增值税	进项税额转出
		转出多交增值税
	未交增值税	
	预交增值税	
	简易计税	
	待抵扣进项税额	
	待认证进项税额	

需要注意的是，其中"未交增值税、预交增值税、简易计税"科目应设置为与"应交增值税"平行并列的二级科目，各科目的使用情况说明如下：

（1）应交增值税。

1）"进项税额"专栏，记录一般纳税人购进货物、加工修理修配劳务、服务、无形资产或不动产而支付或负担的、准予从当期销项税额中抵扣的增值税额；

2）"已交税金"专栏，记录一般纳税人当月已交纳的应交增值税额（注意：预缴增值税不在本科目核算）；

3）"转出未交增值税"和"转出多交增值税"专栏，分别记录一般纳税人月度终了转出当月应交未交或多交的增值税额；

4）"减免税款"专栏，记录一般纳税人按现行增值税制度规定准予减免的增值税额（初次购买增值税税控系统专用设备支付的费用以及缴纳的技术维护费在增值税应纳税额中全额抵减时使用此科目）；

5）"销项税额"专栏，记录一般纳税人销售货物、加工修理修配劳务、服务、无形资产或不动产应收取的增值税额；

6）"进项税额转出"专栏，记录一般纳税人购进货物、加工修理修配劳务、服务、无形资产或不动产等发生非正常损失以及其他原因而不应从销项税额中抵扣、按规定转出的进项税额。

（2）"未交增值税"明细科目，核算一般纳税人月度终了从"应交增值税"或"预交增值税"明细科目转入当月应交未交、多交或预缴的增值税额，以及当月交纳以前期间未交的增值税额。

（3）"预交增值税"明细科目，核算一般纳税人转让不动产、提供不动产经营租赁服务、提供建筑服务、采用预收款方式销售自行开发的房地产项目等，以及其他按现行增值税制度规定应预缴的增值税额。

（4）"简易计税"明细科目，核算一般纳税人采用简易计税方法发生的增值税计提、扣减、预缴、缴纳等业务（施工企业一般纳税人承接的建安工程老项目、清包工工程、甲供项目选择简易计税方式使用此科目核算增值税）。

（5）"待抵扣进项税额"明细科目，核算一般纳税人已取得增值税扣税凭证并经税务机关认证，按照现行增值税制度规定准予以后期间从销项税额中抵扣的进项税额。包括：一般纳税人自2016年5月1日后取得并按固定资产核算的不动产或者2016年5月1日后取得的不动产在建工程，按现行增值税制度规定准予以后期间从销项税额中抵扣的进项税额；实行纳税辅导期管理的一般纳税人取得的尚未交叉稽核比对的增值税扣税凭证上注明或计算的进项税额。

（6）"待认证进项税额"明细科目，核算一般纳税人由于未经税务机关认证而不得从当期销项税额中抵扣的进项税额。包括：一般纳税人已取得增值税扣税凭证、按照现行增值税制度规定准予从销项税额中抵扣，但尚未经税务机关认证的进项税额；一般纳税人已申请稽核但尚未取得稽核相符结果的海关缴款书进项税额。

（二）小规模纳税人的增值税会计科目设置

小规模纳税人只需在"应交税费"科目下设置"应交增值税"明细科目，不需要在应交增值税下再设置下级科目。

二、增值税的相关的会计核算

建筑安装服务业由于其行业特殊性，其增值税的会计核算与通常行业也存在一定差异，其行业特殊性及对增值税会计核算的影响主要体现为：

（1）建筑工程与普通工业生产不同，工期通常较长，可能跨越几个会计年度，需要设置工程施工、工程结算科目，其会计核算一般遵循会计准则－建造合同法核算，其收入一般采用完工百分比法确认，增值税销项税的确认一般与收入的确认并不挂钩。

（2）建筑业增值税纳税义务发生时间的特殊性（直接影响销项税的核算）

1）纳税人发生应税行为并收讫销售款项或者取得索取销售款项凭据的当天；先开具发票的，为开具发票的当天。取得索取销售款项凭据的当天，是指书面合同确定的付款日期。

2）纳税人提供建筑服务、租赁服务采取预收款方式的，其纳税义务发生时间为收到预收款的当天。根据此规定，收到预收款时应确认增值税销项税。

（3）建筑服务业小规模纳税人和一般纳税人发生的特定项目（老项目、清包工工程、甲供工程）可以选择简易征收方式，以取得的全部价款和价外费用扣除支付的分包款后的余额为销售额，按照 3%的征收率计算应纳税额，此过程涉及分包抵税的会计处理。

下面分一般纳税人及小规模纳税人对增值税的会计核算作详细的说明：

（一）一般纳税人一般计税项目增值税的会计核算

1. 预缴增值税的会计处理

一般纳税人跨地级行政区提供建筑服务，适用一般计税方法计税的，以取得的全部价款和价外费用扣除支付的分包款后的余额，按照2%的预征率计算应预缴税款。

根据《财政部　税务总局关于建筑服务等营改增试点政策的通知》（财税〔2017〕58 号）规定，纳税人提供建筑服务采取预收款方式的，其收到预收款的当天不再发生纳税义务，但是应在收到预收款时，以取得的预收款扣除支付的分包款后的余额按照规定预缴增值税。其中，跨地级行政区提供建筑服务的，在建筑服务发生地预缴增值税；未跨地级行政区提供建筑服务的，在机构所在地预缴增值税；适用一般计税方法计税的项目预征率为 2%。

预缴增值税的分录如下：

借：应交税费——预缴增值税 [（取得全部价款－分包款）/（1＋10%）×2%]

　　贷：银行存款

2. 抵扣进项税的会计处理

一般纳税人购进原材料用于工程使用（支付分包成本、机械费）等，取得增值税专用发票进行抵扣，会计分录如下：

借：工程施工——材料费等

　　应交税费——应交增值税——进项税额

　　贷：应付账款/银行存款

3. 产生纳税义务，确认销项税的会计处理

关于施工企业增值税的纳税义务发生时间，税收相关的规定有两点：

纳税人发生应税行为并收讫销售款项或者取得索取销售款项凭据的当天；先开具发票的，为开具发票的当天。取得索取销售款项凭据的当天，是指书面合同确定的付款日期；

下面分两种情况分别说明：

根据合同约定确认应结算的工程款，会计分录如下：

借：应收账款

　　贷：工程结算 ［应收结算款金额/（1＋10%）］

　　　　应交税费——应交增值税——销项税额 ［应收结算款金额/（1＋10%）×10%］

4. 结转应纳（或留抵）税额的会计处理

月末，将应纳（销项＞进项）税额或留抵（进项＞销项）税额结转入"未交增值税"科目，分录如下：

（1）结转应纳税额的会计分录

借：应交税费——应交增值税——转出未交增值税

　　贷：应交税费——未交增值税

（2）结转留抵税额的会计分录

借：应交税费——未交增值税

　　贷：应交税费——应交增值税——转出多交增值税

结转后，"应交税费——应交增值税"科目余额为0。

5. 将预缴的增值税抵减当月应纳税额的会计处理

当月如同时存在预缴增值税款及应纳增值税，预缴的增值税可以抵减应纳增值税额，分录如下：

借：应交税费——未交增值税

　　贷：应交税费——预缴增值税（累计预缴增值税额与当月应纳增值税额孰小）

6. 缴纳应交增值税税款的会计处理

分录如下：

借：应交税费——未交增值税

　　贷：银行存款

【案例4】A企业系增值税一般纳税人，其总包的Z项目（位于本市以外）适用一般计税方法，2017年5月发生如下业务：

（1）月初，购进Z项目专用的材料一批，取得增值税专用发票，含税价117 000元；

（2）取得一般纳税人开具的专业分包专用发票，含税价55 500元；

（3）接受小规模纳税人D公司提供的建筑服务，取得税务机关代开的专用发票含税价30 900元；

（4）支付税控系统技术服务费330元；

（5）按建筑总承包合同约定计算本月应收建设方工程款222 000元；

（6）月末，购进的专用材料因仓库管理人员疏忽，导致月初购进的材料被盗，被盗部分材料成本为20 000元；

（7）计算5月应交增值税；

（8）缴纳5月应补增值税。

要求：计算A企业2017年5月的应交增值税额，并对发生的以上业务进行会计处理。

【案例分析及解答】

（1）购进材料

借：原材料 100 000 ［117 000/1（＋17%）］

　　应交税费——应交增值税——进项税额 17 000 （100 000×17%）

　　贷：应付账款 117 000

（2）取得专业分包发票

借：工程施工——合同成本——分包成本 50 000 ［55 500/（1+11%）］

应交税费——应交增值税——进项税额 5500 （5000×11%）

贷：应付账款 55 500

（3）接受小规模纳税人 D 公司提供的建筑服务

借：工程施工——合同成本——分包成本 30 000 ［30 900/（1+3%）］

应交税费——应交增值税——进项税额 900 （30 000×3%）

（4）支付税控系统技术服务费

借：管理费用 330

贷：银行存款 330

借：应交税费——应交增值税——减免税款 330（注：在存在应补增值税的当月做此分录）

借：管理费用 330

（5）按建筑总承包合同约定计算本月应收建设方工程款 222 000 元

预缴增值税（本地项目不需要此步）：

借：应交税费——预缴增值税 2443.24（222 000−55 500−30 900）/（1+11%）×2%

银行存款 2443.24

确认销项税：

借：应收账款 222 000

贷：工程结算 200 000

应交税费——应交增值税——销项税额 22 000

（6）被盗材料进项税转出（非正常损失的进项税应作转出）

借：营业外支出 23 400

贷：原材料 20 000

应交税费——应交增值税——进项税额转出 3400（20 000×17%）

（7）计算本月应交增值税

本月应交增值税＝销项税−进项税+进项税额转出−减免税额

＝22 000−（17 000+900）+3400−330＝7170

转出本月未交增值税：

借：应交税费——应交增值税——转出未交增值税 7170

贷：应交税费——未交增值税 7170

（8）将预交增值税转入未交增值税

注意：若（预交增值税期初余额+本期借方发生额）＞本月应交增值税，则转入未交增值税的金额为本月应交增值税，预交增值税的余额留待次月继续抵。

借：应交税费——未交增值税 2443.24

贷：应交税费——预交增值税 2443.24

（9）缴纳本月应补增值税

借：应交税费——未交增值税 4726.76

贷：银行存款 4726.76

计算出本月应补增值税后，应交增值税各科目的发生额及余额如下（表 2−19）。

表2-19 本月应补增值税后应交增值税各科目的发生额及余额

一级科目	二级科目	三级科目	借方发生额	贷方发生额	期末借方余额	期末贷方余额
应交税费	应交增值税		25 400	25 400		
	应交增值税	进项税额	17 900		17 900	
	应交增值税	已交税金				
	应交增值税	转出未交增值税	7170		7170	
	应交增值税	减免税款	330		330	
	应交增值税	销项税额		22 000		22 000
	应交增值税	进项税额转出		3400		3400
	应交增值税	转出多交增值税				
	未交增值税		2443.24	7170		4726.76
	预交增值税		2443.24	2443.24		
	简易计税					
	待抵扣进项税额					
	待认证进项税额					

注：根据《财政部税务总局关于调整增值税税率的通知》（财税〔2018〕32号）规定，自2018年5月1日起，一般纳税人提供建筑服务适用一般计税方法的，适用税率调整为10%。

（二）一般纳税人简易计税项目增值税的会计核算

由于一般纳税人简易计税项目不涉及进项税的抵扣，故简易计税项目增值税的核算相对来说较为简单，所使用的科目也可以更为简略，除预缴时使用"应交税费——预缴增值税"科目外，仅使用"应交税费——简易计税"核算即可。

1. 预缴增值税的会计处理

一般纳税人跨地级行政区提供建筑服务，选择适用简易计税方法计税的，以取得的全部价款和价外费用扣除支付的分包款后的余额，按照3%的征收率计算应预缴税款。

根据《财政部 税务总局关于建筑服务等营改增试点政策的通知》（财税〔2017〕58号）规定，纳税人提供建筑服务采取预收款方式的，其收到预收款的当天不再发生纳税义务，但是应在收到预收款时，以取得的预收款扣除支付的分包款后的余额按照规定预缴增值税。其中，跨地级行政区提供建筑服务的，在建筑服务发生地预缴增值税；未跨地级行政区提供建筑服务的，在机构所在地预缴增值税；适用简易计税方法计税的项目预征率为3%。

分录如下：

借：应交税费——简易计税〔（取得全部价款-分包款）/（1+3%）×3%〕

　　贷：银行存款

2. 产生纳税义务，确认应交增值税的会计处理

根据合同约定确认应结算的工程款，会计分录如下：

借：应收账款

　　贷：工程结算〔应收结算款金额/（1+3%）〕

　　　　应交税费——简易计税〔应收结算款金额/（1+3%）×3%〕

3. 分包抵税的会计处理

纳税人取得支付分包款的增值税发票（备注栏注明建筑服务发生地所在县（市、区）、项目名称的增值税发票）抵减应纳税额的会计分录如下：

借：应交税费——简易计税［取得的分包增值税发票金额/（1+3%）×3%］

    贷：工程施工——分包成本

4. 将应纳税额转入未交增值税科目

分录如下：

借：应交税费——简易计税

    贷：应交税费——未交增值税

5. 将预缴的增值税抵减当月应纳税额的会计处理

分录如下：

借：应交税费——未交增值税

    贷：应交税费——简易计税（累计预缴增值税额与当月应纳增值税额孰小）

6. 缴纳增值税税款的会计处理

分录如下：

借：应交税费——未交增值税

    贷：银行存款

【案例 5】A 企业系增值税一般纳税人，其总包的 Y 项目（位于本市以外）适用简易计税方法，2017 年 5 月发生如下业务：

（1）取得建筑工程分包增值税发票金额 185 400 元；

（2）按建筑总承包合同约定计算本月应收建设方工程款 206 000 元；

要求：计算本月应交增值税并作相应的会计处理。

【案例分析及解答】

（1）按合同约定应收工程款在工程所在地预缴增值税（本市项目不需要此步骤）

借：应交税费——简易计税 600 ［（206 000－185 400）/（1+3%）×3%］

    贷：银行存款   600

（2）按应结算金额确认应交税金

借：应收账款   206 000

    贷：工程结算 200 000 ［206 000/（1+3%）］

        应交税费——简易计税 6000   ［206 000/（1+3%）×3%］

（3）取得的建筑工程分包增值税发票抵减应交增值税

借：工程施工——合同成本——分包成本   180 000

   应交税费——简易计税   5400

    贷：应付账款   185 400

如果没有在工程所在地预缴增值税，则作如下账务处理：

（4）将应交简易计税增值税转入未交增值税

借：应交税费——简易计税 600 （6000－5400）

    贷：应交税费——未交增值税   600

（5）缴纳本月简易计税项目应交增值税：

借：应交税费——未交增值税   600

    贷：银行存款   600

三、小规模纳税人增值税的会计核算

小规模纳税人增值税的会计核算可更为简略，会计科目可仅设置"应交税费——应交增值税"即可，不再设置更明细的科目，所有与增值税相关的业务（预缴、确认应纳税额、分包抵税等）均在此科目核算，以下分各个环节详细说明其会计处理：

1. 预缴增值税的会计处理

小规模纳税人跨地级行政区提供建筑服务，以取得的全部价款和价外费用扣除支付的分包款后的余额，按照3%的征收率计算应预缴税款。

根据《财政部　税务总局关于建筑服务等营改增试点政策的通知》（财税〔2017〕58号）规定，纳税人提供建筑服务采取预收款方式的，其收到预收款的当天不再发生纳税义务，但是应在收到预收款时，以取得的预收款扣除支付的分包款后的余额按照规定预缴增值税。其中，跨地级行政区提供建筑服务的，在建筑服务发生地预缴增值税；未跨地级行政区提供建筑服务的，在机构所在地预缴增值税；适用简易计税方法计税的项目预征率为3%。

会计分录如下：

借：应交税费——应交增值税［（取得全部价款 - 分包款）/（1 + 3%）×3%］

　　贷：银行存款

2. 产生纳税义务，确认应交增值税的会计处理

（1）收到预收款，会计分录如下：

借：银行存款

　　贷：预收账款［收到的预收款金额/（1 + 3%）］

　　　　应交税费——应交增值税［收到的预收款金额/（1 + 3%）×3%］

（2）根据合同约定确认应结算的工程款，会计分录如下：

借：应收账款

　　贷：工程结算［应收结算款金额/（1 + 3%）］

　　　　应交税费——应交增值税［应收结算款金额/（1 + 3%）×3%］

3. 分包抵税的会计处理

纳税人取得支付分包款的增值税发票（备注栏注明建筑服务发生地所在县（市、区）、项目名称的增值税发票）抵减应纳税额的会计分录如下：

借：应交税费——应交增值税［取得的分包增值税发票金额/（1 + 3%）×3%］

　　贷：工程施工——分包成本

4. 缴纳增值税税款的会计处理

分录如下：

借：应交税费——应交增值税

　　贷：银行存款

由于小规模纳税人仅设置"应交税费——应交增值税"科目核算增值税相关的业务，故不存在预缴税款抵减应纳税额账务处理的问题，月末应交增值税的贷方余额表示存在应补税额，借方余额表示存在可以结转到下期抵扣的税额。

四、其他

1. 增值税税控系统专用设备和技术维护费用抵减增值税额的账务处理

按现行增值税制度规定，企业初次购买增值税税控系统专用设备支付的费用以及缴纳的技术维护费允许在增值税应纳税额中全额抵减的，按规定抵减的增值税应纳税额，借记"应交税费——应交增值税（减免税款）"科目（小规模纳税人应借记"应交税费——应交增值税"科目），贷记"管理费用"等科目。

2. 当月取得增值税专用发票，但未认证的账务处理

企业当月取得的增值税专用发票，但因为各种原因无法当月认证，可先计入"待认证进项税额"，待次月认证后，再转入"进项税额"科目。分录如下：

（1）取得增值税专用发票但未认证当月账务处理。

借：工程施工——材料费等

　　应交税费——待认证进项税额

　　　贷：应付账款

（2）将增值税专用发票认证抵扣的当月账务处理

借：应交税费——应交增值税——进项税额

　　　贷：应交税费——待认证进项税额

3. 施工企业一般纳税人同时存在一般计税项目和简易计税项目的进项税处理

首先，我们了解一下进项税的抵扣原则：

根据增值税相关的规定，不得从销项税中抵扣的进项税大致分为三大类：

（1）用于简易计税方法计税项目、免征增值税项目、集体福利或者个人消费的购进货物、加工修理修配劳务、服务、无形资产和不动产。其中涉及的固定资产、无形资产、不动产，仅指专用于上述项目的固定资产、无形资产（不包括其他权益性无形资产）、不动产。纳税人的交际应酬消费属于个人消费。

（2）与非正常损失直接相关的进项税。

（3）购进的旅客运输服务、贷款服务、餐饮服务、居民日常服务和娱乐服务。

根据以上的规定，同时存在一般计税项目和简易计税项目的施工企业的进项税抵扣应注意以下要点：

（1）依据项目性质进行划分，若可以直接对应到某一项目的的进项税，与一般计税项目直接相关的进项税额可以全额抵扣，如一般计税项目的材料成本、分包成本、项目直接费用相关的进项税额；与简易计税相关直接相关的进项税额不允许抵扣；

（2）无法直接对应到某一项目的进项税额，要区分两种情况：

1）无法对应到某一项目的（即简易与一般计税项目共用的）购进的固定资产、无形资产相关的进项税额，可以全额抵扣；

2）无法划分的除固定资产、无形资产以外的进项税额，如公司管理发生的办公费用、会议费等相关的进项税，按照下列公式计算不得抵扣的进项税额：

不得抵扣的进项税额＝当期无法划分的全部进项税额×（当期简易计税方法计税项目销售额＋免征增值税项目销售额）/当期全部销售额

第三章

施工企业所得税管理与会计核算

第一节 企业所得税概述

企业所得税是指对我国境内的企业和其他取得收入的组织的生产经营所得和其他所得征收的一种税。现行企业所得税法的基本规范，是 2017 年 2 月 24 日第十二届全国人民代表大会第二十六次会议修订的《中华人民共和国企业所得税法》（以下简称《企业所得税法》）和 2007 年 11 月 28 日国务院第 197 次常务会议通过的《中华人民共和国企业所得税法实施条例》（以下简称《实施条例》）。

企业所得税的计税依据是应纳税所得，它以利润为主要依据，施工企业也是如此，即所得额，而非收入。在计算所得税时，应纳税所得额的计算涉及施工企业的收入、成本、费用、税金、损失和其他支出等各个方面，所得税计税依据的计算是较为复杂的。

企业所得税是就所得征税，有所得者缴税，无所得者不缴税。企业所得税的作用主要体现在以下几个方面：

1. 促进企业改善经营管理活动，提升企业的盈利能力

我国施工企业采用比例税率，施工质量高、速度快、投资能力强的企业盈利能力也较强，产生的利润也较多。对国家和企业而言，盈利能力越强，则税负承担能力越强，相对降低了施工企业的税负水平，也相对增加了企业的税后利润。施工企业在缴纳所得税的过程中，收入、成本、费用要严格接受检查，企业的经营管理和财务管理活动要接受监督，促使企业改善经营管理活动，提升盈利能力。

2. 调节产业结构，促进经济发展

改革开放以来，我国建设事业欣欣向荣，施工企业在发挥建设作用的同时，也在为国家贡献利税。所得税调节的作用在于公平税负、量能负担。

3. 为国家建设筹集财政资金

税收的首要职能就是筹集财政收入。随着我国国民收入向企业和居民分配的倾斜，以及经济的发展和企业盈利水平的提高，企业所得税占全部税收收入的比重越来越高，成为我国税制的主税种之一，对筹集财政资金发挥了重要的作用。

第二节 纳税义务人、征税对象、税率

一、纳税义务人

《企业所得税法》第一条规定，企业所得税纳税义务人，是指在中华人民共和国境内的企业和其他取得收入的组织（以下统称企业）。个人独资企业、合伙企业不适用企业所得税法规定。

企业所得税的纳税人分为居民企业和非居民企业，这是根据企业纳税义务范围不同进行的分类方法。

（一）居民企业

居民企业，是指依法在中国境内成立，或者依照外国（地区）法律成立但实际管理机构在中国境内的企业。实际管理机构，是指对企业的生产经营、人员、财务、财产等实施实质性全面管理和控制的机构。

（二）非居民企业

非居民企业，是指依照外国（地区）法律成立且实际管理机构不在中国境内，但在中国境内设立机构、场所的，或者在中国境内未设立机构、场所，但有来源于中国境内所得的企业。

上述所称机构、场所，是指在中国境内从事生产经营活动的机构、场所，包括：

（1）管理机构、营业机构、办事机构。

（2）工厂、农场、开采自然资源的场所。

（3）提供劳务的场所。

（4）从事建筑、安装、装配、修理、勘探等工程作业的场所。

（5）其他从事生产经营活动的机构、场所。

非居民企业委托营业代理人在中国境内从事生产经营活动的，包括委托单位或者个人经常代其签订合同，或者储存、交付货物的，该营业代理人视为非居民企业在中国境内设立的机构、场所。

二、征税对象

企业所得税的征税对象，是指企业的生产经营所得、其他所得和清算所得。

（一）居民企业的征税对象

居民企业应就来源于中国境内、境外的所得作为征税对象。所得包括销售货物所得、提供劳务所得、转让财务所得、股息红得等权益性投资所得、利息所得、租金所得、特许权使用费所得、接受捐赠所得和其他所得。

（二）非居民企业的征税对象

（1）非居民企业在中国境内设立机构、场所的，其征税对象：

1）其所设机构、场所取得的来源于中国境内的所得；

2）在中国境外取得的，但与其所设机构、场所有实际联系的所得。

（2）非居民企业在中国境内未设立机构、场所的，或者虽设立机构场所但取得的所得与所设立的机构、场所没有实际联系的，只就其来源于中国境内的所得缴纳企业所得税。

三、税率

企业所得税实际比例税率：

（1）基本税率是25%。适用于居民企业和中国境内设立机构、场所的且所得与机构、场所有有关联的非居民企业。

（2）低税率为20%。适用于在中国境内未设立机构、场所的，或虽设立机构、场所但取得的所得与机构、场所没有实际联系的非居民企业。实际征税时适用10%的税率。

第三节　应纳税所得额的计算

应纳税所得额是企业所得税的计税依据，按照《企业所得税法》的规定，应纳税所得额为企业每一个纳税年度的收入总额，减除不征税收入、免税收入、各项扣除以及允许弥补的以前年度亏损后的余额。基本公式为：

应纳税所得额＝收入总额－不征税收入－免税收入－各项扣除－允许弥补的以前年度亏损

应纳税所得额的计算以权责发生制为原则，属于当期的收入和费用，不论款项是否收付，均作为当期的收入和费用；不属于当期的收入和费用，不论款项是否收付，均不作为当期的收入和费用。

一、施工企业的收入总额

施工企业的收入总额包括以货币形式和非货币形式从各种来源取得的收入，具体包括提供劳务收入，销售货物收入，转让财产收入，股息、红利等权益性投资收益，利息收入，租金收入，特许权使用费收入，接受捐赠收入，其他收入。施工企业的主要收入是提供劳务收入。

（一）施工企业一般收入的确认

（1）提供劳务收入，是指施工企业提供建筑劳务取得的收入。企业在各个纳税期末，提供劳务交易的结果能够可靠估计的，一般采用完工百分比法确认提供的劳务收入。

（2）销售货物收入，是指施工企业销售商品、产品、原材料、原装物、低值易耗品以及其他存货取得的收入。

（3）转让财产收入，是指施工企业转让固定资产、无形资产、股权、债权等财产取得的收入，应于转让协议生效且完成股权变更手续时，确认收入的实现。

（4）股息、红利等权益性投资收益，是指施工企业因权益性投资从被投资方取得的收入，一般情况下，按照被投资企业做出利润分配决定的日期确认收入的实现。

（5）利息收入，是指施工企业将资金提供给他人使用但不构成权益性投资，或者因他人占用本企业资金取得的收入，包括存款利息、贷款利息、债券利息、欠款利息等收入，按照合同约定的债务人应付利息的日期确认收入的实现。

（6）租金收入，是指施工企业提供固定资产、包装物或者其他有形资产的使用权取得的收入，按照合同约定的承租人应付租金的日期确认收入的实现。

（7）特许权使用费收入，是指施工企业提供专利权、非专利技术、商标权、著作权以及其他特许权的使用取得的收入，按照合同约定的特许权使用人应付特许权使用费的日期确认收入的实现。

（8）接受捐赠收入，是指施工企业接受的来自企业、组织或个人无偿给予的货币性资产、非货币性资产，按照实际收到的捐赠资产的日期确认收入的实现。

（9）其他收入，是施工企业取得的除以上收入外的其他收入。

（二）特殊收入的确认

（1）以分期收款方式销售货物的，按照合同约定的收款日期确认收入的实现。

（2）施工企业发生非货币性资产交换，以及将劳务、货物、财产用于捐赠、偿债、赞助、集资、广告、样品、职工福利或者利润分配用途的，应当视同提供劳务、销售货物或者转让财产，但国务院、税务主管部门另有规定的除外。

（3）企业所得税收入与增值税收入确定的差异。企业所得税确定收入的时间、金额与增值税基本一致，但也有部分差异，见表3－1。

表3－1		企业所得税收入与增值税收入确定的差异	
序号	项目	增值税收入确定	企业所得税收入的确定
1	提供的劳务或服务超过12个月	增值税实施细则规定："生产销售生产工期超过12个月的大型机械设备、船舶、飞机等货物，为收到预收款或者书面合同约定的收款日期的当天。"	《实施条例》规定，企业受托加工制造大型机械设备、船舶、飞机，以及从事建筑、安装、装配工程业务或者提供其他劳务等，持续时间超过12个月的，按照纳税年度内完工进度或者完成的工作量确认收入的实现
2	委托代销	收到代销单位的代销清单，未收到代销清单及货款的，为发出代销货物满180天的当天	满180天的当天及以后，企业仍未收到代销清单及贷款的，企业所得税则不需要确认

续表

序号	项目	增值税收入确定	企业所得税收入的确定
3	先开发票后发商品	增值税暂行条例规定,销售货物或者应税劳务,先开具发票的,为开具发票的当天	企业所得税处理时不需要确认收入
4	跨区域移送货物	确认收入	不确认

二、不征税收入和免税收入

国家为了扶持和鼓励某些特殊的纳税人和特定的项目,或者避免因征税影响企业的正常经营,对企业取得的某些收入不征税或免税的特殊政策,以减轻企业的负担,促进经济的协调发展。或准予抵扣应纳税所得额,或者是对专项用途的资金作为非税收入处理,减轻企业的税负。

（一）不征税收入

（1）财政拨款,是指各级人民政府对纳入预算管理的事业单位、社会团体等组织拨付的财政资金,但国务院和国务院财政、税务主管部门另有规定的除外。

（2）依法收取并纳入财政管理的行政事业性收费、政府性基金。

（3）国务院规定的其他不征税收入,是指企业取得的,由国务院财政、税务主管部门规定专项用途并经国务院批准的财政性资金。

（二）免税收入

（1）国债利息收入。

（2）符合条件的居民企业之间的股息、红利等权益性投资,是指居民企业直接投资于其他居民企业取得的投资收益。

（3）在中国境内设立机构、场所的非居民企业从居民企业取得的与该机构、场所有实际联系的股息、红利等权益性投资收益。该收益不包括连续持有居民企业公开发行并上市流通的股票不足 12 个月取得的投资收益。

（4）符合条件的非营利组织的收入,不包括非营利组织从事营利性活动取得的收入,但国务院财政、税务主管部门另有规定的除外。

非营业组织的下列收入为免税收入:

1）接受其他单位或者个人捐赠的收入。

2）除《企业所得税法》第七条规定的财政拨款以外的其他政府补助收入,但不包括因政府购买服务取得的收入。

3）按照省级以上民政、财政部门规定收取的会费。

4）不征税收入和免税收入孳生的银行存款利息收入。

5）财政部、国家税务总局规定的其他收入。

注意:不征税收入形成的成本、费用企业所得税前不得扣除,而免税收入的成本费用,在计算免税项目所得税可能扣除。

三、企业接收政府和股东划入资产的企业所得税处理

（一）企业接收政府划入资产的企业所得税处理

（1）县级以上人民政府（包括政府有关部门,下同）将国有资产明确以股权投资方式投入企业,企业应作为国家资本金（包括资本公积）处理。该项资产如为非货币性资产,应按政府确定的接收价值确定计税基础。

（2）县级以上人民政府将国有资产无偿划入企业,凡指定专用用途并按财税〔2011〕70 号文件规定

进行管理的，企业可作为不征税收入进行企业所得税处理。其中，该项资产属于非货币性资产的，应按政府确认的接收价值计算不征税收入。

（3）县级以上人民政府将有资产无偿划入企业，属于上述（1）、（2）项以外情形的，应按政府确定的接收价值计入当期收入总额计算缴纳企业所得税。政府没有确认接收价值的，按资产的公允价值计算确定应税收入。

（二）企业接收股东划入资产的企业所得税处理

（1）企业接收股东划入资产（包括股东赠予资产、股东放弃本企业的股权，下同），凡合同、协议约定作为资本金（包括资本公积）且在会计上已作实际处理的，不计入企业的收入总额，企业应按公允价值确定该项资产的计税基础。

（2）企业接收股东划入资产，凡作为收入处理的，应按公允价值计入收入总额，计算缴纳企业所得税，同时按公允价值确定该项资产的计税基础。

四、所得税前扣除项目的原则和范围

（一）税前扣除的项目的原则

企业申报的扣除项目和金额要真实、合法。真实是指能提供证明有关支出确属已经实际发生，合法是指符合国家税法的规定。除税收法规另有规定外，税前扣除一般应遵循以下原则：

（1）权责发生制原则，是指企业费用应当在其发生的所属会计期扣除。

（2）配比原则，是指企业发生的费用应当与收入配比扣除。除特殊规定外，企业发生的费用不得提前或滞后申报扣除。

（3）合理性原则，是指符合生产经营活动常规，应当计入当期损益或者有关资产成本的必要和正常的支出。

（二）扣除项目的范围

《企业所得税法》规定，企业实际发生的与取得收入有关的、合理的支出，包括成本、费用、税金和其他支出，准予在计算应纳税所得额时扣除。在实际中，计算应纳税所得额时还应注意三方面的内容：① 企业发生的支出应当区分收益性支出和资本性支出。收益性支出在发生当期直接扣除；资本性支出应当分期扣除或者计入有关资产成本，不得在发生当期直接扣除。② 企业不征税收入用于支出所形成的费用或者财产，不得扣除或者计算对应的折旧、摊销扣除。③ 除企业所得税法和实施条例另有规定外，企业实际发生的成本、费用、税金、损失和其他支出，不得重复扣除。

（1）成本，是指企业在生产经营活动过程中发生的销售成本、销货成本、业务支出以及其他耗费。

（2）费用，是指企业每一个纳税年度为生产、经营商品和提供劳务所发生的销售（经营）费用、管理费用和财务费用。已经计入成本的有关费用除外。

（3）税金，是指企业发生的除企业所得税和允许抵扣的增值税以外的企业缴纳的各项税金及附加。即企业按规定缴纳的消费税、城市维护建设税、关税、资源税、土地增值税、房产税、车船税、土地使用税、印花税、教育费附加、地方教育费附加等税金及附加。这些已纳税金准予税前扣除。准许扣除的税金有两种方式：一是在发生当期扣除；二是发生当期计入相关资产的成本，在以后各期分摊扣除。

（4）损失，是指企业在生产经营活动中发生的固定资产和存货的盘亏、毁损、报废损失，转让财产损失，呆账损失，坏账损失，自然灾害等不可抗力因素造成的损失以及其他损失。

企业发生的损失，减除责任人赔偿和保险赔款后的余额，依照国务院财政、税务主管部门的规定扣除。

企业已作为损失处理的资产，在以后纳税年度又全部收回或者部分收回时，应当计入当期收入。

（5）扣除的其他支出，是指除成本、费用、税金、损失外，企业在生产经营活动中发生的与生产经营有关的、合理的支出。

（三）扣除的项目和标准

在计算应纳税所得额时，下列项目可按照实际发生额或规定的标准扣除。

1. 工资、薪金支出

（1）企业发生的合理的工资、薪金支出准予据实扣除。工资薪金支出是企业每一纳税年度支付给本企业任职或与其有雇佣关系的员工的所有现金或非现金形式的劳动报酬，包括基本工资、资金、津贴、补贴、年终加薪、加班工资、以及与任职或者是受雇有关的其他支出。

合理的工资、薪金，是指企业按照股东大会、董事会、薪酬委员会或相关管理机构制定的工资薪金制度规定实际发放给员工的工资薪金。税务机关在对工资薪酬金进行合理确定时，可按以下原则掌握：

① 企业制定的较为规范的员工工资薪金制度。

② 企业所制定的工资薪金制度符合行业及地区水平。

③ 企业在一定时期所发放的工资薪金是相对固定的，工资薪金的调整是有序的。

④ 企业对实际发放的工资薪金，已依法履行了代扣代缴个人所得税义务。

⑤ 有关工资薪金的安排，不以减少或逃避税款为目的。

（2）属于国有性质的企业，其工资薪金不得超过政府有关部门给予的限定数额，超过部分，不得计入企业工资薪金总额，也不得在计算企业应纳税所得额时扣除。

（3）企业因雇用季节工、临时工、实习生、返聘离退休人员以及接受外部劳务派遣用工所实际发生的费用，应区分为工资薪金支出和职工福利费支出，并按《企业所得税法》规定在企业所得税前扣除。其中属于工资薪金支出的，准予计入企业工资薪金总额的基数，作为计算其他各项相关费用扣除的依据。

2. 职工福利费、工会经费、职工教育经费

企业发生的职工福利费、工会经费、职工教育经费按标准扣除，未超过标准的按实际数扣除，超过标准的只能按标准扣除。

（1）企业发生的职工福利费支出，不超过工资薪酬金总额14%的部分准予扣除。

（2）企业拨缴的工会经费，不超过工资薪酬金总额2%的部分准予扣除。

（3）除国务院财政、税务主管部门另有规定外，企业发生的职工教育经费支出，不超过工资薪酬金总额8%的部分自2018年1月1日起准予扣除，超过部分准予结转以后纳税年度扣除。

上述计算职工福利费、工会经费、职工教育经费的工资薪金总额，是指企业按照上述第1条规定实际发放的工资薪金总和，不包括企业的职工福利费、工会经费、职工教育经费以及养老保险费、医疗保险费、失业保险费、工伤保险费、生育保险费等社会保险费和住房公积金。属于国有性质的企业，其工资薪金，不得超过政府有关部门给予的限定数额；超过部分，不得计入企业工资薪金总额，也不得在计算企业应纳税所得额时扣除。

3. 社会保险费

（1）企业依照国务院有关主管部门或者省级人民政府规定的范围和标准为职工缴纳的五险一金，即基本养老保险费、基本医疗保险费、失业保险费、工伤保险费、生育保险费等基本社会保险费和住房公积金，准予扣除。

（2）企业为投资者或者职工支付的补充养老保险费、补充医疗保险费，在国务院财政、税务主管部门规定的范围和标准内，准予扣除。企业依照国家有关规定为特殊工种职工支付的人身安全保险费和符合国务院财政、税务主管部门规定可以扣除的商业保险费准予扣除。

（3）企业参加财产保险，按照规定缴纳的保费，准予扣除。企业为投资者或者职工支付的商业保险费，不得扣除。

4. 利息费用

企业在生产、经营活动中发生的利息费用，按下列规定扣除：

（1）非金融企业向金融企业借款的利息支出，企业经批准发行债券的利息支出可据实扣除。

（2）非金融企业向非金融企业借款的利息支出，不超过按照金融企业同期同类贷款利率计算的数额的部分可据实扣除，超过部分不予扣除。

（3）关联企业利息费用的扣除。

企业从其关联方接受债权性投资而支付的利息费用，同时符合以下条件的，可在计算应纳税所得额时扣除。

① 企业实际支付给关联方的利息支出，不超过以下规定比例和税法及其实施条例有关规定计算的部分，准予扣除。

企业实际支付给关联方的利息支出，符合以下第② 条规定外，其接受关联方债权性投资与其权益性投资比例为：金融企业 5:1，其他企业 2:1。

② 企业如果能够按照税法及其实施条例的有关规定提供相关资料，并证明相关交易活动符合独立交易原则的；或者该企业的实际税负不高于境内关联方的，其实际支付给境内关联方的利息支出，在计算应纳税所得额时准予扣除。

（4）企业向自然人借款的利息支出在企业所得税税前的扣除。

① 企业向股东或其他与企业有关联关系的自然人借款的利息支出，按以上第（3）条规定的条件，计算企业所得税扣除额。

② 企业向除①规定以外的队员工或其他人员借款的利息支出，其借款情况同时符合以下条件的，其利息支出在不超过按照金融企业同期同类贷款利率计算的数额的部分，准予扣除。

条件一：企业与个人之间的贷款是真实、合法、有效的，并且不具有非法集资目的或其他违反法律、法规的行为；

条件二：企业与个人之间签订的借款合同。

5. 借款费用

（1）企业在生产经营活动中发生的合理的不需要资本化的借款费用，准予扣除。

（2）企业为购置、建造固定资产、无形资产和经过 12 个月以上的建造才能达到预定可使用状态的存货发生借款的，在有关资产购置、建造期间发生的合理的借款费用，应予以资本化，作为资本性支出计入资本的成本；有关资产交付使用后发生的借款利息，可在发生当期扣除。

（3）企业通过发行债券、取得贷款等方式融资而发生的合理的费用支出，符合资本化条件的，应计入相关资产成本；不符合资本化条件的，应作为财务费用，准予在企业所得税前扣除。

6. 汇兑损失

除已经计入有关资产成本以及与向所有者进行利润分配相关的部分外，准予扣除。

7. 业务招待费

企业发生的生产经营活动有关的业务招待费支出，按照发生额的 60%扣除，但最高不得超过当年销售（营业）收入的 5‰。

企业在筹建期间，发生的与筹办活动有关的业务招待费支出，可按实际发生额的 60%计入企业筹办费，并按有关规定在税前扣除。

8. 广告费和业务宣传费

企业发生的符合条件的广告费和业务宣传费支出，除国务院财政、税务主管部门另有规定外，不超过当年销售（营业）收入的 15%的部分，准予扣除；超过部分，准予结转以后纳税年度扣除。

企业在筹建期间，发生的广告费和业务宣传费，可按实际发生额计入企业筹办费，并按有关规定在税前扣除。

企业申报扣除的广告费和业务宣传费应与赞助支出严格区分。企业申报扣除的广告费支出，必须符合以下条件：广告是通过工商部门批准的专门机构制作的；已实际支付费用，并已取得相应发票；通过一定的媒体传播。

9. 环境保护专项资金

企业依照法律、行政法规有关规定提取的用于环境保护、生态恢复等方面的专项资金，准予扣除。上述专项资金改变用途的，不得扣除。

10. 保险费

企业参加财产保险，按照规定缴纳的保险费，准予扣除。

11. 租赁费

企业根据生产经营活动的需要租入固定资产支付的租赁费，按照以下方法扣除：

（1）以经营租赁方式租入的固定资产发生的租赁支出，按照租赁期限均匀扣除。

（2）以融资租赁方式租入固定资产发生的租赁支出，按照规定构成融资租入固定资产价值的部分应当提取折旧费用，分期扣除。

12. 劳动保护费

企业发生的合理的劳动保护支出，准予扣除。企业根据其工作性质和特点，由企业统一制作并要求员工工作时统一着装所发生的工作服饰费用，可税前扣除。

13. 公益性捐赠支出

公益性捐赠，是指企业通过公益性社会团体或县级（含县级）以上人民政府及其部门，用于《中华人民共和国公益事业捐赠法》规定的公益事业的捐赠。

企业发生的公益性捐赠支出，不超过年度会计利润总额的12%的部分，准予扣除。年度利润总额，是指企业依照国家统一会计制度的规定计算的年度会计利润。

14. 有关资产的费用

企业转让各类固定资产发生的费用，允许扣除。企业按规定计算的固定资产折旧费、无形资产和递延资产的摊销费，准予扣除。

自2018年1月1日至2020年12月31日期间新购进的设备、器具，除房屋、建筑物以外，单位价值不超过500万元的，允许一次性计入当期成本费用在计算应纳税所得额时扣除，不再分年度计算折旧。

15. 资产损失

企业当期发生的固定资产和流动资产盘亏、毁损净损失，由其提供清单盘存资料经主管税务机关审核后，准予扣除。

16. 其他项目

依照有关法律、行政法规和国家有关税法规定准予扣除的其他项目。如会员费、合理的会议费、差旅费、违约金、诉讼费等。

17. 手续费及佣金支出

（1）施工企业发生的与生产经营有关的手续费及佣金支出，不超过以下规定计算限额以内的部分，准予扣除；超过部分，不得扣除。

按与具有合法经营资格中介服务机构或个人（不含交易双方及其雇员、代理人和代表人等）所签订服务协议或合同确认的收入金额的5%计算限额。

（2）企业应与具有合法经营资格的中介服务企业或个人签订代办协议或合同，并按国家有关规定支付手续费及佣金。除委托个人代理外，企业以现金等非转账方式支付的手续费及佣金不得在税前扣除。企业为发行权益性证券支付给有关证券承销机构的手续费及佣金不得在税前扣除。

（3）企业已计入固定资产、无形资产等相关资产的手续费及佣金支出，应当通过折旧、摊销等方式分期扣除，不得在发生当期直接扣除。

（4）企业支付的手续费及佣金不得直接冲减服务协议或合同金额，并如实入账。

（5）企业应当如实向主管税务机关提供当年手续费及佣金相关资料，并依法取得合法真实凭证。

18．施工企业安全生产费

施工企业按要求提取的安全生产费，实际使用的可在税前扣除，当年计提但未实际使用的安全生产费，不能在税前扣除。在计算应纳税所得额时，做纳税调增处理，形成递延所得税资产，以后期间实际发生时予以转回。

五、不得扣除的项目

在计算应纳税所得额时，下列支出不得扣除：

（1）向投资者支付的股息、红利等权益性投资收益款项。

（2）企业所得税税款。

（3）税收滞纳金。

（4）罚金、罚款和被没收财物的损失，指纳税人违反国家有关法律、法规规定，被有关部门处以的罚款，以及被司法机关处以的罚金和被没收财物。这强调实施惩罚的主体是政府部门，和被罚主体不具有平等关系。平等主体间实施的违约金，可以在税前扣除。

（5）非公益性捐赠及超过三年的公益性捐赠支出。

（6）赞助支出，指企业发生的与生产经营活动无关的各种非广告性质支出。

（7）未经核定的准备金支出，指不符合国务院财政、税务主管部门规定的各项资产减值准备、风险准备金等支出。

（8）企业之间支付的管理费、企业内营业机构之间支付的租金和特许使用费。

（9）取得的不合规的发票。

（10）与取得收入无关的其他支出。

六、亏损弥补

税法规定，企业某一纳税年度发生的亏损可以用下一年度的所得税弥补，下一年度的所得不足以弥补的，可以逐年延续弥补，最长不得超过 5 年，但自 2018 年起高新技术企业和科技型中小企业亏损结转年限由 5 年延长至 10 年。

第四节 资产的所得税处理

资产是由于资本投资而形成的财产，对于资本性支出以及无形资产受让、开办、开发费用，不允许作为成本、费用从纳税人的收入总额作一次性扣除，除特别规定外，只能采取分次计提折旧或分次摊销的方式予以扣除。即纳税人经营活动中使用的固定资产的折旧费用、无形资产的长期待摊费用的摊销费用可以扣除。税法规定，纳入税务处理范围的资产形式主要有固定资产、生物资产、无形资产、长期待摊费用、投资资产、存货等，除盘盈固定资产外，均以历史成本为计税基础。历史成本是指企业取得该项资产时实际发生的支出。企业持有各项资产期间资产增值或者减值，除国务财政、税务主管部门规定可以确认损益外，不得调整该资产的计税基础。

一、固定资产的税务处理

固定资产是指企业为生产产品、提供劳务、出租或者经营管理而持有的、使用时间超过 12 个月的非货币性资产，包括房屋、建筑物、机器、机械、运输工具以及其他与生产经营活动有关的设备、器具、工具等。

（一）固定资产的计税基础

（1）外购的固定资产，以购买价款和支付的相关税费以及直接归属于使该资产达到预定用途发生的其他支出为计税基础。

（2）自行建造的固定资产，以竣工结算前发生的支出为计税基础。

（3）融资租入的固定资产，以租赁合同约定的付款总额和承租人在签订租赁合同过程中发生的相关费用为计税基础，租赁合同未约定付款总额的，以该资产的公允价值和承租人在签订租赁合同过程中发生的相关费用为计税基础。

（4）盘盈的固定资产，以同类固定资产的重置完全价值为计税基础。

（5）通过捐赠、投资、非货币性资产交换、债务重组等方式取得的固定资产，以该资产的公允价值和支付的相关税费为计税基础。

（6）改建的固定资产，除已足额提取折旧的固定资产和租入的固定资产以外的其他固定资产，以改建过程中发生的改建支出增加计税基础。

（二）固定资产折旧的范围

在计算应纳税所得额时，企业按照规定计算的固定资产折旧，准予扣除。下列固定资产不得计算折旧扣除：

（1）房屋、建筑物以外未投入使用的固定资产。

（2）以经营租赁方式租入的固定资产。

（3）以融资租赁方式租出的固定资产。

（4）已足额提取折旧仍继续使用的固定资产。

（5）与经营活动无关的固定资产。

（6）单独估价作为固定资产入账的土地。

（7）其他不得计提折旧扣除的固定资产。

（三）固定资产的折旧计提方法

（1）企业应当自固定资产投入使用月份的次月起计提折旧；停止使用的固定资产，应当自停止使用月份的次月起停止计提折旧。

（2）企业应当根据固定资产的性质和使用情况，合理确定固定资产的预计净残值。固定资产的预计净残值一经确定，不得变更。

（3）除另有规定外，固定资产按照直线法计提的折旧，准予扣除。

（四）固定资产折旧的计提年限

除另有规定外，固定资产计算折旧的最低年限如下：

（1）房屋、建筑物，为20年；

（2）飞机、火车、轮船、机器、机械和其他生产设备，为10年；

（3）与生产经营活动有关的器具、工具、家具等，为5年；

（4）飞机、火车、轮船以外的运输工具，为4年；

（5）电子设备，为3年。

（五）房屋、建筑物在未足额提取折旧前进行改扩建的税务处理

（1）属于推倒重置的，该资产原值减除提取折旧后的净值，应并入重置后的固定资产计税成本，并在该固定资产投入使用后的次月起，按照税法规定的折旧年限，一并计提折旧。

（2）属于提升功能、增加面积的，改扩建支出并入该固定资产计税基础，按尚可使用的年限与税法规定的最低年限孰低原则选择年限计提折旧。

（六）固定资产折旧的企业所得税处理

（1）企业固定资产会计折旧年限低于税法折旧年限的，在会计折旧年限内，按税法折旧年限计提的

折旧才准予在所得税前扣除，按会计年限计算的折旧额高出部分，应调增当期应纳税所得额。会计折旧年限已满，但税法规定的最低折旧年限尚未到期且税收折旧尚未足额扣除，其未足额扣除的部分准予在剩余的税收折旧年限继续按规定扣除。

（2）企业固定资产会计折旧年限长于税法规定的最低折旧年限的，其折旧应按会计折旧年限计提扣除，税法另有规定的除外。

（3）企业按会计规定提取的固定资产减值准备，不得税前扣除，其折旧仍按税法确定的固定资产计税基础计提扣除。

（4）企业按税法规定实行加速折旧的，其按加速折旧办法计算的折旧额可全额在税前扣除。

二、无形资产的税务处理

无形资产是指企业长期使用但没有实物形态的资产，包括专利权、商标权、著作权、土地使用权、非专利技术、商誉等。

（一）无形资产的计税基础

无形资产按照以下方法确定计税基础：

（1）外购的无形资产，以购买价款和支付的相关税费以及直接归属于使该资产达到预定用途发生的其他支出为计税基础；

（2）自行开发的无形资产，以开发过程中该资产符合资本化条件后至达到预定用途前发生的支出为计税基础；

（3）通过捐赠、投资、非货币性资产交换、债务重组等方式取得的无形资产，以该资产的公允价值和支付的相关税费为计税基础。

（二）无形资产摊销的范围

在计算应纳税所得额时，企业按照规定计算的无形资产摊销费用，准予扣除。

下列无形资产不得计算摊销费用扣除：

（1）自行开发的支出已在计算应纳税所得额时扣除的无形资产；

（2）自创商誉；

（3）与经营活动无关的无形资产；

（4）其他不得计算摊销费用扣除的无形资产。

（三）无形资产的摊销方法及年限

（1）无形资产的摊销，按照直线法计算；

（2）无形资产的摊销年限不得低于10年；

（3）作为投资或者受让的无形资产，有关法律规定或者合同约定了使用年限的，可以按照规定或者约定的使用年限分期摊销；

（4）外购商誉的支出，在企业整体转让或者清算时，准予扣除；

（5）财税〔2012〕27号文件规定：企业外购的软件，凡符合固定资产或无形资产确认条件的，可以按照固定资产或无形资产进行核算，其折旧或摊销年限可以适当缩短，最短可为2年（含）。

三、长期待摊费用的税务处理

（一）长期待摊费用

长期待摊费用是指企业发生的摊销期限在1年以上的费用。在计算应纳税所得额时，企业发生的下列支出作为长期待摊费用按照规定摊销的，准予扣除：

（1）已足额提取折旧的固定资产的改建支出；

（2）租入固定资产的改建支出；

（3）固定资产的大修理支出；

（4）其他应当作为长期待摊费用的支出。

（二）长期待摊费用的税务处理

1. 固定资产的改建支出及其税务处理

固定资产的改建支出，是指改变房屋或者建筑物结构、延长使用年限等发生的支出。

企业发生的已足额提取折旧的固定资产的改建支出和租入固定资产的改建支出，应作为长期待摊费用，按照规定摊销扣除。

（1）已足额提取折旧的固定资产的改建支出，按照固定资产预计尚可使用年限分期摊销；

（2）租入固定资产的改建支出，按照合同约定的剩余租赁期限分期摊销；

（3）改建的固定资产延长使用年限的，除了属于已足额提取折旧的固定资产和租入固定资产外，应适当延长固定资产的折旧年限。

除了已足额提取折旧的固定资产和以经营租赁方式租入的固定资产外，企业所拥有的固定资产，仍然具有可利用价值，仍然在通过计算折旧予以扣除，而这时企业用于对这些固定资产的改建（良）支出，将增加固定资产的价值或者延长固定资产的使用年限，其性质属于资本化投入，应计入固定资产原价，按规定提取折旧后进行扣除，而不是作为长期待摊费用分期摊销。

2. 固定资产的修理支出的税务处理

区分大修理与非大修理（一般修理费用），进行不同的税务处理。

固定资产的大修理支出，是指同时符合下列条件的支出：

（1）修理支出达到取得固定资产时的计税基础 50% 以上；

（2）修理后固定资产的使用年限延长 2 年以上。

企业固定资产大修理的支出，作长期待摊费用，按照固定资产尚可使用年限分期摊销。

固定资产的一般修理支出，将不被作为长期待摊费用，而被当作收益性支出当期予以扣除。

3. 其他长期待摊费用支出

其他应当作为长期待摊费用的支出，自支出发生月份的次月起，分期摊销，摊销年限不得低于 3 年。

四、存货的税务处理

存货，是指企业在日常活动中持有以备出售的产成品或商品、处在生产过程中的在产品、在生产过程或提供劳务过程中耗用的材料和物料等。

（一）存货的计税基础

存货按照以下方法确定成本：

（1）通过支付现金方式取得的存货，以购买价款和支付的相关税费为成本；

（2）通过支付现金以外的方式取得的存货，以该存货的公允价值和支付的相关税费为成本。

（二）存货成本的计算方法

企业使用或者销售的存货的成本计算方法，可以在先进先出法、加权平均法、个别计价法中选用一种。计价方法一经选用，不得随意变更。

企业转让以上资产，在计算应纳税所得额时，资产的净值允许扣除。资产的净值是指有关资产、财产的计税基础减除已经按照规定扣除的拆旧、折耗、准备金后的余额。

除国务院财政、税务主管部门另有规定外，企业在重组过程中，应当在交易发生时确认有关资产的转让所得或者损失，相关资产应当按照交易价格重新确定计税基础。

五、投资资产的税务处理

投资资产是指企业对外进行权益性投资和债权性投资而形成的资产。

（一）投资资产的成本

投资资产按以下方法确定投资成本：

（1）通过支付现金方式取得的投资资产，以购买价款为成本。

（2）通过支付现金以外的方式取得的投资资产，以该资产的公允价值和支付的相关税费为成本。

（二）投资资产成本的扣除方法

企业对外投资期间，投资资产的成本在计算应纳税所得额时，除对创业投资企业的特别规定外，不得扣除，企业在转让或者处置投资资产时，投资资产的成本准予扣除。

（三）投资企业撤回或减少投资的税务处理

自 2011 年 7 月 1 日起，投资企业从被投资企业撤回或减少的投资，其取得的资产中，相当于初始出资的部分，应确认为投资收回；相当于被投资企业累计未分配利润和累计盈余公积按减少实收资本比例计算的部分，应确认为股息所得；其余部分确认为投资资产转让所得。

（四）非货币性资产投资涉及的企业所得税处理规定

（1）居民企业（以下简称企业）以非货币性资产对外投资确认的非货币性资产转让所得，可在不超过 5 年期限内，分期均匀计入相应年度的应纳税所得额，按规定计算缴纳企业所得税。

（2）企业以非货币性资产对外投资，应对非货币性资产进行评估并按评估后的公允价值扣除计税基础后的余额，计算确认非货币性资产转让所得。

企业以非货币性资产对外投资，应于投资协议生效并办理股权登记手续时，确认非货币性资产转让收入的实现。

（3）企业以非货币性资产对外投资而取得被投资企业的股权，应以非货币性资产的原计税成本为计税基础，加上每年确认的非货币性资产转让所得，逐年进行调整。

被投资企业取得非货币性资产的计税基础，应按非货币性资产的公允价值确定。

（4）企业在对外投资 5 年内转让上述股权或投资收回的，应停止执行递延纳税政策，并就递延期内尚未确认的非货币性资产转让所得，在转让股权或投资收回当年的企业所得税年度汇算清缴时，一次性计算缴纳企业所得税；企业在计算股权转让所得时，可按上述第 3 条规定将股权的计税基础一次调整到位。

企业在对外投资 5 年内注销的，应停止执行递延纳税政策，并就递延期内尚未确认的非货币性资产转让所得，在注销当年的企业所得税年度汇算清缴时，一次性计算缴纳企业所得税。

（5）上述所称非货币性资产，是指现金、银行存款、应收账款、应收票据以及准备持有至到期的债券投资等货币性资产以外的资产。

所称非货币性资产投资，限于以非货币性资产出资设立新的居民企业，或将非货币性资产注入现存的居民企业。

（6）企业发生非货币性资产投资，符合《财政部国家税务总局关于企业重组业务企业所得税处理若干问题的通知》（财税〔2009〕59 号）等文件规定的特殊性税务处理条件的，也可选择按特殊性税务处理规定执行。

（7）上述规定自 2014 年 1 月 1 日起执行。以前尚未处理的非货币性资产投资，符合上述规定的可按该规定执行。

第五节　资产损失税前扣除的所得税处理

一、资产及资产损失的定义

（1）资产是指企业拥有或者控制的、用于经营管理活动相关的资产，包括现金、银行存款、应收及预付款项（包括应收票据、各类垫款、企业之间往来款项）等货币性资产，存货、固定资产、无形资产、在建工程、生产性生物资产等非货币性资产，以及债权性投资和股权（权益）性投资。

（2）准予在企业所得税税前扣除的资产损失，是指企业在实际处置、转让上述资产过程中发生的合理损失（以下简称实际资产损失），以及企业虽未实际处置、转让上运资产，但符合《财政部、国家税务总局关于企业资产损失税前扣除政策的通知》（财税〔2009〕57 号）和《国家税务总局关于发布〈企业资产损失所得税税前扣除管理办法〉公告》（国家税务总局公告 2011 年第 25 号）规定条件计算确认的损失（以下简称"法定资产损失"）。

（3）企业实际资产损失，应当在其实际发生且会计上已作损失处理的年度申报扣除；法定资产损失，在符合法定资产损失确认条件，且会计上已作损失处理的年度申报扣除。

（4）企业发生的资产损失，应按规定的程序和要求向主管税务机关申报后方能在税前扣除。未经申报的损失，不得在税前扣除。

（5）企业以前年度发生的资产损失未能在当年税前扣除的，可以按照上述办法的规定，向税务机关说明并进行专项申报扣除。其中，属于实际资产损失，准予追补至该项损失发生年度扣除，其追补确认期限一般不得超过五年，但因计划经济体制转轨过程中遗留的资产损失、企业重组上市过程中因权属不清出现争议而未能及时扣除的资产损失、因承担国家政策性任务而形成的资产损失以及政策定性不明确而形成资产损失等特殊原因形成的资产损失，其追补确认期限经国家税务总局批准后可适当延长。属于法定资产损失，应在申报年度扣除。

（6）企业因以前年度实际资产损失未在税前扣除而多缴的企业所得税税款，可在追补确认年度企业所得税应纳税款中予以抵扣，不足抵扣的，向以后年度递延抵扣。

（7）企业实际资产损失发生年度扣除追补确认的损失后出现亏损的，应先调整资产损失发生年度的亏损额，再按弥补亏损的原则计算以后年度多缴的企业所得税税款，并按前款办法进行税务处理。

二、资产损失的确认

（一）货币资产损失

企业货币资产损失包括现金损失、银行存款损失和应收及预付款项损失等。

1. 现金损失

现金损失应依据以下证据材料确认：

（1）现金保管人确认的现金盘点表（包括倒推至基准日的记录）；

（2）现金保管人对于短缺的说明及相关核准文件；对责任人由于管理责任造成损失的责任认定及赔偿情况的说明；

（3）涉及刑事犯罪的，应有司法机关出具的相关材料；

（4）金融机构出具的假币收缴证明。

2. 银行存款损失

企业因金融机构清算而发生的存款类资产损失应依据以下证据材料确认：

（1）企业存款类资产的原始凭据；

（2）金融机构破产、清算的法律文件；

（3）金融机构清算后剩余资产分配情况资料。

金融机构应清算而未清算超过三年的，企业可将该款项确认为资产损失，但应有法院或破产清算管理人出具的未完成清算证明。

3. 应收及预付款项损失

企业除贷款类债权外的应收、预付账款符合下列条件之一的，减除可收回金额后确认的无法收回的应收、预付款项，可以作为坏账损失在计算应纳税所得额时扣除：

（1）债务人依法宣告破产、关闭、解散、被撤销，或者被依法注销、吊销营业执照，其清算财产不足清偿的；

（2）债务人死亡，或者依法被宣告失踪、死亡，其财产或者遗产不足清偿的；

（3）债务人逾期3年以上未清偿，且有确凿证据证明已无力清偿债务的；

（4）与债务人达成债务重组协议或法院批准破产重整计划后，无法追偿的；

（5）因自然灾害、战争等不可抗力导致无法收回的；

（6）国务院财政、税务主管部门规定的其他条件。

确认的依据：

（1）相关事项合同、协议或说明；

（2）属于债务人破产清算的，应有人民法院的破产、清算公告；

（3）属于诉讼案件的，应出具人民法院的判决书或裁决书或仲裁机构仲裁书，或者被法院裁定终（中）止执行的法律文书；

（4）属于债务人停止营业的，应有工商部门注销、吊销营业执照证明；

（5）属于债务人死亡、失踪的，应有公安机关等有关部门对债务人个人死亡、失踪证明；

（6）属于债务重组的，应有债务重组协议及其债务人重组收益纳税情况证明；

（7）属于自然灾害、战争等不可抗力而无法收回的，应有债务人受灾情况说明以及放弃债权说明；

企业逾期3年以上的应收款项在会计上已作为损失处理的，可以作为坏账损失，但应说明情况，并出具专项报告。

企业逾期1年以上，单笔数额不超过5万元或者不超过企业年度收入总额万分之一的应收款项，会计上已经作为损失处理的，可以作为坏账损失，但应说明情况，并出具专项报告。

（二）非货币性资产损失

企业非货币资产损失包括存货损失、固定资产损失、无形资产损失、在建工程损失、生产性生物资产损失等。

1. 存货损失

存货盘亏损失，为其盘亏金额扣除责任人赔偿后的余额，应依据以下证据材料确认：

（1）存货计税成本确定依据；

（2）企业内部有关责任认定、责任人赔偿说明和内部核批文件；

（3）存货盘点表；

（4）存货保管人对于盘亏的情况说明。

存货报废、毁损或变质损失，为其计税成本扣除残值及责任人赔偿后的余额，应依据以下证据材料确认：

（1）存货计税成本的确定依据；

（2）企业内部关于存货报废、毁损、变质、残值情况说明及核销资料；

（3）涉及责任人赔偿的，应当有赔偿情况说明；

（4）该项损失数额较大的（指占企业该类资产计税成本10%以上，或减少当年应纳税所得、增加亏损10%以上），应有专业技术鉴定意见或法定资质中介机构出具的专项报告等。

存货被盗损失，为其计税成本扣除保险理赔以及责任人赔偿后的余额，应依据以下证据材料确认：

（1）存货计税成本的确定依据；

（2）向公安机关的报案记录；

（3）涉及责任人和保险公司赔偿的，应有赔偿情况说明等。

2. 固定资产损失

固定资产盘亏、丢失损失，为其账面净值扣除责任人赔偿后的余额，应依据以下证据材料确认：

（1）企业内部有关责任认定和核销资料；

（2）固定资产盘点表；

（3）固定资产的计税基础相关资料；

（4）固定资产盘亏、丢失情况说明；

（5）损失金额较大的，应有专业技术鉴定报告或法定资质中介机构出具的专项报告等。

固定资产报废、毁损损失，为其账面净值扣除残值和责任人赔偿后的余额，应依据以下证据材料确认：

（1）固定资产的计税基础相关资料；

（2）企业内部有关责任认定和核销资料；

（3）企业内部有关部门出具的鉴定材料；

（4）涉及责任赔偿的，应当有赔偿情况的说明；

（5）损失金额较大的或自然灾害等不可抗力原因造成固定资产毁损、报废的，应有专业技术鉴定意见或法定资质中介机构出具的专项报告等。

固定资产被盗损失，为其账面净值扣除责任人赔偿后的余额，应依据以下证据材料确认：

（1）固定资产计税基础相关资料；

（2）公安机关的报案记录，公安机关立案、破案和结案的证明材料；

（3）涉及责任赔偿的，应有赔偿责任的认定及赔偿情况的说明等。

3. 在建工程损失

在建工程停建、报废损失，为其工程项目投资账面价值扣除残值后的余额，应依据以下证据材料确认：

（1）工程项目投资账面价值确定依据；

（2）工程项目停建原因说明及相关材料；

（3）因质量原因停建、报废的工程项目和因自然灾害和意外事故停建、报废的工程项目，应出具专业技术鉴定意见和责任认定、赔偿情况的说明等。

工程物资发生损失，可比照本办法存货损失的规定确认。

4. 抵押资产损失

企业由于未能按期赎回抵押资产，使抵押资产被拍卖或变卖，其账面净值大于变卖价值的差额，可认定为资产损失，按以下证据材料确认：

（1）抵押合同或协议书；

（2）拍卖或变卖证明、清单；

（3）会计核算资料等其他相关证据材料。

5. 无形资产损失

被其他新技术所代替或已经超过法律保护期限，已经丧失使用价值和转让价值，尚未摊销的无形资产损失，应提交以下证据备案：

（1）会计核算资料；

（2）企业内部核批文件及有关情况说明；

（3）技术鉴定意见和企业法定代表人、主要负责人和财务负责人签章证实无形资产已无使用价值或转让价值的书面申明；

（4）无形资产的法律保护期限文件。

6. 投资损失的确认

企业投资损失包括债权性投资损失和股权（权益）性投资损失。

（1）企业债权投资损失应依据投资的原始凭证、合同或协议、会计核算资料等相关证据材料确认。下列情况债权投资损失的，还应出具相关证据材料：

1）债务人或担保人依法被宣告破产、关闭、被解散或撤销、被吊销营业执照、失踪或者死亡等，应出具资产清偿证明或者遗产清偿证明。无法出具资产清偿证明或者遗产清偿证明，且上述事项超过三年以上的，或债权投资（包括信用卡透支和助学贷款）余额在三百万元以下的，应出具对应的债务人和担保人破产、关闭、解散证明、撤销文件、工商行政管理部门注销证明或查询证明以及追索记录等（包括司法追索、电话追索、信件追索和上门追索等原始记录）。

2）债务人遭受重大自然灾害或意外事故，企业对其资产进行清偿和对担保人进行追偿后，未能收回的债权，应出具债务人遭受重大自然灾害或意外事故证明、保险赔偿证明、资产清偿证明等。

3）债务人因承担法律责任，其资产不足归还所借债务，又无其他债务承担者的，应出具法院裁定证明和资产清偿证明。

4）债务人和担保人不能偿还到期债务，企业提出诉讼或仲裁的，经人民法院对债务人和担保人强制执行，债务人和担保人均无资产可执行，人民法院裁定终结或终止（中止）执行的，应出具人民法院裁定文书。

5）债务人和担保人不能偿还到期债务，企业提出诉讼后被驳回起诉的、人民法院不予受理或不予支持的，或经仲裁机构裁决免除（或部分免除）债务人责任，经追偿后无法收回的债权，应提交法院驳回起诉的证明，或法院不予受理或不予支持证明，或仲裁机构裁决免除债务人责任的文书。

6）经国务院专案批准核销的债权，应提供国务院批准文件或经国务院同意后由国务院有关部门批准的文件。

（2）企业股权投资损失应依据以下相关证据材料确认：

1）股权投资计税基础证明材料；

2）被投资企业破产公告、破产清偿文件；

3）工商行政管理部门注销、吊销被投资单位营业执照文件；

4）政府有关部门对被投资单位的行政处理决定文件；

5）被投资企业终止经营、停止交易的法律或其他证明文件；

6）被投资企业资产处置方案、成交及入账材料；

7）企业法定代表人、主要负责人和财务负责人签章证实有关投资（权益）性损失的书面申明；

8）会计核算资料等其他相关证据材料。

被投资企业依法宣告破产、关闭、解散或撤销、吊销营业执照、停止生产经营活动、失踪等，应出具资产清偿证明或者遗产清偿证明。上述事项超过三年以上且未能完成清算的，应出具被投资企业破产、关闭、解散或撤销、吊销等的证明以及不能清算的原因说明。

企业委托金融机构向其他单位贷款，或委托其他经营机构进行理财，到期不能收回贷款或理财款项，按照本办法第六章　有关规定进行处理。

企业对外提供与本企业生产经营活动有关的担保，因被担保人不能按期偿还债务而承担连带责任，经追索，被担保人无偿还能力，对无法追回的金额，比照本办法规定的应收款项损失进行处理。

与本企业生产经营活动有关的担保是指企业对外提供的与本企业应税收入、投资、融资、材料采购、产品销售等生产经营活动相关的担保。

企业按独立交易原则向关联企业转让资产而发生的损失，或向关联企业提供借款、担保而形成的债权损失，准予扣除，但企业应作专项说明，同时出具中介机构出具的专项报告及其相关的证明材料。

（3）下列股权和债权不得作为损失在税前扣除：

1）债务人或者担保人有经济偿还能力，未按期偿还的企业债

2）违反法律、法规的规定，以各种形式、借口逃废或悬空的企业债权；

3）行政干预逃废或悬空的企业债权；

4）企业未向债务人和担保人追偿的债权；

5）企业发生非经营活动的债权；

6）其他不应当核销的企业债权和股权。

7. 其他资产损失的确认

（1）企业将不同类别的资产捆绑（打包），以拍卖、询价、竞争性谈判、招标等市场方式出售，其出售价格低于计税成本的差额，可以作为资产损失并准予在税前申报扣除，但应出具资产处置方案、各类资产作价依据、出售过程的情况说明、出售合同或协议、成交及入账证明、资产计税基础等确定依据。

（2）企业正常经营业务因内部控制制度不健全而出现操作不当、不规范或因业务创新但政策不明确、不配套等原因形成的资产损失，应由企业承担的金额，可以作为资产损失并准予在税前申报扣除，但应出具损失原因证明材料或业务监管部门定性证明、损失专项说明。

（3）企业因刑事案件原因形成的损失，应由企业承担的金额，或经公安机关立案侦查两年以上仍未追回的金额，可以作为资产损失并准予在税前申报扣除，但应出具公安机关、人民检察院的立案侦查情况或人民法院的判决书等损失原因证明材料。

国务院、税务主管部门规定的其他条件：

（1）企业因存货、固定资产盘亏、毁损、报废、被盗等原因不得从增值税销项税额中抵扣的进项税额，可以与存货、固定资产损失一起在计算应纳税所得额时扣除。

（2）企业在计算应纳税所得额时已经扣除的资产损失，在以后纳税年度全部或者部分收回时，其收回部分应当作为收入计入收回当期的应纳税所得额时扣除。

（3）企业境内、境外营业机构发生的资产损失应分开核算，对境外营业机构由于资产损失而产生的亏损，不得在计算境内应纳税所和额时扣除。

（4）上述规定没有涉及的资产损失事项，只要符合企业所得税法及其实施条例等法律、法规规定的，也可以向税务机关申报扣除。

（5）省、自治区、直辖市和计划单列市国家税务局、地方税务局可以制定具体实施办法。

第六节　异地工程项目所得税管理

施工单位在异地经营施工项目时，经常会收到当地税务机关要求缴纳企业所得税的通知，究竟我们该不该向当地税务机关缴税？如果按照要求缴纳了所得税，回单位固定行政机构所在地主管税务机关又该怎么办？我们这节主要解决这些问题。

按照《跨地区经营汇总纳税企业所得税征收管理暂行办法》规定，异地工程项目的所得税主要分三种情况进行管理。

一、总机构直属的项目部异地施工情形

施工承包合同由总机构与建设方签订并直接以总机构的名义组织施工。施工企业应凭据有效的《外出经营活动税收管理证明》回机构所在地缴纳企业所得税，不需要向当地税务机关缴税。但是，总机构直接管理的跨省、自治区、计划单列市设立的项目经理部性质的工程指挥部、合同段等项目应按照国税函〔2010〕156号文件规定，自2010年1月1日起，应按项目实际经营收入的0.2%按月或按季由总机构向项目所在地预分企业所得税，并由项目部向所在地主管税务机关预缴。总机构扣除已由项目部预缴的企业所得税后，按照其余额在机构所在地税务机构缴纳。

实际管理工作中，一定要注意《外出经营活动税收管理证明》的管理。对于手续不齐的挂靠单位，若没有按照税法规定的时间、程序开具《外出经营活动税收管理证明》或开具的证明超过税法规定的有效期限的，或者没有向主管地税务机关提供总机构出具的证明该项目属于总机构或二级分支机构管理的

证明文件的，会被当地税务机关认定为独立纳税人就地缴纳所得税，其工程所在地的税务机关会对异地项目结合当地实际就地征收所得税。

二、二级分支机构异地施工情形

1. 二级分支机构跨省施工

属于跨省施工的，根据国家税务总局《关于印发〈跨地区经营汇总纳税企业所得税征收管理暂行办法〉的通知》（国税发〔2008〕28号）规定，按照"统一计算、分级管理、就地预缴、汇总清算、财政调库"的办法计算缴纳企业所得税，分支机构应在项目所在地按月或按季度预缴企业所得税。例外的情形为新设立的分支机构，设立当年不就地预缴企业所得税。若总机构既有直接管理的跨地区项目部，又有跨地区二级分支机构的，先扣除已由项目部预缴的企业所得税后，再按照国税发〔2008〕28号文件规定计算总、分支机构应缴纳的税款。

2. 二级分支机构在同一省内施工

在同一省内施工的，国税发〔2008〕28号文件的第三十九条规定，居民企业在同一省、自治区、直辖市和计划单列市内跨地、市（区、县）设立不具有法人资格营业机构、场所的，其企业所得税征收管理办法，由各省、自治区、直辖市和计划单列市国税局、地税局参照本办法联合制定。根据这一规定，各省均作出相关管理规定。如浙江省地税局、国税局、财政厅联合下发的《关于省内跨地区经营建筑安装企业有关所得税管理问题的通知》（浙地税发〔2009〕52号）规定，对不符合二级分支机构判定标准的非法人分支机构（如总机构直接设立的项目公司、工程部等），若同时符合以下3个条件，该分支机构在向施工地税务机关报验登记后，其经营所得由总机构统一计算缴纳企业所得税，分支机构在施工地不预缴企业所得税：

（1）分支机构未在施工地领取非法人营业执照；

（2）分支机构持有总机构主管税务机关开具的《外出经营活动税收管理证明》；

（3）由总机构出具并由总机构主管税务机关确认的该分支机构在财务、业务、人员等方面纳入总机构统一核算和管理的证明。

三、分支机构下设的分支机构管理

对三级及以下分支机构（如二级分支机构设立的项目公司、工程部等），持《外出经营活动税收管理证明》向施工地税务机关报验登记，并提供由总机构出具并经总机构和二级分支机构主管税务机关确认的该分支机构在财务、业务、人员等方面纳入二级分支机构统一核算和管理的证明后，该分支机构不就地预缴企业所得税，其经营收入、职工工资总额和资产总额统一计入二级分支机构，个别省份例外。如四川，根据《四川省省内跨地区总分机构企业所得税征收管理暂行办法》（四川省国家税务局公告2014年第12号）规定，省内跨市州及扩强县具有主体生产经营职能的二级及三级分支机构，应就地分摊缴纳企业所得税。

分支机构直属的项目部跨区施工情形：建筑企业跨地区在二级分支机构之下设立的项目经理部（包括与项目经理部性质相同的工程指挥部、合同段等），若以分支机构名义与建设方签订合同并组织施工，则其收入汇总计入该分支机构，适用国税发〔2008〕28号文件的分级管理规定计算缴纳企业所得税。

四、异地施工重点涉税管理

（1）《税收征管法实施细则》规定，纳税人到外县（市）临时从事生产、经营活动的，应当持税务登记证副本和所在地税务机关填开的《外出经营活动税收管理证明》，向营业地税务机关报验登记，接受税务管理。纳税人外出经营，在同一地累计超过180天的，应当在营业地办理税务登记。

（2）根据国家税务总局《关于换发税务登记证件有关问题的补充通知》（国税发〔2006〕104号）第

三条规定，对外来经营的纳税人（包括超过 180 天的），只办理报验登记，不再办理临时税务登记。据此对于未在异地设立分支机构的，施工企业采用由机构所在地开具《外出经营活动税收管理证明》，经工程所在地税务机关进行报验登记后，按照《营业税暂行条例》规定的时间确认收入，由工程所在地税务机关代开工程款发票并申报缴纳营业税等相关税费。

（3）工程完工后余料和残料的变价收入、销售废旧包装物收入应按照规定开具发票入账，申报增值税和所得税。

第七节　施工企业可能涉及的税收优惠

税法规定的企业所得税的税收优惠方式包括免税、减税、加计扣除、加速折旧、减计收入、税额抵免。

一、免征与减征优惠

企业的下列所得，可以免征、减征企业所得税。企业如果从事国家限制和禁止发展的项目，不得享受企业所得税优惠。

符合条件的技术转让所得：

（1）自 2015 年 10 月 1 日起，全国范围内的居民企业转让 5 年（含，下同）以上非独占许可使用权取得的技术转让所得，可享受企业所得税优惠。居民企业的年度技术转让所得不超过 500 万元的部分，免征企业所得税；超过 500 万元的部分，减半征收企业所得税。

（2）所称技术包括专利（含国防专利）、计算机软件著作权、集成电路布图设计专有权、植物新品种权、生物医药新品种，以及财政部和国家税务总局确定的其他技术。其中，专利是指法律授予独占权的发明、实用新型以及非简单改变产品图案和形状的外观设计。

（3）企业转让符合条件的 5 年以上非独占许可使用权的技术，限于其拥有所有权的技术。技术所有权的权属由国务院行政主管部门确定。其中，专利由国家知识产权局确定权属。

（4）享受减免企业所得税优惠的技术转让应符合以下条件：

1）享受优惠的技术转让主体是企业所得税法规定的居民企业；

2）技术转让属于财政部、国家税务总局规定的范围；

3）境内技术转让经省级以上科技部门认定；

4）向境外转让技术经省级以上商务部门认定；

5）国务院税务主管部门规定的其他条件。

（5）符合条件的 5 年以上非独占许可使用权技术转让所得应按以下方法计算：

$$技术转让所得 = 技术转让收入 - 无形资产摊销费用 - 相关税费 - 应分摊期间费用$$

1）技术转让收入是指转让方履行技术转让合同后获得的价款，包括转让方为使受让方掌握所转让的技术投入使用、实现产业化而提供的必要的技术咨询、技术服务、技术培训所产生的收入，并应同时符合以下条件：

① 在技术转让合同中约定的与该技术转让相关的技术咨询、技术服务、技术培训；

② 技术咨询、技术服务、技术培训收入与该技术转让项目收入一并收取价款。

不包括销售或转让设备、仪器、零部件、原材料等非技术性收入。不属于与技术转让项目密不可分的技术咨询、服务、培训等收入，不得计入技术转让收入。

技术许可使用权转让收入，应按转让协议约定的许可使用权人应付许可使用权使用费的日期确认收入的实现。

2）无形资产摊销费用是指该无形资产按税法规定当年计算摊销的费用。涉及自用和对外许可使用的，应按照受益原则合理划分。

3）相关税费是指技术转让过程中实际发生的有关税费，包括除企业所得税和允许抵扣的增值税以外的各项税金及其附加、合同签订费用、律师费等相关费用。

4）应分摊期间费用（不含无形资产摊销费用和相关税费）是指技术转让按照当年销售收入占比分摊的期间费用。

（6）享受技术转让所得减免企业所得税优惠的企业，应单独计算技术转让所得，并合理分摊企业的期间费用；没有单独计算的，不得享受技术转让所得企业所得税优惠。

（7）技术转让应签订技术转让合同。其中，境内的技术转让须经省级以上（含省级）科技部门认定登记，跨境的技术转让须经省级以上（含省级）商务部门认定登记，涉及财政经费支持产生技术的转让，需省级以上（含省级）科技部门审批。

（8）居民企业技术出口应由有关部门按照商务部、科技部发布的《中国禁止出口限制出口技术目录》（商务部、科技部令2008年第12号）进行审查。居民企业取得禁止出口和限制出口技术转让所得，不享受技术转让减免企业所得税优惠政策。

（9）企业发生技术转让，应在纳税年度终了后至报送年度纳税申报表以前，向主管税务机关办理减免税备案手续。

1）企业发生境内技术转让，向主管税务机关备案时应报送以下资料：

① 技术转让合同（副本）；

② 省级以上科技部门出具的技术合同登记证明；

③ 技术转让所得归集、分摊、计算的相关资料；

④ 实际缴纳相关税费的证明资料；

⑤ 主管税务机关要求提供的其他资料。

2）企业向境外转让技术，向主管税务机关备案时应报送以下资料：

① 技术出口合同（副本）；

② 省级以上商务部门出具的技术出口合同登记证书或技术出口许可证；

③ 技术出口合同数据表；

④ 技术转让所得归集、分摊、计算的相关资料；

⑤ 实际缴纳相关税费的证明资料；

⑥ 主管税务机关要求提供的其他资料。

（10）居民企业从直接或间接持有股权之和达到100%的关联方取得的技术转让所得，不享受技术转让减免企业所得税优惠政策。

二、高新技术企业优惠

（一）国家需要重点扶持的高新技术企业减按15%的税率征收企业所得税

国家需要重点扶持的高新技术企业是指在《国家重点支持的高新技术领域》内，持续进行研究开发与技术成果转化，形成企业核心自主知识产权，并以此为基础开展经营活动，在中国境内（不包括港、澳、台地区）注册的居民企业。其认定须同时满足以下条件：

（1）企业申请认定时须注册成立一年以上。

（2）企业通过自主研发、受让、受赠、并购等方式，获得对其主要产品（服务）在技术上发挥核心支持作用的知识产权的所有权。

（3）对企业主要产品（服务）发挥核心支持作用的技术属于《国家重点支持的高新技术领域》规定的范围。

（4）企业从事研发和相关技术创新活动的科技人员占企业当年职工总数的比例不低于10%。

（5）企业近三个会计年度（实际经营期不满三年的按实际经营时间计算，下同）的研究开发费用总额占同期销售收入总额的比例符合如下要求：

1）最近一年销售收入小于5000万元（含）的企业，比例不低于5%；

2）最近一年销售收入在5000万元至2亿元（含）的企业，比例不低于4%；

3）最近一年销售收入在2亿元以上的企业，比例不低于3%。

其中，企业在中国境内发生的研究开发费用总额占全部研究开发费用总额的比例不低于60%；

（6）近一年高新技术产品（服务）收入占企业同期总收入的比例不低于60%；

（7）企业创新能力评价应达到相应要求；

（8）企业申请认定前一年内未发生重大安全、重大质量事故或严重环境违法行为

（二）高新技术企业境外所得适用税率及税收抵免

根据财税〔2011〕47号规定，自2010年1月1日起，高新技术企业境外所得适用税率及税收抵免有关问题按以下规定执行：

（1）以境内、境外全部生产经营活动有关的研究开发费用总额、总收入、销售收入总额、高新技术产品（服务）收入等指标申请并经认定的高新技术企业，其来源于境外的所得可以享受高新技术企业所得税优惠政策，即对其来源于境外所得可以按照15%的优惠税率缴纳企业所得税，在计算境外抵免限额时，可按照15%的优惠税率计算境内外应纳税总额。

（2）上述高新技术企业境外所得税收抵免的其他事项，仍按照财税〔2009〕125号文件的有关规定执行。

（3）此处所称高新技术企业，是指依照《中华人民共和国企业所得税法》及其实施条例规定，经认定机构按照《高新技术企业认定管理办法》（国科发火〔2008〕172号）和《高新技术企业认定管理工作指引》（国科发火〔2008〕362号）认定取得高新技术企业证书并正在享受企业所得税15%税率优惠的企业。

（4）高新技术企业资格复审期间企业所得税预缴规定

高新技术企业应在资格期满前三个月内提出复审申请，在通过复审之前，在其高新技术企业资格有效期内，其当年企业所得税暂按15%的税率预缴。

（三）高新技术企业企业所得税其他优惠规定

高新技术企业发生的职工教育经费支出，不超过工资薪金总额8%的部分，准予在计算企业所得税应纳税所得额时扣除；超过部分，准予在以后纳税年度结转扣除。

三、小型微利企业优惠

符合条件的小型微利企业，减按20%的税率征收企业所得税。

（1）小型微利企业，是指从事国家非限制和禁止行业，并符合下列条件的企业：

1）工业企业，年度应纳税所得额不超过100万元，从业人数不超过100人，资产总额不超过3000万元；

2）其他企业，年度应纳税所得额不超过100万元，从业人数不超过80人，资产总额不超过1000万元。

从业人数，包括与企业建立劳动关系的职工人数和企业接受的劳务派遣用工人数。

从业人数和资产总额指标，应按企业全年的季度平均值确定。具体计算公式如下：

$$季度平均值＝（季初值＋季末值）÷2$$

$$全年季度平均值＝全年各季度平均值之和÷4$$

年度中间开业或者终止经营活动的，以其实际经营期作为一个纳税年度确定上述相关指标。

（2）自 2018 年 1 月 1 日至 2020 年 12 月 31 日，对年应纳税所得额低于 100 万元（含 100 万元）的小型微利企业，其所得减按 50% 计入应纳税所得额，按 20% 的税率缴纳企业所得税。

小型微利企业，仅指企业的全部生产经营活动产生的所得均负有我国企业所得税纳税义务的企业。非居民企业，不适用上述规定。

四、加计扣除优惠

加计扣除优惠包括以下两项内容：

（一）研究开发费

企业开展研发活动中实际发生的研发费用，未形成无形资产计入当期损益的，在按规定据实扣除的基础上，按照本年度实际发生额的 50%，从本年度应纳税所得额中扣除；形成无形资产的，按照无形资产成本的 150% 在税前摊销。

研发活动，是指企业为获得科学与技术新知识，创造性运用科学技术新知识，或实质性改进技术、产品（服务）、工艺而持续进行的具有明确目标的系统性活动。

1. 允许加计扣除的研发费用

（1）人员人工费用。直接从事研发活动人员的工资薪金、基本养老保险费、基本医疗保险费、失业保险费、工伤保险费、生育保险费和住房公积金，以及外聘研发人员的劳务费用。

企业直接从事研发活动人员包括研究人员、技术人员、辅助人员。研究人员是指主要从事研究开发项目的专业人员；技术人员是指具有工程技术、自然科学和生命科学中一个或一个以上领域的技术知识和经验，在研究人员指导下参与研发工作的人员；辅助人员是指参与研究开发活动的技工。

企业外聘研发人员是指与本企业签订劳务用工协议（合同）和临时聘用的研究人员、技术人员、辅助人员。

（2）直接投入费用。

1）研发活动直接消耗的材料、燃料和动力费用。

2）用于中间试验和产品试制的模具、工艺装备开发及制造费，不构成固定资产的样品、样机及一般测试手段购置费，试制产品的检验费。

3）用于研发活动的仪器、设备的运行维护、调整、检验、维修等费用，以及通过经营租赁方式租入的用于研发活动的仪器、设备租赁费。

（3）折旧费用。用于研发活动的仪器、设备的折旧费。

（4）无形资产摊销。用于研发活动的软件、专利权、非专利技术（包括许可证、专有技术、设计和计算方法等）的摊销费用。

（5）新产品设计费、新工艺规程制定费、新药研制的临床试验费、勘探开发技术的现场试验费。

（6）其他相关费用。与研发活动直接相关的其他费用，如技术图书资料费、资料翻译费、专家咨询费、高新科技研发保险费，研发成果的检索、分析、评议、论证、鉴定、评审、评估、验收费用，知识产权的申请费、注册费、代理费，差旅费、会议费等。此项费用总额不得超过可加计扣除研发费用总额的 10%。

（7）财政部和国家税务总局规定的其他费用。

2. 研发费用归集

（1）加速折旧费用的归集。企业用于研发活动的仪器、设备，符合税法规定且选择加速折旧优惠政策的，在享受研发费用税前加计扣除时，就已经进行会计处理计算的折旧、费用的部分加计扣除，但不得超过按税法规定计算的金额。

（2）多用途对象费用的归集。企业从事研发活动的人员和用于研发活动的仪器、设备、无形资产，同时从事或用于非研发活动的，应对其人员活动及仪器设备、无形资产使用情况做必要记录，并将其实际发生的相关费用按实际工时占比等合理方法在研发费用和生产经营费用间分配，未分配的不得加计扣除。

（3）其他相关费用的归集与限额计算。企业在一个纳税年度内进行多项研发活动的，应按照不同研发项目分别归集可加计扣除的研发费用。在计算每个项目其他相关费用的限额时应当按照以下公式计算：

其他相关费用限额＝允许加计扣除的研发费用之和×10%／（1－10%）。

当其他相关费用实际发生数小于限额时，按实际发生数计算税前加计扣除数额；当其他相关费用实际发生数大于限额时，按限额计算税前加计扣除数额。

（4）特殊收入的扣减。企业在计算加计扣除的研发费用时，应扣减当期取得的研发过程中形成的下脚料、残次品、中间试制品等特殊收入，不足扣减的，允许加计扣除的研发费用按零计算。

企业研发活动直接形成产品或作为组成部分形成的产品对外销售的，研发费用中对应的材料费用不得加计扣除。

（5）财政性资金的处理。企业取得作为不征税收入处理的财政性资金用于研发活动所形成的费用或无形资产，不得计算加计扣除或摊销。

3. 下列活动不适用税前加计扣除政策

（1）企业产品（服务）的常规性升级。

（2）对某项科研成果的直接应用，如直接采用公开的新工艺、材料、装置、产品、服务或知识等。

（3）企业在商品化后为顾客提供的技术支持活动。

（4）对现存产品、服务、技术、材料或工艺流程进行的重复或简单改变。

（5）市场调查研究、效率调查或管理研究。

（6）作为工业（服务）流程环节或常规的质量控制、测试分析、维修维护。

（7）社会科学、艺术或人文学方面的研究。

4. 特别事项的处理

（1）企业委托外部机构或个人进行研发活动所发生的费用，按照费用实际发生额的80%计入委托方研发费用并计算加计扣除，受托方不得再进行加计扣除。委托外部研究开发费用实际发生额应按照独立交易原则确定。

委托方与受托方存在关联关系的，受托方应向委托方提供研发项目费用支出明细情况。

企业委托境外机构或个人进行研发活动所发生的费用，不得加计扣除。（自2018年1月1日起，取消了企业委托境外研发的限制）

（2）企业共同合作开发的项目，由合作各方就自身实际承担的研发费用分别计算加计扣除。

（3）企业集团根据生产经营和科技开发的实际情况，对技术要求高、投资数额大，需要集中研发的项目，其实际发生的研发费用，可以按照权利和义务相一致、费用支出和收益分享相配比的原则，合理确定研发费用的分摊方法，在受益成员企业间进行分摊，由相关成员企业分别计算加计扣除。

（4）企业为获得创新性、创意性、突破性的产品进行创意设计活动而发生的相关费用，可按照本通知规定进行税前加计扣除。

创意设计活动是指多媒体软件、动漫游戏软件开发，数字动漫、游戏设计制作；房屋建筑工程设计（绿色建筑评价标准为三星）、风景园林工程专项设计；工业设计、多媒体设计、动漫及衍生产品设计、模型设计等。

5. 会计核算与管理

（1）企业应按照国家财务会计制度要求，对研发支出进行会计处理；同时，对享受加计扣除的研发费用按研发项目设置辅助账，准确归集核算当年可加计扣除的各项研发费用实际发生额。企业在一个纳税年度内进行多项研发活动的，应按照不同研发项目分别归集可加计扣除的研发费用。

（2）企业应对研发费用和生产经营费用分别核算，准确、合理归集各项费用支出，对划分不清的，不得实行加计扣除。

6. 不适用税前加计扣除政策的行业

（1）烟草制造业。

（2）住宿和餐饮业。

（3）批发和零售业。

（4）房地产业。

（5）租赁和商务服务业。

（6）娱乐业。

（7）财政部和国家税务总局规定的其他行业。

上述行业以《国民经济行业分类与代码》（GB/T 4754—2011）为准，并随之更新。

7. 管理事项及征管要求

（1）研究开发费加计扣除相关规定适用于会计核算健全、实行查账征收并能够准确归集研发费用的居民企业。

（2）企业研发费用各项目的实际发生额归集不准确、汇总额计算不准确的，税务机关有权对其税前扣除额或加计扣除额进行合理调整。

（3）税务机关对企业享受加计扣除优惠的研发项目有异议的，可以转请地市级（含）以上科技行政主管部门出具鉴定意见，科技部门应及时回复意见。企业承担省部级（含）以上科研项目的，以及以前年度已鉴定的跨年度研发项目，不再需要鉴定。

（4）企业符合本通知规定的研发费用加计扣除条件而在2016年1月1日以后未及时享受该项税收优惠的，可以追溯享受，追溯期限最长为3年。

8. 科技型中小企业研究开发费用税前加计扣除比例

2017年5月，财政部、国家税务总局、科技部联合发布《财政部　国家税务总局　科技部关于提高科技型中小企业研究开发费用税前加计扣除比例的通知》（财税〔2017〕34号），科技型中小企业开展研发活动中实际发生的研发费用，未形成无形资产计入当期损益的，在按规定据实扣除的基础上，在2017年1月1日至2019年12月31日期间，再按照实际发生额的75%在税前加计扣除；形成无形资产的，在上述期间按照无形资产成本的175%在税前摊销。

科技型中小企业条件和管理办法由科技部、财政部和国家税务总局另行发布。

（二）企业安置残疾人员就业所支付的工资

（1）企业安置残疾人员的，在按照支付给残疾职工工资据实扣除的基础上，可以在计算应纳税所得额时按照支付给残疾职工工资的100%加计扣除。

企业就支付给残疾职工的工资，在进行企业所得税预缴申报时，允许据实计算扣除；在年度终了进行企业所得税年度申报和汇算清缴时，再依照本条第一款的规定计算加计扣除。

（2）残疾人员的范围适用《中华人民共和国残疾人保障法》的有关规定。

（3）企业享受安置残疾职工工资100%加计扣除应同时具备如下条件：

1）依法与安置的每位残疾人签订了1年以上（含1年）的劳动合同或服务协议，并且安置的每位残疾人在企业实际上岗工作。

2）为安置的每位残疾人按月足额缴纳了企业所在区县人民政府根据国家政策规定的基本养老保险、基本医疗保险、失业保险和工伤保险等社会保险。

3）定期通过银行等金融机构向安置的每位残疾人实际支付了不低于企业所在区县适用的经省级人民政府批准的最低工资标准的工资。

4）具备安置残疾人上岗工作的基本设施。

（4）企业应在年度终了进行企业所得税年度申报和汇算清缴时，向主管税务机关报送本通知第四条规定的相关资料、已安置残疾职工名单及其《中华人民共和国残疾人证》或《中华人民共和国残疾军人证（1 至 8 级）》复印件和主管税务机关要求提供的其他资料，办理享受企业所得税加计扣除优惠的备案手续。

五、固定资产加速折旧

（1）企业的固定资产由于技术进行等原因，确需加速折旧的，可缩短折旧年限或者采取加速折旧的方法。可采用加速折旧的固定资产是指：

1）由于技术进步，产品更新换代较快的固定资产；

2）常年处于强震动、高腐蚀状态的固定资产。

采取缩短折旧年限方法的，最低折旧年限不得低于规定折旧年限的 60%；采取加速折旧方法的，可以采用双倍余额递减法或者年数总和法。

（2）对所有行业企业 2014 年 1 月 1 日后新购进的专门用于研发的仪器、设备，单位价值不超过 100 万元的，允许一次性计入当期成本费用在计算应纳税所得额时扣除，不再分年度计算折旧；单位价值超过 100 万元的，可缩短折旧年限或采取加速折旧的方法。

（3）对所有行业企业持有的单位价值不超过 5000 元的固定资产，允许一次性计入当期成本费用在计算应纳税所得额时扣除，不再分年度计算折旧。

（4）企业在 2018 年 1 月 1 日至 2020 年 12 月 31 日期间新购进的设备、器具，除房屋、建筑物以外的固定资产，单位价值不超过 500 万元的，允许一次性计入当期成本费用在计算应纳税所得额时扣除，不再分年度计算折旧。

六、税额抵免优惠

税额抵免，是指企业购置并实际使用《环境保护专用设备企业所得税优惠目录》《节能节水专用设备企业所得税优惠目录》和《安全生产专用设备企业所得税优惠目录》（以下简称《目录》）规定的环境保护、节能节水、安全生产等专用设备的，该专用设备的投资额的 10%可以从企业当年的应纳税额中抵免；当年不足抵免的，可以在以后 5 个纳税年度结转抵免。

享受前款规定的企业所得税优惠的企业，应当实际购置并自身实际投入使用前款规定的专用设备；企业购置上述专用设备在 5 年内转让、出租的，应当停止享受企业所得税优惠，并补缴已经抵免的企业所得税税款。转让的受让方可以按照该专用设备投资额的 10%抵免当年企业所得税应纳税额；当年应纳税额不足抵免的，可以在以后 5 个纳税年度结转抵免。

自 2009 年 1 月 1 日起，纳税人购进并实际使用《目录》范围内的专用设备并取得增值税专用发票的，如增值税进项税额允许抵扣，其专用设备投资额不再包括增值税进项税额；如增值税进项税额不允许抵扣，其专用设备投资额应为增值税专用发票上注明的价税合计金额。企业购买专用设备取得普通发票的，其专用设备投资额为普通发票上注明的金额。

企业利用自筹资金和银行贷款购置专用设备的投资额，可以按企业所得税法的规定抵免企业应纳所得税额；企业利用财政拨款购置专用设备的投资额，不得抵免企业应纳所得税额。

购置并实际使用的环境保护、节能节水和安全生产专用设备，包括承租方企业以融资租赁方式租入的并在融资租赁合同中约定租赁期届满时租赁设备所有权转移给承租方企业，且符合规定条件的上述专用设备。凡融资租赁期届满后租赁设备所有权未转移至承租方企业的，承租方企业应停止享受抵免企业所得税优惠，并补缴已经抵免的企业所得税税款。

第八节　企业所得税预缴相关表格及填表说明

本章节介绍月度或季度企业所得税预缴的相关表格及表内、表间勾稽关系和填表说明。

中华人民共和国企业所得税月（季）度预缴纳税申报表（A 类，2015 年版）

税款所属期间：　　年 月 日至　 年 月 日

纳税人识别号：□□□□□□□□□□□□□□□□□□

纳税人名称：　　　　　　　　　　　　　　　　　　　金额单位：人民币（列至角分）

行次	项　目	本期金额	累计金额
1	一、按照实际利润额预缴		
2	营业收入		
3	营业成本		
4	利润总额		
5	加：特定业务计算的应纳税所得额		
6	减：不征税收入和税基减免应纳税所得额（请填附表 1）		
7	固定资产加速折旧（扣除）调减额（请填附表 2）		
8	弥补以前年度亏损		
9	实际利润额（4 行＋5 行－6 行－7 行－8 行）		
10	税率（25%）		
11	应纳所得税额（9 行×10 行）		
12	减：减免所得税额（请填附表 3）		
13	实际已预缴所得税额	—	
14	特定业务预缴（征）所得税额		
15	应补（退）所得税额（11 行－12 行－13 行－14 行）	—	
16	减：以前年度多缴在本期抵缴所得税额		
17	本月（季）实际应补（退）所得税额		
18	二、按照上一纳税年度应纳税所得额平均额预缴		
19	上一纳税年度应纳税所得额	—	
20	本月（季）应纳税所得额（19 行×1/4 或 1/12）		
21	税率（25%）		
22	本月（季）应纳所得税额（20 行×21 行）		
23	减：减免所得税额（请填附表 3）		
24	本月（季）实际应纳所得税额（22 行－23 行）		
25	三、按照税务机关确定的其他方法预缴		
26	本月（季）税务机关确定的预缴所得税额		
27	总分机构纳税人		
28	总机构	总机构分摊所得税额（15 行或 24 行或 26 行×总机构分摊预缴比例）		
29		财政集中分配所得税额		
30		分支机构分摊所得税额（15 行或 24 行或 26 行×分支机构分摊比例）		
31		其中：总机构独立生产经营部门应分摊所得税额		
32	分支机构	分配比例		
33		分配所得税额		

是否属于小型微利企业：　　　　是 □　　　　　　　　否 □

谨声明：此纳税申报表是根据《中华人民共和国企业所得税法》《中华人民共和国企业所得税法实施条例》和国家有关税收规定填报的，是真实的、可靠的、完整的。

法定代表人（签字）：　　　　　　年 月 日

纳税人公章： 会计主管： 填表日期：　　年 月 日	代理申报中介机构公章： 经办人： 经办人执业证件号码： 代理申报日期：　　年 月 日	主管税务机关受理专用章： 受理人： 受理日期：　　年 月 日

国家税务总局监制

填 报 说 明

一、适用范围

本表适用于实行查账征收企业所得税的居民纳税人在月（季）度预缴企业所得税时使用。跨地区经营汇总纳税企业的分支机构年度汇算清缴申报适用本表。

二、表头项目

（1）"税款所属期间"：为税款所属期月（季）度第一日至所属期月（季）度最后一日。年度中间开业的纳税人，"税款所属期间"为当月（季）开始经营之日至所属月（季）度的最后一日。次月（季）度起按正常情况填报。

（2）"纳税人识别号"：填报税务机关核发的税务登记证号码（15 位）。

（3）"纳税人名称"：填报税务机关核发的税务登记证记载的纳税人全称。

三、各列次的填报

（1）第一部分，按照实际利润额预缴税款的纳税人，填报第 2 行至第 17 行。其中：第 2 行至第 17 行的"本期金额"列，填报所属月（季）度第一日至最后一日的数据；第 2 行至第 17 行的"累计金额"列，填报所属年度 1 月 1 日至所属月（季）度最后一日的累计数额。

（2）第二部分，按照上一纳税年度应纳税所得额平均额计算预缴税款的纳税人，填报第 19 行至第 24 行。其中：第 19 行至第 24 行的"本期金额"列，填报所属月（季）度第一日至最后一日的数据；第 19 行至第 24 行的"累计金额"列，填报所属年度 1 月 1 日至所属月（季）度最后一日的累计数额。

（3）第三部分，按照税务机关确定的其他方法预缴的纳税人，填报第 26 行。其中："本期金额"列，填报所属月（季）度第一日至最后一日的数额；"累计金额"列，填报所属年度 1 月 1 日至所属月（季）度最后一日的累计数额。

四、各行次的填报

（1）第 1 行至第 26 行，纳税人根据其预缴申报方式分别填报。实行"按照实际利润额预缴"的纳税人填报第 2 行至第 17 行。实行"按照上一纳税年度应纳税所得额平均额预缴"的纳税人填报第 19 行至第 24 行。实行"按照税务机关确定的其他方法预缴"的纳税人填报第 26 行。

（2）第 27 行至第 33 行，由跨地区经营汇总纳税企业（以下简称汇总纳税企业）填报。其中：汇总纳税企业总机构在填报第 1 行至第 26 行基础上，填报第 28 行至第 31 行。汇总纳税企业二级分支机构只填报本表第 30 行、第 32 行、第 33 行。

五、具体项目填报说明

（一）按实际利润额预缴

（1）第 2 行"营业收入"：填报按照企业会计制度、企业会计准则等国家会计规定核算的营业收入。本行主要列示纳税人营业收入数额，不参与计算。

（2）第 3 行"营业成本"：填报按照企业会计制度、企业会计准则等国家会计规定核算的营业成本。本行主要列示纳税人营业成本数额，不参与计算。

（3）第 4 行"利润总额"：填报按照企业会计制度、企业会计准则等国家会计规定核算的利润总额。本行数据与利润表列示的利润总额一致。

（4）第 5 行"特定业务计算的应纳税所得额"：从事房地产开发等特定业务的纳税人，填报按照税收规定计算的特定业务的应纳税所得额。房地产开发企业销售未完工开发产品取得的预售收入，按照税收规定的预计计税毛利率计算的预计毛利额填入此行。

（5）第 6 行"不征税收入和税基减免应纳税所得额"：填报属于税法规定的不征税收入、免税收入、减计收入、所得减免、抵扣应纳税所得额等金额。本行通过《不征税收入和税基类减免应纳税所得额明细表》填报。

（6）第7行"固定资产加速折旧（扣除）调减额"：填报按照《财政部　国家税务总局关于完善固定资产加速折旧税收政策有关问题的通知》（财税〔2014〕75 号）等相关规定，固定资产税收上采取加速折旧，会计上未加速折旧的纳税调整情况。本行通过《固定资产加速折旧（扣除）明细表》（表2）填报。

（7）第8行"弥补以前年度亏损"：填报按照税收规定可在企业所得税前弥补的以前年度尚未弥补的亏损额。

（8）第9行"实际利润额"：根据本表相关行次计算结果填报。第9行＝4行＋5行－6行－7行－8行。

（9）第10行"税率（25%）"：填报企业所得税法规定税率25%。

（10）第11行"应纳所得税额"：根据相关行次计算结果填报。第11行＝9行×10行，且11行≥0。跨地区经营汇总纳税企业总机构和分支机构适用不同税率时，第11行≠9行×10行。

（11）第12行"减免所得税额"：填报按照税收规定，当期实际享受的减免所得税额。本行通过《减免所得税额明细表》（附表3）填报。

（12）第13行"实际已预缴所得税额"：填报纳税人本年度此前月份、季度累计已经预缴的企业所得税额，"本期金额"列不填写。

（13）第14行"特定业务预缴（征）所得税额"：填报按照税收规定的特定业务已经预缴（征）的所得税额。建筑企业总机构直接管理的跨地区设立的项目部，按规定向项目所在地主管税务机关预缴的企业企业所得税填入此行。

（14）第15行"应补（退）所得税额"：根据本表相关行次计算填报。15行"累计金额"列＝11行－12行－13行－14行，且15行≤0时，填0；"本期金额"列不填。

（15）第16行"减：以前年度多缴在本期抵缴所得税额"：填报以前年度多缴的企业所得税税款未办理退税，在本纳税年度抵缴的所得税额。

（16）第17行"本月（季）实际应补（退）所得税额"：根据相关行次计算填报。第17行"累计金额"列＝15行－16行，且第17行≤0时，填0，"本期金额"列不填。

（二）按照上一年度应纳税所得额平均额预缴

（1）第19行"上一纳税年度应纳税所得额"：填报上一纳税年度申报的应纳税所得额。"本期金额"列不填。

（2）第20行"本月（季）应纳税所得额"：根据相关行次计算填报。

1）按月度预缴的纳税人：第20行＝第19行×1/12。

2）按季度预缴的纳税人：第20行＝第19行×1/4。

（3）第21行"税率（25%）"：填报企业所得税法规定的25%税率。

（4）第22行"本月（季）应纳所得税额"：根据本表相关行次计算填报。22行＝20行×21行。

（5）第23行"减：减免所得税额"：填报按照税收规定，当期实际享受的减免所得税额。本行通过《减免所得税额明细表》填报。

（6）第24行"本月（季）应纳所得税额"：根据相关行次计算填报。第24行＝第22－23行。

（三）按照税务机关确定的其他方法预缴

第26行"本月（季）确定预缴所得税额"：填报税务机关认可的其他方法确定的本月（季）度应缴纳所得税额。

（四）汇总纳税企业总分机构有关项目的填报

（1）第28行"总机构分摊所得税额"：汇总纳税企业的总机构，以本表（第1行至第26行）本月（季）度预缴所得税额为基数，按总机构应当分摊的预缴比例计算出的本期预缴所得税额填报，并按不同预缴方式分别计算：

1)"按实际利润额预缴"的汇总纳税企业的总机构：第 15 行×总机构应分摊预缴比例。

2)"按照上一纳税年度应纳税所得额的平均额预缴"的汇总纳税企业的总机构：第 24 行×总机构应分摊预缴比例。

（2）"按照税务机关确定的其他方法预缴"的汇总纳税企业的总机构：第 26 行×总机构应分摊预缴比例。

上述计算公式中"总机构分摊预缴比例"：跨地区经营（跨省、自治区、直辖市、计划单列市）汇总纳税企业，总机构分摊的预缴比例填报 25%；省内经营的汇总纳税企业，总机构应分摊的预缴比例按各省级税务机关规定填报。

（3）第 29 行"财政集中分配所得税额"：汇总纳税企业的总机构，以本表（第 1 行至第 26 行）本月（季）度预缴所得税额为基数，按财政集中分配的预缴比例计算出的本期预缴所得税额填报，并按不同预缴方式分别计算：

1)"按实际利润额预缴"的汇总纳税企业的总机构：第 15 行×财政集中分配预缴比例。

2)"按照上一纳税年度应纳税所得额的平均额预缴"的汇总纳税企业的总机构：第 24 行×财政集中分配预缴比例。

3)"按照税务机关确定的其他方法预缴"的汇总纳税企业的总机构：第 26 行×财政集中分配预缴比例。跨地区经营（跨省、自治区、直辖市、计划单列市）汇总纳税企业，中央财政集中分配的预缴比例填报 25%；省内经营的汇总纳税企业，财政集中分配的预缴比例按各省级税务机关规定填报。

（4）第 30 行"分支机构应分摊所得税额"：汇总纳税企业的总机构，以本表（第 1 行至第 26 行）本月（季）度预缴所得税额为基数，按分支机构应分摊的预缴比例计算出的本期预缴所得税额填报，并按不同预缴方式分别计算：

1)"按实际利润额预缴"的汇总纳税企业的总机构：第 15 行×分支机构应分摊预缴比例。

2)"按照上一纳税年度应纳税所得额平均额预缴"的汇总纳税企业的总机构：第 24 行×分支机构应分摊预缴比例。

3)"按照税务机关确定的其他方法预缴"的汇总纳税企业的总机构：第 26 行×分支机构应分摊预缴比例。

上述计算公式中"分支机构应分摊预缴比例"：跨地区经营（跨省、自治区、直辖市、计划单列市）汇总纳税企业，分支机构应分摊的预缴比例填报 50%；省内经营的汇总纳税企业，分支机构应分摊的预缴比例按各省级税务机关规定执行填报。分支机构根据《中华人民共和国企业所得税汇总纳税分支机构所得税分配表（2015 年版）》中的"分支机构分摊所得税额"填写本行。

（5）第 31 行"其中：总机构独立生产经营部门应分摊所得税额"：填报跨地区经营汇总纳税企业的总机构，设立的具有主体生产经营职能且按规定视同二级分支机构的部门，所应分摊的本期预缴所得税额。

（6）第 32 行"分配比例"：汇总纳税企业的分支机构，填报依据《企业所得税汇总纳税分支机构所得税分配表（2015 年版）》确定的该分支机构的分配比例。

（7）第 33 行"分配所得税额"：填报汇总纳税企业的分支机构按分配比例计算应预缴或汇算清缴的所得税额。第 33 行＝30 行×32 行。

六、"是否属于小型微利企业"填报

（1）纳税人上一纳税年度汇算清缴符合小型微利企业条件的，本年预缴时，选择"是"，预缴累计会计利润不符合小微企业条件的，选择"否"。

（2）本年度新办企业，"资产总额"和"从业人数"符合规定条件，选择"是"，预缴累计会计利润不符合小微企业条件的，选择"否"。

（3）上年度"资产总额"和"从业人数"符合规定条件，应纳税所得额不符合小微企业条件的，预计本年度会计利润符合小微企业条件，选择"是"，预缴累计会计利润不符合小微企业条件，选择"否"。

（4）纳税人第一季度预缴所得税时，鉴于上一年度汇算清缴尚未结束，可以按照上年度第四季度预缴情况选择"是"或"否"。

本栏次为必填项目，不符合小型微利企业条件的，选择"否"。

七、表内表间关系

（一）表内关系

（1）第9行＝4行＋5行－6行－7行－8行。

（2）第11行＝9行×10行。当汇总纳税企业的总机构和分支机构适用不同税率时，第11行≠9行×10行。

（3）第15行＝11行－12行－13行－14行，且第15行≤0时，填0。

（4）第17行＝15行－16行，且第17行≤0时，填0。

（5）第20行"本期金额"＝19行"累计金额"×1/4或1/12。

（6）第22行＝20行×21行。

（7）第24行＝22行－23行。

（8）第28行＝15行或24行或26行×规定比例。

（9）第29行＝15行或24行或26行×规定比例。

（二）表间关系

（1）第6行＝《不征税收入和税基类减免应纳税所得额明细表》（附表1）第1行。

（2）第7行"本期金额"＝《固定资产加速折旧（扣除）明细表》（附表2）第13行11列；第7行"累计金额"＝《固定资产加速折旧（扣除）明细表》（附表2）第13行16列。

（3）第12行、第23行＝《减免所得税额明细表》（附表3）第1行。

（4）第30行＝《企业所得税汇总纳税分支机构所得税分配表（2015年版）》中的"分支机构分摊所得税额"。

（5）第32、33行＝《企业所得税汇总纳税分支机构所得税分配表（2015年版）》中与填表纳税人对应行次中的"分配比例""分配所得税额"列。

所得税预缴税款申报表（附表1）

中华人民共和国企业所得税月（季）度预缴纳税申报表（A类，2015年版）附表1：

不征税收入和税基类减免应纳税所得额明细表

金额单位：人民币元（列至角分）

行次	项　目	本期金额	累计金额
1	合计（2行＋3行＋14行＋19行＋30行＋31行＋32行＋33行＋34行）		
2	一、不征税收入		
3	二、免税收入（4行＋5行＋…＋13行）		
4	1.国债利息收入		
5	2.地方政府债券利息收入		
6	3.符合条件的居民企业之间的股息、红利等权益性投资收益		
7	4.符合条件的非营利组织的收入		
8	5.证券投资基金投资者取得的免税收入		
9	6.证券投资基金管理人取得的免税收入		
10	7.中国清洁发展机制基金取得的收入		
11	8.受灾地区企业取得的救灾和灾后恢复重建款项等收入		

续表

行次	项　　目	本期金额	累计金额
12	9. 其他1：		
13	10. 其他2：		
14	三、减计收入（15行＋16行＋17行＋18行）		
15	1. 综合利用资源生产产品取得的收入		
16	2. 金融、保险等机构取得的涉农利息、保费收入		
17	3. 取得的中国铁路建设债券利息收入		
18	4. 其他：		
19	四、所得减免（20行＋23行＋24行＋25行＋26行＋27行＋28行＋29行）		
20	1. 农、林、牧、渔业项目（21行＋22行）		
21	其中：免税项目		
22	减半征收项目		
23	2. 国家重点扶持的公共基础设施项目		
24	3. 符合条件的环境保护、节能节水项目		
25	4. 符合条件的技术转让项目		
26	5. 实施清洁发展机制项目		
27	6. 节能服务公司实施合同能源管理项目		
28	7. 其他1：		
29	8. 其他2：		
30	五、新产品、新工艺、新技术研发费用加计扣除		
31	六、抵扣应纳税所得额		
32	七、其他1：		
33	其他2：		
34	其他3：		

国家税务总局监制

填　报　说　明

本表作为《中华人民共和国企业所得税月（季）度预缴纳税申报表（A类，2015年版）》的附表，适用于享受不征税收入，以及享受免税收入、减计收入、所得减免、研发费用加计扣除及抵扣应纳税所得额等税基类优惠政策的查账征税的纳税人填报。纳税人根据税法规定，填报本期及本年累计优惠情况。

一、有关项目填报说明

（一）有关列次填报

"本期金额"填报纳税人本季度、月份发生的不征税收入和税基类减免应纳税所得额的数据。"累计金额"填报纳税人自本年度1月1日（或开始营业之日）至本季度、月份止发生的不征税收入和税基类减免应纳税所得额的数据。

（二）有关行次填报

（1）第1行"合计"：填报2行＋3行＋14行＋19行＋30行＋31行＋32行＋33行＋34行的金额，34行后如有增加行次，加至最后一行。

（2）第2行"一、不征税收入"：填报纳税人已记入当期损益但属于税法规定不征税的财政拨款、依法收取并纳入财政管理的行政事业性收费、政府性基金以及国务院规定的其他不征税收入。通过本表进行纳税调减。

（3）第3行"二、免税收入"：填报4行＋5行＋……＋13行的金额。

（4）第4行"1.国债利息收入"：填报纳税人持有国务院财政部门发行的国债取得的利息收入。

（5）第5行"2.地方政府债券利息收入"：填报纳税人持有地方政府债券利息收入。

（6）第6行"3.符合条件的居民企业之间的股息、红利等权益性投资收益"：填报本期发生的符合条件的居民企业之间的股息、红利等权益性投资收益情况。不包括连续持有居民企业公开发行并上市流通的股票不足12个月取得的投资收益。

（7）第7行"4.符合条件的非营利组织的收入"：根据企业所得税法等有关规定，符合条件并依法履行登记手续的非营利组织，填报取得的捐赠收入等免税收入，不包括营利性收入。

（8）第8行"5.证券投资基金投资者取得的免税收入"：填报纳税人根据《财政部　国家税务总局关于企业所得税若干优惠政策的通知》（财税〔2008〕1号）规定，证券投资基金从证券市场中取得收入（包括买卖股票、债券差价收入，股息、红利收入，债券利息收入及其他收入）以及投资者从证券投资基金分配中取得的收入。

（9）第9行"6.证券投资基金管理人取得的免税收入"。填报纳税人根据《财政部　国家税务总局关于企业所得税若干优惠政策的通知》（财税〔2008〕1号）规定，证券投资基金管理人运用基金买卖股票、债券差价收入。

（10）第10行"7.中国清洁发展机制基金取得的收入"：中国清洁发展机制基金取得的CDM项目温室气体减排量转让收入上缴国家部分，国际金融组织赠款收入，基金资金存款利息收入、购买国债利息收入，国内外机构、组织和个人的捐赠收入。

（11）第11行"8.受灾地区企业取得的救灾和灾后恢复重建款项等收入"：填报芦山、鲁甸及其他受灾地区企业灾后重建政策，通过公益性社会团体、县级以上人民政府及其部门取得的抗震救灾和灾后恢复重建款项和物资，以及税收法律、法规和国务院批准的减免税金及附加收入。

（12）第12行"9.其他1"、第13行"10.其他2"：填报其他未列明的预缴申报可以享受的免税收入项目，包括国家税务总局发布的最新政策规定的免税收入。填报时需在"项目"列填写（软件申报时选择具体优惠项目）减免项目名称及减免性质代码。

（13）第14行"三、减计收入"：填报15行＋16行＋17行＋18行的金额。

（14）第15行"1.综合利用资源生产产品取得的收入"：填报纳税人根据现行企业所得税法规定，综合利用资源生产产品取得的收入减计征税的部分。本行填报"综合利用资源生产产品取得收入"×10%的积。

（15）第16行"2.金融、保险等机构取得的涉农利息、保费收入"：金融保险企业、中国扶贫基金会所属小额贷款公司等取得的涉农利息、保费收入，根据企业所得税法和相关税收政策规定享受"减计收入"情况。

本行填报"金融、保险等机构取得的涉农利息、保费收入"×10%的积。

（16）第17行"3.取得的中国铁路建设债券利息收入"：填报纳税人取得铁路建设债券利息收入，根据现行税收政策规定享受"减计收入"情况。本行填报"取得的中国铁路建设债券利息收入"×50%的积。

（17）第18行"4.其他"：填报国家税务总局发布的最新政策规定的其他减计收入乘以"减计收入"比例的金额，需在"项目"列填写（软件申报时选择具体优惠项目）享受减免项目名称及减免性质代码。

（18）第19行"四、所得减免"：填报20行＋23行＋24行＋25行＋26行＋27行＋28行＋29行的金额。本行小于0时填0。

（19）第20行"1.农、林、牧、渔业项目"：填报纳税人根据企业所得税法规定，从事农、林、牧、渔业项目发生的减征、免征企业所得税项目的所得额。本行＝第21行＋22行，该项目所得为负数时填0。

（20）第21行"其中：免税项目"：填报纳税人根据企业所得税法及相关税收政策规定发生的免征企

业所得税项目的所得额，当该项目所得为负数时填 0。

免征企业所得税项目主要有种植蔬菜、谷物、薯类、油料、豆类、棉花、麻类、糖料、水果、坚果；农作物新品种的选育；中药材的种植；林木的培育和种植；牲畜、家禽的饲养；林产品的采集；灌溉、农产品初加工、兽医、农技推广、农机作业和维修等农、林、牧、渔服务业项目；远洋捕捞等。

（21）第 22 行"减半征收项目"：填报纳税人根据企业所得税法及相关税收政策规定，从事农、林、牧、渔业项目发生的减半征收企业所得税项目的所得额。

本行＝"减半征收企业所得税项目的所得额"×50%，当该项目所得为负数时填 0。

减半征收企业所得税项目主要有花卉、茶以及其他饮料作物和香料作物的种植；海水养殖、内陆养殖等。

（22）第 23 行"2.国家重点扶持的公共基础设施项目"：填报纳税人根据企业所得税法和相关税收政策规定，从事《公共基础设施项目企业所得税优惠目录》中规定的港口码头、机场、铁路、公路、城市公共交通、电力、水利等项目的投资经营的所得，自项目取得第一笔生产经营收入所在年度起，享受企业所得税"三免三减半"优惠政策情况。其免税期间填报从事基础设施项目的所得额，减半征税期间填报从事基础设施项目的所得额×50%的积。当该项目所得为负数时填 0。不包括企业承包经营、承包建设和内部自建自用该项目的所得。

（23）第 24 行"3.符合条件的环境保护、节能节水项目"：填报纳税人根据企业所得税法和相关税收政策规定，从事符合条件的公共污水处理、公共垃圾处理、沼气综合开发利用、节能减排技术改造、海水淡化等环境保护、节能节水项目的所得，自项目取得第一笔生产经营收入所在年度起，享受企业所得税"三免三减半"优惠政策情况。其免税期间填报从事环境保护、节能节水项目的所得额，减半征税期间填报从事环境保护、节能节水项目的所得额×50%的积。当该项目所得为负数时填 0。

（24）第 25 行"4.符合条件的技术转让项目"：填报纳税人根据企业所得税法和相关税收政策规定，对转让技术所有权或 5 年以上使用权取得的所得，减征、免征的所得额。

（25）第 26 行"5.实施清洁发展机制项目"：填报纳税人根据企业所得税法和相关税收政策规定，实施的将温室气体减排量转让收入的 65%上缴给国家的 HFC 和 PFC 类 CDM 项目，以及将温室气体减排量转让收入的 30%上缴给国家的 N2O 类 CDM 项目，其实施该类 CDM 项目的所得，自项目取得第一笔减排量转让收入所属纳税年度起，第一年至第三年免征、第四年至第六年减半征收的所得额。

（26）第 27 行"节能服务公司实施合同能源管理项目"：填报根据企业所得税法和相关税收政策规定符合条件的节能服务公司，实施合同能源管理的项目，自项目取得第一笔生产经营收入所属纳税年度起，第一年至第三年免征、第四年至第六年按照 25%的法定税率减半征收的所得额。

（27）第 28 行"7.其他 1"、第 29 行"8.其他 2"：填报国家税务总局发布的最新政策规定的其他专项减免应纳税所得额，当项目所得为负数时填 0。填报时需在"项目"列填写（软件申报时选择具体优惠项目）享受减免项目名称及减免性质代码。

（28）第 30 行"五、新产品、新工艺、新技术研发费用加计扣除"：填报纳税人根据企业所得税法和相关税收政策规定，发生的新产品、新工艺、新技术研发费用加计扣除的金额。

（29）第 31 行"六、抵扣应纳税所得额"：填报纳税人根据企业所得税法和相关税收政策规定，享受创业投资企业抵扣应纳税所得额优惠的金额。

（30）第 32 行及后续行次"七、其他 1""其他 2""其他 3"等：填报纳税人享受的国家税务总局发布的最新的税基类优惠项目的金额，同时需在"项目"列填写减免项目名称及减免性质代码，如行次不足，可增加行次填写。

二、表内、表间关系

（一）表内关系

（1）第 1 行＝2 行＋3 行＋14 行＋19 行＋30 行＋31 行＋32 行＋33 行＋34 行。

（2）第 3 行 = 4 行 + 5 行 + 6 行 + 7 行 + 8 行 + 9 行 + 10 行 + 11 行 + 12 行 + 13 行。

（3）第 14 行 = 15 行 + 16 行 + 17 行 + 18 行。

（4）第 19 行 = 20 行 + 23 行 + 24 行 + 25 行 + 26 行 + 27 行 + 28 行 + 29 行。

（二）表间关系

本表第 1 行 = 企业所得税月（季）度预缴纳税申报表（A 类，2015 年版）第 6 行。

所得税预缴税款申报表（附表 2）

中华人民共和国企业所得税月（季）度预缴申报表（A 类，2015 年版）附表 2

固定资产加速折旧（扣除）明细表

金额单位：人民币元（列至角分）

行次	项　目	房屋、建筑物			机器设备和其他固定资产			合　计									
								原值	本期折旧（扣除）额					累计折旧（扣除）额			
		原值	本期折旧（扣除）额	累计折旧（扣除）额	原值	本期折旧（扣除）额	累计折旧（扣除）额		会计折旧额	正常折旧额	税收加速折旧额	纳税调整额	加速折旧优惠统计额	会计折旧额	正常折旧额	税收加速折旧额	纳税调整额	加速折旧优惠统计额
		1	2	3	4	5	6	7 = 1 + 4	8	9	10 = 2 + 5	11 = 10 - 8	12 = 10 - 9	13	14	15 = 6 + 3	16 = 15 - 13	17 = 15 - 14
1	一、重要行业固定资产																
2	（一）生物药品制造业																
3	（二）专用设备制造业																
4	（三）铁路、船舶、航空航天和其他运输设备制造业																
5	（四）计算机、通信和其他电子设备制造业																
6	（五）仪器仪表制造业																
7	（六）信息传输、软件和信息技术服务业																
8	二、其他行业研发设备	*	*	*													
9	三、允许一次性扣除的固定资产	*	*	*													
10	（一）单位价值不超过 100 万元的研发仪器、设备	*	*	*													
11	其中：六大行业小型微利企业研发和生产经营共用的仪器、设备	*	*	*													
12	（二）单位价值不超过 5000 元的固定资产	*	*	*													
13	合　计																

填 报 说 明

一、适用范围

（1）本表作为《中华人民共和国企业所得税月（季）度预缴纳税申报表（A 类，2015 年版）》的附表，适用于按照《财政部　国家税务总局关于完善固定资产加速折旧税收政策有关问题的通知》（财税〔2014〕75 号，以及此后扩大行业范围）规定，享受固定资产加速折旧和一次性扣除优惠政策的查账征税的纳税人填报。

（2）《国家税务总局关于企业固定资产加速折旧所得税处理有关问题的通知》（国税发〔2009〕81 号）规定的固定资产加速折旧，不填报本表。

（3）本表主要任务：一是对税法上采取加速折旧，会计上未采取加速折旧的固定资产，预缴环节对折旧额的会计与税法差异进行纳税调减。本表预缴时不作纳税调增，纳税调整统一在汇算清缴处理。二是对于税法、会计都采取加速折旧的，对纳税人享受加速折旧优惠情况进行统计。

当税法折旧额小于会计折旧额（或正常折旧额）时，该项固定资产不再填写本表，当期数据按实际数额填报，年度内保留累计数。主要包括以下情形：

1）会计采取正常折旧方法，税法采取缩短折旧年限方法，按税法规定折旧完毕的。

2）会计采取正常折旧方法，税法采取年数总和法或双倍余额递减法方法的，税法折旧金额小于会计折旧金额的。

上述（1）、（2）情形，填写第 8 列、13 列"会计折旧额"，第 10 列、15 列"税收加速折旧额"，第 11 列、16 列"纳税调整额"。

3）会计和税法均采取加速折旧的，该类固定资产填报第 9 列、第 14 列"正常折旧额"，第 10 列、15 列"税收加速折旧额"，第 12 列、17 列"加速折旧优惠统计额"，当税法折旧金额小于按会计折旧金额时，不再填写本表。

二、有关项目填报说明

（一）行次填报

根据固定资产类别填报相应数据列。

（1）第 1 行"一、重要行业固定资产"：生物药品制造业，专用设备制造业，铁路、船舶、航空航天和其他运输设备制造业，计算机、通信和其他电子设备制造业，仪器仪表制造业，信息传输、软件和信息技术服务业等行业的纳税人，按照财税〔2014〕75 号文件规定，对于 2014 年 1 月 1 日后新购进固定资产在税收上采取加速折旧的，结合会计折旧政策，分不同情况填报纳税调减或者加速折旧优惠统计情况。本行 = 2 行 + 3 行 + 4 行 + 5 行 + 6 行 + 7 行。

第 2 行至第 7 行，由企业根据固定资产加速折旧情况填报。

（2）第 8 行"二、其他行业研发设备"：由重要行业以外的其他企业填报。填写单位价值超过 100 万元的研发仪器、设备采取缩短折旧年限或加速折旧方法，在预缴环节进行纳税调减或者加速折旧优惠统计情况。

（3）第 9 行"三、允许一次性扣除的固定资产"：填报 2014 年 1 月 1 日后新购进单位价值不超过 100 万元的用于研发的仪器、设备和单位价值不超过 5000 元的固定资产，按照税法规定一次性在当期所得税前扣除的金额。本行 = 10 行 + 12 行。

小型微利企业研发与经营活动共用的仪器、设备一次性扣除，同时填写本表第 10 行、第 11 行。

单位价值不超过 5000 元的固定资产，按照税法规定一次性在当期税前扣除的，填写第 12 行。

（二）列次填报

（1）第 1 列至第 7 列有关固定资产原值、折旧额。

1）原值：填写固定资产的计税基础。

2）本期折旧（扣除）额：填报按税法规定享受加速折旧优惠政策的固定资产当月（季）度折旧（扣除）额。

3）累计折旧（扣除）额：填写按税法规定享受加速折旧优惠政策的固定资产自本年度 1 月 1 日至当月（季）度的累计折旧（扣除）额。年度中间开业的，填写开业之日至当月（季）度的累计折旧（扣除）额。

（2）第 8～17 列"本期折旧（扣除）额"填报当月（季）度的数据；"累计折旧（扣除）额"填报自本年度 1 月 1 日至当月（季）度的累计数；年度中间开业的，填写开业之日至当月（季）度的累计折旧（扣除）额。

1）填报规则。

① 对于会计未加速折旧，税法加速折旧的，填写第 8 列、10 列、11 列和第 13 列、15 列、16 列，据此进行纳税调减。

② 对于会计与税法均加速折旧的，填写第 9 列、10 列、12 列和第 14 列、15 列、17 列，据此统计优惠政策情况。

③ 对于税法上加速折旧，但部分资产会计上加速折旧，另一部分资产会计上未加速折旧，应区分会计上不同资产折旧情况，按上述规则分别填报各列次。此时，不完全满足上述各列次逻辑关系，但"税收加速折旧额"－"会计折旧额"－"正常折旧额"＝"纳税调整额"＋"加速折旧优惠统计额"。

2）具体列次的填报。

①"会计折旧额"：税收上加速折旧，会计上未加速折旧的，本列填固定资产会计上实际账载折旧数额。会计与税法均加速折旧的，不填写本列。

②"正常折旧额"：会计和税收均加速折旧，为统计企业享受优惠情况，假定该资产未享受加速折旧政策，本列填报该固定资产视同按照税法规定最低折旧年限用直线法估算折旧额。当税法折旧额小于正常折旧额时，第 9 列填写本期实际折旧额，第 14 列按照本年累计数额填报。对于会计未加速折旧，税法加速折旧的，不填写本列。

③"税收加速折旧额"：填报按税法规定享受加速折旧优惠政策的固定资产，按税法规定的折旧（扣除）数额。

④"纳税调整额"：填报税收上加速折旧，会计上未加速折旧的差额，在预缴申报时进行纳税调减。预缴环节不进行纳税调增，有关纳税调整在汇算清缴时统一处理。当税法折旧金额小于按会计折旧金额时，不再填写本表。第 11 列＝第 10 列－8 列，第 16 列＝第 15 列－13 列。

⑤"加速折旧优惠统计额"：填报会计与税法对固定资产均加速折旧，以税法实际加速折旧额减去假定未加速折旧的"正常折旧"额，据此统计加速折旧情况。第 12 列＝第 10 列－9 列，第 17 列＝第 15 列－14 列。

税务机关以"纳税调整额"＋"加速折旧优惠统计额"之和，进行固定资产加速折旧优惠情况统计工作。

三、表内、表间关系

（一）表内关系

（1）第 7 列＝1 列＋4 列。

（2）第 10 列＝2 列＋5 列。

（3）第 11 列＝10 列－8 列。

（4）第 12 列＝10 列－9 列。

（5）第 15 列＝6 列＋3 列。

（6）第 16 列＝15 列－13 列。

（7）第 17 列＝15 列－14 列。

（8）第 1 行＝2 行＋3 行＋4 行＋…＋7 行。

（9）第 9 行＝10 行＋12 行。

（10）第 13 行＝1 行＋8 行＋9 行。

（二）表间关系

（1）企业所得税月（季）度预缴纳税申报表（A 类，2015 年版）第 7 行"本期金额"＝本表第 13 行第 11 列。

（2）企业所得税月（季）度预缴纳税申报表（A 类，2015 年版）第 7 行"累计金额"＝本表第 13 行第 16 列。

所得税预缴税款申报表（附表3）

中华人民共和国企业所得税月（季）度预缴纳税申报表（A 类，2015 年版）附表3

减免所得税额明细表

金额单位：人民币元（列至角分）

行次	项　　目	本期金额	累计金额
1	合计（2 行＋4 行＋5 行＋6 行）		
2	一、符合条件的小型微利企业		
3	其中：减半征税		
4	二、国家需要重点扶持的高新技术企业		
5	三、减免地方分享所得税的民族自治地方企业		
6	四、其他专项优惠（7 行＋8 行＋9 行＋…＋30 行）		
7	（一）经济特区和上海浦东新区新设立的高新技术企业		
8	（二）经营性文化事业单位转制企业		
9	（三）动漫企业		
10	（四）受灾地区损失严重的企业		
11	（五）受灾地区农村信用社		
12	（六）受灾地区的促进就业企业		
13	（七）技术先进型服务企业		
14	（八）新疆困难地区新办企业		
15	（九）新疆喀什、霍尔果斯特殊经济开发区新办企业		
16	（十）支持和促进重点群体创业就业企业		
17	（十一）集成电路线宽小于 0.8 微米（含）的集成电路生产企业		
18	（十二）集成电路线宽小于 0.25 微米的集成电路生产企业		
19	（十三）投资额超过 80 亿元人民币的集成电路生产企业		
20	（十四）新办集成电路设计企业		
21	（十五）国家规划布局内重点集成电路设计企业		
22	（十六）符合条件的软件企业		
23	（十七）国家规划布局内重点软件企业		
24	（十八）设在西部地区的鼓励类产业企业		
25	（十九）符合条件的生产和装配伤残人员专门用品企业		
26	（二十）中关村国家自主创新示范区从事文化产业支撑技术等领域的高新技术企业		
27	（二十一）享受过渡期税收优惠企业		
28	（二十二）横琴新区、平潭综合实验区和前海深港现代化服务业合作区企业		
29	（二十三）其他 1：		
30	（二十四）其他 2：		

填 报 说 明

本表作为《中华人民共和国企业所得税月（季）度预缴纳税申报表（A 类，2015 年版）》的附表，适用于享受减免所得税额优惠的查账征税的纳税人填报。纳税人根据企业所得税法及相关税收政策规定，填报本期及本年累计发生的减免所得税优惠情况。

一、有关项目填报说明

（1）第 1 行"合计"：填报 2 行＋4 行＋5 行＋6 行的金额。

（2）第 2 行"一、符合条件的小型微利企业"：根据企业所得税法和相关税收政策规定，符合小型微利企业条件的纳税人填报的减免所得税额。包括减按 20%税率征收（减低税率政策）和减按 10%税率征收（减半征税政策）。

享受减低税率政策的纳税人，本行填写《中华人民共和国企业所得税月（季）度预缴纳税申报表（A 类，2015 年版）》第 9 行或第 20 行×5%的积。享受减半征税政策的纳税人，本行填写《中华人民共和国企业所得税月（季）度预缴纳税申报表（A 类，2015 年版）》第 9 行或第 20 行×15%的积；同时填写本表第 3 行"减半征税"。

《中华人民共和国企业所得税月（季）度预缴纳税申报表（A 类，2015 年版）》"是否符合小型微利企业"栏次选择"是"的纳税人，除享受《不征税收入和税基类减免应纳税所得额明细表》（附表 1）中"所得减免"或者本表其他减免税政策之外，不得放弃享受小型微利企业所得税优惠政策。

（3）第 4 行"二、国家需要重点扶持的高新技术企业"：填报享受国家重点扶持的高新技术企业优惠的减免税额。本行＝《中华人民共和国企业所得税月（季）度预缴纳税申报表（A 类，2015 年版）》第 9 行或第 20 行×10%的积。

（4）第 5 行"三、减免地方分享所得税的民族自治地方企业"：填报纳税人经民族自治地方所在省、自治区、直辖市人民政府批准，减征或者免征民族自治地方的企业缴纳的企业所得税中属于地方分享的企业所得税金额。

（5）第 6 行"四、其他专项优惠"：填报第 7 行＋8 行＋…＋30 行的金额。

（6）第 7 行"（一）经济特区和上海浦东新区新设立的高新技术企业"：填报纳税人根据《国务院关于经济特区和上海浦东新区新设立高新技术企业实行过渡性税收优惠的通知》（国发〔2007〕40 号）等规定，经济特区和上海浦东新区内，在 2008 年 1 月 1 日（含）之后完成登记注册的国家需要重点扶持的高新技术企业，在经济特区和上海浦东新区内取得的所得，自取得第一笔生产经营收入所属纳税年度起，第一年至第二年免征企业所得税，第三年至第五年按照 25%的法定税率减半征收企业所得税。本行填报根据实际利润额计算的免征、减征企业所得税金额。

（7）第 8 行"（二）经营性文化事业单位转制企业"：根据相关税收政策规定，从事新闻出版、广播影视和文化艺术的经营性文化事业单位转制为企业，转制注册之日起免征企业所得税。本行填报根据实际利润额计算的免征企业所得税数额。

（8）第 9 行"（三）动漫企业"：根据相关税收政策规定，经认定的动漫企业自主开发、生产动漫产品，可申请享受现行鼓励软件产业发展所得税优惠政策。自获利年度起第一年至第二年免征企业所得税，第三年至第五年按照 25%法定税率减半征收企业所得税，并享受至期满为止。本行填报根据实际利润额计算的免征、减征企业所得税金额。

（9）第 10 行"（四）受灾地区损失严重的企业"：填报纳税人根据相关税收政策规定，对受灾地区损失严重的企业免征企业所得税。本行填报根据实际利润额计算的免征企业所得税金额。

（10）第 11 行"（五）受灾地区农村信用社"：填报纳税人根据相关税收政策规定，对特定受灾地区农村信用社免征企业所得税。本行填报根据实际利润额计算的免征企业所得税金额。

（11）第 12 行"（六）受灾地区的促进就业企业"：填报纳税人根据相关税收政策规定，按定额依次扣减增值税、营业税、城市维护建设税、教育费附加和企业所得税。本行填报减征的企业所得税金额。

（12）第 13 行"（七）技术先进型服务企业"：填报纳税人根据相关税收政策规定，对经认定的技术先进型服务企业，减按 15% 的税率征收企业所得税。本行填报根据实际利润额计算的减征 10% 企业所得税金额。

（13）第 14 行"（八）新疆困难地区新办企业"：填报纳税人根据相关税收政策规定，对在新疆困难地区新办属于《新疆困难地区重点鼓励发展产业企业所得税优惠目录》范围内企业，自取得第一笔生产经营收入所属纳税年度起，第一年至第二年免征企业所得税，第三年至第五年减半征收企业所得税。本行填报免征、减征企业所得税金额。

（14）第 15 行"（九）新疆喀什、霍尔果斯特殊经济开发区新办企业"：填报纳税人根据相关税收政策规定，对在新疆喀什、霍尔果斯特殊经济开发区内新办的属于《新疆困难地区重点鼓励发展产业企业所得税优惠目录》范围内企业，自取得第一笔生产经营收入所属纳税年度起，五年内免征企业所得税。本行填报免征的企业所得税金额。

（15）第 16 行"（十）支持和促进重点群体创业就业企业"：填报纳税人根据相关税收政策规定，可在当年扣减的企业所得税税额。本行按现行税收政策规定填报。

（16）第 17 行"（十一）集成电路线宽小于 0.8 微米（含）的集成电路生产企业"：填报纳税人根据相关税收政策规定，集成电路线宽小于 0.8 微米（含）的集成电路生产企业，经认定后，自获利年度起计算优惠期，第一年至第二年免征企业所得税，第三年至第五年按照 25% 的法定税率减半征收企业所得税，并享受至期满为止。本行填报免征、减征企业所得税金额。

（17）第 18 行"（十二）集成电路线宽小于 0.25 微米的集成电路生产企业"：填报纳税人根据相关税收政策规定，集成电路线宽小于 0.25 微米的集成电路生产企业，经认定后，减按 15% 的税率征收企业所得税，其中经营期在 15 年以上的，自获利年度起计算优惠期，第一年至第五年免征企业所得税，第六年至第十年按照 25% 的法定税率减半征收企业所得税，并享受至期满为止。本行填报免征、减征企业所得税。

（18）第 19 行"（十三）投资额超过 80 亿元人民币的集成电路生产企业"：填报纳税人根据相关税收政策规定，投资额超过 80 亿元的集成电路生产企业，经认定后，减按 15% 的税率征收企业所得税，其中经营期在 15 年以上的，自获利年度起计算优惠期，第一年至第五年免征企业所得税，第六年至第十年按照 25% 的法定税率减半征收企业所得税，并享受至期满为止。本行填报免征、减征企业所得税金额。

（19）第 20 行"（十四）新办集成电路设计企业"：填报纳税人根据相关税收政策规定，经认定后，自获利年度起计算优惠期，第一年至第二年免征企业所得税，第三年至第五年按照 25% 的法定税率减半征收企业所得税，并享受至期满为止。本行填报免征、减征企业所得税金额。

（20）第 21 行"（十五）国家规划布局内重点集成电路设计企业"：根据相关税收政策规定，国家规划布局内的重点集成电路设计企业，如当年未享受免税优惠的，可减按 10% 的税率征收企业所得税。本行填报减征 15% 企业所得税金额。

（21）第 22 行"（十六）符合条件的软件企业"：填报纳税人根据相关税收政策规定，经认定后，自获利年度起计算优惠期，第一年至第二年免征企业所得税，第三年至第五年按照 25% 的法定税率减半征收企业所得税，并享受至期满为止。本行填报免征、减征企业所得税金额。

（22）第 23 行"（十七）国家规划布局内重点软件企业"：根据相关税收政策规定，国家规划布局内的重点软件企业，如当年未享受免税优惠的，可减按 10% 的税率征收企业所得税。本行填报减征 15% 企业所得税金额。

（23）第 24 行"（十八）设在西部地区的鼓励类产业企业"：填报纳税人根据《财政部　海关总署　国家税务总局关于深入实施西部大开发战略有关税收政策问题的通知》（财税〔2011〕58 号）等相关税收政策规定，对设在西部地区和赣州市的鼓励类产业企业减按 15% 的税率征收企业所得税。本行填报根据实际利润额计算的减征 10%企业所得税金额。

（24）第 25 行"（十九）符合条件的生产和装配伤残人员专门用品企业"：根据相关税收政策规定，符合条件的生产和装配伤残人员专门用品的企业免征企业所得税。本行填报根据实际利润额计算的免征企业所得税金额。

（25）第 26 行"（二十）中关村国家自主创新示范区从事文化产业支撑技术等领域的高新技术企业"：填报纳税人根据相关税收政策规定，中关村国家自主创新示范区从事文化产业支撑技术等领域的企业，按规定认定为高新技术企业的，减按 15%税率征收企业所得税。本行填报根据实际利润额计算的减征 10%企业所得税金额。

（26）第 27 行"（二十一）享受过渡期税收优惠企业"：填报纳税人符合国务院规定以及经国务院批准给予过渡期税收优惠政策。本行填报根据实际利润额计算的免征、减征企业所得税金额。

（27）第 28 行"（二十二）横琴新区、平潭综合实验区和前海深港现代化服务业合作区企业"：填报纳税人相关税收政策规定，设在横琴新区、平潭综合实验区和前海深港现代化服务业合作区的鼓励类产业企业减按 15%的税率征收企业所得税。本行填报根据实际利润额计算的减征 10%企业所得税金额。

（28）第 29 行"（二十三）其他 1"、第 30 行"（二十四）其他 2"：填报国家税务总局发布的最新减免项目名称及减免性质代码。如行次不足，可增加行次填报。

二、表内、表间关系

（一）表内关系

（1）第 1 行 = 第 2+4+5+6 行。

（2）第 6 行 = 第 7+8+…+30 行。

（二）表间关系

企业所得税月（季）度预缴纳税申报表（A 类，2015 年版）第 12 行、23 行 = 本表第 1 行。

企业所得税汇总纳税分支机构所得税分配表（2015 年版）

税款所属期间：　　年　月　日至　　年　月　日

总机构名称：　　　　　　　　　　　　　　　　　　　　　　金额单位：人民币元（列至角分）

总机构纳税人识别号		应纳所得税额	总机构分摊所得税额	总机构财政集中分配所得税额	分支机构分摊所得税额	
分支机构情况	分支机构纳税人识别号	分支机构名称	三项因素			分配比例	分配所得税额
			营业收入	职工薪酬	资产总额		
	合计	—					

纳税人公章：	主管税务机关受理专用章：
会计主管：	受理人：
填表日期：　　　　　年　月　日	受理日期：　　　　　年　月　日

国家税务总局监制

填 报 说 明

一、适用范围及报送要求

（一）适用范围

本表适用于在中国境内跨省、自治区、直辖市和计划单列市设立不具有法人资格的营业机构，并实行"统一计算、分级管理、就地预缴、汇总清算、财政调库"汇总纳税办法的居民企业填报。

（二）报送要求

月（季）度终了之日起十日内，由实行汇总纳税的总机构随同《中华人民共和国企业所得税月（季）度纳税申报表（A类，2015 年版）》报送；月（季）度终了之日起十五日内，由实行汇总纳税的分支机构，将本表加盖总机构主管税务机关受理专用章之后的复印件，随同《中华人民共和国企业所得税月（季）度纳税申报表（A类，2015 年版）》报送。

年度汇算清缴申报时，本表与《国家税务总局关于发布〈中华人民共和国企业所得税年度纳税申报表（A类，2014 年版）〉的公告》（国家税务总局公告 2014 年第 63 号）中的 A109010 表是一致的。年度终了之日起五个月内，由实行汇总纳税的总机构，随同《中华人民共和国企业所得税年度纳税申报表（A类，2014 年版）》报送；年度终了之日起五个月内，由实行汇总纳税的分支机构，将本表加盖总机构主管税务机关受理专用章之后的复印件，随同《中华人民共和国企业所得税月（季）度纳税申报表（A类，2015 年版）》报送。

二、具体项目填报说明

（1）"税款所属时期"：月（季）度申报填写月（季）度起始日期至所属月（季）度的最后一日。年度申报填写公历 1 月 1 日至 12 月 31 日。

（2）"总机构名称""分支机构名称"：填报税务机关核发的税务登记证记载的纳税人全称。

（3）"总机构纳税人识别号""分支机构纳税人识别号"：填报税务机关核发的税务登记证件号码（15 位）。

（4）"应纳所得税额"：填写本税款所属时期汇总纳税企业全部应纳所得税额。

（5）"总机构分摊所得税额"：填写总机构统一计算的汇总纳税企业当期应纳所得税额的 25%。

（6）"总机构财政集中分配所得税额"：填写总机构统一计算的汇总纳税企业当期应纳所得税额的 25%。

（7）"分支机构分摊所得税额"：填写本税款所属时期总机构根据税务机关确定的分摊方法计算，由各分支机构进行分摊的当期应纳所得税额。

（8）"营业收入"：填写上一年度各分支机构销售商品、提供劳务、让渡资产使用权等日常经营活动实现的全部收入的合计额。

（9）"职工薪酬"：填写上一年度各分支机构为获得职工提供的服务而给予各种形式的报酬以及其他相关支出的合计额。

（10）"资产总额"：填写上一年度各分支机构在经营活动中实际使用的应归属于该分支机构的资产合计额。

（11）"分配比例"：填写经企业总机构所在地主管税务机关审核确认的各分支机构分配比例，分配比例应保留小数点后四位。

（12）"分配所得税额"：填写本所属时期根据税务机关确定的分摊方法计算，分配给各分支机构缴纳的所得税额。

（13）"合计"：填写上一年度各分支机构的营业收入总额、职工薪酬总额和资产总额三项因素的合计数及当期各分支机构分配比例和分配税额的合计数。

三、表间关系

（1）"应纳所得税额"栏次=《中华人民共和国企业所得税月（季）度预缴纳税申报表（A类，2015年版）》第15行或24行。

（2）"总机构分摊所得税额"栏次=《中华人民共和国企业所得税月（季）度预缴纳税申报表（A类，2015年版）》第28行。

（3）"总机构财政集中分配所得税额"栏次=《中华人民共和国企业所得税月（季）度预缴纳税申报表（A类，2015年版）》第29行。

（4）"分支机构分摊所得税额"栏次=《中华人民共和国企业所得税月（季）度预缴纳税申报表（A类，2015年版）》第30行。

第九节　企业所得税年度汇算申报表及填表说明

本节介绍企业所得税年度汇算的相关表格、填表说明及表内、表间勾稽关系。

中华人民共和国企业所得税年度纳税申报表

（A类，2017年版）

税款所属期间：　　年　月　日至　　年　月　日

纳税人识别号：□□□□□□□□□□□□□□□□□□

纳税人名称：

金额单位：人民币元（列至角分）

谨声明：此纳税申报表是根据《中华人民共和国企业所得税法》《中华人民共和国企业所得税法实施条例》有关税收政策以及国家统一会计制度的规定填报的，是真实的、可靠的、完整的。

法定代表人（签章）：　　　　　年　月　日

纳税人公章：	代理申报中介机构公章：	主管税务机关受理专用章：
会计主管：	经办人： 经办人执业证件号码：	受理人：
填表日期：　年　月　日	代理申报日期：　年　月　日	受理日期：　年　月　日

国家税务总局监制

A000000　　　　　　　　　　企 业 基 础 信 息 表

100 基本信息				
101 汇总纳税企业	□总机构（跨省）—适用《跨地区经营汇总纳税企业所得税征收管理办法》 □总机构（跨省）—不适用《跨地区经营汇总纳税企业所得税征收管理办法》 □总机构（省内） □分支机构（须进行完整年度纳税申报且按比例纳税）—就地缴纳比例＝　　　% □分支机构（须进行完整年度纳税申报但不就地缴纳） □否			
102 所属行业明细代码		103 资产总额（万元）		
104 从业人数		105 国家限制或禁止行业	□是　□否	
106 非营利组织	□是　□否	107 存在境外关联交易	□是　□否	
108 上市公司	是（□境内　□境外）□否	109 从事股权投资业务	□是　□否	
110 适用的会计准则或会计制度	企业会计准则（□一般企业　□银行　□证券　□保险　□担保） □小企业会计准则 □企业会计制度 事业单位会计准则（□事业单位会计制度　□科学事业单位会计制度　□医院会计制度 □高等学校会计制度　□中小学校会计制度　□彩票机构会计制度） □民间非营利组织会计制度 □村集体经济组织会计制度 □农民专业合作社财务会计制度（试行） □其他			
200 企业重组及递延纳税事项				
201 发生资产（股权）划转特殊性税务处理事项	□是		□否	
202 发生非货币性资产投资递延纳税事项	□是		□否	
203 发生技术入股递延纳税事项	□是		□否	
204 发生企业重组事项	是（□一般性税务处理　　□特殊性税务处理）□否			
204－1 重组开始时间	年　月　日	204－2 重组完成时间		年　月　日
204－3 重组交易类型	□法律形式改变　□债务重组	□股权收购	□资产收购　□合并	□分立
204－4 企业在重组业务中所属当事方类型	*　□债务人　□债权人	□收购方 □转让方 □被收购企业	□收账方 □转让方 ／ □合并企业 □被合并企业 □被合并企业股东	□分立企业 □被分立企业 □被分立企业股东
300 企业主要股东及分红情况				

股东名称	证件种类	证件号码	投资比例	当年（决议日）分配的股息、红利等权益性投资收益金额	国籍（注册地址）
其余股东合计	—				—

A000000《企业基础信息表》填报说明

纳税人在填报申报表前，首先填报《企业基础信息表》，为后续申报提供指引。《企业基础信息表》主要内容包括基本信息、重组事项、企业主要股东及分红情况等部分。有关项目填报说明如下：

（1）"101 汇总纳税企业"：纳税人根据情况选择。纳税人为《国家税务总局关于印发〈跨地区经营汇总纳税企业所得税征收管理办法〉的公告》（国家税务总局公告 2012 第 57 号）规定的跨省、自治区、直辖市和计划单列市设立不具有法人资格分支机构的跨地区经营汇总纳税企业总机构，选择"总机构（跨省）——适用《跨地区经营汇总纳税企业所得税征收管理办法》"；

纳税人为《国家税务总局关于印发〈跨地区经营汇总纳税企业所得税征收管理办法〉的公告》（国家税务总局公告 2012 第 57 号）第二条规定的不适用该公告的总机构，选择"总机构（跨省）——不适用《跨地区经营汇总纳税企业所得税征收管理办法》"；

纳税人为仅在同一省、自治区、直辖市和计划单列市（以下称同一地区）内设立不具有法人资格分支机构的跨地区经营汇总纳税企业总机构，选择"总机构（省内）"；

纳税人根据相关政策规定为须进行完整年度申报并按比例纳税的分支机构，选择"分支机构（须进行完整年度申报并按比例纳税）"，并填写就地缴纳比例；

纳税人根据相关政策规定为须进行完整年度申报但不就地缴纳所得税的分支机构，选择"分支机构（须进行完整年度申报但不就地缴纳）"；

不是汇总纳税企业的纳税人选择"否"。

（2）"102 所属行业明细代码"：根据《国民经济行业分类》标准填报纳税人的行业代码。工业企业所属行业代码为 06** 至 4690，不包括建筑业。所属行业代码为 7010 的房地产开发经营企业，可以填报表 A105010 中第 21 行至第 29 行。

（3）"103 资产总额（万元）"：填报纳税人全年资产总额季度平均数，单位为万元，保留小数点后 2 位。资产总额季度平均数，具体计算公式如下：

$$季度平均值 = （季初值 + 季末值）/ 2$$
$$全年季度平均值 = 全年各季度平均值之和 / 4$$

年度中间开业或者终止经营活动的，以其实际经营期作为一个纳税年度确定上述相关指标。

（4）"104 从业人数"：填报纳税人全年平均从业人数，从业人数是指与企业建立劳动关系的职工人数和企业接受的劳务派遣用工人数之和，依据和计算方法同"资产总额"口径。

（5）"105 国家限制或禁止行业"：纳税人从事国家限制和禁止行业，选择"是"，其他选择"否"。

（6）"106 非营利组织"：非营利组织选择"是"，其余企业选择"否"。

（7）"107 存在境外关联交易"：纳税人存在境外关联交易，选择"是"，不存在选择"否"。

（8）"108 上市公司"：纳税人根据情况，在境内上市的选择"境内"；在境外（含香港）上市的选择"境外"；其他选择"否"。

（9）"109 从事股权投资业务"：从事股权投资业务的企业（包括集团公司总部、创业投资企业等），选择"是"，其余企业选择"否"。

（10）"110 适用的会计准则或会计制度"：纳税人根据采用的会计准则或会计制度选择。

（11）"201 发生资产（股权）划转特殊性税务处理事项"：企业根据情况，发生资产（股权）划转特殊性税务处理事项，选择"是"，并填报表 A105100；未发生选择"否"。

（12）"202 发生非货币性资产投资递延纳税事项"：企业根据情况，发生非货币性资产投资递延纳税事项，选择"是"，并填报表 A105100；未发生选择"否"。

（13）"203 发生技术入股递延纳税事项"：企业发生技术入股递延纳税事项，选择"是"，并填报表 A105100；未发生选择"否"。

（14）"204 发生企业重组事项"：企业发生重组事项，根据情况选择税务处理方式，并填报 204-1 至 204-4 及表 A105100；未发生选择"否"。

（15）"204-1 重组开始时间"：填报企业本次重组交易开始时间。

（16）"204-2 重组完成时间"：填报企业本次重组完成时间或预计完成时间。

（17）"204-3 重组交易类型"：企业根据重组交易类型，选择填报"法律形式改变""债务重组""股权收购""资产收购""合并""分立"。

（18）"204-4 企业在重组业务中所属当事方类型"：企业选择填报在重组业务中所属当事方类型。"交易类型"选择"债务重组"的，选择填报"债务人"或"债权人"；"交易类型"选择"股权收购"的，选择填报"收购方""转让方"或"被收购企业";"交易类型"选择"资产收购"的,选择填报"收购方"或"转让方";"交易类型"选择"合并"的,选择填报"合并企业""被合并企业"或"被合并企业股东";"交易类型"选择"分立"的,选择填报"分立企业""被分立企业"或"被分立企业股东"。

（19）"300 企业主要股东及分红情况",填报本企业投资比例前 10 位的股东情况。包括股东名称,证件种类（营业执照、税务登记证、组织机构代码证、身份证、护照等）,证件号码（统一社会信用代码、纳税人识别号、组织机构代码号、身份证号、护照号等）,投资比例,当年（决议日）分配的股息、红利等权益性投资收益金额,国籍（注册地址）。超过十位的其余股东,有关数据合计后填在"其余股东合计"行。

企业主要股东为国外非居民企业的,证件种类和证件号码可不填写。

A100000　　　　中华人民共和国企业所得税年度纳税申报表（A 类）

行次	类别	项　目	金额
1	利润总额计算	一、营业收入（填写 A101010\101020\103000）	
2		减：营业成本（填写 A102010\102020\103000）	
3		减：税金及附加	
4		减：销售费用（填写 A104000）	
5		减：管理费用（填写 A104000）	
6		减：财务费用（填写 A104000）	
7		减：资产减值损失	
8		加：公允价值变动收益	
9		加：投资收益	
10		二、营业利润（1－2－3－4－5－6－7＋8＋9）	
11		加：营业外收入（填写 A101010\101020\103000）	
12		减：营业外支出（填写 A102010\102020\103000）	
13		三、利润总额（10＋11－12）	
14	应纳税所得额计算	减：境外所得（填写 A108010）	
15		加：纳税调整增加额（填写 A105000）	
16		减：纳税调整减少额（填写 A105000）	
17		减：免税、减计收入及加计扣除（填写 A107010）	
18		加：境外应税所得抵减境内亏损（填写 A108000）	
19		四、纳税调整后所得（13－14＋15－16－17＋18）	
20		减：所得减免（填写 A107020）	
21		减：弥补以前年度亏损（填写 A106000）	
22		减：抵扣应纳税所得额（填写 A107030）	
23		五、应纳税所得额（19－20－21－22）	
24	应纳税额计算	税率（25%）	
25		六、应纳所得税额（23×24）	
26		减：减免所得税额（填写 A107040）	
27		减：抵免所得税额（填写 A107050）	
28		七、应纳税额（25－26－27）	
29		加：境外所得应纳所得税额（填写 A108000）	
30		减：境外所得抵免所得税额（填写 A108000）	
31		八、实际应纳所得税额（28＋29－30）	
32		减：本年累计实际已缴纳的所得税额	
33		九、本年应补（退）所得税额（31－32）	
34		其中：总机构分摊本年应补（退）所得税额（填写 A109000）	
35		财政集中分配本年应补（退）所得税额（填写 A109000）	
36		总机构主体生产经营部门分摊本年应补（退）所得税额（填写 A109000）	

A100000《中华人民共和国企业所得税年度纳税申报表（A 类）》填报说明

本表为企业所得税年度纳税申报表主表，企业应该根据《中华人民共和国企业所得税法》及其实施条例（以下简称税法）、相关税收政策，以及国家统一会计制度（企业会计准则、小企业会计准则、企业会计制度、事业单位会计准则和民间非营利组织会计制度等）的规定，计算填报纳税人利润总额、应纳税所得额和应纳税额等有关项目。

企业在计算应纳税所得额及应纳所得税时，企业会计处理与税收规定不一致的，应当按照税收规定计算。税收规定不明确的，在没有明确规定之前，暂按国家统一会计制度计算。

一、有关项目填报说明

（一）表体项目

本表是在纳税人会计利润总额的基础上，加减纳税调整等金额后计算出"纳税调整后所得"。会计与税法的差异（包括收入类、扣除类、资产类等差异）通过《纳税调整项目明细表》（A105000）集中填报。

本表包括利润总额计算、应纳税所得额计算、应纳税额计算三个部分。

（1）"利润总额计算"中的项目，按照国家统一会计制度规定计算填报。实行企业会计准则、小企业会计准则、企业会计制度、分行业会计制度纳税人其数据直接取自利润表；实行事业单位会计准则的纳税人其数据取自收入支出表；实行民间非营利组织会计制度纳税人其数据取自业务活动表；实行其他国家统一会计制度的纳税人，根据本表项目进行分析填报。

（2）"应纳税所得额计算"和"应纳税额计算"中的项目，除根据主表逻辑关系计算的外，通过附表相应栏次填报。

（二）行次说明

第 1–13 行参照国家统一会计制度规定填写。

（1）第 1 行"营业收入"：填报纳税人主要经营业务和其他经营业务取得的收入总额。本行根据"主营业务收入"和"其他业务收入"的数额填报。一般企业纳税人根据《一般企业收入明细表》（A101010）填报；金融企业纳税人根据《金融企业收入明细表》（A101020）填报；事业单位、社会团体、民办非企业单位、非营利组织等纳税人根据《事业单位、民间非营利组织收入、支出明细表》（A103000）填报。

（2）第 2 行"营业成本"项目：填报纳税人主要经营业务和其他经营业务发生的成本总额。本行根据"主营业务成本"和"其他业务成本"的数额填报。一般企业纳税人根据《一般企业成本支出明细表》（A102010）填报；金融企业纳税人根据《金融企业支出明细表》（A102020）填报；事业单位、社会团体、民办非企业单位、非营利组织等纳税人，根据《事业单位、民间非营利组织收入、支出明细表》（A103000）填报。

（3）第 3 行"税金及附加"：填报纳税人经营活动发生的消费税、城市维护建设税、资源税、土地增值税和教育费附加等相关税费。本行根据纳税人相关会计科目填报。纳税人在其他会计科目核算的税金不得重复填报。

（4）第 4 行"销售费用"：填报纳税人在销售商品和材料、提供劳务的过程中发生的各种费用。本行根据《期间费用明细表》（A104000）中对应的"销售费用"填报。

（5）第 5 行"管理费用"：填报纳税人为组织和管理企业生产经营发生的管理费用。本行根据《期间费用明细表》（A104000）中对应的"管理费用"填报。

（6）第 6 行"财务费用"：填报纳税人为筹集生产经营所需资金等发生的筹资费用。本行根据《期间费用明细表》（A104000）中对应的"财务费用"填报。

（7）第 7 行"资产减值损失"：填报纳税人计提各项资产准备发生的减值损失。本行根据企业"资产减值损失"科目上的数额填报。实行其他会计制度的比照填报。

（8）第 8 行"公允价值变动收益"：填报纳税人在初始确认时划分为以公允价值计量且其变动计入

当期损益的金融资产或金融负债（包括交易性金融资产或负债，直接指定为以公允价值计量且其变动计入当期损益的金融资产或金融负债），以及采用公允价值模式计量的投资性房地产、衍生工具和套期业务中公允价值变动形成的应计入当期损益的利得或损失。本行根据企业"公允价值变动损益"科目的数额填报，损失以"－"号填列。

（9）第 9 行"投资收益"：填报纳税人以各种方式对外投资确认所取得的收益或发生的损失。根据企业"投资收益"科目的数额计算填报，实行事业单位会计准则的纳税人根据"其他收入"科目中的投资收益金额分析填报，损失以"－"号填列。实行其他会计制度的纳税人比照填报。

（10）第 10 行"营业利润"：填报纳税人当期的营业利润。根据上述项目计算填列。

（11）第 11 行"营业外收入"：填报纳税人取得的与其经营活动无直接关系的各项收入的金额。一般企业纳税人根据《一般企业收入明细表》（A101010）填报；金融企业纳税人根据《金融企业收入明细表》（A101020）填报；实行事业单位会计准则或民间非营利组织会计制度的纳税人根据《事业单位、民间非营利组织收入、支出明细表》（A103000）填报。

（12）第 12 行"营业外支出"：填报纳税人发生的与其经营活动无直接关系的各项支出的金额。一般企业纳税人根据《一般企业成本支出明细表》（A102010）填报；金融企业纳税人根据《金融企业支出明细表》（A102020）填报；实行事业单位会计准则或民间非营利组织会计制度的纳税人根据《事业单位、民间非营利组织收入、支出明细表》（A103000）填报。

（13）第 13 行"利润总额"：填报纳税人当期的利润总额。根据上述项目计算填列。

（14）第 14 行"境外所得"：填报纳税人取得的境外所得且已计入利润总额的金额。本行根据《境外所得纳税调整后所得明细表》（A108010）填报。

（15）第 15 行"纳税调整增加额"：填报纳税人会计处理与税收规定不一致，进行纳税调整增加的金额。本行根据《纳税调整项目明细表》（A105000）"调增金额"列填报。

（16）第 16 行"纳税调整减少额"：填报纳税人会计处理与税收规定不一致，进行纳税调整减少的金额。本行根据《纳税调整项目明细表》（A105000）"调减金额"列填报。

（17）第 17 行"免税、减计收入及加计扣除"：填报属于税收规定免税收入、减计收入、加计扣除金额。本行根据《免税、减计收入及加计扣除优惠明细表》（A107010）填报。

（18）第 18 行"境外应税所得抵减境内亏损"：当纳税人选择不用境外所得抵减境内亏损时，填报 0；当纳税人选择用境外所得抵减境内亏损时，填报境外所得抵减当年度境内亏损的金额，用境外所得弥补以前年度境内亏损的，填报《境外所得税收抵免明细表》（A108000）。

（19）第 19 行"纳税调整后所得"：填报纳税人经过纳税调整、税收优惠、境外所得计算后的所得额。

（20）第 20 行"所得减免"：填报属于税收规定所得减免金额。本行根据《所得减免优惠明细表》（A107020）填报。

（21）第 21 行"弥补以前年度亏损"：填报纳税人按照税收规定可在税前弥补的以前年度亏损数额，本行根据《企业所得税弥补亏损明细表》（A106000）填报。

（22）第 22 行"抵扣应纳税所得额"：填报根据税收规定应抵扣的应纳税所得额。本行根据《抵扣应纳税所得额明细表》（A107030）填报。

（23）第 23 行"应纳税所得额"：金额等于本表第 19－20－21－22 行计算结果。本行不得为负数。按照上述行次顺序计算结果本行为负数，本行金额填零。

（24）第 24 行"税率"：填报税收规定的税率 25%。

（25）第 25 行"应纳所得税额"：金额等于本表第 23×24 行。

（26）第 26 行"减免所得税额"：填报纳税人按税收规定实际减免的企业所得税额。本行根据《减免所得税优惠明细表》（A107040）填报。

（27）第 27 行"抵免所得税额"：填报企业当年的应纳所得税额中抵免的金额。本行根据《税额抵免优惠明细表》（A107050）填报。

（28）第 28 行"应纳税额"：金额等于本表第 25－26－27 行。

（29）第 29 行"境外所得应纳所得税额"：填报纳税人来源于中国境外的所得，按照我国税收规定计算的应纳所得税额。本行根据《境外所得税收抵免明细表》（A108000）填报。

（30）第 30 行"境外所得抵免所得税额"：填报纳税人来源于中国境外所得依照中国境外税收法律以及相关规定应缴纳并实际缴纳（包括视同已实际缴纳）的企业所得税性质的税款（准予抵免税款）。本行根据《境外所得税收抵免明细表》（A108000）填报。

（31）第 31 行"实际应纳所得税额"：填报纳税人当期的实际应纳所得税额。金额等于本表第 28＋29－30 行。

（32）第 32 行"本年累计实际已缴纳的所得税额"：填报纳税人按照税收规定本纳税年度已在月（季）度累计预缴的所得税额，包括按照税收规定的特定业务已预缴（征）的所得税额，建筑企业总机构直接管理的跨地区设立的项目部按规定向项目所在地主管税务机关预缴的所得税额。

（33）第 33 行"本年应补（退）的所得税额"：填报纳税人当期应补（退）的所得税额。金额等于本表第 31－32 行。

（34）第 34 行"总机构分摊本年应补（退）所得税额"：填报汇总纳税的总机构按照税收规定在总机构所在地分摊本年应补（退）所得税额。本行根据《跨地区经营汇总纳税企业年度分摊企业所得税明细表》（A109000）填报。

（35）第 35 行"财政集中分配本年应补（退）所得税额"：填报汇总纳税的总机构按照税收规定财政集中分配本年应补（退）所得税款。本行根据《跨地区经营汇总纳税企业年度分摊企业所得税明细表》（A109000）填报。

（36）第 36 行"总机构主体生产经营部门分摊本年应补（退）所得税额"：填报汇总纳税的总机构所属的具有主体生产经营职能的部门按照税收规定应分摊的本年应补（退）所得税额。本行根据《跨地区经营汇总纳税企业年度分摊企业所得税明细表》（A109000）填报。

二、表内、表间关系

（一）表内关系

（1）第 10 行＝第 1－2－3－4－5－6－7＋8＋9 行。

（2）第 13 行＝第 10＋11－12 行。

（3）第 19 行＝第 13－14＋15－16－17＋18 行。

（4）第 23 行＝第 19－20－21－22 行。

（5）第 25 行＝第 23×24 行。

（6）第 28 行＝第 25－26－27 行。

（7）第 31 行＝第 28＋29－30 行。

（8）第 33 行＝第 31－32 行。

（二）表间关系

（1）第 1 行＝表 A101010 第 1 行或表 A101020 第 1 行或表 A103000 第 2＋3＋4＋5＋6 行或表 A103000 第 11＋12＋13＋14＋15 行。

（2）第 2 行＝表 A102010 第 1 行或表 A102020 第 1 行或表 A103000 第 19＋20＋21＋22 行或表 A103000 第 25＋26＋27 行。

（3）第 4 行＝表 A104000 第 26 行第 1 列。

（4）第 5 行＝表 A104000 第 26 行第 3 列。

（5）第 6 行＝表 A104000 第 26 行第 5 列。

（6）第 9 行 = 表 A103000 第 8 行或者第 16 行（仅限于填报表 A103000 的纳税人，其他纳税人根据财务核算情况自行填写）。

（7）第 11 行 = 表 A101010 第 16 行或表 A101020 第 35 行或表 A103000 第 9 行或第 17 行。

（8）第 12 行 = 表 A102010 第 16 行或表 A102020 第 33 行或表 A103000 第 23 行或第 28 行。

（9）第 14 行 = 表 A108010 第 14 列合计 − 第 11 列合计。

（10）第 15 行 = 表 A105000 第 45 行第 3 列。

（11）第 16 行 = 表 A105000 第 45 行第 4 列。

（12）第 17 行 = 表 A107010 第 31 行。

（13）第 18 行：

1）当 A100000 第 13 − 14 + 15 − 16 − 17 行 ≥ 0，第 18 行 = 0；

2）当 A100000 第 13 − 14 + 15 − 16 − 17 < 0 且表 A108000 第 5 列合计行 ≥ 0，表 A108000 第 6 列合计行 > 0 时，第 18 行 = 表 A108000 第 5 列合计行与表 A100000 第 13 − 14 + 15 − 16 − 17 行绝对值的孰小值；

3）当 A100000 第 13 − 14 + 15 − 16 − 17 < 0 且表 A108000 第 5 列合计行 ≥ 0，表 A108000 第 6 列合计行 = 0 时，第 18 行 = 0。

（14）第 19 行 = 表 A100000 第 13 − 14 + 15 − 16 − 17 + 18 行。

（15）第 20 行：

当第 19 行 ≤ 0 时，本行填报 0；

当第 19 行 > 0 时：

1）A107020 表合计行第 11 列 ≤ 表 A100000 第 19 行，本行 = 表 A107020 合计行第 11 列；

2）A107020 表合计行第 11 列 > 表 A100000 第 19 行，本行 = 表 A100000 第 19 行。

（16）第 21 行 = 表 A106000 第 6 行第 10 列。

（17）第 22 行 = 表 A107030 第 15 行第 1 列。

（18）第 26 行 = 表 A107040 第 32 行。

（19）第 27 行 = 表 A107050 第 7 行第 11 列。

（20）第 29 行 = 表 A108000 第 9 列合计。

（21）第 30 行 = 表 A108000 第 19 列合计。

（22）第 34 行 = 表 A109000 第 12 + 16 行。

（23）第 35 行 = 表 A109000 第 13 行。

（24）第 36 行 = 表 A109000 第 15 行。

A101010　　　　　　　　　　　　　　**一般企业收入明细表**

行次	项　目	金　额
1	一、营业收入（2 + 9）	
2	（一）主营业务收入（3 + 5 + 6 + 7 + 8）	
3	1. 销售商品收入	
4	其中：非货币性资产交换收入	
5	2. 提供劳务收入	
6	3. 建造合同收入	
7	4. 让渡资产使用权收入	
8	5. 其他	
9	（二）其他业务收入（10 + 12 + 13 + 14 + 15）	
10	1. 销售材料收入	
11	其中：非货币性资产交换收入	

行次	项　　目	金　　额
12	2. 出租固定资产收入	
13	3. 出租无形资产收入	
14	4. 出租包装物和商品收入	
15	5. 其他	
16	二、营业外收入（17＋18＋19＋20＋21＋22＋23＋24＋25＋26）	
17	（一）非流动资产处置利得	
18	（二）非货币性资产交换利得	
19	（三）债务重组利得	
20	（四）政府补助利得	
21	（五）盘盈利得	
22	（六）捐赠利得	
23	（七）罚没利得	
24	（八）确实无法偿付的应付款项	
25	（九）汇兑收益	
26	（十）其他	

A101010《一般企业收入明细表》填报说明

本表适用于除金融企业、事业单位和民间非营利组织外的企业填报。纳税人应根据国家统一会计制度的规定，填报"主营业务收入""其他业务收入"和"营业外收入"。

一、有关项目填报说明

（1）第1行"营业收入"：根据主营业务收入、其他业务收入的数额计算填报。

（2）第2行"主营业务收入"：根据不同行业的业务性质分别填报纳税人核算的主营业务收入。

（3）第3行"销售商品收入"：填报纳税人从事工业制造、商品流通、农业生产以及其他商品销售活动取得的主营业务收入。房地产开发企业销售开发产品（销售未完工开发产品除外）取得的收入也在此行填报。

（4）第4行"其中：非货币性资产交换收入"：填报纳税人发生的非货币性资产交换按照国家统一会计制度应确认的销售商品收入。

（5）第5行"提供劳务收入"：填报纳税人从事建筑安装、修理修配、交通运输、仓储租赁、邮电通信、咨询经纪、文化体育、科学研究、技术服务、教育培训、餐饮住宿、中介代理、卫生保健、社区服务、旅游、娱乐、加工以及其他劳务活动取得的主营业务收入。

（6）第6行"建造合同收入"：填报纳税人建造房屋、道路、桥梁、水坝等建筑物，以及生产船舶、飞机、大型机械设备等取得的主营业务收入。

（7）第7行"让渡资产使用权收入"：填报纳税人在主营业务收入核算的，让渡无形资产使用权而取得的使用费收入以及出租固定资产、无形资产、投资性房地产取得的租金收入。

（8）第8行"其他"：填报纳税人按照国家统一会计制度核算、上述未列举的其他主营业务收入。

（9）第9行"其他业务收入"：填报根据不同行业的业务性质分别填报纳税人核算的其他业务收入。

（10）第10行"销售材料收入"：填报纳税人销售材料、下脚料、废料、废旧物资等取得的收入。

（11）第11行"其中：非货币性资产交换收入"：填报纳税人发生的非货币性资产交换按照国家统一会计制度应确认的材料销售收入。

（12）第 12 行"出租固定资产收入"：填报纳税人将固定资产使用权让与承租人获取的其他业务收入。

（13）第 13 行"出租无形资产收入"：填报纳税人让渡无形资产使用权取得的其他业务收入。

（14）第 14 行"出租包装物和商品收入"：填报纳税人出租、出借包装物和商品取得的其他业务收入。

（15）第 15 行"其他"：填报纳税人按照国家统一会计制度核算，上述未列举的其他业务收入。

（16）第 16 行"营业外收入"：填报纳税人计入本科目核算的与生产经营无直接关系的各项收入。

（17）第 17 行"非流动资产处置利得"：填报纳税人处置固定资产、无形资产等取得的净收益。

（18）第 18 行"非货币性资产交换利得"：填报纳税人发生非货币性资产交换应确认的净收益。

（19）第 19 行"债务重组利得"：填报纳税人发生的债务重组业务确认的净收益。

（20）第 20 行"政府补助利得"：填报纳税人从政府无偿取得货币性资产或非货币性资产应确认的净收益。

（21）第 21 行"盘盈利得"：填报纳税人在清查财产过程中查明的各种财产盘盈应确认的净收益。

（22）第 22 行"捐赠利得"：填报纳税人接受的来自企业、组织或个人无偿给予的货币性资产、非货币性资产捐赠应确认的净收益。

（23）第 23 行"罚没利得"：填报纳税人在日常经营管理活动中取得的罚款、没收收入应确认的净收益。

（24）第 24 行"确实无法偿付的应付款项"：填报纳税人因确实无法偿付的应付款项而确认的收入。

（25）第 25 行"汇兑收益"：填报纳税人取得企业外币货币性项目因汇率变动形成的收益应确认的收入。（该项目为执行小企业会计准则企业填报）

（26）第 26 行"其他"：填报纳税人取得的上述项目未列举的其他营业外收入，包括执行企业会计准则纳税人按权益法核算长期股权投资对初始投资成本调整确认的收益，执行小企业会计准则纳税人取得的出租包装物和商品的租金收入、逾期未退包装物押金收益等。

二、表内、表间关系

（一）表内关系

（1）第 1 行 = 第 2 + 9 行。

（2）第 2 行 = 第 3 + 5 + 6 + 7 + 8 行。

（3）第 9 行 = 第 10 + 12 + 13 + 14 + 15 行。

（4）第 16 行 = 第 17 + 18 + 19 + 20 + 21 + 22 + 23 + 24 + 25 + 26 行。

（二）表间关系

（1）第 1 行 = 表 A100000 第 1 行。

（2）第 16 行 = 表 A100000 第 11 行。

A102010　　　　　　　　　　　　　**一般企业成本支出明细表**

行次	项　目	金　额
1	一、营业成本（2 + 9）	
2	（一）主营业务成本（3 + 5 + 6 + 7 + 8）	
3	1. 销售商品成本	
4	其中：非货币性资产交换成本	
5	2. 提供劳务成本	
6	3. 建造合同成本	
7	4. 让渡资产使用权成本	

行次	项　目	金　额
8	5. 其他	
9	（二）其他业务成本（10＋12＋13＋14＋15）	
10	1. 销售材料成本	
11	其中：非货币性资产交换成本	
12	2. 出租固定资产成本	
13	3. 出租无形资产成本	
14	4. 包装物出租成本	
15	5. 其他	
16	二、营业外支出（17＋18＋19＋20＋21＋22＋23＋24＋25＋26）	
17	（一）非流动资产处置损失	
18	（二）非货币性资产交换损失	
19	（三）债务重组损失	
20	（四）非常损失	
21	（五）捐赠支出	
22	（六）赞助支出	
23	（七）罚没支出	
24	（八）坏账损失	
25	（九）无法收回的债券股权投资损失	
26	（十）其他	

A102010《一般企业成本支出明细表》填报说明

本表适用于除金融企业、事业单位和民间非营利组织外的企业填报。纳税人应根据国家统一会计制度的规定，填报"主营业务成本""其他业务成本"和"营业外支出"。

一、有关项目填报说明

（1）第 1 行"营业成本"：填报纳税人主要经营业务和其他经营业务发生的成本总额。本行根据"主营业务成本"和"其他业务成本"的数额计算填报。

（2）第 2 行"主营业务成本"：根据不同行业的业务性质分别填报纳税人核算的主营业务成本。

（3）第 3 行"销售商品成本"：填报纳税人从事工业制造、商品流通、农业生产以及其他商品销售活动发生的主营业务成本。房地产开发企业销售开发产品（销售未完工开发产品除外）发生的成本也在此行填报。

（4）第 4 行"其中：非货币性资产交换成本"：填报纳税人发生的非货币性资产交换按照国家统一会计制度应确认的销售商品成本。

（5）第 5 行"提供劳务成本"：填报纳税人从事建筑安装、修理修配、交通运输、仓储租赁、邮电通信、咨询经纪、文化体育、科学研究、技术服务、教育培训、餐饮住宿、中介代理、卫生保健、社区服务、旅游、娱乐、加工以及其他劳务活动发生的主营业务成本。

（6）第 6 行"建造合同成本"：填报纳税人建造房屋、道路、桥梁、水坝等建筑物，以及生产船舶、飞机、大型机械设备等发生的主营业务成本。

（7）第 7 行"让渡资产使用权成本"：填报纳税人在主营业务成本核算的，让渡无形资产使用权而发生的使用费成本以及出租固定资产、无形资产、投资性房地产发生的租金成本。

（8）第 8 行"其他"：填报纳税人按照国家统一会计制度核算、上述未列举的其他主营业务成本。

（9）第 9 行"其他业务成本"：根据不同行业的业务性质分别填报纳税人按照国家统一会计制度核算的其他业务成本。

（10）第 10 行"销售材料成本"：填报纳税人销售材料、下脚料、废料、废旧物资等发生的成本。

（11）第 11 行"其中：非货币性资产交换成本"：填报纳税人发生的非货币性资产交换按照国家统一会计制度应确认的材料销售成本。

（12）第 12 行"出租固定资产成本"：填报纳税人将固定资产使用权让与承租人形成的出租固定资产成本。

（13）第 13 行"出租无形资产成本"：填报纳税人让渡无形资产使用权形成的出租无形资产成本。

（14）第 14 行"包装物出租成本"：填报纳税人出租、出借包装物形成的包装物出租成本。

（15）第 15 行"其他"：填报纳税人按照国家统一会计制度核算，上述未列举的其他业务成本。

（16）第 16 行"营业外支出"：填报纳税人计入本科目核算的与生产经营无直接关系的各项支出。

（17）第 17 行"非流动资产处置损失"：填报纳税人处置非流动资产形成的净损失。

（18）第 18 行"非货币性资产交换损失"：填报纳税人发生非货币性资产交换应确认的净损失。

（19）第 19 行"债务重组损失"：填报纳税人进行债务重组应确认的净损失。

（20）第 20 行"非常损失"：填报纳税人在营业外支出中核算的各项非正常的财产损失。

（21）第 21 行"捐赠支出"：填报纳税人无偿给予其他企业、组织或个人的货币性资产、非货币性资产的捐赠支出。

（22）第 22 行"赞助支出"：填报纳税人发生的货币性资产、非货币性资产赞助支出。

（23）第 23 行"罚没支出"：填报纳税人在日常经营管理活动中对外支付的各项罚款、没收收入的支出。

（24）第 24 行"坏账损失"：填报纳税人发生的各项坏账损失。（该项目为使用小企业会计准则企业填报）

（25）第 25 行"无法收回的债券股权投资损失"：填报纳税人各项无法收回的债券股权投资损失。（该项目为使用小企业会计准则企业填报）

（26）第 26 行"其他"：填报纳税人本期实际发生的在营业外支出核算的其他损失及支出。

二、表内、表间关系

（一）表内关系

（1）第 1 行 = 第 2+9 行。

（2）第 2 行 = 第 3+5+6+7+8 行。

（3）第 9 行 = 第 10+12+13+14+15 行。

（4）第 16 行 = 第 17+18+…+26 行。

（二）表间关系

（1）第 1 行 = 表 A100000 第 2 行。

（2）第 16 行 = 表 A100000 第 12 行。

A104000　　　　　　　　　　期 间 费 用 明 细 表

行次	项　目	销售费用	其中：境外支付	管理费用	其中：境外支付	财务费用	其中：境外支付
		1	2	3	4	5	6
1	一、职工薪酬		*		*	*	*
2	二、劳务费					*	*
3	三、咨询顾问费					*	*

行次	项　目	销售费用	其中：境外支付	管理费用	其中：境外支付	财务费用	其中：境外支付
		1	2	3	4	5	6
4	四、业务招待费		*		*	*	*
5	五、广告费和业务宣传费		*		*	*	*
6	六、佣金和手续费						
7	七、资产折旧摊销费		*		*	*	*
8	八、财产损耗、盘亏及毁损损失		*		*	*	*
9	九、办公费		*		*	*	*
10	十、董事会费		*		*	*	*
11	十一、租赁费					*	*
12	十二、诉讼费		*		*	*	*
13	十三、差旅费		*		*	*	*
14	十四、保险费		*		*	*	*
15	十五、运输、仓储费					*	*
16	十六、修理费					*	*
17	十七、包装费		*		*	*	
18	十八、技术转让费					*	*
19	十九、研究费用					*	*
20	二十、各项税费		*		*	*	
21	二十一、利息收支	*	*	*	*		
22	二十二、汇兑差额					*	
23	二十三、现金折扣	*	*	*	*		*
24	二十四、党组织工作经费	*	*	*	*	*	*
25	二十五、其他						
26	合计（1+2+3+…+25）						

A104000《期间费用明细表》填报说明

本表适用于执行企业会计准则、小企业会计准则、企业会计制度、分行业会计制度的查账征收居民纳税人填报。纳税人应根据企业会计准则、小企业会计准则、企业会计、分行业会计制度规定，填报"销售费用""管理费用"和"财务费用"等项目。

一、有关项目填报说明

（1）第1列"销售费用"：填报在销售费用科目进行核算的相关明细项目的金额，其中金融企业填报在业务及管理费科目进行核算的相关明细项目的金额。

（2）第2列"其中：境外支付"：填报在销售费用科目进行核算的向境外支付的相关明细项目的金额，其中金融企业填报在业务及管理费科目进行核算的相关明细项目的金额。

（3）第3列"管理费用"：填报在管理费用科目进行核算的相关明细项目的金额。

（4）第4列"其中：境外支付"：填报在管理费用科目进行核算的向境外支付的相关明细项目的金额。

（5）第5列"财务费用"：填报在财务费用科目进行核算的有关明细项目的金额。

（6）第6列"其中：境外支付"：填报在财务费用科目进行核算的向境外支付的有关明细项目的金额。

（7）第1行至第25行：根据费用科目核算的具体项目金额进行填报，如果贷方发生额大于借方发生额，应填报负数。

（8）第26行第1列：填报第1行至第25行第1列的合计金额。

（9）第26行第2列：填报第1行至第25行第2列的合计金额。

（10）第26行第3列：填报第1行至第25行第3列的合计金额。

（11）第26行第4列：填报第1行至第25行第4列的合计金额。

（12）第26行第5列：填报第1行至第25行第5列的合计金额。

（13）第26行第6列：填报第1行至第25行第6列的合计金额。

二、表内、表间关系

（一）表内关系

（1）第26行第1列＝第1列第1＋2＋…＋20＋25行。

（2）第26行第2列＝第2列第2＋3＋6＋11＋15＋16＋18＋19＋25行。

（3）第26行第3列＝第3列第1＋2＋…＋20＋24＋25行。

（4）第26行第4列＝第4列第2＋3＋6＋11＋15＋16＋18＋19＋25行。

（5）第26行第5列＝第5列第6＋21＋22＋23＋25行。

（6）第26行第6列＝第6列第6＋21＋22＋25行。

（二）表间关系

（1）第26行第1列＝表A100000第4行。

（2）第26行第3列＝表A100000第5行。

（3）第26行第5列＝表A100000第6行。

A105000　　　　　　　　　　　　**纳税调整项目明细表**

行次	项目	账载金额	税收金额	调增金额	调减金额
		1	2	3	4
1	一、收入类调整项目（2＋3＋…＋8＋10＋11）	＝	＊		
2	（一）视同销售收入（填写A105010）	＝			＊
3	（二）未按权责发生制原则确认的收入（填写A105020）				
4	（三）投资收益（填写A105030）				
5	（四）按权益法核算长期股权投资对初始投资成本调整确认收益	＊	＊	＊	
6	（五）交易性金融资产初始投资调整	＊	＊		＊
7	（六）公允价值变动净损益		＊		
8	（七）不征税收入	＊	＊		
9	其中：专项用途财政性资金（填写A105040）	＊	＊		
10	（八）销售折扣、折让和退回				
11	（九）其他				
12	二、扣除类调整项目（13＋14＋…＋24＋26＋27＋28＋29＋30）	＊	＊		
13	（一）视同销售成本（填写A105010）	＊		＊	
14	（二）职工薪酬（填写A105050）				
15	（三）业务招待费支出				＊
16	（四）广告费和业务宣传费支出（填写A105060）	＊	＊		

行次	项　　目	账载金额	税收金额	调增金额	调减金额
		1	2	3	4
17	（五）捐赠支出（填写 A105070）				
18	（六）利息支出				
19	（七）罚金、罚款和被没收财物的损失		*		*
20	（八）税收滞纳金、加收利息		*		*
21	（九）赞助支出		*		*
22	（十）与未实现融资收益相关在当期确认的财务费用				
23	（十一）佣金和手续费支出				*
24	（十二）不征税收入用于支出所形成的费用	*	*		*
25	其中：专项用途财政性资金用于支出所形成的费用（填写 A105040）	*	*		*
26	（十三）跨期扣除项目				
27	（十四）与取得收入无关的支出		*		*
28	（十五）境外所得分摊的共同支出	*	*		*
29	（十六）党组织工作经费				
30	（十七）其他				
31	三、资产类调整项目（32＋33＋34＋35）	*	*		
32	（一）资产折旧、摊销（填写 A105080）				
33	（二）资产减值准备金		*		
34	（三）资产损失（填写 A105090）				
35	（四）其他				
36	四、特殊事项调整项目（37＋38＋…＋42）	*	*		
37	（一）企业重组及递延纳税事项（填写 A105100）				
38	（二）政策性搬迁（填写 A105110）	*	*		
39	（三）特殊行业准备金（填写 A105120）				
40	（四）房地产开发企业特定业务计算的纳税调整额（填写 A105010）	*			
41	（五）有限合伙企业法人合伙方应分得的应纳税所得额				
42	（六）其他	*	*		
43	五、特别纳税调整应税所得	*	*		
44	六、其他	*	*		
45	合计（1＋12＋31＋36＋43＋44）	*	*		

A105000《纳税调整项目明细表》填报说明

本表由纳税人根据税法、相关税收规定以及国家统一会计制度的规定，填报企业所得税涉税事项的会计处理、税务处理以及纳税调整情况。

一、有关项目填报说明

本表纳税调整项目按照"收入类调整项目""扣除类调整项目""资产类调整项目""特殊事项调整项目""特别纳税调整应税所得""其他"六大项分类填报汇总，并计算出纳税"调增金额"和"调减金额"的合计金额。

数据栏分别设置"账载金额""税收金额""调增金额""调减金额"四个栏次。"账载金额"是指纳税人按照国家统一会计制度规定核算的项目金额。"税收金额"是指纳税人按照税收规定计算的项目金额。

对需填报下级明细表的纳税调整项目，其"账载金额""税收金额""调增金额""调减金额"根据相应附表进行计算填报。

（一）收入类调整项目

（1）第1行"一、收入类调整项目"：根据第2行至第11行（不含第9行）进行填报。

（2）第2行"（一）视同销售收入"：填报会计处理不确认为销售收入，税收规定确认应税收入的收入。根据《视同销售和房地产开发企业特定业务纳税调整明细表》（A105010）填报。第2列"税收金额"为表A105010第1行第1列金额。第3列"调增金额"为表A105010第1行第2列金额。

（3）第3行"（二）未按权责发生制原则确认的收入"：根据《未按权责发生制确认收入纳税调整明细表》（A105020）填报。第1列"账载金额"为表A105020第14行第2列金额。第2列"税收金额"为表A105020第14行第4列金额。表A105020第14行第6列，若≥0，填入本行第3列"调增金额"；若<0，将绝对值填入本行第4列"调减金额"。

（4）第4行"（三）投资收益"：根据《投资收益纳税调整明细表》（A105030）填报。第1列"账载金额"为表A105030第10行第1+8列的合计金额。第2列"税收金额"为表A105030第10行第2+9列的合计金额。表A105030第10行第11列，若≥0，填入本行第3列"调增金额"；若<0，将绝对值填入本行第4列"调减金额"。

（5）第5行"（四）按权益法核算长期股权投资对初始投资成本调整确认收益"：第4列"调减金额"填报纳税人采取权益法核算，初始投资成本小于取得投资时应享有被投资单位可辨认净资产公允价值份额的差额计入取得投资当期的营业外收入的金额。

（6）第6行"（五）交易性金融资产初始投资调整"：第3列"调增金额"填报纳税人根据税收规定确认交易性金融资产初始投资金额与会计核算的交易性金融资产初始投资账面价值的差额。

（7）第7行"（六）公允价值变动净损益"：第1列"账载金额"填报纳税人会计核算的以公允价值计量的金融资产、金融负债以及投资性房地产类项目，计入当期损益的公允价值变动金额；第1列≤0，将绝对值填入第3列"调增金额"；若第1列>0，填入第4列"调减金额"。

（8）第8行"（七）不征税收入"：填报纳税人计入收入总额但属于税收规定不征税的财政拨款、依法收取并纳入财政管理的行政事业性收费以及政府性基金和国务院规定的其他不征税收入。第3列"调增金额"填报纳税人以前年度取得财政性资金且已作为不征税收入处理，在5年（60个月）内未发生支出且未缴回财政部门或其他拨付资金的政府部门，应计入应税收入额的金额。第4列"调减金额"填报符合税收规定不征税收入条件并作为不征税收入处理，且已计入当期损益的金额。

（9）第9行"其中：专项用途财政性资金"：根据《专项用途财政性资金纳税调整明细表》（A105040）填报。第3列"调增金额"为表A105040第7行第14列金额。第4列"调减金额"为表A105040第7行第4列金额。

（10）第10行"（八）销售折扣、折让和退回"：填报不符合税收规定的销售折扣和折让应进行纳税调整的金额，和发生的销售退回因会计处理与税收规定有差异需纳税调整的金额。第1列"账载金额"填报纳税人会计核算的销售折扣和折让金额及销货退回的追溯处理的净调整额。第2列"税收金额"填报根据税收规定可以税前扣除的折扣和折让的金额及销货退回业务影响当期损益的金额。第1列减第2列，若余额≥0，填入第3列"调增金额"；若余额<0，将绝对值填入第4列"调减金额"，第4列仅为销货退回影响损益的跨期时间性差异。

（11）第11行"（九）其他"：填报其他因会计处理与税收规定有差异需纳税调整的收入类项目金额。若第2列≥第1列，将第2−1列的余额填入第3列"调增金额"；若第2列<第1列，将第2−1列余额的绝对值填入第4列"调减金额"。

（二）扣除类调整项目

（12）第 12 行"二、扣除类调整项目"：根据第 13 行至第 30 行（不含第 25 行）填报。

（13）第 13 行"（一）视同销售成本"：填报会计处理不作为销售核算，税收规定作为应税收入对应的销售成本金额。根据《视同销售和房地产开发企业特定业务纳税调整明细表》（A105010）填报。第 2 列"税收金额"为表 A105010 第 11 行第 1 列金额。第 4 列"调减金额"为表 A105010 第 11 行第 2 列金额的绝对值。

（14）第 14 行"（二）职工薪酬"：根据《职工薪酬支出及纳税调整明细表》（A105050）填报。第 1 列"账载金额"为表 A105050 第 13 行第 1 列金额。第 2 列"税收金额"为表 A105050 第 13 行第 5 列金额。表 A105050 第 13 行第 6 列，若≥0，填入本行第 3 列"调增金额"；若＜0，将绝对值填入本行第 4 列"调减金额"。

（15）第 15 行"（三）业务招待费支出"：第 1 列"账载金额"填报纳税人会计核算计入当期损益的业务招待费金额。第 2 列"税收金额"填报按照税收规定允许税前扣除的业务招待费支出的金额。第 3 列"调增金额"为第 1－2 列金额。

（16）第 16 行"（四）广告费和业务宣传费支出"：根据《广告费和业务宣传费跨年度纳税调整明细表》（A105060）填报。表 A105060 第 12 行，若≥0，填入第 3 列"调增金额"；若＜0，将绝对值填入第 4 列"调减金额"。

（17）第 17 行"（五）捐赠支出"：根据《捐赠支出及纳税调整明细表》（A105070）填报。第 1 列"账载金额"为表 A105070 第 8 行第 1 列金额。第 2 列"税收金额"为表 A105070 第 8 行第 4 列金额。第 3 列"调增金额"为表 A105070 第 8 行第 5 列金额。第 4 列"调减金额"为表 A105070 第 8 行第 6 列金额。

（18）第 18 行"（六）利息支出"：第 1 列"账载金额"填报纳税人向非金融企业借款，会计核算计入当期损益的利息支出的金额。第 2 列"税收金额"填报按照税收规定允许税前扣除的利息支出的金额。若第 1 列≥第 2 列，将第 1 列减第 2 列余额填入第 3 列"调增金额"；若第 1 列＜第 2 列，将第 1 列减第 2 列余额的绝对值填入第 4 列"调减金额"。

（19）第 19 行"（七）罚金、罚款和被没收财物的损失"：第 1 列"账载金额"填报纳税人会计核算计入当期损益的罚金、罚款和被罚没财物的损失，不包括纳税人按照经济合同规定支付的违约金（包括银行罚息）、罚款和诉讼费。第 3 列"调增金额"等于第 1 列金额。

（20）第 20 行"（八）税收滞纳金、加收利息"：第 1 列"账载金额"填报纳税人会计核算计入当期损益的税收滞纳金、加收利息。第 3 列"调增金额"等于第 1 列金额。

（21）第 21 行"（九）赞助支出"：第 1 列"账载金额"填报纳税人会计核算计入当期损益的不符合税收规定的公益性捐赠的赞助支出的金额，包括直接向受赠人的捐赠、赞助支出等（不含广告性的赞助支出，广告性的赞助支出在表 A105060 中调整）。第 3 列"调增金额"等于第 1 列金额。

（22）第 22 行"（十）与未实现融资收益相关在当期确认的财务费用"：第 1 列"账载金额"填报纳税人会计核算的与未实现融资收益相关并在当期确认的财务费用的金额。第 2 列"税收金额"填报按照税收规定允许税前扣除的金额。若第 1 列≥第 2 列，将第 1－2 列余额填入第 3 列"调增金额"；若第 1 列＜第 2 列，将第 1－2 列余额的绝对值填入第 4 列"调减金额"。

（23）第 23 行"（十一）佣金和手续费支出"：第 1 列"账载金额"填报纳税人会计核算计入当期损益的佣金和手续费金额。第 2 列"税收金额"填报按照税收规定允许税前扣除的佣金和手续费支出金额。第 3 列"调增金额"为第 1－2 列的余额。

（24）第 24 行"（十二）不征税收入用于支出所形成的费用"：第 3 列"调增金额"填报符合条件的不征税收入用于支出所形成的计入当期损益的费用化支出金额。

（25）第 25 行"其中：专项用途财政性资金用于支出所形成的费用"：根据《专项用途财政性资金纳税调整明细表》（A105040）填报。第 3 列"调增金额"为表 A105040 第 7 行第 11 列金额。

（26）第 26 行"（十三）跨期扣除项目"：填报维简费、安全生产费用、预提费用、预计负债等跨期扣除项目调整情况。第 1 列"账载金额"填报纳税人会计核算计入当期损益的跨期扣除项目金额。第 2 列"税收金额"填报按照税收规定允许税前扣除的金额。若第 1 列≥第 2 列，将第 1－2 列余额填入第 3 列"调增金额"；若第 1 列＜第 2 列，将第 1－2 列余额的绝对值填入第 4 列"调减金额"。

（27）第 27 行"（十四）与取得收入无关的支出"：第 1 列"账载金额"填报纳税人会计核算计入当期损益的与取得收入无关的支出的金额。第 3 列"调增金额"等于第 1 列金额。

（28）第 28 行"（十五）境外所得分摊的共同支出"：第 3 列"调增金额"为《境外所得纳税调整后所得明细表》（A108010）第 10 行第 16＋17 列的合计金额。

（29）第 29 行"（十六）党组织工作经费"：填报纳税人根据有关文件规定，为创新基层党建工作、建立稳定的经费保障制度发生的党组织工作经费及纳税调整情况。

（30）第 30 行"（十七）其他"：填报其他因会计处理与税收规定有差异需纳税调整的扣除类项目金额。若第 1 列≥第 2 列，将第 1－2 列余额填入第 3 列"调增金额"；若第 1 列＜第 2 列，将第 1－2 列余额的绝对值填入第 4 列"调减金额"。

（三）资产类调整项目

（31）第 31 行"三、资产类调整项目"：填报资产类调整项目第 32 行至第 35 行的合计金额。

（32）第 32 行"（一）资产折旧、摊销"：根据《资产折旧、摊销及纳税调整明细表》（A105080）填报。第 1 列"账载金额"为表 A105080 第 39 行第 2 列金额。第 2 列"税收金额"为表 A105080 第 39 行第 5 列金额。表 A105080 第 39 行第 9 列，若≥0，填入本行第 3 列"调增金额"；若＜0，将绝对值填入本行第 4 列"调减金额"。

（33）第 33 行"（二）资产减值准备金"：填报坏账准备、存货跌价准备、理赔费用准备金等不允许税前扣除的各类资产减值准备金纳税调整情况。第 1 列"账载金额"填报纳税人会计核算计入当期损益的资产减值准备金金额（因价值恢复等原因转回的资产减值准备金应予以冲回）。第 1 列，若≥0，填入第 3 列"调增金额"；若＜0，将绝对值填入第 4 列"调减金额"。

（34）第 34 行"（三）资产损失"：根据《资产损失税前扣除及纳税调整明细表》（A105090）填报。第 1 列"账载金额"为表 A105090 第 14 行第 1 列金额。第 2 列"税收金额"为表 A105090 第 14 行第 5 列金额。表 A105090 第 14 行第 6 列，若≥0，填入本行第 3 列"调增金额"；若＜0，将绝对值填入本行第 4 列"调减金额"。

（35）第 35 行"（四）其他"：填报其他因会计处理与税收规定有差异需纳税调整的资产类项目金额。若第 1 列≥第 2 列，将第 1－2 列余额填入第 3 列"调增金额"；若第 1 列＜第 2 列，将第 1－2 列余额的绝对值填入第 4 列"调减金额"。

（四）特殊事项调整项目

（36）第 36 行"四、特殊事项调整项目"：填报特殊事项调整项目第 37 行至第 42 行的合计金额。

（37）第 37 行"（一）企业重组及递延纳税事项"：根据《企业重组及递延纳税事项纳税调整明细表》（A105100）填报。第 1 列"账载金额"为表 A105100 第 16 行第 1＋4 列金额。第 2 列"税收金额"为表 A105100 第 16 行第 2＋5 列金额。表 A105100 第 16 行第 7 列，若≥0，填入本行第 3 列"调增金额"；若＜0，将绝对值填入本行第 4 列"调减金额"。

（38）第 38 行"（二）政策性搬迁"：根据《政策性搬迁纳税调整明细表》（A105110）填报。表 A105110 第 24 行，若≥0，填入本行第 3 列"调增金额"；若＜0，将绝对值填入本行第 4 列"调减金额"。

（39）第 39 行"（三）特殊行业准备金"：根据《特殊行业准备金及纳税调整明细表》（A105120）填报。第 1 列"账载金额"为表 A105120 第 43 行第 1 列金额。第 2 列"税收金额"为表 A105120 第 43 行第 2 列金额。表 A105120 第 43 行第 3 列，若≥0，填入本行第 3 列"调增金额"；若＜0，将绝对值填入本行第 4 列"调减金额"。

（40）第40行"（四）房地产开发企业特定业务计算的纳税调整额"：根据《视同销售和房地产开发企业特定业务纳税调整明细表》（A105010）填报。第2列"税收金额"为表A105010第21行第1列金额。表A105010第21行第2列，若≥0，填入本行第3列"调增金额"；若＜0，将绝对值填入本行第4列"调减金额"。

（41）第41行"（五）有限合伙企业法人合伙方分得的应纳税所得额"：第1列"账载金额"填报有限合伙企业法人合伙方本年会计核算上确认的对有限合伙企业的投资所得；第2列"税收金额"填报纳税人按照"先分后税"原则和《财政部　国家税务总局关于合伙企业合伙人所得税问题的通知》（财税〔2008〕159号）文件第四条规定计算的从合伙企业分得的法人合伙方应纳税所得额；若第1列≤第2列，将第2－1列余额填入第3列"调增金额"，若第1列＞第2列，将第2－1列余额的绝对值填入第4列"调减金额"。

（42）第42行"（六）其他"：填报其他因会计处理与税收规定有差异需纳税调整的特殊事项金额。

（五）特殊纳税调整所得项目

（43）第43行"五、特别纳税调整应税所得"：第3列"调增金额"填报纳税人按特别纳税调整规定自行调增的当年应税所得。第4列"调减金额"填报纳税人依据双边预约定价安排或者转让定价相应调整磋商结果的通知，需要调减的当年应税所得。

（六）其他

（44）第44行"六、其他"：其他会计处理与税收规定存在差异需纳税调整的项目金额。

（45）第45行"合计"：填报第1＋12＋31＋36＋43＋44行的合计金额。

二、表内、表间关系

（一）表内关系

（1）第1行＝第2＋3＋4＋5＋6＋7＋8＋10＋11行。

（2）第12行＝第13＋14＋…＋23＋24＋26＋27＋28＋29＋30行。

（3）第31行＝第32＋33＋34＋35行。

（4）第36行＝第37＋38＋39＋40＋41＋42行。

（5）第45行＝第1＋12＋31＋36＋43＋44行。

（二）表间关系

（1）第2行第2列＝表A105010第1行第1列；第2行第3列＝表A105010第1行第2列。

（2）第3行第1列＝表A105020第14行第2列；第3行第2列＝表A105020第14行第4列；若表A105020第14行第6列≥0，第3行第3列＝表A105020第14行第6列；若表A105020第14行第6列＜0，第3行第3列＝表A105020第14行第6列的绝对值。

（3）第4行第1列＝表A105030第10行第1＋8列；第4行第2列＝表A105030第10行第2＋9列；若表A105030第10行第11列≥0，第4行第3列＝表A105030第10行第11列；若表A105030第10行第11列＜0，第4行第4列＝表A105030第10行第11列的绝对值。

（4）第9行第3列＝表A105040第7行第14列；第9行第4列＝表A105040第7行第4列。

（5）第13行第2列＝表A105010第11行第1列；第13行第4列＝表A105010第11行第2列的绝对值。

（6）第14行第1列＝表A105050第13行第1列；第14行第2列＝表A105050第13行第5列；若表A105050第13行第6列≥0，第14行第3列＝表A105050第13行第6列；若表A105050第13行第6列＜0，第14行第4列＝表A105050第13行第6列的绝对值。

（7）若表A105060第12行≥0，第16行第3列＝表A105060第12行，若表A105060第12行＜0，第16行第4列＝表A105060第12行的绝对值。

（8）第17行第1列＝表A105070第8行第1列；第17行第2列＝表A105070第8行第4列；第

17 行第 3 列＝表 A105070 第 8 行第 5 列；第 17 行第 4 列＝表 A105070 第 8 行第 6 列。

（9）第 25 行第 3 列＝表 A105040 第 7 行第 11 列。

（10）第 28 行第 3 列＝表 A108010 第 10 行第 16＋17 列。

（11）第 32 行第 1 列＝表 A105080 第 39 行第 2 列；第 32 行第 2 列＝表 A105080 第 39 行第 5 列；若表 A105080 第 39 行第 9 列≥0，第 32 行第 3 列＝表 A105080 第 39 行第 9 列，若表 A105080 第 39 行第 9 列＜0，第 32 行第 4 列＝表 A105080 第 39 行第 9 列的绝对值。

（12）第 34 行第 1 列＝表 A105090 第 14 行第 1 列；第 34 行第 2 列＝表 A105090 第 14 行第 5 列；若表 A105090 第 14 行第 6 列≥0，第 34 行第 3 列＝表 A105090 第 14 行第 6 列，若表 A105090 第 14 行第 6 列＜0，第 34 行第 4 列＝表 A105090 第 14 行第 6 列的绝对值。

（13）第 37 行第 1 列＝表 A105100 第 16 行第 1＋4 列；第 37 行第 2 列＝表 A105100 第 16 行第 2＋5 列；若表 A105100 第 16 行第 7 列≥0，第 37 行第 3 列＝表 A105100 第 16 行第 7 列，若表 A105100 第 16 行第 7 列＜0，第 37 行第 4 列＝表 A105100 第 16 行第 7 列的绝对值。

（14）若表 A105110 第 24 行≥0，第 38 行第 3 列＝表 A105110 第 24 行，若表 A105110 第 24 行＜0，第 38 行第 4 列＝表 A105110 第 24 行的绝对值。

（15）第 39 行第 1 列＝表 A105120 第 43 行第 1 列；第 39 行第 2 列＝表 A105120 第 43 行第 2 列；若表 A105120 第 43 行第 3 列≥0，第 39 行第 3 列＝表 A105120 第 43 行第 3 列，若表 A105120 第 43 行第 3 列＜0，第 39 行第 4 列＝表 A105120 第 43 行第 3 列的绝对值。

（16）第 40 行第 2 列＝表 A105010 第 21 行第 1 列；若表 A105010 第 21 行第 2 列≥0，第 40 行第 3 列＝表 A105010 第 21 行第 1 列，若表 A105010 第 21 行第 2 列＜0，第 40 行第 4 列＝表 A105010 第 21 行第 1 列的绝对值。

（17）第 45 行第 3 列＝表 A100000 第 15 行；第 45 行第 4 列＝表 A100000 第 16 行。

A105010　　　　视同销售和房地产开发企业特定业务纳税调整明细表

行次	项　目	税收金额	纳税调整金额
		1	2
1	一、视同销售（营业）收入（2＋3＋4＋5＋6＋7＋8＋9＋10）		
2	（一）非货币性资产交换视同销售收入		
3	（二）用于市场推广或销售视同销售收入		
4	（三）用于交际应酬视同销售收入		
5	（四）用于职工奖励或福利视同销售收入		
6	（五）用于股息分配视同销售收入		
7	（六）用于对外捐赠视同销售收入		
8	（七）用于对外投资项目视同销售收入		
9	（八）提供劳务视同销售收入		
10	（九）其他		
11	二、视同销售（营业）成本（12＋13＋14＋15＋16＋17＋18＋19＋20）		
12	（一）非货币性资产交换视同销售成本		
13	（二）用于市场推广或销售视同销售成本		
14	（三）用于交际应酬视同销售成本		
15	（四）用于职工奖励或福利视同销售成本		
16	（五）用于股息分配视同销售成本		
17	（六）用于对外捐赠视同销售成本		

行次	项　　　目	税收金额	纳税调整金额
		1	2
18	（七）用于对外投资项目视同销售成本		
19	（八）提供劳务视同销售成本		
20	（九）其他		
21	三、房地产开发企业特定业务计算的纳税调整额（22－26）		
22	（一）房地产企业销售未完工开发产品特定业务计算的纳税调整额（24－25）		
23	1. 销售未完工产品的收入		*
24	2. 销售未完工产品预计毛利额		
25	3. 实际发生的税金及附加、土地增值税		
26	（二）房地产企业销售的未完工产品转完工产品特定业务计算的纳税调整额（28－29）		
27	1. 销售未完工产品转完工产品确认的销售收入		*
28	2. 转回的销售未完工产品预计毛利额		
29	3. 转回实际发生的税金及附加、土地增值税		

A105010《视同销售和房地产开发企业特定业务纳税调整明细表》填报说明

本表适用于发生视同销售、房地产企业特定业务纳税调整项目的纳税人填报。纳税人根据税法、《国家税务总局关于企业处置资产所得税处理问题的通知》（国税函〔2008〕828号）、《国家税务总局关于印发〈房地产开发经营业务企业所得税处理办法〉的通知》（国税发〔2009〕31号）、《国家税务总局关于企业所得税有关问题的公告》（国家税务总局公告2016年第80号）等相关规定，以及国家统一企业会计制度，填报视同销售行为、房地产企业销售未完工产品、未完工产品转完工产品特定业务的税收规定及纳税调整情况。

一、有关项目填报说明

（1）第1行"一、视同销售收入"：填报会计处理不确认销售收入，而税收规定确认为应税收入的金额，本行为第2行至第10行小计数。第1列"税收金额"填报税收确认的应税收入金额；第2列"纳税调整金额"等于第1列"税收金额"。

（2）第2行"（一）非货币性资产交换视同销售收入"：填报发生非货币性资产交换业务，会计处理不确认销售收入，而税收规定确认为应税收入的金额。第1列"税收金额"填报税收确认的应税收入金额；第2列"纳税调整金额"等于第1列"税收金额"。

（3）第3行"（二）用于市场推广或销售视同销售收入"：填报发生将货物、财产用于市场推广、广告、样品、集资、销售等，会计处理不确认销售收入，而税收规定确认为应税收入的金额。填列方法同第2行。

（4）第4行"（三）用于交际应酬视同销售收入"：填报发生将货物、财产用于交际应酬，会计处理不确认销售收入，而税收规定确认为应税收入的金额。填列方法同第2行。

（5）第5行"（四）用于职工奖励或福利视同销售收入"：填报发生将货物、财产用于职工奖励或福利，会计处理不确认销售收入，而税收规定确认为应税收入的金额。企业外购资产或服务不以销售为目的，用于替代职工福利费用支出，且购置后在一个纳税年度内处置的，以公允价值确定视同销售收入。填列方法同第2行。

（6）第6行"（五）用于股息分配视同销售收入"：填报发生将货物、财产用于股息分配，会计处理不确认销售收入，而税收规定确认为应税收入的金额。填列方法同第2行。

（7）第7行"（六）用于对外捐赠视同销售收入"：填报发生将货物、财产用于对外捐赠或赞助，会计处理不确认销售收入，而税收规定确认为应税收入的金额。填列方法同第2行。

（8）第8行"（七）用于对外投资项目视同销售收入"：填报发生将货物、财产用于对外投资，会计处理不确认销售收入，而税收规定确认为应税收入的金额。填列方法同第2行。

（9）第9行"（八）提供劳务视同销售收入"：填报发生对外提供劳务，会计处理不确认销售收入，而税收规定确认为应税收入的金额。填列方法同第2行。

（10）第10行"（九）其他"：填报发生除上述列举情形外，会计处理不作为销售收入核算，而税收规定确认为应税收入的金额。填列方法同第2行。

（11）第11行"一、视同销售成本"：填报会计处理不确认销售收入，税收规定确认为应税收入对应的视同销售成本金额。本行为第12行至第20行小计数。第1列"税收金额"填报予以税前扣除的视同销售成本金额；将第1列税收金额以负数形式填报第2列"纳税调整金额"。

（12）第12行"（一）非货币性资产交换视同销售成本"：填报发生非货币性资产交换业务，会计处理不确认销售收入，税收规定确认为应税收入所对应的应予以税前扣除的视同销售成本金额。第1列"税收金额"填报予以扣除的视同销售成本金额；将第1列税收金额以负数形式填报第2列"纳税调整金额"。

（13）第13行"（二）用于市场推广或销售视同销售成本"：填报发生将货物、财产用于市场推广、广告、样品、集资、销售等，会计处理不确认销售收入，税收规定确认为应税收入时，其对应的应予以税前扣除的视同销售成本金额。填列方法同第12行。

（14）第14行"（三）用于交际应酬视同销售成本"：填报发生将货物、财产用于交际应酬，会计处理不确认销售收入，税收规定确认为应税收入时，其对应的应予以税前扣除的视同销售成本金额。填列方法同第12行。

（15）第15行"（四）用于职工奖励或福利视同销售成本"：填报发生将货物、财产用于职工奖励或福利，会计处理不确认销售收入，税收规定确认为应税收入时，其对应的应予以税前扣除的视同销售成本金额。填列方法同第12行。

（16）第16行"（五）用于股息分配视同销售成本"：填报发生将货物、财产用于股息分配，会计处理不确认销售收入，税收规定确认为应税收入时，其对应的应予以税前扣除的视同销售成本金额。填列方法同第12行。

（17）第17行"（六）用于对外捐赠视同销售成本"：填报发生将货物、财产用于对外捐赠或赞助，会计处理不确认销售收入，税收规定确认为应税收入时，其对应的应予以税前扣除的视同销售成本金额。填列方法同第12行。

（18）第18行"（七）用于对外投资项目视同销售成本"：填报会计处理发生将货物、财产用于对外投资，会计处理不确认销售收入，税收规定确认为应税收入时，其对应的应予以税前扣除的视同销售成本金额。填列方法同第12行。

（19）第19行"（八）提供劳务视同销售成本"：填报会计处理发生对外提供劳务，会计处理不确认销售收入，税收规定确认为应税收入时，其对应的应予以税前扣除视同销售成本金额。填列方法同第12行。

（20）第20行"（九）其他"：填报发生除上述列举情形外，会计处理不确认销售收入，税收规定确认为应税收入的同时，予以税前扣除视同销售成本金额。填列方法同第12行。

（21）第21行"三、房地产开发企业特定业务计算的纳税调整额"：填报房地产企业发生销售未完工产品、未完工产品结转完工产品业务，按照税收规定计算的特定业务的纳税调整额。第1列"税收金额"填报第22行第1列减去第26行第1列的余额；第2列"纳税调整金额"等于第1列"税收金额"。

（22）第22行"（一）房地产企业销售未完工开发产品特定业务计算的纳税调整额"：填报房地产企业销售未完工开发产品取得销售收入，按税收规定计算的纳税调整额。第1列"税收金额"填报第24

行第 1 列减去第 25 行第 1 列的余额；第 2 列"纳税调整金额"等于第 1 列"税收金额"。

（23）第 23 行"1.销售未完工产品的收入"：第 1 列"税收金额"填报房地产企业销售未完工开发产品，会计核算未进行收入确认的销售收入金额。

（24）第 24 行"2.销售未完工产品预计毛利额"：第 1 列"税收金额"填报房地产企业销售未完工产品取得的销售收入按税收规定预计计税毛利率计算的金额；第 2 列"纳税调整金额"等于第 1 列"税收金额"。

（25）第 25 行"3.实际发生的税金及附加、土地增值税"：第 1 列"税收金额"填报房地产企业销售未完工产品实际发生的税金及附加、土地增值税，且在会计核算中未计入当期损益的金额；第 2 列"纳税调整金额"等于第 1 列"税收金额"。

（26）第 26 行"（二）房地产企业销售的未完工产品转完工产品特定业务计算的纳税调整额"：填报房地产企业销售的未完工产品转完工产品，按税收规定计算的纳税调整额。第 1 列"税收金额"填报第 28 行第 1 列减去第 29 行第 1 列的余额；第 2 列"纳税调整金额"等于第 1 列"税收金额"。

（27）第 27 行"1.销售未完工产品转完工产品确认的销售收入"：第 1 列"税收金额"填报房地产企业销售的未完工产品，此前年度已按预计毛利额征收所得税，本年度结转为完工产品，会计上符合收入确认条件，当年会计核算确认的销售收入金额。

（28）第 28 行"2.转回的销售未完工产品预计毛利额"：第 1 列"税收金额"填报房地产企业销售的未完工产品，此前年度已按预计毛利额征收所得税，本年结转完工产品，会计核算确认为销售收入，转回原按税收规定预计计税毛利率计算的金额；第 2 列"纳税调整金额"等于第 1 列"税收金额"。

（29）第 29 行"3.转回实际发生的税金及附加、土地增值税"：填报房地产企业销售的未完工产品结转完工产品后，会计核算确认为销售收入，同时将对应实际发生的税金及附加、土地增值税转入当期损益的金额；第 2 列"纳税调整金额"等于第 1 列"税收金额"。

二、表内、表间关系

（一）表内关系

（1）第 1 行 = 第 2 + 3 + … + 10 行。

（2）第 11 行 = 第 12 + 13 + … + 20 行。

（3）第 21 行 = 第 22 - 26 行。

（4）第 22 行 = 第 24 - 25 行。

（5）第 26 行 = 第 28 - 29 行。

（二）表间关系

（1）第 1 行第 1 列 = 表 A105000 第 2 行第 2 列。

（2）第 1 行第 2 列 = 表 A105000 第 2 行第 3 列。

（3）第 11 行第 1 列 = 表 A105000 第 13 行第 2 列。

（4）第 11 行第 2 列的绝对值 = 表 A105000 第 13 行第 4 列。

（5）第 21 行第 1 列 = 表 A105000 第 40 行第 2 列。

（6）若第 21 行第 2 列≥0，第 21 行第 2 列 = 表 A105000 第 40 行第 3 列；若第 21 行第 2 列＜0，第 21 行第 2 列的绝对值 = 表 A105000 第 40 行第 4 列。

A105020   未按权责发生制确认收入纳税调整明细表

行次	项　目	合同金额（交易金额）	账载金额		税收金额		纳税调整金额
			本年	累计	本年	累计	
		1	2	3	4	5	6（4 - 2）
1	一、跨期收取的租金、利息、特许权使用费收入（2 + 3 + 4）						

续表

行次	项　目	合同金额（交易金额）	账载金额		税收金额		纳税调整金额
			本年	累计	本年	累计	
		1	2	3	4	5	6（4－2）
2	（一）租金						
3	（二）利息						
4	（三）特许权使用费						
5	二、分期确认收入（6＋7＋8）						
6	（一）分期收款方式销售货物收入						
7	（二）持续时间超过12个月的建造合同收入						
8	（三）其他分期确认收入						
9	三、政府补助递延收入（10＋11＋12）						
10	（一）与收益相关的政府补助						
11	（二）与资产相关的政府补助						
12	（三）其他						
13	四、其他未按权责发生制确认收入						
14	合计（1＋5＋9＋13）						

A105020《未按权责发生制确认收入纳税调整明细表》填报说明

本表适用于会计处理按权责发生制确认收入、税收规定未按权责发生制确认收入需纳税调整的纳税人填报。纳税人根据税法、《国家税务总局关于贯彻落实企业所得税法若干税收问题的通知》（国税函〔2010〕79号）、《国家税务总局关于确认企业所得税收入若干问题的通知》（国税函〔2008〕875号）等相关规定，以及国家统一企业会计制度，填报会计处理按照权责发生制确认收入、税收规定未按权责发生制确认收入的会计处理、税收规定，以及纳税调整情况。符合税收规定不征税收入条件的政府补助收入，本表不作调整，在《专项用途财政性资金纳税调整明细表》（A105040）中纳税调整。

一、有关项目填报说明

（1）第1列"合同金额或交易金额"：填报会计处理按照权责发生制确认收入、税收规定未按权责发生制确认收入的项目的合同总额或交易总额。

（2）第2列"账载金额－本年"：填报纳税人会计处理按权责发生制在本期确认金额。

（3）第3列"账载金额－累计"：填报纳税人会计处理按权责发生制累计确认金额（含本年）。

（4）第4列"税收金额－本年"：填报纳税人按税收规定未按权责发生制在本期确认金额。

（5）第5列"税收金额－累计"：填报纳税人按税收规定未按权责发生制累计确认金额（含本年）。

（6）第6列"纳税调整金额"：填报纳税人会计处理按权责发生制确认收入、税收规定未按权责发生制确认收入的差异需纳税调整金额，为第4－2列的余额。

二、表内、表间关系

（一）表内关系

（1）第1行＝第2＋3＋4行。

（2）第5行＝第6＋7＋8行。

（3）第9行＝第10＋11＋12行。

（4）第14行＝第1＋5＋9＋13行。

（5）第 6 列＝第 4－2 列。

（二）表间关系

（1）第 14 行第 2 列＝表 A105000 第 3 行第 1 列。

（2）第 14 行第 4 列＝表 A105000 第 3 行第 2 列。

（3）若第 14 行第 6 列≥0，第 14 行第 6 列＝表 A105000 第 3 行第 3 列；若第 14 行第 6 列＜0，第 14 行第 6 列绝对值＝表 A105000 第 3 行第 4 列。

A105030　　　　　　　　　　　　　**投资收益纳税调整明细表**

行次	项　　目	持有收益			处置收益							纳税调整金额
		账载金额	税收金额	纳税调整金额	会计确认的处置收入	税收计算的处置收入	处置投资的账面价值	处置投资的计税基础	会计确认的处置所得或损失	税收计算的处置所得	纳税调整金额	
		1	2	3（2－1）	4	5	6	7	8（4－6）	9（5－7）	10（9－8）	11（3＋10）
1	一、交易性金融资产											
2	二、可供出售金融资产											
3	三、持有至到期投资											
4	四、衍生工具											
5	五、交易性金融负债											
6	六、长期股权投资											
7	七、短期投资											
8	八、长期债券投资											
9	九、其他											
10	合计（1＋2＋3＋4＋5＋6＋7＋8＋9）											

A105030《投资收益纳税调整明细表》填报说明

本表适用于发生投资收益纳税调整项目的纳税人及从事股权投资业务的纳税人填报。纳税人根据税法、《国家税务总局关于贯彻落实企业所得税法若干税收问题的通知》（国税函〔2010〕79 号）等相关规定，以及国家统一企业会计制度，填报投资收益的会计处理、税收规定，以及纳税调整情况。发生持有期间投资收益，并按税收规定为减免税收入的（如国债利息收入等），本表不作调整。处置投资项目按税收规定确认为损失的，本表不作调整，在《资产损失税前扣除及纳税调整明细表》（A105090）进行纳税调整。处置投资项目符合企业重组且适用特殊性税务处理规定的，本表不作调整，在《企业重组及递延纳税事项纳税调整明细表》（A105100）进行纳税调整。

一、有关项目填报说明

（1）第 1 列"账载金额"：填报纳税人持有投资项目，会计核算确认的投资收益。

（2）第 2 列"税收金额"：填报纳税人持有投资项目，按照税收规定确认的投资收益。

（3）第 3 列"纳税调整金额"：填报纳税人持有投资项目，会计核算确认投资收益与税收规定投资收益的差异需纳税调整金额，为第 2－1 列的余额。

（4）第 4 列"会计确认的处置收入"：填报纳税人收回、转让或清算处置投资项目，会计核算确认的扣除相关税费后的处置收入金额。

（5）第 5 列"税收计算的处置收入"：填报纳税人收回、转让或清算处置投资项目，按照税收规定计算的扣除相关税费后的处置收入金额。

（6）第 6 列"处置投资的账面价值"：填报纳税人收回、转让或清算处置的投资项目，会计核算的处置投资的账面价值。

（7）第 7 列"处置投资的计税基础"：填报纳税人收回、转让或清算处置的投资项目，按税收规定计算的处置投资的计税金额。

（8）第 8 列"会计确认的处置所得或损失"：填报纳税人收回、转让或清算处置投资项目，会计核算确认的处置所得或损失，为第 4-6 列的余额，损失以"－"号填列。

（9）第 9 列"税收计算的处置所得"：填报纳税人收回、转让或清算处置投资项目，按照税收规定计算的处置所得，为第 5-7 列的余额。

（10）第 10 列"纳税调整金额"：填报纳税人收回、转让或清算处置投资项目，会计处理与税收规定不一致需纳税调整金额，为第 9-8 列的余额。

（11）第 11 列"纳税调整金额"：填报第 3+10 列金额。

二、表内、表间关系

（一）表内关系

（1）第 10 行 = 第 1+2+3+4+5+6+7+8+9 行。

（2）第 3 列 = 第 2-1 列。

（3）第 8 列 = 第 4-6 列。

（4）第 9 列 = 第 5-7 列。

（5）第 10 列 = 第 9-8 列。

（6）第 11 列 = 第 3+10 列。

（二）表间关系

（1）第 10 行 1+8 列 = 表 A105000 第 4 行第 1 列。

（2）第 10 行 2+9 列 = 表 A105000 第 4 行第 2 列。

（3）若第 10 行第 11 列≥0，第 10 行第 11 列 = 表 A105000 第 4 行第 3 列；若第 10 行第 11 列＜0，第 10 行第 11 列绝对值 = 表 A105000 第 4 行第 4 列。

A105040　　　　　　　　　　　专项用途财政性资金纳税调整明细表

行次	项目	取得年度	财政性资金	其中：符合不征税收入条件的财政性资金		以前年度支出情况					本年支出情况		本年结余情况		
				金额	其中：计入本年损益的金额	前五年度	前四年度	前三年度	前二年度	前一年度	支出金额	其中：费用化支出金额	结余金额	其中：上缴财政金额	应计入本年应税收入金额
		1	2	3	4	5	6	7	8	9	10	11	12	13	14
1	前五年度														
2	前四年度					*									
3	前三年度					*	*								
4	前二年度					*	*	*							
5	前一年度					*	*	*	*						
6	本　年					*	*	*	*	*					
7	合计(1+2+…+6)	*				*	*	*	*	*					

A105040《专项用途财政性资金纳税调整明细表》填报说明

本表适用于发生符合不征税收入条件的专项用途财政性资金纳税调整项目的纳税人填报。纳税人根据税法、《财政部　国家税务总局关于专项用途财政性资金企业所得税处理问题的通知》（财税〔2011〕70号）等相关规定，以及国家统一企业会计制度，填报纳税人专项用途财政性资金会计处理、税收规定，以及纳税调整情况。本表对不征税收入用于费用化的支出进行调整，资本化支出通过《资产折旧、摊销及纳税调整明细表》（A105080）进行纳税调整。

一、有关项目填报说明

（1）第1列"取得年度"：填报取得专项用途财政性资金的公历年度。第5行至第1行依次从6行往前倒推，第6行为申报年度。

（2）第2列"财政性资金"：填报纳税人相应年度实际取得的财政性资金金额。

（3）第3列"其中：符合不征税收入条件的财政性资金"：填报纳税人相应年度实际取得的符合不征税收入条件且已作不征税收入处理的财政性资金金额。

（4）第4列"其中：计入本年损益的金额"：填报第3列"其中：符合不征税收入条件的财政性资金"中，会计处理时计入本年（申报年度）损益的金额。本列第7行金额为《纳税调整项目明细表》（A105000）第9行"其中：专项用途财政性资金"的第4列"调减金额"。

（5）第5列至第9列"以前年度支出情况"：填报纳税人作为不征税收入处理的符合条件的财政性资金，在申报年度的以前5个纳税年度发生的支出金额。前一年度，填报本年的上一纳税年度，以此类推。

（6）第10列"支出金额"：填报纳税人历年作为不征税收入处理的符合条件的财政性资金，在本年（申报年度）用于支出的金额。

（7）第11列"其中：费用化支出金额"：填报纳税人历年作为不征税收入处理的符合条件的财政性资金，在本年（申报年度）用于支出计入本年损益的费用金额，本列第7行金额为《纳税调整项目明细表》（A105000）第25行"其中：专项用途财政性资金用于支出所形成的费用"的第3列"调增金额"。

（8）第12列"结余金额"：填报纳税人历年作为不征税收入处理的符合条件的财政性资金，减除历年累计支出（包括费用化支出和资本化支出）后尚未使用的不征税收入余额。

（9）第13列"其中：上缴财政金额"：填报第12列"结余金额"中向财政部门或其他拨付资金的政府部门缴回的金额。

（10）第14列"应计入本年应税收入金额"：填报企业以前年度取得财政性资金且已作为不征税收入处理后，在5年（60个月）内未发生支出且未缴回财政部门或其他拨付资金的政府部门，应计入本年应税收入的金额。本列第7行金额为《纳税调整项目明细表》（A105000）第9行"其中：专项用途财政性资金"的第3列"调增金额"。

二、表内、表间关系

（一）表内关系

（1）第1行第12列＝第1行第3－5－6－7－8－9－10列。

（2）第2行第12列＝第2行第3－6－7－8－9－10列。

（3）第3行第12列＝第3行第3－7－8－9－10列。

（4）第4行第12列＝第4行第3－8－9－10列。

（5）第5行第12列＝第5行第3－9－10列。

（6）第6行第12列＝第6行第3－10列。

（7）第7行＝第1＋2＋3＋4＋5＋6行。

（二）表间关系

（1）第7行第4列＝表 A105000 第9行第4列。

（2）第7行第11列＝表 A105000 第25行第3列。

（3）第7行第14列＝表 A105000 第9行第3列。

A105050　　　　　　　　　　　　　　**职工薪酬支出及纳税调整明细表**

行次	项　　目	账载金额	实际发生额	税收规定扣除率	以前年度累计结转扣除额	税收金额	纳税调整金额	累计结转以后年度扣除额
		1	2	3	4	5	6（1-5）	7（1+4-5）
1	一、工资薪金支出			*	*			*
2	其中：股权激励			*	*			*
3	二、职工福利费支出				*			*
4	三、职工教育经费支出			*				
5	其中：按税收规定比例扣除的职工教育经费							
6	按税收规定全额扣除的职工培训费用				*			*
7	四、工会经费支出				*			*
8	五、各类基本社会保障性缴款			*	*			*
9	六、住房公积金			*	*			*
10	七、补充养老保险			*	*			*
11	八、补充医疗保险				*			*
12	九、其他			*	*			*
13	合计（1+3+4+7+8+9+10+11+12）			*				

A105050《职工薪酬支出及纳税调整明细表》填报说明

纳税人根据税法、《国家税务总局关于企业工资薪金及职工福利费扣除问题的通知》（国税函〔2009〕3 号）、《财政部　国家税务总局关于扶持动漫产业发展有关税收政策问题的通知》（财税〔2009〕65 号）、《财政部　国家税务总局关于进一步鼓励软件产业和集成电路产业发展企业所得税政策的通知》（财税〔2012〕27 号）、《国家税务总局关于我国居民企业实行股权激励计划有关企业所得税处理问题的公告》（国家税务总局公告 2012 年第 18 号）、《财政部　国家税务总局　商务部　科技部国家发展改革委关于完善技术先进型服务企业有关企业所得税政策问题的通知》（财税〔2014〕59 号）、《国家税务总局关于企业工资薪金和职工福利费等支出税前扣除问题的公告》（国家税务总局公告 2015 年第 34 号）、《财政部　国家税务总局关于高新技术企业职工教育经费税前扣除政策的通知》（财税〔2015〕63 号）等相关规定，以及国家统一企业会计制度，填报纳税人职工薪酬会计处理、税收规定，以及纳税调整情况。纳税人只要发生相关支出，不论是否纳税调整，均需填报。

一、有关项目填报说明

（1）第 1 行"一、工资薪金支出"：填报纳税人本年度支付给在本企业任职或者受雇的员工的所有现金形式或非现金形式的劳动报酬及其会计核算、纳税调整等金额，具体如下：

1）第 1 列"账载金额"：填报纳税人会计核算计入成本费用的职工工资、奖金、津贴和补贴金额。

2）第 2 列"实际发生额"：分析填报纳税人"应付职工薪酬"会计科目借方发生额（实际发放的工资薪金）。

3）第 5 列"税收金额"：填报纳税人按照税收规定允许税前扣除的金额，按照第 1 列和第 2 列分析填报。

4）第 6 列"纳税调整金额"：填报第 1－5 列的余额。

（2）第 2 行"其中：股权激励"：本行由执行《上市公司股权激励管理办法》（中国证券监督管理委员会令第 126 号）的纳税人填报，具体如下：

1）第 1 列"账载金额"：填报纳税人按照国家有关规定建立职工股权激励计划，会计核算计入成本费用的金额。

2）第 2 列"实际发生额"：填报纳税人根据本年实际行权时股权的公允价格与激励对象实际行权支付价格的差额和数量计算确定的金额。

3）第 5 列"税收金额"：填报行权时按照税收规定允许税前扣除的金额。按照第 1 列和第 2 列孰小值填报。

4）第 6 列"纳税调整金额"：填报第 1－5 列的余额。

（3）第 3 行"二、职工福利费支出"：填报纳税人本年度发生的职工福利费及其会计核算、纳税调整等金额，具体如下：

1）第 1 列"账载金额"：填报纳税人会计核算计入成本费用的职工福利费的金额。

2）第 2 列"实际发生额"：分析填报纳税人"应付职工薪酬"会计科目下的职工福利费用实际发生额。

3）第 3 列"税收规定扣除率"：填报税收规定的扣除比例（14%）。

4）第 5 列"税收金额"：填报按照税收规定允许税前扣除的金额，按第 1 行第 5 列"工资薪金支出/税收金额"×14%、本表第 3 行第 1 列、本表第 3 行第 2 列三者孰小值填报。

5）第 6 列"纳税调整金额"：填报第 1－5 列的余额。

（4）第 4 行"三、职工教育经费支出"：填报第 5 行或者第 5＋6 行金额。

（5）第 5 行"其中：按税收规定比例扣除的职工教育经费"：适用于按照税收规定职工教育经费按比例税前扣除的纳税人填报，具体如下：

1）第 1 列"账载金额"填报纳税人会计核算计入成本费用的金额，不包括第 6 行可全额扣除的职工培训费用金额。

2）第 2 列"实际发生额"：分析填报纳税人"应付职工薪酬"会计科目下的职工教育经费实际发生额，不包括第 6 行可全额扣除的职工培训费用金额。

3）第 3 列"税收规定扣除率"：填报税收规定的扣除比例。

4）第 4 列"以前年度累计结转扣除额"：填报纳税人以前年度累计结转准予扣除的职工教育经费支出余额。

5）第 5 列"税收金额"：填报纳税人按照税收规定允许税前扣除的金额（不包括第 6 行可全额扣除的职工培训费用金额），按第 1 行第 5 列"工资薪金支出—税收金额"×扣除比例与本行第 1＋4 列之和的孰小值填报。

6）第 6 列"纳税调整金额"：填报第 1－5 列的余额。

7）第 7 列"累计结转以后年度扣除额"：填报第 1＋4－5 列的金额。

（6）第 6 行"其中：按税收规定全额扣除的职工培训费用"：适用于按照税收规定职工培训费用允许全额税前扣除的纳税人填报，具体如下：

1）第 1 列"账载金额"：填报纳税人会计核算计入成本费用。

2）第 2 列"实际发生额"：分析填报纳税人"应付职工薪酬"会计科目下的职工教育经费本年实际发生额（可全额扣除的职工培训费用金额）。

3）第 3 列"税收规定扣除率"：填报税收规定的扣除比例（100%）。

4）第 5 列"税收金额"：填报按照税收规定允许税前扣除的金额。

5）第 6 列"纳税调整金额"：填报第 1－5 列的余额。

（7）第 7 行"四、工会经费支出"：填报纳税人本年度拨缴工会经费及其会计核算、纳税调整等金额，具体如下：

1）第 1 列"账载金额"：填报纳税人会计核算计入成本费用的工会经费支出金额；

2）第 2 列"实际发生额"：分析填报纳税人"应付职工薪酬"会计科目下的工会经费本年实际发生额。

3）第 3 列"税收规定扣除率"：填报税收规定的扣除比例（2%）。

4）第 5 列"税收金额"：填报按照税收规定允许税前扣除的金额，按第 1 行第 5 列"工资薪金支出/税收金额"×2%与本行第 1 列、本行第 2 列三者孰小值填报。

5）第 6 列"纳税调整金额"：填报第 1－5 列的余额。

（8）第 8 行"五、各类基本社会保障性缴款"：填报纳税人依照国务院有关主管部门或者省级人民政府规定的范围和标准为职工缴纳的基本社会保险费及其会计核算、纳税调整金额，具体如下：

1）第 1 列"账载金额"：填报纳税人会计核算的各类基本社会保障性缴款的金额。

2）第 2 列"实际发生额"：分析填报纳税人"应付职工薪酬"会计科目下的各类基本社会保障性缴款本年实际发生额。

3）第 5 列"税收金额"：填报按照税收规定允许税前扣除的各类基本社会保障性缴款的金额，按本行第 1 列、第 2 列以及税收规定允许税前扣除的各类基本社会保障性缴款的金额孰小值填报。

4）第 6 列"纳税调整金额"：填报第 1－5 列的余额。

（9）第 9 行"六、住房公积金"：填报纳税人依照国务院有关主管部门或者省级人民政府规定的范围和标准为职工缴纳的住房公积金及其会计核算、纳税调整金额，具体如下：

1）第 1 列"账载金额"：填报纳税人会计核算的住房公积金金额。

2）第 2 列"实际发生额"：分析填报纳税人"应付职工薪酬"会计科目下的住房公积金本年实际发生额。

3）第 5 列"税收金额"：填报按照税收规定允许税前扣除的住房公积金金额，按本行第 1 列、第 2 列以及税收规定允许税前扣除的住房公积金的金额孰小值填报。

4）第 6 列"纳税调整金额"：填报第 1－5 列的余额。

（10）第 10 行"七、补充养老保险"：填报纳税人为投资者或者职工支付的补充养老保险费的会计核算、纳税调整金额，具体如下：

1）第 1 列"账载金额"：填报纳税人会计核算的补充养老保险金额。

2）第 2 列"实际发生额"：分析填报纳税人"应付职工薪酬"会计科目下的补充养老保险本年实际发生额。

3）第 3 列"税收规定扣除率"：填报税收规定的扣除比例（5%）。

4）第 5 列"税收金额"：填报按照税收规定允许税前扣除的补充养老保险的金额，按第 1 行第 5 列"工资薪金支出/税收金额"×5%、本行第 1 列、本行第 2 列的孰小值填报。

5）第 6 列"纳税调整金额"：填报第 1－5 列的余额。

（11）第 11 行"八、补充医疗保险"：填报纳税人为投资者或者职工支付的补充医疗保险费的会计核算、纳税调整金额，具体如下：

1）第 1 列"账载金额"：填报纳税人会计核算的补充医疗保险金额。

2）第 2 列"实际发生额"：分析填报纳税人"应付职工薪酬"会计科目下的补充医疗保险本年实际发生额。

3）第 3 列"税收规定扣除率"：填报税收规定的扣除比例（5%）。

4）第 5 列"税收金额"：填报按照税收规定允许税前扣除的补充医疗保险的金额，按第 1 行第 5 列

"工资薪金支出/税收金额"×5%、本行第1列、本行第2列的孰小值填报。

5）第6列"纳税调整金额"：填报第1－5列的余额。

（12）第12行"九、其他"：填报其他职工薪酬的金额。

（13）第13行"合计"：填报第1＋3＋4＋7＋8＋9＋10＋11＋12行的合计金额。

二、表内、表间关系

（一）表内关系

（1）第4行＝第5行或第5＋6行。

（2）第13行＝第1＋3＋4＋7＋8＋9＋10＋11＋12行。

（3）第6列＝第1－5列。

（4）第7列＝第1＋4－5列。

（二）表间关系

（1）第13行第1列＝表A105000第14行第1列。

（2）第13行第5列＝表A105000第14行第2列。

（3）若第13行第6列≥0，第13行第6列＝表A105000第14行第3列；若第13行第6列＜0，第13行第6列的绝对值＝表A105000第14行第4列。

A105060　　　　　　　　　　广告费和业务宣传费跨年度纳税调整明细表

行次	项目	金额
1	一、本年广告费和业务宣传费支出	
2	减：不允许扣除的广告费和业务宣传费支出	
3	二、本年符合条件的广告费和业务宣传费支出（1－2）	
4	三、本年计算广告费和业务宣传费扣除限额的销售（营业）收入	
5	乘：税收规定扣除率	
6	四、本企业计算的广告费和业务宣传费扣除限额（4×5）	
7	五、本年结转以后年度扣除额（3＞6，本行＝3－6；3≤6，本行＝0）	
8	加：以前年度累计结转扣除额	
9	减：本年扣除的以前年度结转额［3＞6，本行＝0；3≤6，本行＝8与（6－3）孰小值］	
10	六、按照分摊协议归集至其他关联方的广告费和业务宣传费（10≤3与6孰小值）	
11	按照分摊协议从其他关联方归集至本企业的广告费和业务宣传费	
12	七、本年广告费和业务宣传费支出纳税调整金额（3＞6，本行＝2＋3－6＋10－11；3≤6，本行＝2＋10－11－9）	
13	八、累计结转以后年度扣除额（7＋8－9）	

A105060《广告费和业务宣传费跨年度纳税调整明细表》填报说明

本表适用于发生广告费和业务宣传费纳税调整项目（含广告费和业务宣传费结转）的纳税人填报。纳税人根据税法、《财政部　国家税务总局关于广告费和业务宣传费支出税前扣除政策的通知》（财税〔2012〕48号）等相关规定，以及国家统一企业会计制度，填报广告费和业务宣传费会计处理、税收规定，以及跨年度纳税调整情况。

一、有关项目填报说明

（1）第1行"一、本年广告费和业务宣传费支出"：填报纳税人会计核算计入本年损益的广告费和业务宣传费用金额。

（2）第2行"减：不允许扣除的广告费和业务宣传费支出"：填报税收规定不允许扣除的广告费和业务宣传费支出金额。

（3）第3行"二、本年符合条件的广告费和业务宣传费支出"：填报第1-2行的余额。

（4）第4行"三、本年计算广告费和业务宣传费扣除限额的销售（营业）收入"：填报按照税收规定计算广告费和业务宣传费扣除限额的当年销售（营业）收入。

（5）第5行"税收规定扣除率"：填报税收规定的扣除比例。

（6）第6行"四、本企业计算的广告费和业务宣传费扣除限额"：填报第4×5行的金额。

（7）第7行"五、本年结转以后年度扣除额"：若第3行＞第6行，填报第3-6行的余额；若第3行≤第6行，填报0。

（8）第8行"加：以前年度累计结转扣除额"：填报以前年度允许税前扣除但超过扣除限额未扣除、结转扣除的广告费和业务宣传费的金额。

（9）第9行"减：本年扣除的以前年度结转额"：若第3行＞第6行，填0；若第3行≤第6行，填报第6-3行与第8行的孰小值。

（10）第10行"六、按照分摊协议归集至其他关联方的广告费和业务宣传费"：填报签订广告费和业务宣传费分摊协议（以下简称分摊协议）的关联企业的一方，按照分摊协议，将其发生的不超过当年销售（营业）收入税前扣除限额比例内的广告费和业务宣传费支出归集至其他关联方扣除的广告费和业务宣传费，本行应≤第3行与第6行的孰小值。

（11）第11行"按照分摊协议从其他关联方归集至本企业的广告费和业务宣传费"：填报签订广告费和业务宣传费分摊协议（以下简称分摊协议）的关联企业的一方，按照分摊协议，从其他关联方归集至本企业的广告费和业务宣传费。

（12）第12行"七、本年广告费和业务宣传费支出纳税调整金额"：若第3行＞第6行，填报第2+3-6+10-11行的金额；若第3行≤第6行，填报第2+10-11-9行的金额。

（13）第13行"八、累计结转以后年度扣除额"：填报第7+8-9行的金额。

二、表内、表间关系

（一）表内关系

（1）第3行＝第1-2行。

（2）第6行＝第4×5行。

（3）若第3＞6行，第7行＝第3-6行；若第3≤6行，第7行＝0。

（4）若第3＞6行，第9行＝0；若第3≤6行，第9行＝第8行与第6-3行的孰小值。

（5）若第3＞6行，第12行＝2+3-6+10-11行；若第3≤6行，第12行＝第2-9+10-11行。

（6）第13行＝第7+8-9行。

（二）表间关系

若第12行≥0，第12行＝表A105000第16行第3列；若第12行＜0，第12行的绝对值＝表A105000第16行第3列。

A105070   **捐赠支出及纳税调整明细表**

行次	项　目	账载金额	以前年度结转可扣除的捐赠额	按税收规定计算的扣除限额	税收金额	纳税调增金额	纳税调减金额	可结转以后年度扣除的捐赠额
		1	2	3	4	5	6	7
1	一、非公益性捐赠		*	*	*		*	*
2	二、全额扣除的公益性捐赠		*	*		*	*	*
3	三、限额扣除的公益性捐赠（4+5-6+7）							

续表

行次	项　目	账载金额	以前年度结转可扣除的捐赠额	按税收规定计算的扣除限额	税收金额	纳税调增金额	纳税调减金额	可结转以后年度扣除的捐赠额
		1	2	3	4	5	6	7
4	前三年度（　　年）	*		*	*	*		*
5	前二年度（　　年）	*		*	*	*		
6	前一年度（　　年）	*		*	*	*		
7	本年（　　年）		*				*	
8	合计（1＋2＋3）							

A105070《捐赠支出及纳税调整明细表》填报说明

本表适用于发生捐赠支出（含捐赠支出结转）的纳税人填报。纳税人根据税法、《财政部　国家税务总局关于公益性捐赠税前扣除有关问题的通知》（财税〔2008〕160号）等相关规定，以及国家统一企业会计制度，填报捐赠支出会计处理、税收规定的税前扣除额、捐赠支出结转额以及纳税调整额。纳税人发生相关支出（含捐赠支出结转），无论是否纳税调整，均应填报本表。

一、有关项目填报说明

（1）第1行"非公益性捐赠支出"：填报纳税人本年发生且已计入本年损益的税收规定公益性捐赠以外的其他捐赠支出的会计核算、纳税调整情况。具体如下：

1）第1列"账载金额"：填报纳税人会计核算计入本年损益的税收规定公益性捐赠以外的其他捐赠支出金额。

2）第5列"纳税调增额"：填报非公益性捐赠支出纳税调整增加额，金额等于第1列"账载金额"。

（2）第2行"全额扣除的公益性捐赠支出"：填报纳税人发生的可全额税前扣除的公益性捐赠支出。具体如下：

1）第1列"账载金额"：填报纳税人本年发生的会计核算计入本年损益的按税收规定可全额税前扣除的捐赠支出金额。

2）第4列"税收金额"：等于第1列"账载金额"。

（3）第3行"限额扣除的公益性捐赠支出"：填报纳税人本年发生的限额扣除的公益性捐赠支出、纳税调整额、以前年度结转扣除捐赠支出等。第3行等于第4＋5＋6＋7行。其中本行第4列"税收金额"：当本行第1列＋第2列大于第3列时，第4列＝第3列；当本行第1列＋第2列小于等于第3列时，第4列＝第1列＋第2列。

（4）第4行"前三年度"：填报纳税人前三年度发生的未税前扣除的公益性捐赠支出在本年度扣除的金额。具体如下：

1）第2列"以前年度结转可扣除的捐赠额"：填报前三年度发生的尚未税前扣除的公益性捐赠支出金额。

2）第6列"纳税调减额"：根据本年扣除限额以及前三年度未扣除的公益性捐赠支出分析填报。

（5）第5行"前二年度"：填报纳税人前二年度发生的未税前扣除的公益性捐赠支出在本年度扣除的捐赠额以及结转以后年度扣除的捐赠额。具体如下：

1）第2列"以前年度结转可扣除的捐赠额"：填报前二年度发生的尚未税前扣除的公益性捐赠支出金额。

2）第6列"纳税调减额"：根据本年剩余扣除限额、本年扣除前三年度捐赠支出、前二年度未扣除的公益性捐赠支出分析填报。

3）第 7 列"可结转以后年度扣除的捐赠额"：填报前二年度未扣除、结转以后年度扣除的公益性捐赠支出金额。

（6）第 6 行"前一年度"：填报纳税人前一年度发生的未税前扣除的公益性捐赠支出在本年度扣除的捐赠额以及结转以后年度扣除的捐赠额。具体如下：

1）第 2 列"以前年度结转可扣除的捐赠额"：填报前一年度发生的尚未税前扣除的公益性捐赠支出金额。

2）第 6 列"纳税调减额"：根据本年剩余扣除限额、本年扣除前三年度捐赠支出、本年扣除前二年度捐赠支出、前一年度未扣除的公益性捐赠支出分析填报。

3）第 7 列"可结转以后年度扣除的捐赠额"：填报前一年度未扣除、结转以后年度扣除的公益性捐赠支出金额。

（7）第 7 行"本年"：填报纳税人本年度发生、本年税前扣除、本年纳税调增以及结转以后年度扣除的公益性捐赠支出。具体如下：

1）第 1 列"账载金额"：填报本年会计核算计入本年损益的公益性捐赠支出金额。

2）第 3 列"按税收规定计算的扣除限额"：填报按照本年利润总额乘以 12% 的金额，若利润总额为负数，则以 0 填报。

3）第 4 列"税收金额"：填报本年实际发生的公益性捐赠支出以及结转扣除以前年度公益性捐赠支出情况分析填报。

4）第 5 列"纳税调增额"：填报本年公益性捐赠支出账载金额超过税收规定的税前扣除额的部分。

5）第 7 列"可结转以后年度扣除的捐赠额"：填报本年度未扣除、结转以后年度扣除的公益性捐赠支出金额。

（8）第 8 行"合计"：填报第 1+2+3 行的合计金额。

二、表内、表间关系

（一）表内关系

（1）第 1 行第 5 列 = 第 1 行第 1 列。

（2）第 2 行第 4 列 = 第 2 行第 1 列。

（3）第 3 行 = 第 4+5+6+7 行。

（4）第 8 行 = 第 1+2+3 行。

（二）表间关系

（1）第 7 行第 3 列 = 表 A100000 第 13 行 ×12%（当表 A100000 第 13 行 ≤0，第 7 行第 3 列 =0）。

（2）第 8 行第 1 列 = 表 A105000 第 17 行第 1 列；第 8 行第 4 列 = 表 A105000 第 17 行第 2 列；第 8 行第 5 列 = 表 A105000 第 17 行第 3 列；第 8 行第 6 列 = 表 A105000 第 17 行第 4 列。

A105080　　　　　　　　　　　　　　　　**资产折旧、摊销及纳税调整明细表**

行次	项　　目	账载金额			税收金额					纳税调整金额
		资产原值	本年折旧、摊销额	累计折旧、摊销额	资产计税基础	税收折旧额	享受加速折旧政策的资产按税收一般规定计算的折旧、摊销额	加速折旧统计额	累计折旧、摊销额	
		1	2	3	4	5	6	7=5-6	8	9（2-5）
1	一、固定资产（2+3+4+5+6+7）						*	*		
2	所有固定资产 （一）房屋、建筑物						*	*		
3		（二）飞机、火车、轮船、机器、机械和其他生产设备						*	*		

行次	项 目	账载金额			税收金额					纳税调整金额
		资产原值	本年折旧、摊销额	累计折旧、摊销额	资产计税基础	税收折旧额	享受加速折旧政策的资产按税收一般规定计算的折旧、摊销额	加速折旧统计额	累计折旧、摊销额	
		1	2	3	4	5	6	7=5-6	8	9 (2-5)
4	所有固定资产 （三）与生产经营活动有关的器具、工具、家具等						*	*		
5	（四）飞机、火车、轮船以外的运输工具						*	*		
6	（五）电子设备						*	*		
7	（六）其他						*	*		
8	其中：享受固定资产加速折旧及一次性扣除政策的资产加速折旧额大于一般折旧额的部分 （一）重要行业固定资产加速折旧（不含一次性扣除）									*
9	（二）其他行业研发设备加速折旧									*
10	（三）允许一次性扣除的固定资产（11＋12＋13）									*
11	1. 单价不超过 100 万元专用研发设备									*
12	2. 重要行业小型微利企业单价不超过100万元研发生产共用设备									*
13	3. 5000 元以下固定资产									*
14	（四）技术进步、更新换代固定资产									*
15	（五）常年强震动、高腐蚀固定资产									*
16	（六）外购软件折旧									*
17	（七）集成电路企业生产设备									*
18	二、生产性生物资产（19＋20）						*	*		
19	（一）林木类						*	*		
20	（二）畜类						*	*		
21	三、无形资产（22＋23＋24＋25＋26＋27＋28＋30）						*	*		
22	（一）专利权						*	*		
23	（二）商标权						*	*		
24	（三）著作权						*	*		
25	（四）土地使用权						*	*		
26	（五）非专利技术						*	*		
27	（六）特许权使用费						*	*		
28	（七）软件						*	*		
29	其中：享受企业外购软件加速摊销政策									*
30	（八）其他						*	*		
31	四、长期待摊费用（32＋33＋34＋35＋36）						*	*		

续表

行次	项 目	账载金额			税收金额				纳税调整金额
		资产原值	本年折旧、摊销额	累计折旧、摊销额	资产计税基础	税收折旧额	享受加速折旧政策的资产按税收一般规定计算的折旧、摊销额	加速折旧统计额	累计折旧、摊销额	纳税调整金额
		1	2	3	4	5	6	7＝5－6	8	9 (2－5)
32	（一）已足额提取折旧的固定资产的改建支出						*	*		
33	（二）租入固定资产的改建支出						*	*		
34	（三）固定资产的大修理支出						*	*		
35	（四）开办费						*	*		
36	（五）其他						*	*		
37	五、油气勘探投资						*	*		
38	六、油气开发投资						*	*		
39	合计（1＋18＋21＋31＋37＋38）									
附列资料	全民所有制改制资产评估增值政策资产						*	*		

A105080《资产折旧、摊销及纳税调整明细表》填报说明

本表适用于发生资产折旧、摊销的纳税人，无论是否纳税调整，均须填报。纳税人根据税法、《国家税务总局关于企业固定资产加速折旧所得税处理有关问题的通知》（国税发〔2009〕81 号）、《国家税务总局关于融资性售后回租业务中承租方出售资产行为有关税收问题的公告》（国家税务总局公告 2010 年第 13 号）、《国家税务总局关于企业所得税若干问题的公告》（国家税务总局公告 2011 年第 34 号）、《国家税务总局关于发布〈企业所得税政策性搬迁所得税管理办法〉的公告》（国家税务总局公告 2012 年第 40 号）、《财政部 国家税务总局关于进一步鼓励软件产业和集成电路产业发展企业所得税政策的通知》（财税〔2012〕27 号）、《国家税务总局关于企业所得税应纳税所得额若干问题的公告》（国家税务总局公告 2014 年第 29 号）、《财政部 国家税务总局关于完善固定资产加速折旧税收政策有关问题的通知》（财税〔2014〕75 号）、《财政部 国家税务总局关于进一步完善固定资产加速折旧企业所得税政策的通知》（财税〔2015〕106 号）、《国家税务总局关于全民所有制企业公司制改制企业所得税处理问题的公告》（国家税务总局公告 2017 年第 34 号）等相关规定，以及国家统一企业会计制度，填报资产折旧、摊销的会计处理、税收规定，以及纳税调整情况。

一、有关项目填报说明

（一）列次填报

（1）第 1 列"资产原值"：填报纳税人会计处理计提折旧、摊销的资产原值（或历史成本）的金额。

（2）第 2 列"本年折旧、摊销额"：填报纳税人会计核算的本年资产折旧、摊销额。

（3）第 3 列"累计折旧、摊销额"：填报纳税人会计核算的累计（含本年）资产折旧、摊销额。

（4）第 4 列"资产计税基础"：填报纳税人按照税收规定据以计算折旧、摊销的资产原值（或历史成本）的金额。

（5）第 5 列"税收折旧额"：填报纳税人按照税收规定计算的允许税前扣除的本年资产折旧、摊销额。

对于不征税收入形成的资产，其折旧、摊销额不得税前扣除。第 4 列至第 8 列税收金额不包含不征

税收入所形成资产的折旧、摊销额。

对于第 8 行至第 17 行、第 29 行对应的"税收折旧额",填报享受各种加速折旧政策的资产,当年享受加速折旧后的税法折旧额合计。本列仅填报加速后的税法折旧额大于一般折旧额月份的金额合计。即对于本年度某些月份,享受加速折旧政策的固定资产,其加速后的税法折旧额大于一般折旧额、某些月份税法折旧额小于一般折旧额的,仅填报税法折旧额大于一般折旧额月份的税法折旧额合计。

(6)第 6 列"享受加速折旧政策的资产按税收一般规定计算的折旧、摊销额":仅适用于第 8 行至第 17 行、第 29 行,填报纳税人享受加速折旧政策的资产按照税法一般规定计算的允许税前扣除的本年资产折旧、摊销额。按照税法一般规定计算的折旧额,是指该资产在不享受加速折旧情况下,按照税收规定的最低折旧年限以直线法计算的折旧额。本列仅填报加速后的税法折旧额大于按照税法一般规定计算折旧额对应月份的金额。

(7)第 7 列"加速折旧统计额":用于统计纳税人享受各类固定资产加速折旧政策的优惠金额。

(8)第 8 列"累计折旧、摊销额":填报纳税人按照税收规定计算的累计(含本年)资产折旧、摊销额。

(9)第 9 列"纳税调整金额":填报第 2 – 5 列的余额。

(二)行次填报

(1)第 2 行至第 7 行、第 19 行至第 20 行、第 22 行至第 28 行、第 30 行、第 32 行至第 38 行,根据资产类别填报对应的行次。

(2)第 8 行至第 17 行、第 29 行:用于填报享受各类固定资产加速折旧政策的资产加速折旧情况,分类填报各项固定资产加速折旧政策优惠情况。

第 8 行"(一)重要行业固定资产加速折旧":填报按照财税〔2014〕75 号和财税〔2015〕106 号文件规定,生物药品制造业,专用设备制造业,铁路、船舶、航空航天和其他运输设备制造业,计算机、通信和其他电子设备制造业,仪器仪表制造业,信息传输、软件和信息技术服务业 6 个行业,以及轻工、纺织、机械、汽车四大领域 18 个行业的纳税人(简称"重要行业"),对于新购进固定资产在税收上采取加速折旧的情况。该行次不填报重要行业纳税人按照以上两个文件规定,享受一次性扣除政策的资产。

第 9 行"(二)其他行业研发设备加速折旧":由重要行业以外的其他企业填报。填写单位价值超过 100 万元以上专用研发设备采取缩短折旧年限或加速折旧方法的纳税调减或者加速折旧优惠统计情况。

第 10 行"(三)允许一次性扣除的固定资产":填报新购进单位价值不超过 100 万元研发设备和单位价值不超过 5000 元固定资产,按照税收规定一次性在当期扣除金额。本行 = 第 11 + 12 + 13 行。

第 11 行"1. 单价不超过 100 万元专用研发设备":填报"重要行业"中的非小型微利企业和"重要行业"以外的企业,对新购进专门用于研发活动的仪器、设备,单位价值不超过 100 万元的,享受一次性扣除政策的有关情况。

第 12 行"2. 重要行业小型微利企业单价不超过 100 万元研发生产共用设备":填报"重要行业"中的小型微利企业,对其新购进研发和生产经营共用的仪器、设备,单位价值不超过 100 万元的,享受一次性扣除政策的有关情况。

第 13 行"3. 5000 元以下固定资产":填写纳税人单位价值不超过 5000 元的固定资产,按照政策规定一次性在当期税前扣除的有关情况。

第 14 行"(四)技术进步、更新换代固定资产":填写企业固定资产因技术进步,产品更新换代较快,按税收规定享受固定资产加速折旧的有关情况。

第 15 行"(五)常年强震动、高腐蚀固定资产":填写常年处于强震动、高腐蚀状态的固定资产,按税收规定享受固定资产加速折旧有关情况。

第 16 行"(六)外购软件折旧":填写企业外购软件作为固定资产处理,按财税〔2012〕27 号文件规定享受加速折旧的有关情况。

第 17 行"（七）集成电路企业生产设备"：填报集成电路生产企业的生产设备，按照财税〔2012〕27号文件规定享受加速折旧政策的有关情况。

第 29 行"其中：享受企业外购软件加速摊销政策"：填写企业外购软件作无形资产处理，按财税〔2012〕27 号文件规定享受加速摊销的有关情况。

附列资料"享受全民所有制改制资产评估增值政策资产"：填写企业按照国家税务总局公告 2017 年第 34 号文件规定，执行"改制中资产评估增值不计入应纳税所得额；资产的计税基础按其原有计税基础确定；资产增值部分的折旧或者摊销不得在税前扣除"政策的情况。本行不参与计算，仅用于列示享受全民所有制改制资产评估增值政策资产的有关情况，相关资产折旧（摊销）及调整情况在本表第 1 行至第 39 行按规定填报。

二、表内、表间关系

（一）表内关系

（1）第 1 行 = 第 2+3+⋯+7 行。

（2）第 10 行 = 第 11+12+13 行。

（3）第 18 行 = 第 19+20 行。

（4）第 21 行 = 第 22+23+24+25+26+27+28+30 行。

（5）第 31 行 = 第 32+33+34+35+36 行。

（6）第 39 行 = 第 1+18+21+31+37+38 行。（其中第 39 行第 6 列 = 第 8+9+10+14+15+16+17+29 行第 6 列；第 39 行第 7 列 = 第 8+9+10+14+15+16+17+29 行第 7 列）

（7）第 7 列 = 第 5−6 列。

（8）第 9 列 = 第 2−5 列。

（二）表间关系

（1）第 39 行第 2 列 = 表 A105000 第 32 行第 1 列。

（2）第 39 行第 5 列 = 表 A105000 第 32 行第 2 列。

（3）若第 39 行第 9 列 ≥0，第 39 行第 9 列 = 表 A105000 第 32 行第 3 列；若第 39 行第 9 列 <0，第 39 行第 9 列的绝对值 = 表 A105000 第 32 行第 4 列。

A105090　　　　　　　　　　　资产损失税前扣除及纳税调整明细表

行次	项　　　目	资产损失的账载金额	资产处置收入	赔偿收入	资产计税基础	资产损失的税收金额	纳税调整金额
		1	2	3	4	5（4−2−3）	6（1−5）
1	一、清单申报资产损失（2+3+4+5+6+7+8）						
2	（一）正常经营管理活动中，按照公允价格销售、转让、变卖非货币资产的损失						
3	（二）存货发生的正常损耗						
4	（三）固定资产达到或超过使用年限而正常报废清理的损失						
5	（四）生产性生物资产达到或超过使用年限而正常死亡发生的资产损失						
6	（五）按照市场公平交易原则，通过各种交易场所、市场等买卖债券、股票、期货、基金以及金融衍生产品等发生的损失						
7	（六）分支机构上报的资产损失						
8	（七）其他						
9	二、专项申报资产损失（10+11+12+13）						

行次	项　目	资产损失的账载金额	资产处置收入	赔偿收入	资产计税基础	资产损失的税收金额	纳税调整金额
		1	2	3	4	5（4－2－3）	6（1－5）
10	（一）货币资产损失						
11	（二）非货币资产损失						
12	（三）投资损失						
13	（四）其他						
14	合计（1＋9）						

A105090《资产损失税前扣除及纳税调整明细表》填报说明

本表适用于发生资产损失税前扣除项目及纳税调整项目的纳税人填报。纳税人根据税法、《财政部国家税务总局关于企业资产损失税前扣除政策的通知》（财税〔2009〕57号）、《国家税务总局关于发布〈企业资产损失所得税税前扣除管理办法〉的公告》（国家税务总局公告2011年第25号）、《国家税务总局关于商业零售企业存货损失税前扣除问题的公告》（国家税务总局公告2014年第3号）、《国家税务总局关于企业因国务院决定事项形成的资产损失税前扣除问题的公告》（国家税务总局公告2014年第18号）等相关规定，及国家统一企业会计制度，填报资产损失的会计处理、税收规定，以及纳税调整情况。

一、有关项目填报说明

（一）行次填报

跨地区经营汇总纳税企业第1行至第6行、第8行填报总机构情况，第7行填报各分支机构汇总后情况。

（1）第1行"一、清单申报资产损失"：填报以清单申报的方式向税务机关申报扣除的资产损失的账载金额、资产处置收入、赔偿收入、资产计税基础、资产损失的税收金额以及纳税调整金额。本行金额等于第2行至第8行的合计金额。

（2）第2行至第8行，分别填报相应清单申报资产损失类型的会计处理、税收规定及纳税调整情况。

（3）第9行"二、专项申报资产损失"：填报以专项申报的方式向税务机关申报扣除的资产损失的账载金额、资产处置收入、赔偿收入、资产计税基础、资产损失的税收金额以及纳税调整金额。本行金额等于第10行至第13行的合计金额。

（4）第10行"（一）货币资产损失"：填报企业当年发生的货币资产损失（包括现金损失、银行存款损失和应收及预付款项损失等）的账载金额、资产处置收入、赔偿收入、资产计税基础、货币资产损失的税收金额以及纳税调整金额。

（5）第11行"（二）非货币资产损失"：填报应进行专项申报扣除的非货币资产损失的账载金额、资产处置收入、赔偿收入、资产计税基础、非货币资产损失的税收金额以及纳税调整金额。

（6）第12行"（三）投资损失"：填报应进行专项申报扣除的投资损失的账载金额、资产处置收入、赔偿收入、资产计税基础、投资损失的税收金额以及纳税调整金额。

（7）第13行"（四）其他"：填报应进行专项申报扣除的其他资产损失的账载金额、资产处置收入、赔偿收入、资产计税基础、其他资产损失的税收金额以及纳税调整金额。

（8）第14行"合计"行次：填报第1＋9行的合计金额。

（二）列次填报

（1）第1列"资产损失的账载金额"：填报纳税人会计核算计入当期损益的资产损失金额。

（2）第2列"资产处置收入"：填报纳税人处置发生损失的资产可收回的残值或处置收益。

（3）第 3 列"赔偿收入"：填报纳税人发生的资产损失，取得的相关责任人、保险公司赔偿的金额。

（4）第 4 列"资产计税基础"：填报按税收规定计算的发生损失时资产的计税基础，含损失资产涉及的不得抵扣增值税进项税额。

（5）第 5 列"资产损失的税收金额"：填报按税收规定允许当期税前扣除的资产损失金额，为第 4-2-3 列的余额。

（6）第 6 列"纳税调整金额"：填报第 1-5 列的余额。

二、表内、表间关系

（一）表内关系

（1）第 1 行＝第 2+3+…+8 行。

（2）第 9 行＝第 10+11+12+13 行。

（3）第 14 行＝第 1+9 行。

（4）第 5 列＝第 4-2-3 列。

（5）第 6 列＝第 1-5 列。

（二）表间关系

（1）第 14 行第 1 列＝表 A105000 第 34 行第 1 列。

（2）第 14 行第 5 列＝表 A105000 第 34 行第 2 列。

（3）若第 14 行第 6 列≥0，第 14 行第 6 列＝表 A105000 第 34 行第 3 列；若第 14 行第 6 列＜0，第 14 行第 6 列的绝对值＝表 A105000 第 34 行第 4 列。

A105100　　　　　　　　　**企业重组及递延纳税事项纳税调整明细表**

行次	项　目	一般性税务处理			特殊性税务处理（递延纳税）			纳税调整金额
		账载金额	税收金额	纳税调整金额	账载金额	税收金额	纳税调整金额	
		1	2	3（2-1）	4	5	6（5-4）	7（3+6）
1	一、债务重组							
2	其中：以非货币性资产清偿债务							
3	债转股							
4	二、股权收购							
5	其中：涉及跨境重组的股权收购							
6	三、资产收购							
7	其中：涉及跨境重组的资产收购							
8	四、企业合并（9+10）							
9	（一）同一控制下企业合并							
10	（二）非同一控制下企业合并							
11	五、企业分立							
12	六、非货币性资产对外投资							
13	七、技术入股							
14	八、股权划转、资产划转							
15	九、其他							
16	合计（1+4+6+8+11+12+13+14+15）							

A105100《企业重组及递延纳税事项纳税调整明细表》填报说明

本表适用于发生企业重组、非货币性资产对外投资、技术入股等业务的纳税人填报。纳税人发生企业重组事项的，在企业重组日所属纳税年度分析填报。纳税人根据税法、《财政部　国家税务总局关于企业重组业务企业所得税处理若干问题的通知》（财税〔2009〕59 号）、《国家税务总局关于发布〈企业重组业务企业所得税管理办法〉的公告》（国家税务总局公告 2010 年第 4 号）、《财政部　国家税务总局关于中国（上海）自由贸易试验区内企业以非货币性资产对外投资等资产重组行为有关企业所得税政策问题的通知》（财税〔2013〕91 号）、《财政部　国家税务总局关于非货币性资产投资企业所得税政策问题的通知》（财税〔2014〕116 号）、《财政部　国家税务总局关于促进企业重组有关企业所得税处理问题的通知》（财税〔2014〕109 号）、《国家税务总局关于非货币性资产投资企业所得税有关征管问题的公告》（国家税务总局公告 2015 年第 33 号）、《国家税务总局关于资产（股权）划转企业所得税征管问题的公告》（国家税务总局公告 2015 年第 40 号）、《国家税务总局关于企业重组业务企业所得税征收管理若干问题的公告》（国家税务总局公告 2015 年第 48 号）、《财政部　国家税务总局关于完善股权激励和技术入股有关所得税政策的通知》（财税〔2016〕101 号）、《国家税务总局关于股权激励和技术入股所得税征管问题的公告》（国家税务总局公告 2016 年第 62 号）等相关规定，以及国家统一企业会计制度，填报企业重组、非货币资产对外投资、技术入股等业务的会计核算及税收规定，以及纳税调整情况。对于发生债务重组业务且选择特殊性税务处理（即债务重组所得可以在 5 个纳税年度均匀计入应纳税所得额）的纳税人，重组日所属纳税年度的以后纳税年度，也在本表进行债务重组的纳税调整。除上述债务重组所得可以分期确认应纳税所得额的企业重组外，其他涉及资产计税基础与会计核算成本差异调整的企业重组，本表不作调整，在《资产折旧、摊销及纳税调整明细表》（A105080）进行纳税调整。

一、有关项目填报说明

（一）行次填报

（1）第 1 行"一、债务重组"：填报企业发生债务重组业务的相关金额。

（2）第 2 行"其中：以非货币性资产清偿债务"：填报企业发生以非货币性资产清偿债务的债务重组业务的相关金额。

（3）第 3 行"债转股"：填报企业发生债权转股权的债务重组业务的相关金额。

（4）第 4 行"二、股权收购"：填报企业发生股权收购重组业务的相关金额。

（5）第 5 行"其中：涉及跨境重组的股权收购"：填报企业发生涉及中国境内与境外之间、内地与港澳之间、大陆与台湾地区之间的股权收购交易重组业务的相关金额。

（6）第 6 行"三、资产收购"：填报企业发生资产收购重组业务的相关金额。

（7）第 7 行"其中：涉及跨境重组的资产收购"：填报企业发生涉及中国境内与境外之间、内地与港澳之间、大陆与台湾地区之间的资产收购交易重组业务的相关金额。

（8）第 8 行"四、企业合并"：填报第 9 行和第 10 行的合计金额。

（9）第 9 行"（一）同一控制下企业合并"：填报企业发生同一控制下企业合并重组业务的相关金额。

（10）第 10 行"（二）非同一控制下企业合并"：填报企业发生非同一控制下企业合并重组业务的相关金额。

（11）第 11 行"五、企业分立"：填报企业发生非同一控制下企业分立重组业务的相关金额。

（12）第 12 行"六、非货币性资产对外投资"：填报企业发生非货币性资产对外投资的相关金额，符合《财政部　国家税务总局关于非货币性资产投资企业所得税政策问题的通知》（财税〔2014〕116 号）和《国家税务总局关于非货币性资产投资企业所得税有关征管问题的公告》（国家税务总局公告 2015 年第 33 号）规定执行递延纳税政策的填写"特殊性税务处理（递延纳税）"相关列次。

（13）第 13 行"七、技术入股"：填报企业以技术成果投资入股到境内居民企业，被投资企业支付对价全部为股票（权）的技术入股业务的相关金额，符合《财政部　国家税务总局关于完善股权激励和技术入股有关所得税政策的通知》（财税〔2016〕101号）、《国家税务总局关于股权激励和技术入股所得税征管问题的公告》（国家税务总局公告2016年第62号）规定适用递延纳税政策的填写"特殊性税务处理（递延纳税）"相关列次。

（14）第14行"八、股权划转、资产划转"：填报企业发生资产（股权）划转业务的相关金额。

（二）列次填报

本表数据栏设置"一般性税务处理""特殊性税务处理（递延纳税）"两大栏次，纳税人应根据企业重组所适用的税务处理办法，分别按照企业重组类型进行累计填报，损失以"－"号填列。

（1）第1列"一般性税务处理－账载金额"：填报企业重组适用一般性税务处理或企业未发生递延纳税业务，会计核算确认的企业损益金额。

（2）第2列"一般性税务处理－税收金额"：填报企业重组适用一般性税务处理或企业未发生递延纳税业务，按税收规定确认的所得（或损失）。

（3）第3列"一般性税务处理－纳税调整金额"：填报企业重组适用一般性税务处理或企业未发生递延纳税业务，按税收规定确认的所得（或损失）与会计核算确认的损益金额的差。为第2－1列的余额。

（4）第4列"特殊性税务处理（递延纳税）－账载金额"：填报企业重组适用特殊性税务处理或企业发生递延纳税业务，会计核算确认的损益金额。

（5）第5列"特殊性税务处理（递延纳税）－税收金额"：填报企业重组适用特殊性税务处理或企业发生递延纳税业务，按税收规定确认的所得（或损失）。

（6）第6列"特殊性税务处理（递延纳税）－纳税调整金额"：填报企业重组适用特殊性税务处理或企业发生递延纳税业务，按税收规定确认的所得（或损失）与会计核算确认的损益金额的差额。为第5－4列的余额。

（7）第7列"纳税调整金额"：填报第3＋6列的合计金额。

二、表内、表间关系

（一）表内关系

（1）第8行＝第9＋10行。

（2）第16行＝第1＋4＋6＋8＋11＋12＋13＋14＋15行。

（3）第3列＝第2－1列。

（4）第6列＝第5－4列。

（5）第7列＝第3＋6列。

（二）表间关系

（1）第16行第1＋4列＝表A105000第37行第1列。

（2）第16行第2＋5列＝表A105000第37行第2列。

（3）若第16行第7列≥0，第16行第7列＝表A105000第37行第3列；若第16行第7列＜0，第16行第7列的绝对值＝表A105000第37行第4列。

A105110　　　　　　　　　　　　政策性搬迁纳税调整明细表

行次	项　目	金　额
1	一、搬迁收入（2＋8）	
2	（一）搬迁补偿收入（3＋4＋5＋6＋7）	
3	1. 对被征用资产价值的补偿	
4	2. 因搬迁、安置而给予的补偿	
5	3. 对停产停业形成的损失而给予的补偿	

续表

行次	项　　目	金　　额
6	4. 资产搬迁过程中遭到毁损而取得的保险赔款	
7	5. 其他补偿收入	
8	（二）搬迁资产处置收入	
9	二、搬迁支出（10＋16）	
10	（一）搬迁费用支出（11＋12＋13＋14＋15）	
11	1. 安置职工实际发生的费用	
12	2. 停工期间支付给职工的工资及福利费	
13	3. 临时存放搬迁资产而发生的费用	
14	4. 各类资产搬迁安装费用	
15	5. 其他与搬迁相关的费用	
16	（二）搬迁资产处置支出	
17	三、搬迁所得或损失（1－9）	
18	四、应计入本年应纳税所得额的搬迁所得或损失（19＋20＋21）	
19	其中：搬迁所得	
20	搬迁损失一次性扣除	
21	搬迁损失分期扣除	
22	五、计入当期损益的搬迁收益或损失	
23	六、以前年度搬迁损失当期扣除金额	
24	七、纳税调整金额（18－22－23）	

A105110《政策性搬迁纳税调整明细表》填报说明

本表适用于发生政策性搬迁纳税调整项目的纳税人在完成搬迁年度及以后进行损失分期扣除的年度填报。纳税人根据税法、《国家税务总局关于发布〈企业政策性搬迁所得税管理办法〉的公告》（国家税务总局公告2012年第40号）、《国家税务总局关于企业政策性搬迁所得税有关问题的公告》（国家税务总局公告2013年第11号）等相关规定，以及国家统一企业会计制度，填报企业政策性搬迁项目的相关会计处理、税收规定及纳税调整情况。

一、有关项目填报说明

本表第1行"一、搬迁收入"至第21行"搬迁损失分期扣除"的金额，按照税收规定确认的政策性搬迁清算累计数填报。

（1）第1行"一、搬迁收入"：填报第2＋8行的合计金额。

（2）第2行"（一）搬迁补偿收入"：填报按税收规定确认的，纳税人从本企业以外取得的搬迁补偿收入金额，此行为第3行至第7行的合计金额。

（3）第3行"1. 对被征用资产价值的补偿"：填报按税收规定确认的，纳税人被征用资产价值补偿收入累计金额。

（4）第4行"2. 因搬迁、安置而给予的补偿"：填报按税收规定确认的，纳税人因搬迁、安置而取得的补偿收入累计金额。

（5）第5行"3. 对停产停业形成的损失而给予的补偿"：填报按税收规定确认的，纳税人停产停业形成损失而取得的补偿收入累计金额。

（6）第6行"4. 资产搬迁过程中遭到毁损而取得的保险赔款"：填报按税收规定确认，纳税人资产搬迁过程中遭到毁损而取得的保险赔款收入累计金额。

（7）第7行"5. 其他补偿收入"：填报按税收规定确认，纳税人其他补偿收入累计金额。

（8）第8行"（二）搬迁资产处置收入"：填报按税收规定确认，纳税人由于搬迁而处置各类资产所取得的收入累计金额。

（9）第9行"二、搬迁支出"：填报第10＋16行的合计金额。

（10）第10行"（一）搬迁费用支出"：填报按税收规定确认，纳税人搬迁过程中发生的费用支出累计金额，为第11行至第15行的合计金额。

（11）第11行"1. 安置职工实际发生的费用"：填报按税收规定确认，纳税人安置职工实际发生费用支出的累计金额。

（12）第12行"2. 停工期间支付给职工的工资及福利费"：填报按税收规定确认，纳税人因停工支付给职工的工资及福利费支出累计金额。

（13）第13行"3. 临时存放搬迁资产而发生的费用"：填报按税收规定确认，纳税人临时存放搬迁资产发生的费用支出累计金额。

（14）第14行"4. 各类资产搬迁安装费用"：填报按税收规定确认，纳税人各类资产搬迁安装费用支出累计金额。

（15）第15行"5. 其他与搬迁相关的费用"：填报按税收规定确认，纳税人其他与搬迁相关的费用支出累计金额。

（16）第16行"（二）搬迁资产处置支出"：填报按税收规定确认的，纳税人搬迁资产处置支出累计金额。符合《国家税务总局关于企业政策性搬迁所得税有关问题的公告》（国家税务总局公告2013年第11号）规定的资产购置支出，填报在本行。

（17）第17行"三、搬迁所得或损失"：填报政策性搬迁所得或损失，填报第1－9行的余额，损失以"－"号填列。

（18）第18行"四、应计入本年应纳税所得额的搬迁所得或损失"：填报政策性搬迁所得或损失按照税收规定计入本年应纳税所得额的金额，填报第19行至第21行的合计金额，损失以"－"号填列。

（19）第19行"其中：搬迁所得"：填报按税法相关规定，搬迁完成年度政策性搬迁所得的金额。

（20）第20行"搬迁损失一次性扣除"：由选择一次性扣除搬迁损失的纳税人填报，填报搬迁完成年度按照税收规定计算的搬迁损失金额，损失以"－"号填列。

（21）第21行"搬迁损失分期扣除"：由选择分期扣除搬迁损失的纳税人填报，填报搬迁完成年度按照税收规定计算的搬迁损失在本年扣除的金额，损失以"－"号填列。

（22）第22行"五、计入当期损益的搬迁收益或损失"：填报政策性搬迁项目会计核算计入当期损益的金额，损失以"－"号填列。

（23）第23行"六、以前年度搬迁损失当期扣除金额"：以前年度完成搬迁形成的损失，按照税收规定在当期扣除的金额。

（24）第24行"七、纳税调整金额"：填报第18－22－23行的余额。

二、表内、表间关系

（一）表内关系

（1）第1行＝第2＋8行。

（2）第2行＝第3＋4＋…＋7行。

（3）第9行＝第10＋16行。

（4）第10行＝第11＋12＋…＋15行。

（5）第17行＝第1－9行。

（6）第 18 行 = 第 19 + 20 + 21 行。

（7）第 24 行 = 第 18 − 22 − 23 行。

（二）表间关系

若第 24 行 ≥ 0，第 24 行 = 表 A105000 第 38 行第 3 列；若第 24 行 < 0，第 24 行的绝对值 = 表 A105000 第 38 行第 4 列。

A105120　　　　　　　　　　　特殊行业准备金及纳税调整明细表

行次	项目			账载金额 1	税收金额 2	纳税调整金额 3（1−2）
1	一、保险公司（2+13+14+15+16+19+20）					
2	（一）保险保障基金（3+4+5+…+12）					
3	1. 财产保险业务	非投资型				
4		投资型	保证收益			
5			无保证收益			
6	2. 人寿保险业务	保证收益				
7		无保证收益				
8	3. 健康保险业务	短期				
9		长期				
10	4. 意外伤害保险业务	非投资型				
11		投资型	保证收益			
12			无保证收益			
13	（二）未到期责任准备金					
14	（三）寿险责任准备金					
15	（四）长期健康险责任准备金					
16	（五）未决赔款准备金（17+18）					
17	1. 已发生已报案未决赔款准备金					
18	2. 已发生未报案未决赔款准备金					
19	（六）大灾风险准备金					
20	（七）其他					
21	二、证券行业（22+23+24+25）					
22	（一）证券交易所风险基金					
23	（二）证券结算风险基金					
24	（三）证券投资者保护基金					
25	（四）其他					
26	三、期货行业（27+28+29+30）					
27	（一）期货交易所风险准备金					
28	（二）期货公司风险准备金					
29	（三）期货投资者保障基金					
30	（四）其他					
31	四、金融企业（32+33+34）					
32	（一）涉农和中小企业贷款损失准备金					

行次	项　　目	账载金额	税收金额	纳税调整金额
		1	2	3（1－2）
33	（二）贷款损失准备金			
34	（三）其他			
35	五、中小企业融资（信用）担保机构（36＋37＋38）			
36	（一）担保赔偿准备			
37	（二）未到期责任准备			
38	（三）其他			
39	六、小额贷款公司（40＋41）			
40	（一）贷款损失准备金			
41	（二）其他			
42	七、其他			
43	合计（1＋21＋26＋31＋35＋39＋42）			

A105120《特殊行业准备金及纳税调整明细表》填报说明

本表适用于发生特殊行业准备金的纳税人填报。纳税人根据税法相关规定，以及国家统一企业会计制度，填报特殊行业准备金会计处理、税收规定及纳税调整情况。只要会计上发生准备金，不论是否纳税调整，均需填报。

一、有关项目填报说明

（1）第1行"一、保险公司"：填报第2＋13＋14＋15＋16＋19＋20行的合计金额。

（2）第2行"（一）保险保障基金"：填报第3＋4＋5＋6＋7＋8＋9＋10＋11＋12行的合计金额。

（3）第3行"1.财产保险业务—非投资型"：填报保险公司非投资型财产保险业务的保险保障基金相关情况。第1列"账载金额"填报按会计核算计入当期损益的金额；第2列"税收金额"填报按税收规定允许税前扣除的金额；第3列为第1－2列的余额。

（4）第4行"1.财产保险业务—投资型—保证收益"：填报有保证收益的投资型财产保险业务的保险保障基金的纳税调整情况。填列方法同第3行。

（5）第5行"1.财产保险业务—投资型—无保证收益"：填报无保证收益的投资型财产保险业务的保险保障基金的纳税调整情况。填列方法同第3行。

（6）第6行"2.人寿保险业务—保证收益"：填报有保证收益的人寿保险业务的保险保障基金的纳税调整情况。填列方法同第3行。

（7）第7行"2.人寿保险业务—无保证收益"：填报无保证收益的人寿保险业务的保险保障基金的纳税调整情况。填列方法同第3行。

（8）第8行"3.健康保险业务—短期"：填报短期健康保险业务的保险保障基金的纳税调整情况。填列方法同第3行。

（9）第9行"3.健康保险业务—长期"：填报长期健康保险业务的保险保障基金的纳税调整情况。填列方法同第3行。

（10）第10行"4.意外伤害保险业务—非投资型"：填报非投资型意外伤害保险业务的保险保障基金的纳税调整情况。填列方法同第3行。

（11）第11行"4.意外伤害保险业务—投资型—保证收益"：填报有保证收益的投资型意外伤害保险

业务的保险保障基金的纳税调整情况。填列方法同第 3 行。

（12）第 12 行"4.意外伤害保险业务—投资型—无保证收益"：填报无保证收益的投资型意外伤害保险业务的保险保障基金的纳税调整情况。填列方法同第 3 行。

（13）第 13 行"（二）未到期责任准备金"：填报未到期责任准备金的纳税调整情况。填列方法同第 3 行。

（14）第 14 行"（三）寿险责任准备金"：填报寿险责任准备金的纳税调整情况。填列方法同第 3 行。

（15）第 15 行"（四）长期健康险责任准备金"：填报长期健康险责任准备金的纳税调整情况。填列方法同第 3 行。

（16）第 16 行"（五）未决赔款准备金"：填报第 17+18 行的合计金额。本表调整的未决赔款准备金为已发生已报案未决赔款准备金、已发生未报案未决赔款准备金，不包括理赔费用准备金。

（17）第 17 行"1.已发生已报案未决赔款准备金"：填报未决赔款准备金中已发生已报案准备金的纳税调整情况。填列方法同第 3 行。

（18）第 18 行"2.已发生未报案未决赔款准备金"：填报未决赔款准备金中已发生未报案准备金的纳税调整情况。填列方法同第 3 行。

（19）第 19 行"（六）大灾风险准备金"：填报大灾风险准备金的纳税调整情况。填列方法同第 3 行。

（20）第 20 行"（七）其他"：填报除第 2 行至第 19 行以外的允许税前扣除的保险公司准备金的纳税调整情况。填列方法同第 3 行。

（21）第 21 行"二、证券行业"：填报第 22+23+24+25 行的合计金额。

（22）第 22 行"（一）证券交易所风险基金"：填报证券交易所风险基金的纳税调整情况。填列方法同第 3 行。

（23）第 23 行"（二）证券结算风险基金"：填报证券结算风险基金的纳税调整情况。填列方法同第 3 行。

（24）第 24 行"（三）证券投资者保护基金"：填报证券投资者保护基金的纳税调整情况。填列方法同第 3 行。

（25）第 25 行"（四）其他"：填报除第 22 行至第 24 行以外的允许税前扣除的证券行业准备金的纳税调整情况。填列方法同第 3 行。

（26）第 26 行"三、期货行业"：填报第 27+28+29+30 行的合计金额。

（27）第 27 行"（一）期货交易所风险准备金"：填报期货交易所风险准备金的纳税调整情况。填列方法同第 3 行。

（28）第 28 行"（二）期货公司风险准备金"：填报期货公司风险准备金的纳税调整情况。填列方法同第 3 行。

（29）第 29 行"（三）期货投资者保障基金"：填报期货投资者保障基金的纳税调整情况。填列方法同第 3 行。

（30）第 30 行"（四）其他"：填报除第 27 行至第 29 行以外的允许税前扣除的期货行业准备金的纳税调整情况。填列方法同第 3 行。

（31）第 31 行"四、金融企业"：填报第 32+33+34 行的合计金额。

（32）第 32 行"（一）涉农和中小企业贷款损失准备金"：填报涉农和中小企业贷款损失准备金的纳税调整情况。填列方法同第 3 行。

（33）第 33 行"（二）贷款损失准备金"：填报贷款损失准备金的纳税调整情况。填列方法同第 3 行。

（34）第 34 行"（三）其他"：填报除第 32 行至第 33 行以外的允许税前扣除的金融企业准备金的纳税调整情况。填列方法同第 3 行。

（35）第 35 行"五、中小企业信用担保机构"：填报第 36+37+38 行的合计金额。

（36）第 36 行"（一）担保赔偿准备"：填报担保赔偿准备的纳税调整情况。填列方法同第 3 行。

（37）第 37 行"（二）未到期责任准备"：填报未到期责任准备的纳税调整情况。填列方法同第 3 行。

（38）第 38 行"（三）其他"：填报除第 36、37 行以外的允许税前扣除的中小企业信用担保机构准备的纳税调整情况。填列方法同第 3 行。

（39）第 39 行"六、小额贷款公司"：填报第 40＋41 行的合计金额。

（40）第 40 行"（一）贷款损失准备金"：填报经省级金融管理部门批准成立的小额贷款公司贷款损失准备金的纳税调整情况。填列方法同第 3 行。

（41）第 41 行"（二）其他"：填报除第 40 行以外的允许税前扣除的小额贷款公司贷款损失准备金的纳税调整情况。填列方法同第 3 行。

（42）第 42 行"七、其他"：填报除保险公司、证券行业、期货行业、金融企业、中小企业信用担保机构、小额贷款公司以外的允许税前扣除的特殊行业准备金的纳税调整情况。填列方法同第 3 行。

（43）第 43 行"合计"：填报第 1＋21＋26＋31＋35＋39＋42 行的合计金额。

二、表内、表间关系

（一）表内关系

（1）第 3 列＝第 1－2 列。

（2）第 1 行＝第 2＋13＋14＋15＋16＋19＋20 行。

（3）第 2 行＝第 3＋4＋5＋6＋7＋8＋9＋10＋11＋12 行。

（4）第 16 行＝第 17＋18 行。

（5）第 21 行＝第 22＋23＋24＋25 行。

（6）第 26 行＝第 27＋28＋29＋30 行。

（7）第 31 行＝第 32＋33＋34 行。

（8）第 35 行＝第 36＋37＋38 行。

（9）第 39 行＝第 40＋41 行。

（10）第 43 行＝第 1＋21＋26＋31＋35＋39＋42 行。

（二）表间关系

（1）第 43 行第 1 列＝表 A105000 第 39 行第 1 列。

（2）第 43 行第 2 列＝表 A105000 第 39 行第 2 列。

（3）若第 43 行第 3 列≥0，第 43 行第 3 列＝表 A105000 第 39 行第 3 列；若第 43 行第 3 列＜0，第 43 行第 3 列的绝对值＝表 A105000 第 39 行第 4 列。

A106000　　　　　　　　　　　企业所得税弥补亏损明细表

行次	项目	年度	可弥补亏损所得	合并、分立转入（转出）可弥补的亏损额	当年可弥补的亏损额	以前年度亏损已弥补额					本年度实际弥补的以前年度亏损额	可结转以后年度弥补的亏损额
						前四年度	前三年度	前二年度	前一年度	合计		
		1	2	3	4	5	6	7	8	9	10	11
1	前五年度					－30						*
2	前四年度					*						
3	前三年度					*	*					
4	前二年度					*	*	*				
5	前一年度					*	*	*	*			
6	本年度					*	*	*	*	*	30	
7	可结转以后年度弥补的亏损额合计											

A106000《企业所得税弥补亏损明细表》填报说明

本表填报纳税人根据税法，在本纳税年度及本纳税年度前 5 个可弥补亏损年度的可弥补亏损所得、合并、分立转入（转出）可弥补的亏损额、当年可弥补的亏损额、以前年度亏损已弥补额、本年度实际弥补的以前年度亏损额、可结转以后年度弥补的亏损额。

一、有关项目填报说明

（1）第 1 列"年度"：填报公历年度。纳税人应首先填报第 6 行本年度，再依次从第 5 行往第 1 行倒推填报以前年度。纳税人发生政策性搬迁事项，如停止生产经营活动年度可以从法定亏损结转弥补年限中减除，则按可弥补亏损年度进行填报。

（2）第 2 列"可弥补亏损所得"：第 6 行填报表 A100000 第 19 行"纳税调整后所得"减去第 20 行"所得减免"后的值。

第 1 行至第 5 行填报以前年度主表第 23 行（2013 纳税年度前）或以前年度表 A106000 第 2 列第 6 行的金额（亏损额以"－"号表示）。发生查补以前年度应纳税所得额、追补以前年度未能税前扣除的实际资产损失等情况的，该行需按修改后的"纳税调整后所得"金额进行填报。

（3）第 3 列"合并、分立转入（转出）可弥补亏损额"：填报按照企业重组特殊性税务处理规定因企业被合并、分立而允许转入可弥补亏损额，以及因企业分立转出的可弥补亏损额（转入亏损以"－"号表示，转出亏损以正数表示）。合并、分立转入（转出）可弥补亏损额按亏损所属年度填报。

（4）第 4 列"当年可弥补的亏损额"：当第 2 列小于零时，本项等于第 2＋3 列；否则，本项等于第 3 列（亏损以"－"号表示）。

（5）"以前年度亏损已弥补额"：填报以前年度盈利已弥补金额，其中：前四年度、前三年度、前二年度、前一年度与"项目"列中的前四年度、前三年度、前二年度、前一年度相对应。

（6）第 10 列"本年度实际弥补的以前年度亏损额"。

1）第 1 行至第 5 行：填报本年度盈利时，用第 6 行第 2 列本年度"可弥补亏损所得"依次弥补前 5 个年度尚未弥补完的亏损额。

2）第 6 行：金额等于第 10 列第 1 行至第 5 行的合计金额，该数据填入本年度表 A100000 第 21 行。

（7）第 11 列"可结转以后年度弥补的亏损额"。

1）第 2 行至第 6 行：填报本年度前 4 个年度尚未弥补完的亏损额，以及本年度的亏损额。若纳税人有境外所得且选择用境外所得弥补以前年度境内亏损，填报用境外所得弥补本年度前 4 个年度境内亏损后尚未弥补完的亏损额。

2）第 7 行：填报第 11 列第 2 行至第 6 行的合计金额。

二、表内、表间关系

（一）表内关系

（1）若第 2 列＜0，第 4 列＝第 2＋3 列，否则第 4 列＝第 3 列。

（2）若第 3 列＞0 且第 2 列＜0，第 3 列＜第 2 列的绝对值。

（3）第 9 列＝第 5＋6＋7＋8 列。

（4）若第 2 列第 6 行＞0，第 10 列第 1 行至第 5 行同一行次≤第 4 列第 1 行至第 5 行同一行次的绝对值－第 9 列第 1 行至第 5 行同一行次；若第 2 列第 6 行≤0，第 10 列第 1 行至第 5 行＝0。

（5）若第 2 列第 6 行＞0，第 10 列第 6 行＝第 10 列第 1＋2＋3＋4＋5 行且≤第 2 列第 6 行；若第 2 列第 6 行≤0，第 10 列第 6 行＝0。

（6）第 4 列为负数的行次，第 11 列同一行次＝第 4 列该行的绝对值－第 9 列该行－第 10 列该行（若纳税人选择用境外所得弥补以前年度境内亏损，不适用上述规则）；否则，第 11 列同一行次＝0。

（7）第 11 列第 7 行＝第 11 列第 2＋3＋4＋5＋6 行。

（二）表间关系

（1）第6行第2列＝表A100000第19－20行。

（2）第6行第10列＝表A100000第21行。

A107010　　　　　　　　　　　　免税、减计收入及加计扣除优惠明细表

行次	项　目	金　额
1	一、免税收入（2＋3＋6＋7＋…＋16）	
2	（一）国债利息收入免征企业所得税	
3	（二）符合条件的居民企业之间的股息、红利等权益性投资收益免征企业所得税（填写A107011）	
4	其中：内地居民企业通过沪港通投资且连续持有H股满12个月取得的股息红利所得免征企业所得税（填写A107011）	
5	内地居民企业通过深港通投资且连续持有H股满12个月取得的股息红利所得免征企业所得税（填写A107011）	
6	（三）符合条件的非营利组织的收入免征企业所得税	
7	（四）符合条件的非营利组织（科技企业孵化器）的收入免征企业所得税	
8	（五）符合条件的非营利组织（国家大学科技园）的收入免征企业所得税	
9	（六）中国清洁发展机制基金取得的收入免征企业所得税	
10	（七）投资者从证券投资基金分配中取得的收入免征企业所得税	
11	（八）取得的地方政府债券利息收入免征企业所得税	
12	（九）中国保险保障基金有限责任公司取得的保险保障基金等收入免征企业所得税	
13	（十）中央电视台的广告费和有线电视费收入免征企业所得税	
14	（十一）中国奥委会取得北京冬奥组委支付的收入免征企业所得税	
15	（十二）中国残奥委会取得北京冬奥组委分期支付的收入免征企业所得税	
16	（十三）其他	
17	二、减计收入（18＋19＋23＋24）	
18	（一）综合利用资源生产产品取得的收入在计算应纳税所得额时减计收入	
19	（二）金融、保险等机构取得的涉农利息、保费减计收入（20＋21＋22）	
20	1. 金融机构取得的涉农贷款利息收入在计算应纳税所得额时减计收入	
21	2. 保险机构取得的涉农保费收入在计算应纳税所得额时减计收入	
22	3. 小额贷款公司取得的农户小额贷款利息收入在计算应纳税所得额时减计收入	
23	（三）取得铁路债券利息收入减半征收企业所得税	
24	（四）其他	
25	三、加计扣除（26＋27＋28＋29＋30）	
26	（一）开发新技术、新产品、新工艺发生的研究开发费用加计扣除（填写A107012）	
27	（二）科技型中小企业开发新技术、新产品、新工艺发生的研究开发费用加计扣除（填写A107012）	
28	（三）企业为获得创新性、创意性、突破性的产品进行创意设计活动而发生的相关费用加计扣除	
29	（四）安置残疾人员所支付的工资加计扣除	
30	（五）其他	
31	合计（1＋17＋25）	

A107010《免税、减计收入及加计扣除优惠明细表》填报说明

本表适用于享受免税收入、减计收入和加计扣除优惠的纳税人填报。纳税人根据税法及相关税收政策规定，填报本年发生的免税收入、减计收入和加计扣除优惠情况。

一、有关项目填报说明

（1）第1行"一、免税收入"：填报第2+3+6+7…+16行的合计金额。

（2）第2行"（一）国债利息收入免征企业所得税"：填报纳税人根据《国家税务总局关于企业国债投资业务企业所得税处理问题的公告》（国家税务总局公告2011年第36号）等相关税收政策规定的，持有国务院财政部门发行的国债取得的利息收入。

（3）第3行"（二）符合条件的居民企业之间的股息、红利等权益性投资收益免征企业所得税"：填报《符合条件的居民企业之间的股息、红利等权益性投资收益明细表》（A107011）第8行第17列金额。

（4）第4行"其中：内地居民企业通过沪港通投资且连续持有H股满12个月取得的股息红利所得免征企业所得税"：填报根据《财政部　国家税务总局　证监会关于沪港股票市场交易互联互通机制试点有关税收政策的通知》（财税〔2014〕81号）等相关税收政策规定的，内地居民企业连续持有H股满12个月取得的股息红利所得。本行=表A107011第9行第17列。

（5）第5行"内地居民企业通过深港通投资且连续持有H股满12个月取得的股息红利所得免征企业所得税"：填报根据《财政部　国家税务总局　证监会关于深港股票市场交易互联互通机制试点有关税收政策的通知》（财税〔2016〕127号）等相关税收政策规定的，内地居民企业连续持有H股满12个月取得的股息红利所得。本行=表A107011第10行第17列。

（6）第6行"（三）符合条件的非营利组织的收入免征企业所得税"：填报纳税人根据《财政部　国家税务总局关于非营利组织企业所得税免税收入问题的通知》（财税〔2009〕122号）、《财政部　国家税务总局关于非营利组织免税资格认定管理有关问题的通知》（财税〔2014〕13号）等相关税收政策规定的，同时符合条件并依法履行登记手续的非营利组织，取得的捐赠收入等免税收入，不包括从事营利性活动所取得的收入。

（7）第7行"（四）符合条件的非营利组织（科技企业孵化器）的收入免征企业所得税"：填报根据《中华人民共和国企业所得税法》《中华人民共和国企业所得税法实施条例》《财政部　国家税务总局关于非营利组织企业所得税免税收入问题的通知》（财税〔2009〕122号）、《财政部　国家税务总局关于非营利组织免税资格认定管理有关问题的通知》（财税〔2014〕13号）及《财政部　国家税务总局关于科技企业孵化器税收政策的通知》（财税〔2016〕89号）等相关税收政策规定的，符合非营利组织条件的科技企业孵化器的收入。

（8）第8行"（五）符合条件的非营利组织（国家大学科技园）的收入免征企业所得税"：填报根据《中华人民共和国企业所得税法》《中华人民共和国企业所得税法实施条例》《财政部　国家税务总局关于非营利组织企业所得税免税收入问题的通知》（财税〔2009〕122号）、《财政部　国家税务总局关于非营利组织免税资格认定管理有关问题的通知》（财税〔2014〕13号）及《财政部　国家税务总局关于国家大学科技园税收政策的通知》（财税〔2016〕98号）等相关税收政策规定的，符合非营利组织条件的科技园的收入。

（9）第9行"（六）中国清洁发展机制基金取得的收入免征企业所得税"：填报纳税人根据《财政部　国家税务总局关于中国清洁发展机制基金及清洁发展机制项目实施企业有关企业所得税政策问题的通知》（财税〔2009〕30号）等相关税收政策规定的，中国清洁发展机制基金取得的CDM项目温室气体减排量转让收入上缴国家的部分，国际金融组织赠款收入，基金资金的存款利息收入、购买国债的利息收入，国内外机构、组织和个人的捐赠收入。

（10）第10行"（七）投资者从证券投资基金分配中取得的收入免征企业所得税"：填报纳税人根据

《财政部　国家税务总局关于企业所得税若干优惠政策的通知》（财税〔2008〕1号）第二条第（二）项等相关税收政策规定的，投资者从证券投资基金分配中取得的收入。

（11）第11行"（八）取得的地方政府债券利息收入免征企业所得税"：填报纳税人根据《财政部　国家税务总局关于地方政府债券利息所得免征所得税问题的通知》（财税〔2011〕76号）、《财政部　国家税务总局关于地方政府债券利息免征所得税问题的通知》（财税〔2013〕5号）等相关税收政策规定的，取得的2009年、2010年和2011年发行的地方政府债券利息所得，2012年及以后年度发行的地方政府债券利息收入。

（12）第12行"（九）中国保险保障基金有限责任公司取得的保险保障基金等收入免征企业所得税"：填报中国保险保障基金有限责任公司根据《财政部　国家税务总局关于保险保障基金有关税收政策问题的通知》（财税〔2016〕10号）等相关税收政策规定的，根据《保险保障基金管理办法》取得的境内保险公司依法缴纳的保险保障基金；依法从撤销或破产保险公司清算财产中获得的受偿收入和向有关责任方追偿所得，以及依法从保险公司风险处置中获得的财产转让所得；捐赠所得；银行存款利息收入；购买政府债券、中央银行、中央企业和中央级金融机构发行债券的利息收入；国务院批准的其他资金运用取得的收入。

（13）第13行"（十）中央电视台的广告费和有线电视费收入免征企业所得税"：填报按照《财政部　国家税务总局关于中央电视台广告费和有线电视费收入企业所得税政策问题的通知》（财税〔2016〕80号）等相关税收政策规定的，中央电视台的广告费和有线电视费收入。

（14）第14行"（十一）中国奥委会取得北京冬奥组委支付的收入免征企业所得税"：填报按照《财政部　税务总局　海关总署关于北京2022年冬奥会和冬残奥会税收政策的通知》（财税〔2017〕60号）等相关税收政策规定的，对按中国奥委会、主办城市签订的《联合市场开发计划协议》和中国奥委会、主办城市、国际奥委会签订的《主办城市合同》规定，中国奥委会取得的由北京冬奥组委分期支付的收入、按比例支付的盈余分成收入。

（15）第15行"（十二）中国残奥委会取得北京冬奥组委分期支付的收入免征企业所得税"：填报按照《财政部　税务总局　海关总署关于北京2022年冬奥会和冬残奥会税收政策的通知》（财税〔2017〕60号）等相关税收政策规定的，中国残奥委会根据《联合市场开发计划协议》取得的由北京冬奥组委分期支付的收入。

（16）第16行"（十三）其他"：填报纳税人享受的其他减免税项目名称、减免税代码及免税收入金额。

（17）第17行"二、减计收入"：填报第18＋19＋23＋24行的合计金额。

（18）第18行"（一）综合利用资源生产产品取得的收入在计算应纳税所得额时减计收入"：填报纳税人综合利用资源生产产品取得的收入总额乘以10%的金额。

（19）第19行"（二）金融、保险等机构取得的涉农利息、保费减计收入"：填报金融、保险等机构取得的涉农利息、保费收入减计收入的金额。本行填报第20＋21＋22行的合计金额。

（20）第20行"1.金融机构取得的涉农贷款利息收入在计算应纳税所得额时减计收入"：填报纳税人取得农户小额贷款利息收入总额乘以10%的金额。

（21）第21行"2.保险机构取得的涉农保费收入在计算应纳税所得额时减计收入"：填报保险公司为种植业、养殖业提供保险业务取得的保费收入总额乘以10%的金额。其中保费收入总额＝原保费收入＋分包费收入－分出保费收入。

（22）第22行"3.小额贷款公司取得的农户小额贷款利息收入在计算应纳税所得额时减计收入"：填报按照《财政部　国家税务总局关于小额贷款公司有关税收政策的通知》（财税〔2017〕48号）等相关税收政策规定的，对经省级金融管理部门（金融办、局等）批准成立的小额贷款公司取得的农户小额贷款利息收入乘以10%的金额。

（23）第23行"（三）取得铁路债券利息收入减半征收企业所得税"：填报纳税人根据《财政部　国家税务总局关于铁路建设债券利息收入企业所得税政策的通知》（财税〔2011〕99号）、《财政部　国家税务总局关于2014 2015年铁路建设债券利息收入企业所得税政策的通知》（财税〔2014〕2号）及《财政部　国家税务总局关于铁路债券利息收入所得税政策问题的通知》（财税〔2016〕30号）等相关税收政策规定的，对企业持有中国铁路建设铁路债券等企业债券取得的利息收入，减半征收企业所得税。本行填报政策规定减计50%收入的金额。

（24）第24行"（四）其他"：填报纳税人享受的其他减免税项目名称、减免税代码及减计收入金额。

（25）第25行"三、加计扣除"：填报第26＋27＋28＋29＋30行的合计金额。

（26）第26行"（一）开发新技术、新产品、新工艺发生的研究开发费用加计扣除"：当《研发费加计扣除优惠明细表》（A107012）中"□一般企业 □科技型中小企业"选"一般企业"时，填报《研发费用加计扣除优惠明细表》（A107012）第50行金额。

（27）第27行"（二）科技型中小企业开发新技术、新产品、新工艺发生的研究开发费用加计扣除"：当《研发费加计扣除优惠明细表》（A107012）中"□一般企业 □科技型中小企业"选"科技型中小企业"时，填报《研发费用加计扣除优惠明细表》（A107012）第50行金额。

（28）第28行"（三）企业为获得创新性、创意性、突破性的产品进行创意设计活动而发生的相关费用加计扣除"：填报纳税人根据《财政部　国家税务总局　科技部关于完善研究开发费用税前加计扣除政策的通知》（财税〔2015〕119号）第二条第四项规定，为获得创新性、创意性、突破性的产品进行创意设计活动而发生的相关费用按照规定进行税前加计扣除的金额。

（29）第29行"（四）安置残疾人员所支付的工资加计扣除"：填报纳税人根据《财政部　国家税务总局关于安置残疾人员就业有关企业所得税优惠政策问题的通知》（财税〔2009〕70号）等相关税收政策规定的，安置残疾人员的，在支付给残疾职工工资据实扣除的基础上，按照支付给残疾职工工资的100%加计扣除的金额。

（30）第30行"（五）其他"：填报纳税人享受的其他加计扣除项目名称、减免税代码及加计扣除的金额。

（31）第31行"合计"：填报第1＋17＋25行的合计金额。

二、表内、表间关系

（一）表内关系

（1）第1行＝第2＋3＋6＋7＋…＋16行。

（2）第17行＝第18＋19＋23＋24行。

（3）第19行＝第20＋21＋22行。

（4）第25行＝第26＋27＋28＋29＋30行。

（5）第31行＝第1＋17＋25行。

（二）表间关系

（1）第31行＝表A100000第17行。

（2）第3行＝表A107011第8行第17列。

（3）第4行＝表A107011第9行第17列。

（4）第5行＝表A107011第10行第17列。

（5）当《研发费加计扣除优惠明细表》（A107012）中"□一般企业 □科技型中小企业"选"一般企业"时，第26行＝表A107012第50行，第27行不得填报。

（6）当《研发费加计扣除优惠明细表》（A107012）中"□一般企业 □科技型中小企业"选"科技型中小企业"时，第27行＝表A107012第50行，第26行不得填报。

A107011　　　　　符合条件的居民企业之间的股息、红利等权益性投资收益优惠明细表

行次	被投资企业	被投资企业统一社会信用代码（纳税人识别号）	投资性质	投资成本	投资比例	被投资企业利润分配确认金额		被投资企业清算确认金额		抢回或减少投资确认金额						合计
						被投资企业做出利润分配或转股决定时间	依决定归属于本公司的股息、红利等权益性投资收益金额	分得的被投资企业清算剩余资产	被清算企业累计未分配利润和累计盈余公积应享有部分	应确认的股息所得	从被投资企业撤回或减少投资取得的资产	减少投资比例	收回初始投资成本	取得资产中超过收回初始投资成本部分	撤回或减少投资应享有被投资企业累计未分配利润和累计盈余公积	应确认的股息所得	
	1	2	3	4	5	6	7	8	9	10（8与9孰小）	11	12	13（4×12）	14(11-13)	15	16（14与15孰小）	17（7+10+16）
1																	
2																	
3																	
4																	
5																	
6																	
7																	
8	合计																
9	其中：股票投资—沪港通 H 股																
10	股票投资—深港通 H 股																

A107011《符合条件的居民企业之间的股息、红利等权益性投资收益优惠明细表》填报说明

本表适用于享受符合条件的居民企业之间的股息、红利等权益性投资收益优惠的纳税人填报。纳税人根据税法、《财政部　国家税务总局关于企业清算业务企业所得税处理若干问题的通知》（财税〔2009〕60 号）、《财政部　国家税务总局关于执行企业所得税优惠政策若干问题的通知》（财税〔2009〕69 号）、《国家税务总局关于贯彻落实企业所得税法若干税收问题的通知》（国税函〔2010〕79 号）、《国家税务总局关于企业所得税若干问题的公告》（国家税务总局公告 2011 年第 34 号）、《财政部　国家税务总局　证监会关于沪港股票市场交易互联互通机制试点有关税收政策的通知》（财税〔2014〕81 号）、《财政部　国家税务总局　证监会关于深港股票市场交易互联互通机制试点有关税收政策的通知》（财税〔2016〕127 号）等相关税收政策规定，填报本年发生的符合条件的居民企业之间的股息、红利（包括 H 股）等权益性投资收益优惠情况，不包括连续持有居民企业公开发行并上市流通的股票不足 12 个月取得的投资收益。

一、有关项目填报说明

（1）行次根据投资企业名称和投资性质填报，可以根据情况增加。

（2）第 8 行"合计"：填报第 1+2+…+7 行的第 17 列合计金额，若增行，根据增行后的情况合计。

（3）第 9 行"其中：股票投资—沪港通 H 股"：填报第 1+2…+7 行中，"投资性质"列选择"（3）股票投资（沪港通 H 股投资）"的行次，第 17 列合计金额。

（4）第 10 行"股票投资—深港通 H 股"：填报第 1+2…+7 行中，"投资性质"列选择"（4）股票投资（深港通 H 股投资）"的行次，第 17 列合计金额。

（5）第 1 列"被投资企业"：填报被投资企业名称。

（6）第 2 列"被投资企业统一社会信用代码（纳税人识别号）"：填报被投资企业工商等部门核发的

纳税人统一社会信用代码。未取得统一社会信用代码的，填报税务机关核发的纳税人识别号。

（7）第3列"投资性质"：按选项填报：（1）直接投资，（2）股票投资（不含H股），（3）股票投资（沪港通H股投资），（4）股票投资（深港通H股投资）。

符合《财政部　国家税务总局　证监会关于沪港股票市场交易互联互通机制试点有关税收政策的通知》（财税〔2014〕81号）文件第一条第（四）项第1目规定，享受沪港通H股股息红利免税政策的企业，选择"（3）股票投资（沪港通H股投资）"。

符合《财政部　国家税务总局　证监会关于深港股票市场交易互联互通机制试点有关税收政策的通知》（财税〔2016〕127号）文件第一条第（四）项第1目规定，享受深港通H股股息红利免税政策的企业，选择"（4）股票投资（深港通H股投资）"。

（8）第4列"投资成本"：填报纳税人投资于被投资企业的计税成本。

（9）第5列"投资比例"：填报纳税人投资于被投资企业的股权比例。若购买公开发行股票的，此列可不填报。

（10）第6列"被投资企业做出利润分配或转股决定时间"：填报被投资企业做出利润分配或转股决定的时间。

（11）第7列"依决定归属于本公司的股息、红利等权益性投资收益金额"：填报纳税人按照投资比例或者其他方法计算的，实际归属于本公司的股息、红利等权益性投资收益金额。若被投资企业将股权（票）溢价所形成的资本公积转为股本的，不作为投资方企业的股息、红利收入，投资方企业也不得增加该项长期投资的计税基础。

（12）第8列"分得的被投资企业清算剩余资产"：填报纳税人分得的被投资企业清算后的剩余资产。

（13）第9列"被清算企业累计未分配利润和累计盈余公积应享有部分"：填报被清算企业累计未分配利润和累计盈余公积中本企业应享有的金额。

（14）第10列"应确认的股息所得"：填报第7列与第8列孰小值。

（15）第11列"从被投资企业撤回或减少投资取得的资产"：填报纳税人从被投资企业撤回或减少投资时取得的资产。

（16）第12列"减少投资比例"：填报纳税人撤回或减少的投资额占投资方在被投资企业持有总投资比例。

（17）第13列"收回初始投资成本"：填报第3×11列的金额。

（18）第14列"取得资产中超过收回初始投资成本部分"：填报第11−13列的余额。

（19）第15列"撤回或减少投资应享有被投资企业累计未分配利润和累计盈余公积"：填报被投资企业累计未分配利润和累计盈余公积按减少实收资本比例计算的部分。

（20）第16列"应确认的股息所得"：填报第13列与第14列孰小值。

（21）第17列"合计"：填报第7+10+16列的合计金额。

二、表内、表间关系

（一）表内关系

（1）第13列＝第4×12列。

（2）第14列＝第11−13列。

（3）第17列＝第7+10+16列。

（4）第10列＝第8列与第9列孰小值。

（5）第16列＝第14列与第15列孰小值。

（6）第8行（"合计"行）＝第1+2+…+7行第17列合计。

（7）第9行（"股票投资—沪港通H股"合计行）＝第1+2+…+7行中，各行第3列选择"（3）股票投资（沪港通H股投资）"的行次第17列合计金额。

（8）第 10 行（"股票投资—深港通 H 股"合计行）＝第 1＋2…＋7 行中，各行第 3 列选择"（4）股票投资（深港通 H 股投资）"的行次第 17 列合计金额。

（二）表间关系

（1）第 8 行第 17 列＝表 A107010 第 3 行。

（2）第 9 行第 17 列＝表 A107010 第 4 行。

（3）第 10 行第 17 列＝表 A107010 第 5 行。

A107012　　　　　　　　　　　研发费用加计扣除优惠明细表

	基本信息		
1	□一般企业 □科技型中小企业	科技型中小企业登记编号	
2	本年可享受研发费用加计扣除项目数量		
	研发活动费用明细		
3	一、自主研发、合作研发、集中研发（4＋8＋17＋20＋24＋35）		
4	（一）人员人工费用（5＋6＋7）		
5	1. 直接从事研发活动人员工资薪金		
6	2. 直接从事研发活动人员五险一金		
7	3. 外聘研发人员的劳务费用		
8	（二）直接投入费用（9＋10＋…＋16）		
9	1. 研发活动直接消耗材料		
10	2. 研发活动直接消耗燃料		
11	3. 研发活动直接消耗动力费用		
12	4. 用于中间试验和产品试制的模具、工艺装备开发及制造费		
13	5. 用于不构成固定资产的样品、样机及一般测试手段购置费		
14	6. 用于试制产品的检验费		
15	7. 用于研发活动的仪器、设备的运行维护、调整、检验、维修等费用		
16	8. 通过经营租赁方式租入的用于研发活动的仪器、设备租赁费		
17	（三）折旧费用（18＋19）		
18	1. 用于研发活动的仪器的折旧费		
19	2. 用于研发活动的设备的折旧费		
20	（四）无形资产摊销（21＋22＋23）		
21	1. 用于研发活动的软件的摊销费用		
22	2. 用于研发活动的专利权的摊销费用		
23	3. 用于研发活动的非专利技术（包括许可证、专有技术、设计和计算方法等）的摊销费用		
24	（五）新产品设计费等（25＋26＋27＋28）		
25	1. 新产品设计费		
26	2. 新工艺规程制定费		
27	3. 新药研制的临床试验费		

续表

	研发活动费用明细	
28	4. 勘探开发技术的现场试验费	
29	（六）其他相关费用（30＋31＋32＋33＋34）	
30	1. 技术图书资料费、资料翻译费、专家咨询费、高新科技研发保险费	
31	2. 研发成果的检索、分析、评议、论证、鉴定、评审、评估、验收费用	
32	3. 知识产权的申请费、注册费、代理费	
33	4. 职工福利费、补充养老保险费、补充医疗保险费	
34	5. 差旅费、会议费	
35	（七）经限额调整后的其他相关费用	
36	二、委托研发 ［（37－38）×80%］	
37	委托外部机构或个人进行研发活动所发生的费用	
38	其中：委托境外进行研发活动所发生的费用	
39	三、年度研发费用小计（3＋36）	
40	（一）本年费用化金额	
41	（二）本年资本化金额	
42	四、本年形成无形资产摊销额	
43	五、以前年度形成无形资产本年摊销额	
44	六、允许扣除的研发费用合计（40＋42＋43）	
45	减：特殊收入部分	
46	七、允许扣除的研发费用抵减特殊收入后的金额（44－45）	
47	减：当年销售研发活动直接形成产品（包括组成部分）对应的材料部分	
48	减：以前年度销售研发活动直接形成产品（包括组成部分）对应材料部分结转金额	
49	八、加计扣除比例	
50	九、本年研发费用加计扣除总额（46－47－48）×49	
51	十、销售研发活动直接形成产品（包括组成部分）对应材料部分结转以后年度扣减金额（当46－47－48 ≥0，本行＝0；当46－47－48＜0，本行＝46－47－48 的绝对值）	

A107012《研发费用加计扣除优惠明细表》填报说明

本表适用于享受研发费用加计扣除优惠（含结转）的纳税人填报。纳税人根据税法、《财政部　国家税务总局　科技部关于完善研究开发费用税前加计扣除政策的通知》（财税〔2015〕119 号）、《国家税务总局关于企业研究开发费用税前加计扣除政策有关问题的公告》（国家税务总局公告 2015 年第 97 号）、《财政部　税务总局　科技部关于提高科技型中小企业研究开发费用税前加计扣除比例的通知》（财税〔2017〕34 号）、《科技部　财政部　国家税务总局关于印发〈科技型中小企业评价办法〉的通知》（国科发政〔2017〕115 号）、《国家税务总局关于提高科技型中小企业研究开发费用税前加计扣除比例有关问题的公告》（国家税务总局公告 2017 年第 18 号）、《国家税务总局关于研发费用税前加计扣除归集范围有关问题的公告》（国家税务总局公告 2017 年第 40 号）等相关税收政策规定，填报本年发生的研发费用加计扣除优惠情况及以前年度结转情况。

一、有关项目填报说明

（1）第 1 行"□一般企业　□科技型中小企业"：纳税人按照《科技部　财政部　国家税务总局关于印发〈科技型中小企业评价办法〉的通知》（国科发政〔2017〕115 号）的相关规定，取得相应年度科技型中小企业登记编号的，选择"科技型中小企业"，并填写"科技型中小企业登记编号"，否则选择"一般企业"。

（2）第 2 行"本年可享受研发费用加计扣除项目数量"：填报纳税人本年研发项目中可享受研发费用加计扣除优惠政策的项目数量。

（3）第 3 行"一、自主研发、合作研发、集中研发"：填报第 4＋8＋17＋20＋24＋35 行的合计金额。

（4）第 4 行"（一）人员人工费用"：填报第 5＋6＋7 行的合计金额。

直接从事研发活动的人员、外聘研发人员同时从事非研发活动的，填报按实际工时占比等合理方法分配的用于研发活动的相关费用。

（5）第 5 行"1. 直接从事研发活动人员工资薪金"：填报纳税人直接从事研发活动人员包括研究人员、技术人员、辅助人员发生的工资、薪金、奖金、津贴、补贴以及按规定可以在税前扣除的对研发人员股权激励的支出。

（6）第 6 行"2. 直接从事研发活动人员五险一金"：填报纳税人直接从事研发活动人员包括研究人员、技术人员、辅助人员发生的基本养老保险费、基本医疗保险费、失业保险费、工伤保险费、生育保险费和住房公积金。

（7）第 7 行"3. 外聘研发人员的劳务费用"：填报纳税人外聘研发人员发生的劳务费用或纳税人与劳务派遣企业签订研发人员劳务用工协议（合同）发生的劳务费用，以及临时聘用研发人员发生的劳务费用。

（8）第 8 行"（二）直接投入费用"：填报第 9＋10＋…＋16 行的合计金额。

（9）第 9 行"1. 研发活动直接消耗材料"：填报纳税人研发活动直接消耗材料。

（10）第 10 行"2. 研发活动直接消耗燃料"：填报纳税人研发活动直接消耗燃料。

（11）第 11 行"3. 研发活动直接消耗动力费用"：填报纳税人研发活动直接消耗的动力费用。

（12）第 12 行"4. 用于中间试验和产品试制的模具、工艺装备开发及制造费"：填报纳税人研发活动中用于中间试验和产品试制的模具、工艺装备开发及制造费。

（13）第 13 行"5. 用于不构成固定资产的样品、样机及一般测试手段购置费"：填报纳税人研发活动中用于不构成固定资产的样品、样机及一般测试手段购置费。

（14）第 14 行"6. 用于试制产品的检验费"：填报纳税人研发活动中用于试制产品的检验费。

（15）第 15 行"7. 用于研发活动的仪器、设备的运行维护、调整、检验、维修等费用"：填报纳税人用于研发活动的仪器、设备的运行维护、调整、检验、维修等费用。

（16）第 16 行"8. 通过经营租赁方式租入的用于研发活动的仪器、设备租赁费"：填报纳税人经营租赁方式租入的用于研发活动的仪器、设备租赁费。以经营租赁方式租入的用于研发活动的仪器、设备，同时用于非研发活动的，填报按实际工时占比等合理方法分配的用于研发活动的相关费用。

（17）第 17 行"（三）折旧费用"：填报第 18＋19 行的合计金额。

用于研发活动的仪器、设备，同时用于非研发活动的，填报按实际工时占比等合理方法分配的用于研发活动的相关费用。

纳税人用于研发活动的仪器、设备，符合税收规定且选择加速折旧优惠政策的，在享受研发费用税前加计扣除政策时，就税前扣除的折旧部分填报。

（18）第 18 行"1. 用于研发活动的仪器的折旧费"：填报纳税人用于研发活动的仪器的折旧费。

（19）第 19 行"2. 用于研发活动的设备的折旧费"：填报纳税人用于研发活动的设备的折旧费。

（20）第 20 行"（四）无形资产摊销"：填报第 21 + 22 + 23 行的合计金额。

用于研发活动的无形资产，同时用于非研发活动的，填报按实际工时占比等合理方法在研发费用和生产经营费用间分配的用于研发活动的相关费用。

纳税人用于研发活动的无形资产，符合税收规定且选择加速摊销优惠政策的，在享受研发费用税前加计扣除政策时，就税前扣除的摊销部分填报。

（21）第 21 行"1. 用于研发活动的软件的摊销费用"：填报纳税人用于研发活动的软件的摊销费用。

（22）第 22 行"2. 用于研发活动的专利权的摊销费用"：填报纳税人用于研发活动的专利权的摊销费用。

（23）第 23 行"3. 用于研发活动的非专利技术（包括许可证、专有技术、设计和计算方法等）的摊销费用"：填报纳税人用于研发活动的非专利技术（包括许可证、专有技术、设计和计算方法等）的摊销费用。

（24）第 24 行"（五）新产品设计费等"：填报第 25 + 26 + 27 + 28 行的合计金额。新产品设计费、新工艺规程制定费、新药研制的临床试验费、勘探开发技术的现场试验费等。由辅助生产部门提供的，期末按照一定的分配标准分配给研发项目的金额填报。

（25）第 25 行"1. 新产品设计费"：填报纳税人研发活动中发生的新产品设计费。

（26）第 26 行"2. 新工艺规程制定费"：填报纳税人研发活动中发生的新工艺规程制定费。

（27）第 27 行"3. 新药研制的临床试验费"：填报纳税人研发活动中发生的新药研制的临床试验费。

（28）第 28 行"4. 勘探开发技术的现场试验费"：填报纳税人研发活动中发生的勘探开发技术的现场试验费。

（29）第 29 行"（六）其他相关费用"：填报第 30 + 31 + 32 + 33 + 34 行的合计金额。

（30）第 30 行"1. 技术图书资料费、资料翻译费、专家咨询费、高新科技研发保险费"：填报纳税人研发活动中发生的技术图书资料费、资料翻译费、专家咨询费、高新科技研发保险费。

（31）第 31 行"2. 研发成果的检索、分析、评议、论证、鉴定、评审、评估、验收费用"：填报纳税人研发活动中发生的对研发成果的检索、分析、评议、论证、鉴定、评审、评估、验收费用。

（32）第 32 行"3. 知识产权的申请费、注册费、代理费"：填报纳税人研发活动中发生的知识产权的申请费、注册费、代理费。

（33）第 33 行"4. 职工福利费、补充养老保险费、补充医疗保险费"：填报纳税人研发活动人员发生的职工福利费、补充养老保险费、补充医疗保险费。

（34）第 34 行"5. 差旅费、会议费"：填报纳税人研发活动发生的差旅费、会议费。

（35）第 35 行"（七）经限额调整后的其他相关费用"：根据研发活动分析汇总填报。

（36）第 36 行"二、委托研发"：填报（37 - 38）行 × 80% 的金额。

（37）第 37 行"委托外部机构或个人进行研发活动所发生的费用"：填报纳税人研发项目委托外部机构或个人所发生的费用。

（38）第 38 行"其中：委托境外进行研发活动所发生的费用"：填报纳税人研发项目委托境外进行研发活动所发生的费用。

（39）第 39 行"三、年度可加计扣除的研发费用小计"：填报第 3 + 36 行的合计金额。

（40）第 40 行"（一）本年费用化金额"：填报按第 39 行归集的本年费用化部分金额。

（41）第 41 行"（二）本年资本化金额"：填报纳税人研发活动本年结转无形资产的金额。

（42）第 42 行"四、本年形成无形资产摊销额"：填报纳税人研发活动本年形成无形资产的摊销额。

（43）第 43 行"五、以前年度形成无形资产本年摊销额"：填报纳税人研发活动以前年度形成无形资产本年摊销额。

（44）第 44 行"六、允许扣除的研发费用合计"：填报第 40 + 42 + 43 行的合计金额。

（45）第 45 行"减：特殊收入部分"：填报纳税人已归集计入研发费用，但在当期取得的研发过程中形成的下脚料、残次品、中间试制品等特殊收入。

（46）第 46 行"七、允许扣除的研发费用抵减特殊收入后的金额"：填报第 44－45 行的余额。

（47）第 47 行"减：当年销售研发活动直接形成产品（包括组成部分）对应的材料部分"：填报纳税人当年销售研发活动直接形成产品（包括组成部分）对应的材料部分。

（48）第 48 行"以前年度销售研发活动直接形成产品（包括组成部分）对应材料部分结转金额"：填报纳税人以前年度销售研发活动直接形成产品（包括组成部分）对应材料部分结转金额。

（49）第 49 行"八、加计扣除比例"：纳税人为科技型中小企业的填报 75%，其他企业填报 50%。

（50）第 50 行"九、本年研发费用加计扣除总额"：填报第（46－47－48）×49 行的金额，当 46－47－48＜0 时，本行＝0。

（51）第 51 行"十、销售研发活动直接形成产品（包括组成部分）对应材料部分结转以后年度扣减金额"：若第 46－47－48 行≥0，本行＝0；若第 46－47－48 行＜0，本行＝第 46－47－48 行的绝对值。

二、表内、表间关系

（一）表内关系

（1）第 3 行＝第 4＋8＋17＋20＋24＋35 行。

（2）第 4 行＝第 5＋6＋7 行。

（3）第 8 行＝第 9＋10＋…＋16 行。

（4）第 17 行＝第 18＋19 行。

（5）第 20 行＝第 21＋22＋23 行。

（6）第 24 行＝第 25＋26＋27＋28 行。

（7）第 29 行＝第 30＋31＋32＋33＋34 行。

（8）第 36 行＝第（37－38）行×80%。

（9）第 39 行＝第 3＋36 行。

（10）第 44 行＝第 40＋42＋43 行。

（11）第 46 行＝第 44－45 行。

（12）第 50 行＝第（46－47－48）×49 行，当 46－47－48＜0 时，本行＝0。

（13）若第 46－47－48 行≥0，第 51 行＝0；若第 46－47－48 行＜0，第 51 行＝第 46－47－48 行的绝对值。

（二）表间关系

（1）当"□一般企业 □科技型中小企业"选"一般企业"时，第 50 行＝表 A107010 第 26 行。

（2）当"□一般企业 □科技型中小企业"为"科技型中小企业"时，第 50 行＝表 A107010 第 27 行。

A107020　　　　　　　　　　　　　　　所得减免优惠明细表

行次	减免项目	项目名称	优惠事项名称	优惠方式	项目收入	项目成本	相关税费	应分摊期间费月	纳税调整额	项目所得额		减免所得额
										免税项目	减半项目	
		1	2	3	4	5	6	7	8	9	10	11（9＋10×50%）
1	一、农、林、牧、渔业项目											
2												
3		小计	*	*								

续表

行次	减免项目	项目名称	优惠事项名称	优惠方式	项目收入	项目成本	相关税费	应分摊期间费用	纳税调整额	项目所得额		减免所得额
										免税项目	减半项目	
		1	2	3	4	5	6	7	8	9	10	11（9+10×50%）
4	二、国家重点扶持的公共基础设施项目											
5												
6		小计	*	*								
7	三、符合条件的环境保护、节能节水项目											
8												
9		小计	*	*								
10	四、符合条件的技术转让项目		*	*						*	*	*
11			*	*						*	*	*
12		小计	*	*								
13	五、实施清洁机制发展项目		*									
14			*									
15		小计	*	*								
16	六、符合条件的节能服务公司实施合同能源管理项目		*									
17			*									
18		小计	*	*								
19	七、其他											
20												
21		小计	*	*								
22	合计	*	*	*								

A107020《所得减免优惠明细表》填报说明

本表适用于享受所得减免优惠的纳税人填报。纳税人根据税法及相关税收政策规定，填报本年发生的所得减免优惠情况，本期纳税调整后所得（表 A100000 第 19 行）为负数的不需填报本表。

一、有关项目填报说明

（1）第 1 列"项目名称"：填报纳税人享受减免所得优惠的项目在会计核算上的名称。项目名称以纳税人内部规范称谓为准。

（2）第 2 列"优惠事项名称"：按照该项目享受所得减免企业所得税优惠事项的具体政策内容选择填报。具体说明如下：

1）"一、农、林、牧、渔业项目"。

在以下优惠事项中选择填报：1. 蔬菜、谷物、薯类、油料、豆类、棉花、麻类、糖料、水果、坚果的种植；2. 农作物新品种的选育；3. 中药材的种植；4. 林木的培育和种植；5. 牲畜、家禽的饲养；6. 林产品的采集；7. 灌溉、兽医、农技推广、农机作业和维修等农、林、牧、渔服务业项目；8. 农产品初加工；9. 远洋捕捞；10. 花卉、茶以及其他饮料作物和香料作物的种植；11. 海水养殖、内陆养殖；

12. 其他。

2）"二、国家重点扶持的公共基础设施项目"。

在以下优惠事项中选择填报：1. 港口码头项目；2. 机场项目；3. 铁路项目；4. 公路项目；5. 城市公共交通项目；6. 电力项目；7. 水利项目；8. 其他项目。

3）"三、符合条件的环境保护、节能节水项目"。

在以下优惠事项中选择填报：1. 公共污水处理项目；2. 公共垃圾处理项目；3. 沼气综合开发利用项目；4. 节能减排技术改造项目；5. 海水淡化项目；6. 其他项目。

4）"四、符合条件的技术转让项目"：本列不需填报。

5）"五、实施清洁发展机制"：本列不需填报。

6）"六、符合条件的节能服务公司实施合同能源管理项目"：本列不需填报。

7）"七、其他"：填报上述所得减免优惠项目以外的其他所得减免优惠政策具体名称。

（3）第 3 列"优惠方式"：填报该项目享受所得减免企业所得税优惠的具体方式。该项目享受免征企业所得税优惠的，选择填报"免税"；项目享受减半征税企业所得税优惠的，选择填报"减半征收"。

（4）第 4 列"项目收入"：填报享受所得减免企业所得税优惠项目取得的收入总额。

（5）第 5 列"项目成本"：填报享受所得减免企业所得税优惠项目发生的成本总额。

（6）第 6 列"相关税费"：填报享受所得减免企业所得税优惠项目实际发生的有关税费，包括除企业所得税和允许抵扣的增值税以外的各项税金及其附加、合同签订费用、律师费等相关费用及其他支出。

（7）第 7 列"应分摊期间费用"：填报享受所得减免企业所得税优惠项目合理分摊的期间费用。合理分摊比例可以按照投资额、销售收入、资产额、人员工资等参数确定。上述比例一经确定，不得随意变更。

（8）第 8 列"纳税调整额"：填报纳税人按照税收规定需要调整减免税项目收入、成本、费用的金额，调整减少的金额以负数填报。

（9）第 9 列"项目所得额—免税项目"：填报享受所得减免企业所得税优惠的纳税人计算确认的本期免税项目所得额。本列根据第 3 列分析填报，第 3 列填报内容为"免税"的，第 4−5−6−7＋8 列的值填入本列；若第 4−5−6−7＋8 列的值小于零的，本列按零填报。

第 9 列"四、符合条件的技术转让项目"的"小计"行，第 4−5−6−7＋8 列的值小于等于 500 万元的，填入本列，超出部分金额填入第 10 列；若第 4−5−6−7＋8 列的值小于零的，本列按零填报。

（10）第 10 列"项目所得额—减半项目"：填报享受所得减免企业所得税优惠的纳税人本期经计算确认的减半征收项目所得额。本列根据第 3 列分析填报，第 3 列填报内容为"减半征税"的，第 4−5−6−7＋8 列的金额填入本列；若第 4−5−6−7＋8 列的值小于零的，本列按零填报。

第 10 列"四、符合条件的技术转让项目"的"小计"行，第 4−5−6−7＋8 列的值超过 500 万元的部分，填入本列。

（11）第 11 列"减免所得额"：填报享受所得减免企业所得税优惠的企业，该项目按照税收规定实际可以享受免征、减征的所得额。本列等于第 9 列＋第 10 列×50%。

（12）第 1 行至第 3 行"一、农、林、牧、渔业项目"：按农、林、牧、渔业项目的优惠政策具体内容分别填报，一个项目填报一行，纳税人有多个项目的，可自行增加行次填报。各行相应列次填报金额的合计金额填入"小计"行。纳税人根据《财政部　国家税务总局关于发布享受企业所得税优惠政策的农产品初加工范围（试行）的通知》（财税〔2008〕149 号）、《国家税务总局关于黑龙江垦区国有农场土地承包费缴纳企业所得税问题的批复》（国税函〔2009〕779 号）、《国家税务总局关于"公司＋农户"经营模式企业所得税优惠问题的公告》（国家税务总局公告 2010 年第 2 号）、《财政部　国家税务总局关于享受企业所得税优惠的农产品初加工有关范围的补充通知》（财税〔2011〕26 号）、《国家税务总局关于实施农林牧渔业项目企业所得税优惠问题的公告》(国家税务总局公告 2011 年第 48 号)等相关税收政策规定,填报该项目本纳税年度发生的减征、免征企业所得税项目的所得额。

(13)第 4 行至第 6 行"二、国家重点扶持的公共基础设施项目":按国家重点扶持的公共基础设施项目具体内容分别填报,一个项目填报一行,纳税人有多个项目的,可自行增加行次填报。各行相应列次填报金额的合计金额填入"小计"行。纳税人根据《财政部 国家税务总局关于执行公共基础设施项目企业所得税优惠目录有关问题的通知》(财税〔2008〕46 号)、《财政部 国家税务总局 国家发展改革委关于公布公共基础设施项目企业所得税优惠目录(2008 年版)的通知》(财税〔2008〕116 号)、《国家税务总局关于实施国家重点扶持的公共基础设施项目企业所得税优惠问题的通知》(国税发〔2009〕80 号)、《财政部 国家税务总局关于公共基础设施项目和环境保护节能节水项目企业所得税优惠政策问题的通知》(财税〔2012〕10 号)、《财政部 国家税务总局关于支持农村饮水安全工程建设运营税收政策的通知》(财税〔2012〕30 号)第五条、《国家税务总局关于电网企业电网新建项目享受所得税优惠政策问题的公告》(国家税务总局公告 2013 年第 26 号)、《财政部 国家税务总局关于公共基础设施项目享受企业所得税优惠政策问题的补充通知》(财税〔2014〕55 号)等相关税收政策规定,填报从事《公共基础设施项目企业所得税优惠目录》规定的港口码头、机场、铁路、公路、城市公共交通、电力、水利等项目的投资经营的所得,自项目取得第一笔生产经营收入所属纳税年度起,第一年至第三年免征企业所得税,第四年至第六年减半征收企业所得税。不包括企业承包经营、承包建设和内部自建自用该项目的所得。

(14)第 7 行至第 9 行"三、符合条件的环境保护、节能节水项目":按符合条件的环境保护、节能节水项目的具体内容分别填报,一个项目填报一行。纳税人有多个项目的,可自行增加行次填报。各行相应列次填报金额的合计金额填入"小计"行。纳税人根据《财政部 国家税务总局 国家发展改革委关于公布环境保护节能节水项目企业所得税优惠目录(试行)的通知》(财税〔2009〕166 号)、《财政部 国家税务总局关于公共基础设施项目和环境保护 节能节水项目企业所得税优惠政策问题的通知》(财税〔2012〕10 号)等相关税收政策规定,填报从事符合条件的公共污水处理、公共垃圾处理、沼气综合开发利用、节能减排技术改造、海水淡化等环境保护、节能节水项目的所得,自项目取得第一笔生产经营收入所属纳税年度起,第一年至第三年免征企业所得税,第四年至第六年减半征收企业所得税。

(15)第 10 行至第 12 行"四、符合条件的技术转让项目":按照不同技术转让项目分别填报,一个项目填报一行,纳税人有多个项目的,可自行增加行次填报。各行相应列次填报金额的合计金额填入"小计"行。纳税人根据《国家税务总局关于技术转让所得减免企业所得税有关问题的通知》(国税函〔2009〕212 号)(废止:企业发生技术转让,应在纳税年度终了后至报送年度纳税申报表以前,向主管税务机关办理减免税备案手续)、《财政部 国家税务总局关于居民企业技术转让有关企业所得税政策问题的通知》(财税〔2010〕111 号)、《国家税务总局关于技术转让所得减免企业所得税有关问题的公告》(国家税务总局公告 2013 年第 62 号)、《国家税务总局关于许可使用权技术转让所得企业所得税有关问题的公告》(国家税务总局公告 2015 年第 82 号)等相关税收政策规定,填报一个纳税年度内,居民企业将其拥有的专利技术、计算机软件著作权、集成电路布图设计权、植物新品种、生物医药新品种,以及财政部和国家税务总局确定的其他技术的所有权或 5 年以上(含 5 年)全球独占许可使用权、5 年以上(含 5 年)非独占许可使用权转让取得的所得,不超过 500 万元的部分,免征企业所得税;超过 500 万元的部分,减半征收企业所得税。居民企业从直接或间接持有股权之和达到 100%的关联方取得的技术转让所得,不享受技术转让减免企业所得税优惠政策。

(16)第 13 行至第 15 行"五、实施清洁机制发展项目":按照实施清洁发展机制的不同项目分别填报,一个项目填报一行,纳税人有多个项目的,可自行增加行次填报。各行相应列次填报金额的合计金额填入"小计"行。纳税人根据《财政部 国家税务总局关于中国清洁发展机制基金及清洁发展机制项目实施企业有关企业所得税政策问题的通知》（财税〔2009〕30 号）等相关税收政策规定，填报对企业实施的将温室气体减排量转让收入的 65%上缴给国家的 HFC 和 PFC 类 CDM 项目，以及将温室气体减排量转让收入的 30%上缴给国家的 N_2O 类 CDM 项目，其实施该类 CDM 项目的所得，自项目取得第一笔减排量转让收入所属纳税年度起，第一年至第三年免征企业所得税，第四年至第六年减半征收企业所得税。

（17）第 16 行至第 18 行"六、符合条件的节能服务公司实施合同能源管理项目"：按照节能服务公司实施合同能源管理的不同项目分别填报，一个项目填报一行，纳税人有多个项目的，可自行增加行次填报。各行相应列次填报金额的合计金额填入"小计"行。纳税人根据《财政部　国家税务总局关于促进节能服务产业发展增值税营业税和企业所得税政策问题的通知》（财税〔2010〕110 号）、《国家税务总局　国家发展改革委关于落实节能服务企业合同能源管理项目企业所得税优惠政策有关征收管理问题的公告》（国家税务总局　国家发展改革委公告 2013 年第 77 号）等相关税收政策规定，填报对符合条件的节能服务公司实施合同能源管理项目，符合企业所得税税法有关规定的，自项目取得第一笔生产经营收入所属纳税年度起，第一年至第三年免征企业所得税，第四年至第六年按照 25%的法定税率减半征收企业所得税。

（18）第 19 行至第 21 行"七、其他"：填报纳税人享受的其他专项减免项目名称、优惠事项名称及减免税代码、项目收入等。按照享受所得减免企业所得税优惠的其他项目内容分别填报，一个项目填报一行，纳税人有多个项目的，可自行增加行次填报。各行相应列次填报金额的合计金额填入"小计"行。

（19）第 22 行"合计"：填报第一至第七项"小计"行的合计金额。

二、表内、表间关系

（一）表内关系

（1）第 3 行 = 第 1+2 行。

（2）第 6 行 = 第 4+5 行。

（3）第 9 行 = 第 7+8 行。

（4）第 12 行 = 第 10+11 行。

（5）第 15 行 = 第 13+14 行。

（6）第 18 行 = 第 16+17 行。

（7）第 21 行 = 第 19+20 行。

（8）第 22 行 = 第 3+6+9+12+15+18+21 行。

（9）第 9 列 = 第 4−5−6−7+8 列（当第 3 列 = "免税"时）；第 9 列"四、符合条件的技术转让项目"的"小计"行 = 第 4−5−6−7+8 列（当第 4−5−6−7+8 列≤5 000 000 时）；若第 4−5−6−7+8 列<0，第 9 列 = 0。

（10）第 10 列 = 第 4−5−6−7+8 列（当第 3 列 = "减半征税"时）；第 10 列"四、符合条件的技术转让项目"的"小计"行 = 第 4−5−6−7+8 列−5 000 000（当第 4−5−6−7+8 列>5 000 000 时）；若第 4−5−6−7+8 列<0，第 10 列 = 0。

（11）第 11 列 = 第 9 列 + 第 10 列×50%；当（第 9 列 + 第 10 列×50%）<0 时，第 11 列 = 0。

（二）表间关系

（1）当本表合计行第 11 列≥0，且本表合计行第 11 列≤表 A100000 第 19 行时，表 A100000 第 20 行 = 合计行第 11 列。

（2）当本表合计行第 11 列≥0，且本表合计行第 11 列>表 A100000 第 19 行时，表 A100000 第 20 行 = 表 A100000 第 19 行。

A107030   抵扣应纳税所得额明细表

行次	项　　目	合计金额	投资于未上市中小高新技术企业	投资于种子期、初创期科技型企业
		1＝2＋3	2	3
一、创业投资企业直接投资按投资额一定比例抵扣应纳税所得额				
1	本年新增的符合条件的股权投资额			
2	税收规定的抵扣率	70%	70%	70%
3	本年新增的可抵扣的股权投资额（1×2）			
4	以前年度结转的尚未抵扣的股权投资余额		*	*
5	本年可抵扣的股权投资额（3＋4）		*	*
6	本年可用于抵扣的应纳税所得额		*	*
7	本年实际抵扣应纳税所得额			
8	结转以后年度抵扣的股权投资余额		*	*
二、通过有限合伙制创业投资企业投资按一定比例抵扣分得的应纳税所得额				
9	本年从有限合伙创投企业应分得的应纳税所得额			
10	本年新增的可抵扣投资额			
11	以前年度结转的可抵扣投资额余额		*	*
12	本年可抵扣投资额（10＋11）		*	*
13	本年实际抵扣应分得的应纳税所得额			
14	结转以后年度抵扣的投资额余额		*	*
三、抵扣应纳税所得额合计				
15	合计（7＋13）			

A107030《抵扣应纳税所得额明细表》填报说明

本表适用于享受创业投资企业抵扣应纳税所得额优惠（含结转）的纳税人填报。纳税人根据税法、《国家税务总局关于实施创业投资企业所得税优惠问题的通知》（国税发〔2009〕87号）、《财政部 国家税务总局关于执行企业所得税优惠政策若干问题的通知》（财税〔2009〕69号）、《财政部 国家税务总局关于将国家自主创新示范区有关税收试点政策推广到全国范围实施的通知》（财税〔2015〕116号）、《国家税务总局关于有限合伙制创业投资企业法人合伙人企业所得税有关问题的公告》（国家税务总局公告2015年第81号）、《财政部 税务总局关于创业投资企业和天使投资个人有关税收试点政策的通知》（财税〔2017〕38号）、《国家税务总局关于创业投资企业和天使投资个人税收试点政策有关问题的公告》（国家税务总局公告2017年第20号）等规定，填报本年度发生的创业投资企业抵扣应纳税所得额优惠情况。企业只要本年有新增符合条件的投资额、从有限合伙制创业投资企业分得的应纳税所得额或以前年度结转的尚未抵扣的股权投资余额，无论本年是否抵扣应纳税所得额，均需填报本表。

一、有关项目填报说明

企业同时存在创业投资企业直接投资和通过有限合伙制创业投资企业投资两种情形的，应先填写本表的"二、通过有限合伙制创业投资企业投资按一定比例抵扣分得的应纳税所得额"。

（一）"一、创业投资企业直接投资按投资额一定比例抵扣应纳税所得额"：由创业投资企业（非合伙制）纳税人填报其以股权投资方式直接投资未上市的中小高新技术企业和投资于种子期、初创期科技型企业2年（24个月，下同）以上限额抵免应纳税所得额的金额。对于通过有限合伙制创业投资企业间接投资未上市的中小高新技术企业和投资于种子期、初创期科技型企业享受优惠政策填写本表第9行至第14行。具体行次如下：

（1）第1行"本年新增的符合条件的股权投资额"：填报创业投资企业采取股权投资方式投资于未上市的中小高新技术企业和投资于种子期、初创期科技型企业满2年的，本年新增的符合条件的股权投资额。本行第1列＝本行第2列＋本行第3列。无论企业本年是否盈利，有符合条件的投资额即填报本表，以后年度盈利时填写第4行"以前年度结转的尚未抵扣的股权投资余额"。

（2）第3行"本年新增的可抵扣的股权投资额"：本行填报第1×2行金额。本行第1列＝本行第2列＋本行第3列。

（3）第4行"以前年度结转的尚未抵扣的股权投资余额"：填报以前年度符合条件的尚未抵扣的股权投资余额。

（4）第5行"本年可抵扣的股权投资额"：本行填报第3＋4行的合计金额。

（5）第6行"本年可用于抵扣的应纳税所得额合计金额"：本行第1列填报表A100000第19－20－21行－本表第13行第1列"本年实际抵扣应分得的应纳税所得额"的金额，若金额小于零，则填报零。

（6）第7行"本年实际抵扣应纳税所得额"：若第5行第1列≤第6行第1列，则本行第1列＝第5行第1列；若第5行第1列＞第6行第1列，则本行第1列＝第6行第1列。本行第1列＝本行第2列＋本行第3列。

（7）第8行"结转以后年度抵扣的股权投资余额"：填报本年可抵扣的股权投资额大于本年实际抵扣应纳税所得额时，抵扣后余额部分结转以后年度抵扣的金额。

（二）"二、通过有限合伙制创业投资企业投资按一定比例抵扣分得的应纳税所得额"：企业作为有限合伙制创业投资企业的合伙人，通过合伙企业间接投资未上市中小高新技术企业和种子期、初创期科技型企业，享受有限合伙制创业投资企业法人合伙人按投资额的一定比例抵扣应纳税所得额政策，在本部分填报。

（1）第9行"本年从有限合伙创投企业应分得的应纳税所得额"：填写企业作为法人合伙人，通过有限合伙制创业投资企业投资未上市的中小高新技术企业或者投资于种子期、初创期科技型企业，无论本年是否盈利、是否抵扣应纳税所得额，只要本年从有限合伙制创业投资企业中分配归属于该法人合伙人的应纳税所得额，需填写本行。本行第1列＝本行第2列＋本行第3列。

（2）第10行"本年新增的可抵扣投资额"：填写企业作为法人合伙人，通过有限合伙制创业投资企业投资未上市中小高新技术企业和种子期、初创期科技型企业，本年投资满2年符合条件的可抵扣投资额中归属于该法人合伙人的本年新增可抵扣投资额。无论本年是否盈利、是否需要抵扣应纳税所得额，均需填写本行。本行第1列＝本行第2列＋本行第3列。

有限合伙制创业投资企业的法人合伙人对未上市中小高新技术企业和种子期、初创期科技型企业的投资额，按照有限合伙制创业投资企业的投资额和合伙协议约定的法人合伙人占有限合伙制创业投资企业的出资比例计算确定。其中，有限合伙制创业投资企业的投资额按实缴投资额计算；法人合伙人占有限合伙制创业投资企业的出资比例按法人合伙人对有限合伙制创业投资企业的实缴出资额占该有限合伙制创业投资企业的全部实缴出资额的比例计算。

（3）第11行"以前年度结转的可抵扣投资额"：填写法人合伙人上年度未抵扣，可以结转到本年及以后年度的抵扣投资额。

（4）第12行"本年可抵扣投资额"：填写本年法人合伙人可用于抵扣的投资额合计，包括本年新增和以前年度结转两部分，等于第10行＋第11行。

（5）第13行"本年实际抵扣应分得的应纳税所得额"：填写本年法人合伙人享受优惠实际抵扣的投资额，本行第1列为第9行第1列"本年从有限合伙创投企业应分得的应纳税所得额"、第12行第1列"本年可抵扣投资额"、主表第19－20－21行的三者孰小值，若金额小于零，则填报零。本行第1列＝第

2+3 列。

（6）第 14 行"结转以后年度抵扣的投资额余额"：本年可抵扣投资额大于应分得的应纳税所得额时，抵扣后余额部分结转以后年度抵扣的金额。

（三）"三、抵扣应纳税所得额合计"：上述优惠合计额，代入表 A100000 表计算应纳税所得额。

第 15 行"合计"＝7 行＋13 行。本行第 1 列＝本行第 2 列＋本行第 3 列。

（四）列次填报：第 1 列填报抵扣应纳税所得额的整体情况，第 2 列填报投资于未上市中小高新技术企业部分，第 3 列填报投资于种子期、初创期科技型企业部分。

二、表内、表间关系

（一）表内关系

（1）第 3 行＝第 1×2 行。

（2）第 5 行＝第 3＋4 行。

（3）第 7 行：若第 5 行≤第 6 行，则本行第 1 列＝第 5 行；第 5 行＞第 6 行，则本行第 1 列＝第 6 行。

（4）第 8 行：第 5 行＞第 6 行时，本行＝第 5－7 行；第 5 行≤第 6 行时，本行＝0。

（5）第 12 行＝第 10＋11 行。

（6）第 14 行＝第 12－13 行。

（7）第 15 行＝第 7＋13 行。

（8）第 1 列＝第 2 列＋第 3 列。

（二）表间关系

（1）第 6 行第 1 列＝表 A100000 第 19－20－21 行－本表第 13 行第 1 列；若表 A100000 第 19－20－21 行－本表第 13 行第 1 列＜0，第 6 行第 1 列＝0。

（2）第 15 行第 1 列＝表 A100000 第 22 行。

（3）第 13 行第 1 列＝本表第 9 行第 1 列、第 12 行第 1 列、表 A100000 第 19－20－21 行三者的孰小值；若上述孰小值＜0，第 13 行第 1 列＝0。

A107040　　　　　　　　　　　　　　　**减免所得税优惠明细表**

行次	项　目	金　额
1	一、符合条件的小型微利企业减免企业所得税	
2	二、国家需要重点扶持的高新技术企业减按 15% 的税率征收企业所得税（填写 A107041）	
3	三、经济特区和上海浦东新区新设立的高新技术企业在区内取得的所得定期减免企业所得税（填写 A107041）	
4	四、受灾地区农村信用社免征企业所得税（4.1＋4.2）	
4.1	（一）芦山受灾地区农村信用社免征企业所得税	
4.2	（二）鲁甸受灾地区农村信用社免征企业所得税	
5	五、动漫企业自主开发、生产动漫产品定期减免企业所得税	
6	六、线宽小于 0.8 微米（含）的集成电路生产企业减免企业所得税（填写 A107042）	
7	七、线宽小于 0.25 微米的集成电路生产企业减按 15% 税率征收企业所得税（填写 A107042）	
8	八、投资额超过 80 亿元的集成电路生产企业减按 15% 税率征收企业所得税（填写 A107042）	
9	九、线宽小于 0.25 微米的集成电路生产企业减免企业所得税（填写 A107042）	
10	十、投资额超过 80 亿元的集成电路生产企业减免企业所得税（填写 A107042）	
11	十一、新办集成电路设计企业减免企业所得税（填写 A107042）	
12	十二、国家规划布局内集成电路设计企业可减按 10% 的税率征收企业所得税（填写 A107042）	

续表

行次	项　　目	金　额
13	十三、符合条件的软件企业减免企业所得税（填写 A107042）	
14	十四、国家规划布局内重点软件企业可减按 10%的税率征收企业所得税（填写 A107042）	
15	十五、符合条件的集成电路封装、测试企业定期减免企业所得税（填写 A107042）	
16	十六、符合条件的集成电路关键专用材料生产企业、集成电路专用设备生产企业定期减免企业所得税（填写 A107042）	
17	十七、经营性文化事业单位转制为企业的免征企业所得税	
18	十八、符合条件的生产和装配伤残人员专门用品企业免征企业所得税	
19	十九、技术先进型服务企业减按 15%的税率征收企业所得税	
20	二十、服务贸易创新发展试点地区符合条件的技术先进型服务企业减按 15%的税率征收企业所得税	
21	二十一、设在西部地区的鼓励类产业企业减按 15%的税率征收企业所得税	
22	二十二、新疆困难地区新办企业定期减免企业所得税	
23	二十三、新疆喀什、霍尔果斯特殊经济开发区新办企业定期免征企业所得税	
24	二十四、广东横琴、福建平潭、深圳前海等地区的鼓励类产业企业减按 15%税率征收企业所得税	
25	二十五、北京冬奥组委、北京冬奥会测试赛赛事组委会免征企业所得税	
26	二十六、享受过渡期税收优惠定期减免企业所得税	
27	二十七、其他	
28	二十八、减：项目所得额按法定税率减半征收企业所得税叠加享受减免税优惠	
29	二十九、支持和促进重点群体创业就业企业限额减征企业所得税（29.1＋29.2）	
29.1	（一）下岗失业人员再就业	
29.2	（二）高校毕业生就业	
30	三十、扶持自主就业退役士兵创业就业企业限额减征企业所得税	
31	三十一、民族自治地方的自治机关对本民族自治地方的企业应缴纳的企业所得税中属于地方分享的部分减征或免征（□免征　□减征：减征幅度____%　）	
32	合计（1＋2＋…＋26＋27－28＋29＋30＋31）	

A107040《减免所得税优惠明细表》填报说明

本表由享受减免所得税优惠的纳税人填报。纳税人根据税法和相关税收政策规定，填报本年享受减免所得税优惠情况。

一、有关项目填报说明

（1）第 1 行"一、符合条件的小型微利企业减免所得税"：由享受小型微利企业所得税政策的纳税人填报。填报纳税人根据《财政部　国家税务总局关于扩大小型微利企业所得税优惠政策范围的通知》（财税〔2017〕43 号）、《国家税务总局关于贯彻落实扩大小型微利企业所得税优惠政策范围有关征管问题的公告》（国家税务总局公告 2017 年第 23 号）等相关税收政策规定的，从事国家非限制和禁止行业的企业，并符合工业企业，年度应纳税所得额不超过 50 万元，从业人数不超过 100 人，资产总额不超过 3000 万元；其他企业，年度应纳税所得额不超过 50 万元，从业人数不超过 80 人，资产总额不超过 1000 万元条件的，其所得减按 50%计入应纳税所得额，按 20%的税率缴纳企业所得税。本行填报《中华人民共和国企业所得税年度纳税申报表（A 类）》（A100000）第 23 行应纳税所得额×15%的金额。

（2）第 2 行"二、国家需要重点扶持的高新技术企业减按 15%的税率征收企业所得税"：国家需要重点扶持的高新技术企业享受 15%税率优惠金额填报本行。同时须填报《高新技术企业优惠情况及明细表》（A107041）。

（3）第 3 行"三、经济特区和上海浦东新区新设立的高新技术企业在区内取得的所得定期减免企业所得税"：填报纳税人根据《国务院关于经济特区和上海浦东新区新设立高新技术企业实行过渡性税收优惠的通知》（国发〔2007〕40 号）、《财政部　国家税务总局关于贯彻落实国务院关于实施企业所得税过渡优惠政策有关问题的通知》（财税〔2008〕21 号）等规定，经济特区和上海浦东新区内，在 2008 年 1 月 1 日（含）之后完成登记注册的国家需要重点扶持的高新技术企业，在经济特区和上海浦东新区内取得的所得，自取得第一笔生产经营收入所属纳税年度起，第一年至第二年免征企业所得税，第三年至第五年按照 25%法定税率减半征收企业所得税。对于跨经济特区和上海浦东新区的高新技术企业，其区内所得优惠填写本行，区外所得优惠填写本表第 2 行。经济特区和上海浦东新区新设立的高新技术企业定期减免税期满后，只享受 15%税率优惠的，填写本表第 2 行。同时须填报《高新技术企业优惠情况及明细表》（A107041）。

（4）第 4 行"四、受灾地区农村信用社免征企业所得税"：填报受灾地区农村信用社免征企业所得税金额。本行为合计行，等于 4.1 行＋4.2 行。

《财政部　海关总署　国家税务总局关于支持芦山地震灾后恢复重建有关税收政策问题的通知》（财税〔2013〕58 号）、《财政部　海关总署　国家税务总局关于支持鲁甸地震灾后恢复重建有关税收政策问题的通知》（财税〔2015〕27 号）规定，对芦山、鲁甸受灾地区农村信用社，在规定期限内免征企业所得税。

芦山农村信用社在 2017 年 12 月 31 日前免征所得税，在 4.1 行填列；鲁甸农村信用社在 2018 年 12 月 31 日前免征所得税，在 4.2 行填列。免征所得税金额根据表 A100000 第 23 行应纳税所得额和法定税率计算。

（5）第 5 行"五、动漫企业自主开发、生产动漫产品定期减免企业所得税"：根据《财政部　国家税务总局关于扶持动漫产业发展有关税收政策问题的通知》（财税〔2009〕65 号）、《文化部　财政部　国家税务总局关于印发〈动漫企业认定管理办法（试行）〉的通知》（文市发〔2008〕51 号）、《文化部　财政部　国家税务总局关于实施〈动漫企业认定管理办法（试行）〉有关问题的通知》（文产发〔2009〕18 号）等规定，经认定的动漫企业自主开发、生产动漫产品，享受软件企业所得税优惠政策。即在 2017 年 12 月 31 日前自获利年度起，第一年至第二年免征所得税，第三年至第五年按照 25%的法定税率减半征收所得税，并享受至期满为止。本行填报根据表 A100000 第 23 行应纳税所得额计算的免征、减征企业所得税金额。

（6）第 6 行"六、线宽小于 0.8 微米（含）的集成电路生产企业减免企业所得税"：根据《财政部　国家税务总局关于进一步鼓励软件产业和集成电路产业发展企业所得税政策的通知》（财税〔2012〕27 号）、《财政部　国家税务总局　发展改革委　工业和信息化部关于软件和集成电路产业企业所得税优惠政策有关问题的通知》（财税〔2016〕49 号）等规定，集成电路线宽小于 0.8 微米（含）的集成电路生产企业，在 2017 年 12 月 31 日前自获利年度起计算优惠期，第一年至第二年免征企业所得税，第三年至第五年按照 25%的法定税率减半征收企业所得税，并享受至期满为止。当表 A107042"减免方式"选择第 1 行时，本行填报表 A107042 第 32 行的金额，否则不允许填报。

（7）第 7 行"七、线宽小于 0.25 微米的集成电路生产企业减按 15%税率征收企业所得税"：根据《财政部　国家税务总局关于进一步鼓励软件产业和集成电路产业发展企业所得税政策的通知》（财税〔2012〕27 号）、《财政部　国家税务总局　发展改革委　工业和信息化部关于软件和集成电路产业企业所得税优惠政策有关问题的通知》（财税〔2016〕49 号）等规定，线宽小于 0.25 微米的集成电路生产企业，享受 15%税率。当表 A107042"减免方式"选择第 2 行的"15%税率"时，本行填报表 A107042 第 32 行的金额，否则不允许填报。

（8）第 8 行"八、投资额超过 80 亿元的集成电路生产企业减按 15%税率征收企业所得税"：根据《财政部　国家税务总局关于进一步鼓励软件产业和集成电路产业发展企业所得税政策的通知》（财税〔2012〕27 号）、《财政部　国家税务总局　发展改革委　工业和信息化部关于软件和集成电路产业企业所得税优惠政策有关问题的通知》（财税〔2016〕49 号）等规定，投资额超过 80 亿元的集成电路生产企业，享受15%税率。当表 A107042"减免方式"选择第 3 行的"15%税率"时，本行填报表 A107042 第 32 行的金额，否则不允许填报。

（9）第 9 行"九、线宽小于 0.25 微米的集成电路生产企业减免企业所得税"：根据《财政部　国家税务总局关于进一步鼓励软件产业和集成电路产业发展企业所得税政策的通知》（财税〔2012〕27 号）、《财政部　国家税务总局　发展改革委　工业和信息化部关于软件和集成电路产业企业所得税优惠政策有关问题的通知》（财税〔2016〕49 号）等规定，线宽小于 0.25 微米的集成电路生产企业，经营期在 15 年以上的，在 2017 年 12 月 31 日前自获利年度起计算优惠期，第一年至第五年免征企业所得税，第六年至第十年按照 25%的法定税率减半征收企业所得税，并享受至期满为止。当表 A107042"减免方式"选择第 2 行的"五免五减半"时，本行填报表 A107042 第 32 行的金额，否则不允许填报。

（10）第 10 行："十、投资额超过 80 亿元的集成电路生产企业减免企业所得税"：根据《财政部　国家税务总局关于进一步鼓励软件产业和集成电路产业发展企业所得税政策的通知》（财税〔2012〕27 号）、《财政部　国家税务总局　发展改革委　工业和信息化部关于软件和集成电路产业企业所得税优惠政策有关问题的通知》（财税〔2016〕49 号）等规定，投资额超过 80 亿元的集成电路生产企业，经营期在 15 年以上的，在 2017 年 12 月 31 日前自获利年度起计算优惠期，第一年至第五年免征企业所得税，第六年至第十年按照 25%的法定税率减半征收企业所得税，并享受至期满为止。当表 A107042"减免方式"选择第 3 行的"五免五减半"时，本行填报表 A107042 第 32 行的金额，否则不允许填报。

（11）第 11 行"十一、新办集成电路设计企业减免企业所得税"：根据《财政部　国家税务总局关于进一步鼓励软件产业和集成电路产业发展企业所得税政策的通知》（财税〔2012〕27 号）、《财政部　国家税务总局　发展改革委　工业和信息化部关于软件和集成电路产业企业所得税优惠政策有关问题的通知》（财税〔2016〕49 号）等规定，我国境内新办的集成电路设计企业，在 2017 年 12 月 31 日前自获利年度起计算优惠期，第一年至第二年免征企业所得税，第三年至第五年按照 25%的法定税率减半征收企业所得税，并享受至期满为止。当表 A107042"减免方式"选择第 4 行时，本行填报表 A107042 第 32 行的金额，否则不允许填报。

（12）第 12 行"十二、国家规划布局内集成电路设计企业可减按 10%的税率征收企业所得税"：根据《财政部　国家税务总局关于进一步鼓励软件产业和集成电路产业发展企业所得税政策的通知》（财税〔2012〕27 号）、《财政部　国家税务总局　发展改革委　工业和信息化部关于软件和集成电路产业企业所得税优惠政策有关问题的通知》（财税〔2016〕49 号）等规定，国家规划布局内的重点集成电路设计企业，如当年未享受免税优惠的，可减按 10%税率征收企业所得税。当表 A107042"减免方式"选择第 5 行时，本行填报表 A107042 第 32 行的金额，否则不允许填报。

（13）第 13 行"十三、符合条件的软件企业减免企业所得税"：根据《财政部　国家税务总局关于进一步鼓励软件产业和集成电路产业发展企业所得税政策的通知》（财税〔2012〕27 号）、《财政部　国家税务总局　发展改革委　工业和信息化部关于软件和集成电路产业企业所得税优惠政策有关问题的通知》（财税〔2016〕49 号）等规定，我国境内新办的符合条件的企业，在 2017 年 12 月 31 日前自获利年度起计算优惠期，第一年至第二年免征企业所得税，第三年至第五年按照 25%的法定税率减半征收企业所得税，并享受至期满为止。当表 A107042"减免方式"选择第 6 行时，本行填报表 A107042 第 32 行的金额，否则不允许填报。

（14）第 14 行"十四、国家规划布局内重点软件企业可减按 10%的税率征收企业所得税"：根据《财政部　国家税务总局关于进一步鼓励软件产业和集成电路产业发展企业所得税政策的通知》（财税〔2012〕

27号)、《财政部　国家税务总局　发展改革委　工业和信息化部关于软件和集成电路产业企业所得税优惠政策有关问题的通知》(财税〔2016〕49号)等规定，国家规划布局内的重点软件企业，如当年未享受免税优惠的，可减按10%税率征收企业所得税。当表A107042"减免方式"选择第7行时，本行填报表A107042第32行的金额，否则不允许填报。

（15）第15行"十五、符合条件的集成电路封装、测试企业定期减免企业所得税"：根据《财政部　国家税务总局　发展改革委工业和信息化部关于进一步鼓励集成电路产业发展企业所得税政策的通知》(财税〔2015〕6号)规定，符合条件的集成电路封装、测试企业，在2017年（含2017年）前实现获利的，自获利年度起第一年至第二年免征企业所得税，第三年至第五年按照25%的法定税率减半征收企业所得税，并享受至期满为止；2017年前未实现获利的，自2017年起计算优惠期，享受至期满为止。本行填报根据表A100000第23行应纳税所得额计算的免征、减征企业所得税金额。当表A107042"减免方式"选择第8行时，本行填报表A107042第32行的金额，否则不允许填报。

（16）第16行"十六、符合条件的集成电路关键专用材料生产企业、集成电路专用设备生产企业定期减免企业所得税"：根据《财政部　国家税务总局　发展改革委工业和信息化部关于进一步鼓励集成电路产业发展企业所得税政策的通知》(财税〔2015〕6号)规定，符合条件的集成电路关键专用材料生产企业、集成电路专用设备生产企业，在2017年（含2017年）前实现获利的，自获利年度起第一年至第二年免征企业所得税，第三年至第五年按照25%的法定税率减半征收企业所得税，并享受至期满为止；2017年前未实现获利的，自2017年起计算优惠期，享受至期满为止。本行填报根据表A100000第23行应纳税所得额计算的免征、减征企业所得税金额。当表A107042"减免方式"选择第9行时，本行填报表A107042第32行的金额，否则不允许填报。

（17）第17行"十七、经营性文化事业单位转制为企业的免征企业所得税"：根据《财政部　国家税务总局　中宣部关于继续实施文化体制改革中经营性文化事业单位转制为企业若干税收政策的通知》(财税〔2014〕84号)等规定，从事新闻出版、广播影视和文化艺术的经营性文化事业单位转制为企业的，自转制注册之日起免征企业所得税。本行填报根据表A100000第23行应纳税所得额计算的免征企业所得税金额。

（18）第18行"十八、符合条件的生产和装配伤残人员专门用品企业免征企业所得税"：根据《财政部　国家税务总局　民政部关于生产和装配伤残人员专门用品企业免征企业所得税的通知》(财税〔2016〕111号)等规定，符合条件的生产和装配伤残人员专门用品的企业免征企业所得税。本行填报根据A100000表第23行应纳税所得额计算的免征企业所得税金额。

（19）第19行"十九、技术先进型服务企业减按15%的税率征收企业所得税"：根据《财政部　国家税务总局　商务部　科技部　国家发展改革委关于完善技术先进型服务企业有关企业所得税政策问题的通知》(财税〔2014〕59号)和《财政部　国家税务总局　商务部　科学技术部　国家发展和改革委员会关于新增中国服务外包示范城市适用技术先进型服务企业所得税政策的通知》(财税〔2016〕108号)《财政部　税务总局　商务部　科技部　国家发展改革委关于将技术先进型服务企业所得税政策推广至全国实施的通知》(财税〔2017〕79号)等规定，对经认定的技术先进型服务企业，减按15%的税率征收企业所得税。本行填报根据表A100000第23行应纳税所得额计算的减征所得税金额。

（20）第20行"二十、服务贸易创新发展试点地区符合条件的技术先进型服务企业减按15%的税率征收企业所得税"：根据《财政部　国家税务总局　商务部　科技部　国家发展改革委关于在服务贸易创新发展试点地区推广技术先进型服务企业所得税优惠政策的通知》(财税〔2016〕122号)等规定，在服务贸易创新发展试点地区，符合条件的技术先进型服务企业减按15%的税率征收企业所得税。本行填报根据表A100000第23行应纳税所得额计算的减征所得税金额。

（21）第21行"二十一、设在西部地区的鼓励类产业企业减按15%的税率征收企业所得税"：根据《财政部　海关总署　国家税务总局关于深入实施西部大开发战略有关税收政策问题的通知》(财税

〔2011〕58 号）、《国家税务总局关于深入实施西部大开发战略有关企业所得税问题的公告》（国家税务总局公告 2012 年第 12 号）、《财政部　海关总署　国家税务总局关于赣州市执行西部大开发税收政策问题的通知》（财税〔2013〕4 号）、《西部地区鼓励类产业目录》（中华人民共和国国家发展和改革委员会令第 15 号）、《国家税务总局关于执行〈西部地区鼓励类产业目录〉有关企业所得税问题的公告》（国家税务总局公告 2015 年第 14 号）等规定，对设在西部地区的鼓励类产业企业减按 15% 的税率征收企业所得税；对设在赣州市的鼓励类产业的内资和外商投资企业减按 15% 税率征收企业所得税。本行填报根据表 A100000 第 23 行应纳税所得额计算的减征所得税金额。

（22）第 22 行"二十二、新疆困难地区新办企业定期减免企业所得税"：根据《财政部　国家税务总局关于新疆困难地区新办企业所得税优惠政策的通知》（财税〔2011〕53 号）、《财政部　国家税务总局　国家发展改革委　工业和信息化部关于完善新疆困难地区重点鼓励发展产业企业所得税优惠目录的通知》（财税〔2016〕85 号）等规定，对在新疆困难地区新办的属于《新疆困难地区重点鼓励发展产业企业所得税优惠目录》范围内的企业，自取得第一笔生产经营收入所属纳税年度起，第一年至第二年免征企业所得税，第三年至第五年减半征收企业所得税。本行填报根据 A100000 表第 23 行应纳税所得额计算的免征、减征企业所得税金额。

（23）第 23 行"二十三、新疆喀什、霍尔果斯特殊经济开发区新办企业定期免征企业所得税"：根据《财政部　国家税务总局关于新疆喀什　霍尔果斯两个特殊经济开发区企业所得税优惠政策的通知》（财税〔2011〕112 号）、《财政部　国家税务总局　国家发展改革委　工业和信息化部关于完善新疆困难地区重点鼓励发展产业企业所得税优惠目录的通知》（财税〔2016〕85 号）等规定，对在新疆喀什、霍尔果斯两个特殊经济开发区内新办的属于《新疆困难地区重点鼓励发展产业企业所得税优惠目录》范围内的企业，自取得第一笔生产经营收入所属纳税年度起，五年内免征企业所得税。本行填报根据 A100000 表第 23 行应纳税所得额计算的免征企业所得税金额。

（24）第 24 行"二十四、广东横琴、福建平潭、深圳前海等地区的鼓励类产业企业减按 15% 税率征收企业所得税"：根据《财政部　国家税务总局关于广东横琴新区、福建平潭综合实验区、深圳前海深港现代化服务业合作区企业所得税优惠政策及优惠目录的通知》（财税〔2014〕26 号）等规定，对设在广东横琴新区、福建平潭综合实验区和深圳前海深港现代服务业合作区的鼓励类产业企业减按 15% 的税率征收企业所得税。本行填报根据表 A100000 第 23 行应纳税所得额计算的减征所得税金额。

（25）第 25 行"二十五、北京冬奥组委、北京冬奥会测试赛赛事组委会免征企业所得税"：根据《财政部　税务总局　海关总署关于北京 2022 年冬奥会和冬残奥会税收政策的通知》（财税〔2017〕60 号）等规定，为支持发展奥林匹克运动，确保北京 2022 年冬奥会和冬残奥会顺利举办，对北京冬奥组委免征应缴纳的企业所得税，北京冬奥会测试赛赛事组委会取得的收入及发生的涉税支出比照执行北京冬奥组委的税收政策。本行填报北京冬奥组委、北京冬奥会测试赛赛事组委会根据表 A100000 第 23 行应纳税所得额计算的免征企业所得税金额。

（26）第 26 行"二十六、享受过渡期税收优惠定期减免企业所得税"：根据《国务院关于实施企业所得税过渡优惠政策的通知》（国发〔2007〕39 号）等规定，自 2008 年 1 月 1 日起，原享受企业所得税"五免五减半"等定期减免税优惠的企业，新税法施行后继续按原税收法律、行政法规及相关文件规定的优惠办法及年限享受至期满为止，但因未获利而尚未享受税收优惠的，其优惠期限从 2008 年度起计算。本行填报根据表 A100000 第 23 行应纳税所得额计算的免征、减征企业所得税金额。

（27）第 27 行"二十七、其他"：填报国务院根据税法授权制定的及本表未列明的其他税收优惠政策，需填报项目名称、减免税代码及免征、减征企业所得税金额。

（28）第 28 行"二十八、减：项目所得额按法定税率减半征收企业所得税叠加享受减免税优惠"：纳税人同时享受优惠税率和所得项目减半情形下，在填报本表低税率优惠时，所得项目按照优惠税率减半计算多享受优惠的部分。

企业从事农林牧渔业项目、国家重点扶持的公共基础设施项目、符合条件的环境保护、节能节水项目、符合条件的技术转让、其他专项优惠等所得额应按法定税率 25%减半征收，同时享受小型微利企业、高新技术企业、技术先进型服务企业、集成电路线宽小于 0.25 微米或投资额超过 80 亿元人民币集成电路生产企业、国家规划布局内重点软件企业和集成电路设计企业等优惠税率政策，由于申报表填报顺序，按优惠税率减半叠加享受减免税优惠部分，应在本行对该部分金额进行调整。本行应大于等于 0 且小于等于第 1+2+…+20+22+…+27 行的值。

计算公式：本行＝减半项目所得额×50%×（25%－优惠税率）。

（29）第 29 行"二十九、支持和促进重点群体创业就业企业限额减征企业所得税"：根据《财政部　税务总局　人力资源社会保障部关于继续实施支持和促进重点群体创业就业有关税收政策的通知》（财税〔2017〕49 号）等规定，商贸企业、服务型企业、劳动就业服务企业中的加工型企业和街道社区具有加工性质的小型企业实体，在新增加的岗位中，当年新招用在人力资源社会保障部门公共就业服务机构登记失业半年以上且持《就业创业证》或《就业失业登记证》（注明"企业吸纳税收政策"）人员，与其签订 1 年以上期限劳动合同并依法缴纳社会保险费的，在 3 年内按实际招用人数予以定额依次扣减增值税、城市维护建设税、教育费附加、地方教育附加和企业所得税优惠。定额标准为每人每年 4000 元，最高可上浮 30%。本行填报企业纳税年度终了时实际减免的增值税、城市维护建设税、教育费附加和地方教育附加小于核定的减免税总额，在企业所得税汇算清缴时扣减的企业所得税，当年扣减不完的，不再结转以后年度扣减。本行为合计行，等于 29.1 行＋29.2 行。

安置下岗失业人员再就业、高校毕业生就业扣减的企业所得税，分别填写本表 29.1 行、29.2 行。

（30）第 30 行"三十、扶持自主就业退役士兵创业就业企业限额减征企业所得税"：根据《财政部　税务总局　民政部关于继续实施扶持自主就业退役士兵创业就业有关税收政策的通知》（财税〔2017〕46 号）等规定，对商贸企业、服务型企业、劳动就业服务企业中的加工型企业和街道社区具有加工性质的小型企业实体，在新增加的岗位中，当年新招用自主就业退役士兵，与其签订 1 年以上期限劳动合同并依法缴纳社会保险费的，在 3 年内按实际招用人数予以定额依次扣减增值税、城市维护建设税、教育费附加、地方教育附加和企业所得税优惠。定额标准为每人每年 4000 元，最高可上浮 50%。本行填报企业纳税年度终了时实际减免的增值税、城市维护建设税、教育费附加和地方教育附加小于核定的减免税总额，在企业所得税汇算清缴时扣减的企业所得税，当年扣减不完的，不再结转以后年度扣减。

（31）第 31 行"三十一、民族自治地方的自治机关对本民族自治地方的企业应缴纳的企业所得税中属于地方分享的部分减征或免征（□免征　□减征：减征幅度＿＿＿%）"：根据税法、《财政部　国家税务总局关于贯彻落实国务院关于实施企业所得税过渡优惠政策有关问题的通知》（财税〔2008〕21 号）、《中华人民共和国民族区域自治法》的规定，实行民族区域自治的自治区、自治州、自治县的自治机关对本民族自治地方的企业应缴纳的企业所得税中属于地方分享的部分，可以决定减征或者免征，自治州、自治县决定减征或者免征的，须报省、自治区、直辖市人民政府批准。

纳税人填报该行次时，根据享受政策的类型选择"免征"或"减征"，二者必选其一。选择"免征"是指企业所得税款地方分成 40%部分全免；选择"减征：减征幅度＿＿＿%"需填写"减征幅度"，减征幅度填写 1 至 100，表示企业所得税地方分成部分减征的百分比。优惠金额填报（应纳所得税额－本表以上行次优惠合计）×40%×减征幅度的金额，本表以上行次不包括第 4.1 行、4.2 行、29.1 行、29.2 行。如地方分享部分减半征收，则选择"减征"，并在"减征幅度"后填写"50%"。

（32）第 32 行"合计"：填报第 1+2+3+4+5+…+26+27－28+29+30+31 行的金额。

二、表内、表间关系

（一）表内关系

（1）第 4 行＝第 4.1+4.2 行。

（2）第 29 行＝第 29.1+29.2 行。

（3）第 32 行 = 第 1 + 2 + 3 + 4 + 5 + … + 26 + 27 − 28 + 29 + 30 + 31 行。

（二）表间关系

（1）第 2 行 = 表 A107041 第 31 行。

（2）第 3 行 = 表 A107041 第 32 行。

（3）第 6 行至第 16 行 = A107042 第 32 行，根据以下规则判断填报：

若 A107042"减免方式"单选第 1 行，第 6 行 = A107042 第 32 行；

若 A107042"减免方式"单选第 2 行"15%税率"，第 7 行 = A107042 第 32 行；

若 A107042"减免方式"单选第 3 行"15%税率"，第 8 行 = A107042 第 32 行；

若 A107042"减免方式"单选第 2 行"五免五减半"，第 9 行 = A107042 第 32 行；

若 A107042"减免方式"单选第 3 行"五免五减半"，第 10 行 = A107042 第 32 行；

若 A107042"减免方式"单选第 4 行，第 11 行 = A107042 第 32 行；

若 A107042"减免方式"单选第 5 行，第 12 行 = A107042 第 32 行；

若 A107042"减免方式"单选第 6 行，第 13 行 = A107042 第 32 行；

若 A107042"减免方式"单选第 7 行，第 14 行 = A107042 第 32 行；

若 A107042"减免方式"单选第 8 行，第 15 行 = A107042 第 32 行；

若 A107042"减免方式"单选第 9 行，第 16 行 = A107042 第 32 行。

（4）第 31 行 = （表 A100000 第 25 行 − 本表第 1 + 2 + 3 + 4 + 5… + 29 + 30 行）× 40% × 减征幅度。

（5）第 32 行 = 表 A100000 第 26 行。

A107041　　　　　　　　　　　**高新技术企业优惠情况及明细表**

		基本信息			
1	高新技术企业证书编号		高新技术企业证书取得时间		
2	对企业主要产品（服务）发挥核心支持作用的技术所属范围	国家重点支持的高新技术领域			
		一级领域	二级领域		三级领域
3		关键指标情况			
4	收入指标	一、本年高新技术产品（服务）收入（5+6）			
5		其中：产品（服务）收入			
6		技术性收入			
7		二、本年企业总收入（8−9）			
8		其中：收入总额			
9		不征税收入			
10		三、本年高新技术产品（服务）收入占企业总收入的比例（4÷7）			
11	人员指标	四、本年科技人员数			
12		五、本年职工总数			
13		六、本年科技人员占企业当年职工总数的比例（11÷12）			
14	研发费用指标	高新研发费用归集年度	本年度	前一年度	前二年度	合计
			1	2	3	4
15		七、归集的高新研发费用金额（16+25）			
16		（一）内部研究开发投入（17+…+22+24）			
17		1. 人员人工费用			

续表

18		2. 直接投入费用				
19		3. 折旧费用与长期待摊费用				
20		4. 无形资产摊销费用				
21		5. 设计费用				
22		6. 装备调试费与实验费用				
23		7. 其他费用				
24	研发费用指标	其中：可计入研发费用的其他费用				
25		（二）委托外部研发费用〔(26+28)×80%〕				
26		1. 境内的外部研发费				
27		2. 境外的外部研发费				
28		其中：可计入研发费用的境外的外部研发费				
29		八、销售（营业）收入				
30		九、三年研发费用占销售（营业）收入的比例（15行4列÷29行4列）				
31	减免税额	十、国家需要重点扶持的高新技术企业减征企业所得税				
32		十一、经济特区和上海浦东新区新设立的高新技术企业定期减免税额				

A107041《高新技术企业优惠情况及明细表》填报说明

高新技术企业资格的纳税人均需填报本表。纳税人根据税法、《科技部 财政部 国家税务总局关于修订印发〈高新技术企业认定管理办法〉的通知》（国科发火〔2016〕32号）、《科学技术部 财政部 国家税务总局关于修订印发〈高新技术企业认定管理工作指引〉的通知》（国科发火〔2016〕195号）、《国家税务总局关于实施高新技术企业所得税优惠政策有关问题的公告》（国家税务总局公告2017年第24号）等相关税收政策规定，填报本年发生的高新技术企业优惠情况。

一、有关项目填报说明

（1）第1行"《高新技术企业证书》编号"：填报纳税人高新技术企业证书上的编号；"《高新技术企业证书》取得时间"；填报纳税人高新技术企业证书上的取得时间。

（2）第2行"对企业主要产品（服务）发挥核心支持作用的技术所属范围"：填报对企业主要产品（服务）发挥核心支持作用的技术属于《国家重点支持的高新技术领域》规定的具体范围，填报至三级明细领域，如"一、电子信息技术（一）软件1. 系统软件"。

（3）第4行"一、本年高新技术产品（服务）收入"：填报第5+6行的合计金额。

（4）第5行"其中：产品（服务）收入"：填报纳税人本年发挥核心支持作用的技术属于《国家重点支持的高新技术领域》规定范围的产品（服务）收入。

（5）第6行"技术性收入"：包括技术转让收入、技术服务收入和接受委托研究开发收入。

（6）第7行"二、本年企业总收入"：填报第8−9行的余额。

（7）第8行"（一）收入总额"：填报纳税人本年以货币形式和非货币形式从各种来源取得的收入，为收入总额。包括：销售货物收入，提供劳务收入，转让财产收入，股息、红利等权益性投资收益，利息收入，租金收入，特许权使用费收入，接受捐赠收入，其他收入。

（8）第9行"不征税收入"：填报纳税人本年符合相关政策规定的不征税收入。

（9）第10行"三、本年高新技术产品（服务）收入占企业总收入的比例"：填报第4÷7行计算后的比例。

（10）第 11 行"四、本年科技人员数"：填报纳税人直接从事研发和相关技术创新活动，以及专门从事上述活动的管理和提供直接技术服务的，累计实际工作时间在 183 天以上的人员，包括在职、兼职和临时聘用人员。

（11）第 12 行"五、本年职工总数"：填报纳税人本年在职、兼职和临时聘用人员。在职人员可以通过企业是否签订了劳动合同或缴纳社会保险费来鉴别。兼职、临时聘用人员全年须在企业累计工作 183 天以上。

（12）第 13 行"六、本年科技人员占企业当年职工总数的比例"：填报第 11 ÷ 12 行计算后的比例。

（13）第 14 行"高新研发费用归集年度"：本行设定了三个年度，与计算研发费比例相关的第 15 行至第 29 行需填报三年数据，实际经营不满三年的按实际经营时间填报。

（14）第 15 行"七、本年归集的高新研发费用金额"：填报第 16 + 25 行的合计金额。

（15）第 16 行"（一）内部研究开发投入"：填报第 17 + 18 + 19 + 20 + 21 + 22 + 24 行的合计金额。

（16）第 17 行"1. 人员人工费用"：填报纳税人科技人员的工资薪金、基本养老保险费、基本医疗保险费、失业保险费、工伤保险费、生育保险费和住房公积金，以及外聘科技人员的劳务费用。

（17）第 18 行"2. 直接投入费用"：填报纳税人为实施研究开发活动而实际发生的相关支出。包括：直接消耗的材料、燃料和动力费用；用于中间试验和产品试制的模具、工艺装备开发及制造费，不构成固定资产的样品、样机及一般测试手段购置费，试制产品的检验费；用于研究开发活动的仪器、设备的运行维护、调整、检验、检测、维修等费用，以及通过经营租赁方式租入的用于研发活动的固定资产租赁费。

（18）第 19 行"3. 折旧费用与长期待摊费用"：填报纳税人用于研究开发活动的仪器、设备和在用建筑物的折旧费；研发设施的改建、改装、装修和修理过程中发生的长期待摊费用。

（19）第 20 行"4. 无形资产摊销费用"：填报纳税人用于研究开发活动的软件、知识产权、非专利技术（专有技术、许可证、设计和计算方法等）的摊销费用。

（20）第 21 行"5. 设计费用"：填报纳税人为新产品和新工艺进行构思、开发和制造，进行工序、技术规范、规程制定、操作特性方面的设计等发生的费用，包括为获得创新性、创意性、突破性产品进行的创意设计活动发生的相关费用。

（21）第 22 行"6. 装备调试费与实验费用"：填报纳税人工装准备过程中研究开发活动所发生的费用，包括研制特殊、专用的生产机器，改变生产和质量控制程序，或制定新方法及标准等活动所发生的费用。

（22）第 23 行"7. 其他费用"：填报纳税人与研究开发活动直接相关的其他费用，包括技术图书资料费、资料翻译费、专家咨询费、高新科技研发保险费，研发成果的检索、论证、评审、鉴定、验收费用，知识产权的申请费、注册费、代理费，会议费、差旅费、通信费等。

（23）第 24 行"其中：可计入研发费用的其他费用"：填报纳税人为研究开发活动所发生的其他费用中不超过研究开发总费用的 20% 的金额。该行取第 17 行至第 22 行之和 × 20% ÷（1 − 20%）与第 23 行的孰小值。

（24）第 25 行"（二）委托外部研发费用"：填报纳税人委托境内外其他机构或个人进行研究开发活动所发生的费用（研究开发活动成果为委托方企业拥有，且与该企业的主要经营业务紧密相关）。委托外部研发费用的实际发生额应按照独立交易原则确定，按照实际发生额的 80% 计入委托方研发费用总额。本行填报（第 26 + 28 行）× 80% 的金额。

（25）第 26 行"1. 境内的外部研发费用"：填报纳税人委托境内其他机构或个人进行的研究开发活动所支出的费用。本行填报实际发生境内的外部研发费用。

（26）第 27 行"2. 境外的外部研发费用"：填报纳税人委托境外机构或个人完成的研究开发活动所发生的费用。受托研发的境外机构是指依照外国（地区）及港澳台法律成立的企业和其他取得收入的组织；受托研发的境外个人是指外籍及港澳台个人。本行填报实际发生境外的外部研发费用。

（27）第 28 行"其中：可计入研发费用的境外的外部研发费用"：根据《高新技术企业认定管理办法》等规定，纳税人在中国境内发生的研发费用总额占全部研发费用总额的比例不低于 60%，即境外发生的研发费用总额占全部研发费用总额的比例不超过 40%。本行填报（第 17+18+…+22+23+26 行）×40%÷（1-40%）与第 27 行的孰小值。

（28）第 29 行"八、销售（营业）收入"：填报纳税人主营业务收入与其他业务收入之和。

（29）第 30 行"九、三年研发费用占销售（营业）收入的比例"：填报第 15 行 4 列÷第 29 行 4 列计算后的比例。

（30）第 31 行"十、国家需要重点扶持的高新技术企业减征企业所得税"：本行填报经济特区和上海浦东新区外的高新技术企业或虽在经济特区和上海浦东新区新设的高新技术企业但取得区外所得的减免税金额。

（31）第 32 行"十一、经济特区和上海浦东新区新设立的高新技术企业定期减免"：本行填报在经济特区和上海浦东新区新设的高新技术企业区内所得减免税金额。

二、表内、表间关系

（一）表内关系

（1）第 4 行 = 第 5+6 行。

（2）第 7 行 = 第 8-9 行。

（3）第 10 行 = 第 4÷7 行。

（4）第 13 行 = 第 11÷12 行。

（5）第 15 行 = 第 16+25 行。

（6）第 16 行 = 第 17+18+19+20+21+22+24 行。

（7）第 25 行 =（第 26+28 行）×80%。

（8）第 30 行 = 第 15 行 4 列÷第 29 行 4 列。

（二）表间关系

（1）第 31 行 = 表 A107040 第 2 行。

（2）第 32 行 = 表 A107040 第 3 行。

A107042 　　　　　　　软件、集成电路企业优惠情况及明细表

企业类型及减免方式			
行号	企业类型		减免方式
1	一、集成电路生产企业	（一）线宽小于 0.8 微米（含）	□二免三减半
2		（二）线宽小于 0.25 微米	□五免五减半　□15%税率
3		（三）投资额超过 80 亿元	□五免五减半　□15%税率
4	二、集成电路设计企业	（一）新办符合条件	□二免三减半
5		（二）重点企业 □大型 □领域	□10%税率
6	三、软件企业（□一般软件 □嵌入式或信息系统集成软件）	（一）新办符合条件	□二免三减半
7		（二）重点企业 □大型 □领域 □出口	□10%税率
8	四、集成电路封装测试企业		□二免三减半
9	五、集成电路关键专用材料或专用设备生产企业（□关键专用材料　□专用设备）		□二免三减半
10	获利年度/开始计算优惠期年度		

续表

		关键指标情况		
11	人员指标	一、企业本年月平均职工总人数		
12		其中：签订劳动合同关系且具有大学专科以上学历的职工人数		
13		研究开发人员人数		
14		二、大学专科以上职工占企业本年月平均职工总人数的比例（12÷11）		
15		三、研究开发人员占企业本年月平均职工总人数的比例（13÷11）		
16	研发费用指标	四、研发费用总额		
17		其中：企业在中国境内发生的研发费用金额		
18		五、研发费用占销售（营业）收入的比例		
19		六、境内研发费用占研发费用总额的比例（17÷16）		
20	收入指标	七、企业收入总额		
21		八、符合条件的销售（营业）收入		
22		九、符合条件的收入占收入总额的比例（21÷20）		
23		十、集成电路设计企业、软件企业填报	（一）自主设计/开发销售（营业）收入	
24			（二）自主设计/开发收入占企业收入总额的比例（23÷20）	
25		十一、重点软件企业或重点集成电路设计企业符合"领域"的填报	（一）适用的领域	
26			（二）选择备案领域的销售（营业）收入	
27			（三）领域内的销售收入占符合条件的销售收入的比例（26÷21）	
28		十二、重点软件企业符合"出口"的填报	（一）年度软件出口收入总额（美元）	
29			（二）年度软件出口收入总额（人民币）	
30			（三）软件出口收入总额占本企业年度收入总额的比例（29÷20）	
31		十三、集成电路关键专用材料或专用设备生产企业填报	产品适用目录	
32		减免税额		

A107042《软件、集成电路企业优惠情况及明细表》填报说明

本表适用于享受软件、集成电路企业优惠的纳税人填报。纳税人根据税法、《财政部 国家税务总局关于进一步鼓励软件产业和集成电路产业发展企业所得税政策的通知》（财税〔2012〕27号）、《财政部 国家税务总局 发展改革委 工业和信息化部关于软件和集成电路产业企业所得税优惠政策有关问题的通知》（财税〔2016〕49号）、《国家发展和改革委员会 工业和信息化部 财政部 国家税务总局关于印发国家规划布局内重点软件和集成电路设计领域的通知》（发改高技〔2016〕1056号）、《财政部 国家税务总局 发展改革委 工业和信息化部关于进一步鼓励集成电路产业发展企业所得税政策的通知》（财税〔2015〕6号）等相关规定，填报本年发生的软件、集成电路企业优惠有关情况。

一、有关项目填报说明

（一）企业类型及减免方式

纳税人根据企业类型选择享受的优惠政策和享受优惠有关基本信息。

（1）"企业类型"及"减免方式"：纳税人根据享受优惠的企业类型选择对应的减免方式，其中"减

免方式"列中的 11 个选项为单项选择，选择不同的项目优惠金额将带入表 A107040 对应的行次；"企业类型"中，若享受软件企业有关优惠政策的，须选择软件企业产品类型，"一般软件"和"嵌入式或信息系统集成软件"两个选项必选其一；若享受重点软件或重点集成电路设计企业优惠，须选择重点企业类型，"大型""领域"和"出口"（其中，"出口"选项仅重点软件企业选择）必选其一。

（2）第 1—3 行"一、集成电路生产企业"：

第 1 行"（一）线宽小于 0.8 微米（含）"：是指财税〔2012〕27 号文件第一条规定的优惠政策，由线宽小于 0.8 微米（含）集成电路生产企业填报。

第 2 行"（二）线宽小于 0.25 微米"：是指财税〔2012〕27 号文件第二条规定的优惠，由线宽小于 0.25 微米的集成电路生产企业填报，根据享受的政策选择优惠方式，其中经营期在 15 年以上符合条件的企业，可选择"五免五减半"。

第 3 行"（三）投资额超过 80 亿元"：是指财税〔2012〕27 号文件第二条规定的优惠，由投资额超过 80 亿元的集成电路生产企业填报，根据享受的政策选择优惠方式，其中经营期在 15 年以上符合条件的企业，可以选择"五免五减半"。

（3）第 4—5 行"二、集成电路设计企业"：

第 4 行"（一）新办符合条件"：是指集成电路设计企业享受财税〔2012〕27 号文件第三条规定的优惠政策，由符合条件的集成电路设计企业填报。

第 5 行"（二）重点企业 □大型 □领域"：是指财税〔2012〕27 号文件第四条规定的优惠政策，由国家规划布局内的重点集成电路设计企业填报，同时，须选择重点集成电路企业的类型，符合财税〔2016〕49 号第五条第一项条件的选择"大型"，符合财税〔2016〕49 号第五条第二项条件的选择"领域"。

（4）第 6—7 行"三、软件企业 □一般软件 □嵌入式或信息系统集成软件"：是指软件企业享受财税〔2012〕27 号文件第三条规定的软件企业优惠政策以及第四条规定的国家规划布局内的重点软件企业优惠政策。若企业产品是嵌入式软件产品和信息系统集成产品开发，该选项应选择"嵌入式或信息系统集成软件"，否则选"一般软件"。

第 6 行"（一）新办符合条件"：是指软件企业享受财税〔2012〕27 号文件第三条规定的优惠政策，由符合条件的软件企业填报。

第 7 行"（二）重点企业 □大型 □领域 □出口"：是指财税〔2012〕27 号文件第四条规定的优惠政策，由国家规划布局内的重点软件企业填报，同时，须选择重点软件企业的类型，符合财税〔2016〕49 号第六条第一项条件的选择"大型"，符合财税〔2016〕49 号第六条第二项条件的选择"领域"，符合财税〔2016〕49 号第六条第三项条件的选择"出口"。

（5）第 8 行"四、集成电路封装测试企业"：是指财税〔2015〕6 号文件第一条规定的优惠政策，由符合条件的集成电路封装、测试企业填报。

（6）第 9 行"五、集成电路关键专用材料或专用设备生产企业 □关键专用材料 □专用设备"：是指财税〔2015〕6 号文件第一条规定的优惠政策，由符合条件的集成电路关键专用材料生产企业、集成电路专用设备生产企业填报。享受该项政策，须根据企业类型选择，集成电路关键专用材料生产企业选择"□关键专用材料"，集成电路专用设备生产企业选择"□专用设备"。

（7）第 10 行"获利年度/开始计算优惠期年度"：由选择"二免三减半""五免五减半"两类定期减免类型的企业填报，填报开始计算优惠期的年度。

（二）关键指标情况

填报企业享受政策的有关指标，具体如下：

第 11 行至第 22 行：享受本表任意优惠政策的企业均需填报。

第 23 行至第 24 行：由软件、集成电路设计企业填报，包括国家规划布局内的重点软件企业和重点集成电路设计企业（即单选本表第 4 行至第 7 行中减免类型的企业）填报。

第 25 行至第 27 行：由国家规划布局内的重点软件企业、重点集成电路企业中，适用符合领域条件的企业（即单选本表第 5 行、第 7 行减免类型，且重点企业选择"领域"的企业）填报。

第 28 行至第 30 行：由国家规划布局内的重点软件企业中，适用符合出口条件的企业（即单选本表第 7 行减免类型，且重点企业选择"出口"的企业）填报。

第 31 行：由集成电路关键专用材料或专用设备生产企业（即单选本表第 9 行减免类型）填报。

（1）第 11 行"一、企业本年月平均职工总人数"：填报企业本年月平均职工总人数。本年月平均职工总人数计算方法：

$$月平均人数 =（月初数 + 月末数）÷ 2$$
$$全年月平均职工总人数 = 全年各月平均数之和 ÷ 12$$

（2）第 12 行"其中：签订劳动合同关系且具有大学专科以上学历的职工人数"：填报纳税人本年签订劳动合同关系且具有大学专科以上学历的职工人数。

（3）第 13 行"研究开发人员人数"：填报纳税人本年研究开发人员人数。

（4）第 14 行"二、大学专科以上职工占企业本年月平均职工总人数的比例"：填报第 12 ÷ 11 行计算后的比例。

（5）第 15 行"三、研究开发人员占企业本年月平均职工总人数的比例"：填报第 13 ÷ 11 行计算后的比例。

（6）第 16 行"四、研发费用总额"：填报企业按照《财政部 国家税务总局 科技部关于完善研发费用税前加计扣除政策的通知》（财税〔2015〕119 号）口径归集的研发费用总额。

（7）第 17 行"其中：企业在中国境内发生的研发费用金额"：填报纳税人本年在中国境内发生的研发费用金额。

（8）第 18 行"五、研发费用占销售（营业）收入的比例"：填报研发费用占销售（营业）收入的比例，即本表第 16 行 ÷ 表 A101010 第 1 行。

（9）第 19 行"六、境内研发费用占研发费用总额的比例"：填报第 17 ÷ 16 行计算后的比例。

（10）第 20 行"七、企业收入总额"：填报纳税人本年以货币形式和非货币形式从各种来源取得的收入，为税法第六条规定的收入总额。包括：销售货物收入，提供劳务收入，转让财产收入，股息、红利等权益性投资收益，利息收入，租金收入，特许权使用费收入，接受捐赠收入，其他收入。

（11）第 21 行"八、符合条件的销售（营业）收入"：根据企业类型分析填报，享受不同政策本行所填数据含义不同：

1）集成电路生产企业：本行填报本年度集成电路制造销售（营业）收入；

2）集成电路设计企业：本行填报本年度集成电路设计销售（营业）收入；

3）软件企业：选择"一般软件"的，本行填报本年软件产品开发销售（营业）收入；选择"嵌入式或信息系统集成软件"的，本行填报嵌入式软件产品和信息系统集成产品开发销售（营业）收入；

4）集成电路封装、测试企业：本行填报本年集成电路封装、测试销售（营业）收入；

5）集成电路关键专用材料生产企业：本行填报本年集成电路关键专用材料销售（营业）收入；

6）集成电路专用设备生产企业：行填报本年集成电路专用设备销售（营业）收入。

（12）第 22 行"九、符合条件的收入占收入总额的比例"：填报第 21 ÷ 20 行计算后的比例。

（13）第 23 行"（一）自主设计/开发销售（营业）收入"：

集成电路设计企业，本行填报本年度集成电路自主设计销售（营业）收入。

软件企业，选"一般软件"的填报本年软件产品自主开发销售（营业）收入，选"嵌入式或信息系统集成软件"的填报本年自主开发嵌入式软件产品和信息系统集成产品开发销售（营业）收入。

（14）第 24 行"（二）自主设计/开发收入占企业收入总额的比例"：填报第 23 ÷ 20 行计算后的比例。

（15）第 25 行"（一）适用的领域"：根据《国家发展和改革委员会 工业和信息化部 财政部 国

家税务总局关于印发国家规划布局内重点软件和集成电路设计领域的通知》（发改高技〔2016〕1056号）文件，选择适用的领域。

（16）第26行"（二）选择备案领域的销售（营业）收入"：填报符合第25行选定"领域"内的销售（营业）收入。如选择领域为"（一）基础软件：操作系统、数据库、中间件"，则该行填报该业务的销售（营业）收入。

（17）第27行"（三）领域内的销售收入占符合条件的销售收入的比例"：填报第26÷21行计算后的比例。

（18）第28行"（一）年度软件出口收入总额（美元）"：填报企业年度软件出口收入总额，以美元计算。

（19）第29行"（二）年度软件出口收入总额（人民币）"：填报企业年度软件出口收入总额，换算成人民币以后的金额。

（20）第30行"（三）软件出口收入总额占本企业年度收入总额的比例"：填报第29÷20行计算后的比例。

（21）第31行"产品适用目录"：由集成电路关键专用材料或专用设备生产企业，即单选本表第9行减免类型的企业填报。目录见《财政部　国家税务总局　发展改革委　工业和信息化部关于进一步鼓励集成电路产业发展企业所得税政策的通知》（财税〔2015〕6号）文件。

（22）第32行"减免税额"：填报本年享受集成电路、软件企业优惠的金额。

二、表内、表间关系

（一）表内关系

（1）第14行＝第12÷11行。

（2）第15行＝第13÷11行。

（3）第19行＝第17÷16行。

（4）第22行＝第21÷20行。

（5）第24行＝第23÷20行。

（6）第27行＝第26÷21行。

（7）第30行＝第29÷20行。

（二）表间关系

（1）第18行＝第16行÷表A101010第1行。

（2）第32行＝表A107040第6行至第16行，根据以下规则判断填报：

若"减免方式"单选第1行，第32行＝表A107040第6行；

若"减免方式"单选第2行"五免五减半"，第32行＝表A107040第9行；

若"减免方式"单选第2行"15%税率"，第32行＝表A107040第7行；

若"减免方式"单选第3行"五免五减半"，第32行＝表A107040第10行；

若"减免方式"单选第3行"15%税率"，第32行＝表A107040第8行；

若"减免方式"单选第4行，第32行＝表A107040第11行；

若"减免方式"单选第5行，第32行＝表A107040第12行；

若"减免方式"单选第6行，第32行＝表A107040第13行；

若"减免方式"单选第7行，第32行＝表A107040第14行；

若"减免方式"单选第8行，第32行＝表A107040第15行；

若"减免方式"单选第9行，第32行＝表A107040第16行。

A107050

税额抵免优惠明细表

行次	项目	年度	本年抵免前应纳税额	本年允许抵免的专用设备投资额	本年可抵免税额	以前年度已抵免额						本年实际抵免的各年度税额	可结转以后年度抵免的税额
						前五年度	前四年度	前三年度	前二年度	前一年度	小计		
		1	2	3	4（3×10%）	5	6	7	8	9	10（5+…+9）	11	12（4−10−11）
1	前五年度												*
2	前四年度					*							
3	前三年度					*	*						
4	前二年度					*	*	*					
5	前一年度					*	*	*	*				
6	本年度					*	*	*	*	*			
7	本年实际抵免税额合计												*
8	可结转以后年度抵免的税额合计												
9	专用设备投资情况	本年允许抵免的环境保护专用设备投资额											
10		本年允许抵免节能节水的专用设备投资额											
11		本年允许抵免的安全生产专用设备投资额											

A107050《税额抵免优惠明细表》填报说明

本表适用于享受专用设备投资额抵免优惠（含结转）的纳税人填报。纳税人根据税法、《财政部　国家税务总局关于执行环境保护专用设备企业所得税优惠目录、节能节水专用设备企业所得税优惠目录和安全生产专用设备企业所得税优惠目录有关问题的通知》（财税〔2008〕48号）、《财政部　国家税务总局　国家发展改革委关于公布节能节水专用设备企业所得税优惠目录（2008年版）和环境保护专用设备企业所得税优惠目录（2008年版）的通知》（财税〔2008〕115号）、《财政部　国家税务总局　安全监管总局关于公布〈安全生产专用设备企业所得税优惠目录（2008年版）〉的通知》（财税〔2008〕118号）、《财政部　国家税务总局关于执行企业所得税优惠政策若干问题的通知》（财税〔2009〕69号）、《国家税务总局关于环境保护、节能节水、安全生产等专用设备投资抵免企业所得税有关问题的通知》（国税函〔2010〕256号）、《财政部　税务总局　国家发展改革委　工业和信息化部　环境保护部关于印发节能节水和环境保护专用设备企业所得税优惠目录（2017年版）的通知》（财税〔2017〕71号）等相关税收政策规定，填报本年发生的专用设备投资额抵免优惠（含结转）情况。

一、有关项目填报说明

（1）第1列"年度"：填报公历年份。第6行为本年，第5行至第1行依次填报。

（2）第2列"本年抵免前应纳税额"：填报纳税人《中华人民共和国企业所得税年度纳税申报表（A类）》（表A100000）第25行"应纳所得税额"减第26行"减免所得税额"后的额。2012和2013年度的"当年抵免前应纳税额"：填报《企业所得税年度纳税申报表（A类）》（2008年版）第27行"应纳所得税额"减第28行"减免所得税额"后的余额。2014、2015年度和2016年度的"当年抵免前应纳税额"：填报纳税人《中华人民共和国企业所得税年度纳税申报表（A类）》（2014年版）第25行"应纳所得税额"减第26行"减免所得税额"后的余额。

（3）第3列"本年允许抵免的专用设备投资额"：填报纳税人本年购置并实际使用《环境保护专用设备企业所得税优惠目录》《节能节水专用设备企业所得税优惠目录》和《安全生产专用设备企业所得税优

惠目录》规定的环境保护、节能节水、安全生产等专用设备的发票价税合计金额，但不包括允许抵扣的增值税进项税额、按有关规定退还的增值税税款以及设备运输、安装和调试等费用。

（4）第4列"本年可抵免税额"：填报第3列×10%的金额。

（5）第5列至第9列"以前年度已抵免额"：填报纳税人以前年度已抵免税额，其中前五年度、前四年度、前三年度、前二年度、前一年度与"项目"列中的前五年度、前四年度、前三年度、前二年度、前一年度相对应。

（6）第10列"以前年度已抵免额—小计"：填报第5+6+7+8+9列的合计金额。

（7）第11列"本年实际抵免的各年度税额"：第1行至第6行填报纳税人用于依次抵免前5个年度及本年尚未抵免的税额，第11列小于等于第4-10列，且第11列第1行至第6行合计金额不得大于第6行第2列的金额。

（8）第12列"可结转以后年度抵免的税额"：填报第4-10-11列的余额。

（9）第7行第11列"本年实际抵免税额合计"：填报第11列第1+2+…+6行的合计金额。

（10）第8行第12列"可结转以后年度抵免的税额合计"：填报第12列第2+3+…+6行的合计金额。

（11）第9行"本年允许抵免的环境保护专用设备投资额"：填报纳税人本年购置并实际使用《环境保护专用设备企业所得税优惠目录》规定的环境保护专用设备的发票价税合计价格，但不包括允许抵扣的增值税进项税额、按有关规定退还的增值税税款以及设备运输、安装和调试等费用。

（12）第10行"本年允许抵免节能节水的专用设备投资额"：填报纳税人本年购置并实际使用《节能节水专用设备企业所得税优惠目录》规定的节能节水等专用设备的发票价税合计价格，但不包括允许抵扣的增值税进项税额、按有关规定退还的增值税税款以及设备运输、安装和调试等费用。

（13）第11行"本年允许抵免的安全生产专用设备投资额"：填报纳税人本年购置并实际使用《安全生产专用设备企业所得税优惠目录》规定的安全生产等专用设备的发票价税合计价格，但不包括允许抵扣的增值税进项税额、按有关规定退还的增值税税款以及设备运输、安装和调试等费用。

二、表内、表间关系

（一）表内关系

（1）第4列=第3列×10%。

（2）第10列=第5+6+…+9列。

（3）第11列≤第4-10列。

（4）第12列=第4-10-11列。

（5）第6行第3列=第9+10+11行。

（6）第7行第11列=第11列第1+2+…+6行。

（7）第8行第12列=第12列第2+3+…+6行。

（二）表间关系

（1）第7行第11列≤表A100000第25-26行。

（2）第7行第11列=表A100000第27行。

（3）第2列=表A100000第25行-表A100000第26行。

2012年度和2013年度：第2列=《中华人民共和国企业所得税年度纳税申报表（A类）》（2008年版）第27-28行。

2014、2015年度和2016年度：第2列=《中华人民共和国企业所得税年度纳税申报表（A类）》（2014年版）第25-26行。

A108000

境外所得税收抵免明细表

行次	国家（地区）	境外税前所得	境外所得纳税调整后所得	弥补境外以前年度亏损	境外应纳税所得额	抵减境内亏损	抵减境内亏损后的境外应纳税所得额	税率	境外所得应纳税额	境外所得可抵免税额	境外所得抵免限额	本年可抵免境外所得税额	未超过境外所得税抵免限额的余额	本年可抵免以前年度未抵免境外所得税额	按简易办法计算				境外所得抵免所得税额合计
															按低于12.5%的实际税率计算的抵免额	按12.5%计算的抵免额	按25%计算的抵免额	小计	
	1	2	3	4	5（3-4）	6	7（5-6）	8	9（7×8）	10	11	12	13（11-12）	14	15	16	17	18（15+16+17）	19（12+14+18）
1																			
2																			
3																			
4																			
5																			
6																			
7																			
8																			
9																			
10	合计																		

A108000《境外所得税收抵免明细表》填报说明

本表适用于取得境外所得的纳税人填报。纳税人应根据税法、《财政部　国家税务总局关于企业境外所得税收抵免有关问题的通知》（财税〔2009〕125 号）和《国家税务总局关于发布〈企业境外所得税收抵免操作指南〉的公告》（国家税务总局公告 2010 年第 1 号）、《财政部　国家税务总局关于我国石油企业从事油（气）资源开采所得税收抵免有关问题的通知》（财税〔2011〕23 号）、《财政部　税务总局关于完善企业境外所得税收抵免政策问题的通知》（财税〔2017〕84 号）规定，填报本年来源于或发生于不同国家、地区的所得按照税收规定计算应缴纳和应抵免的企业所得税。

一、有关项目填报说明

（一）行次填报

纳税人若选择"分国（地区）不分项"的境外所得抵免方式，应根据表 A108010、表 A108020、表 A108030 分国（地区）别逐行填报本表；纳税人若选择"不分国（地区）不分项"的境外所得抵免方式，应按照税收规定计算可抵免境外所得税税额和抵免限额，并根据表 A108010、表 A108020、表 A108030 的合计金额填报本表第 1 行。

（二）列次填报

（1）第 1 列"国家（地区）"：纳税人若选择"分国（地区）不分项"的境外所得抵免方式，填报纳税人境外所得来源的国家（地区）名称，来源于同一国家（地区）的境外所得合并到一行填报；纳税人若选择"不分国（地区）不分项"的境外所得抵免方式，填报"不分国（地区）不分项"。

（2）第 2 列"境外税前所得"：填报《境外所得纳税调整后所得明细表》（A108010）第 14 列的金额。

（3）第 3 列"境外所得纳税调整后所得"：填报《境外所得纳税调整后所得明细表》（A108010）第 18 列的金额。

（4）第 4 列"弥补境外以前年度亏损"：填报《境外分支机构弥补亏损明细表》（A108020）第 4 列

和第 13 列的合计金额。

（5）第 5 列"境外应纳税所得额"：填报第 3-4 列的余额。当第 3-4 列＜0 时，本列填报 0。

（6）第 6 列"抵减境内亏损"：当纳税人选择用境外所得弥补境内亏损时，填报纳税人境外所得按照税收规定抵减境内的亏损额（包括弥补的当年度境内亏损额和以前年度境内亏损额）；当纳税人选择不用境外所得弥补境内亏损时，填报 0。

（7）第 7 列"抵减境内亏损后的境外应纳税所得额"：填报第 5-6 列的余额。

（8）第 8 列"税率"：填报法定税率 25%。符合《财政部 国家税务总局关于高新技术企业境外所得适用税率及税收抵免问题的通知》（财税〔2011〕47 号）第一条规定的高新技术企业填报 15%。

（9）第 9 列"境外所得应纳税额"：填报第 7×8 列的金额。

（10）第 10 列"境外所得可抵免税额"：填报表 A108010 第 13 列的金额。

（11）第 11 列"境外所得抵免限额"：境外所得抵免限额按以下公式计算：

抵免限额＝中国境内、境外所得依照企业所得税法和条例的规定计算的应纳税总额×来源于某国（地区）的应纳税所得额÷中国境内、境外应纳税所得总额。

（12）第 12 列"本年可抵免境外所得税额"：填报纳税人本年来源于境外的所得已缴纳所得税在本年度允许抵免的金额。填报第 10 列、第 11 列孰小值。

（13）第 13 列"未超过境外所得税抵免限额的余额"：填报纳税人本年在抵免限额内抵免完境外所得税后有余额的，可用于抵免以前年度结转的待抵免的所得税额。本列填报第 11-12 列的余额。

（14）第 14 列"本年可抵免以前年度未抵免境外所得税额"：填报纳税人本年可抵免以前年度未抵免、结转到本年度抵免的境外所得税额。填报第 10 列、《跨年度结转抵免境外所得税明细表》（A108030）第 7 列孰小值。

（15）第 15 列至第 18 列由选择简易办法计算抵免额的纳税人填报。

1）第 15 列"按低于 12.5% 的实际税率计算的抵免额"：纳税人从境外取得营业利润所得以及符合境外税额间接抵免条件的股息所得，所得来源国（地区）的实际有效税率低于 12.5% 的，填报按照实际有效税率计算的抵免额。

2）第 16 列"按 12.5% 计算的抵免额"：纳税人从境外取得营业利润所得以及符合境外税额间接抵免条件的股息所得，除第 15 列情形外，填报按照 12.5% 计算的抵免额。

3）第 17 列"按 25% 计算的抵免额"：纳税人从境外取得营业利润所得以及符合境外税额间接抵免条件的股息所得，所得来源国（地区）的实际有效税率高于 25% 的，填报按照 25% 计算的抵免额。

（16）第 19 列"境外所得抵免所得税额合计"：填报第 12+14+18 列的合计金额。

二、表内、表间关系

（一）表内关系

（1）第 5 列＝第 3-4 列，当第 3-4 列＜0 时，本列＝0。

（2）第 6 列≤第 5 列。

（3）第 7 列＝第 5-6 列。

（4）第 9 列＝第 7×8 列。

（5）第 12 列＝第 10 列、第 11 列孰小值。

（6）第 13 列＝第 11-12 列。

（7）第 14 列≤第 13 列。

（8）第 18 列＝第 15+16+17 列。

（9）第 19 列＝第 12+14+18 列。

（二）表间关系

（1）若选择"分国（地区）不分项"的境外所得抵免方式，第 2 列各行＝表 A108010 第 14 列相应行次；若选择"不分国（地区）不分项"的境外所得抵免方式，第 1 行第 2 列 = 表 A108010 第 14 列合计。

（2）若选择"分国（地区）不分项"的境外所得抵免方式，第 3 列各行 = 表 A108010 第 18 列相应行次；若选择"不分国（地区）不分项"的境外所得抵免方式，第 1 行第 3 列 = 表 A108010 第 18 列合计。

（3）若选择"分国（地区）不分项"的境外所得抵免方式，第 4 列各行 = 表 A108020 第 4 列相应行次 + 第 13 列相应行次；若选择"不分国（地区）不分项"的境外所得抵免方式，第 1 行第 4 列 = 表 A108020 第 4 列合计 + 第 13 列合计。

（4）若选择"分国（地区）不分项"的境外所得抵免方式，第 6 列合计 ≤ 第 5 列合计、表 A106000 第 1 行至第 5 行（第 4 列的绝对值 - 第 9 列 - 第 10 列）合计 + 表 A100000 第 18 行的孰小值；若选择"不分国（地区）不分项"的境外所得抵免方式，第 1 行第 6 列 ≤ 第 1 行第 5 列、表 A106000 第 1 行至第 5 行（第 4 列的绝对值 - 第 9 列 - 第 10 列）合计 + 表 A100000 第 18 行的孰小值。

（5）第 9 列合计 = 表 A100000 第 29 行。

（6）若选择"分国（地区）不分项"的境外所得抵免方式，第 10 列各行 = 表 A108010 第 13 列相应行次；若选择"不分国（地区）不分项"的境外所得抵免方式，第 1 行第 10 列 = 表 A108010 第 13 列合计。

（7）若选择"分国（地区）不分项"的境外所得抵免方式，第 14 列各行 = 表 A108030 第 13 列相应行次；若选择"不分国（地区）不分项"的境外所得抵免方式，第 1 行第 14 列 = 表 A108030 第 13 列合计。

（8）第 19 列合计 = 表 A100000 第 30 行。

A108010 境外所得纳税调整后所得明细表

行次	国家（地区）	境外税后所得							境外所得可抵免的所得税额				境外税前所得	境外分支机构收入与支出纳税调整额	境外分支机构调整分摊扣除的有关成本费用	境外所得对应调整的相关成本费用支出	境外所得纳税调整后所得
		分支机构营业利润所得	股息、红利等权益性投资所得	利息所得	租金所得	特许权使用费所得	财产转让所得	其他所得	小计	直接缴纳的所得税额	间接负担的所得税额	享受税收饶让抵免税额	小计					
	1	2	3	4	5	6	7	8	9 (2+…+8)	10	11	12	13 (10+11+12)	14 (9+10+11)	15	16	17	18 (14+15-16-17)
1																		
2																		
3																		
4																		
5																		
6																		
7																		
8																		
9																		
10	合计																	

A108010《境外所得纳税调整后所得明细表》填报说明

本表适用于取得境外所得的纳税人填报。纳税人应根据税法、《财政部　国家税务总局关于企业境外所得税收抵免有关问题的通知》（财税〔2009〕125号）和《国家税务总局关于发布〈企业境外所得税收抵免操作指南〉的公告》（国家税务总局公告2010年第1号）、《财政部　国家税务总局关于我国石油企业从事油（气）资源开采所得税收抵免有关问题的通知》（财税〔2011〕23号）、《财政部　税务总局关于完善企业境外所得税收抵免政策问题的通知》（财税〔2017〕84号）规定，填报本年来源于或发生于不同国家、地区的所得按照税收规定计算的境外所得纳税调整后所得。对于境外所得税收抵免方式选择"不分国（地区）不分项"的纳税人，也应按照规定计算可抵免境外所得税税额，并按国（地区）别逐行填报。

一、有关项目填报说明

（1）第1列"国家（地区）"：填报纳税人境外所得来源的国家（地区）名称，来源于同一个国家（地区）的境外所得可合并到一行填报。

（2）第2列至第9列"境外税后所得"：填报纳税人取得的来源于境外的税后所得，其中：第3列股息、红利等权益性投资所得包含通过《受控外国企业信息报告表》（国家税务总局公告2014年第38号附件2）计算的视同分配给企业的股息。

（3）第10列"直接缴纳的所得税额"：填报纳税人来源于境外的营业利润所得在境外所缴纳的企业所得税，以及就来源于或发生于境外的股息、红利等权益性投资所得、利息、租金、特许权使用费、财产转让等所得在境外被源泉扣缴的预提所得税。

（4）第11列"间接负担的所得税额"：填报纳税人从其直接或者间接控制的外国企业分得的来源于中国境外的股息、红利等权益性投资收益，外国企业在境外实际缴纳的所得税额中属于该项所得负担的部分。

（5）第12列"享受税收饶让抵免税额"：填报纳税人从与我国政府订立税收协定（或安排）的国家（地区）取得的所得，按照该国（地区）税收法律享受了免税或减税待遇，且该免税或减税的数额按照税收协定应视同已缴税额的金额。

（6）第15列"境外分支机构收入与支出纳税调整额"：填报纳税人境外分支机构收入、支出按照税收规定计算的纳税调整额。

（7）第16列"境外分支机构调整分摊扣除的有关成本费用"：填报纳税人境外分支机构应合理分摊的总部管理费等有关成本费用，同时在《纳税调整项目明细表》（A105000）进行纳税调增。

（8）第17列"境外所得对应调整的相关成本费用支出"：填报纳税人实际发生与取得境外所得有关但未直接计入境外所得应纳税所得的成本费用支出，同时在《纳税调整项目明细表》（A105000）进行纳税调增。

（9）第18列"境外所得纳税调整后所得"：填报第14＋15－16－17列的金额。

二、表内、表间关系

（一）表内关系

（1）第9列＝第2＋3＋…＋8列。

（2）第13列＝第10＋11＋12列。

（3）第14列＝第9＋10＋11列。

（4）第18列＝第14＋15－16－17列。

（二）表间关系

（1）若选择"分国（地区）不分项"的境外所得抵免方式，第13列各行＝表A108000第10列相应行次；若选择"不分国（地区）不分项"的境外所得抵免方式，第13列合计＝表A108000第1行第 10 列。

（2）若选择"分国（地区）不分项"的境外所得抵免方式，第 14 列各行 = 表 A108000 第 2 列相应行次；若选择"不分国（地区）不分项"的境外所得抵免方式，第 14 列合计 = 表 A108000 第 1 行第 2 列。

（3）第 14 列合计 - 第 11 列合计 = 表 A100000 第 14 行。

（4）第 16 列合计 + 第 17 列合计 = 表 A105000 第 28 行第 3 列。

（5）若选择"分国（地区）不分项"的境外所得抵免方式，第 18 列相应行次 = 表 A108000 第 3 列相应行次；若选择"不分国（地区）不分项"的境外所得抵免方式，第 18 列合计 = 表 A108000 第 1 行第 3 列。

A108020　　　　　　　　　　　　　　　　境外分支机构弥补亏损明细表

行次	国家（地区）	非实际亏损额的弥补				实际亏损额的弥补												
		以前年度结转尚未弥补的非实际亏损额	本年发生的非实际亏损额	本年弥补的以前年度非实际亏损额	结转以后年度弥补的非实际亏损额	以前年度结转尚未弥补的实际亏损额						本年发生的实际亏损额	本年弥补的以前年度实际亏损额	结转以后年度弥补的实际亏损额					
						前五年	前四年	前三年	前二年	前一年	小计			前四年	前三年	前二年	前一年	本年	小计
	1	2	3	4	5(2+3-4)	6	7	8	9	10	11(6+…+10)	12	13	14	15	16	17	18	19(14+…+18)
1																			
2																			
3																			
4																			
5																			
6																			
7																			
8																			
9																			
10	合计																		

A108020《境外分支机构弥补亏损明细表》填报说明

本表适用于取得境外所得的纳税人填报。纳税人应根据税法、《财政部　国家税务总局关于企业境外所得税收抵免有关问题的通知》（财税〔2009〕125 号）、《国家税务总局关于发布〈企业境外所得税收抵免操作指南〉的公告》（国家税务总局公告 2010 年第 1 号）、《财政部　国家税务总局关于我国石油企业从事油（气）资源开采所得税收抵免有关问题的通知》（财税〔2011〕23 号）、《财政部　税务总局关于完善企业境外所得税收抵免政策问题的通知》（财税〔2017〕84 号）规定，填报境外分支机构本年及以前年度发生的税前尚未弥补的非实际亏损额和实际亏损额、结转以后年度弥补的非实际亏损额和实际亏损额，并按国（地区）别逐行填报。

一、有关项目填报说明

纳税人选择"分国（地区）不分项"的境外所得抵免方式，在汇总计算境外应纳税所得额时，企业在境外同一国家（地区）设立不具有独立纳税地位的分支机构，按照企业所得税法及实施条例的有关规定计算的亏损，不得抵减其境内或他国（地区）的应纳税所得额，但可以用同一国家（地区）其他项目或以后年度的所得按规定弥补。纳税人选择"不分国（地区）不分项"的境外所得抵免方式，按照《财政部　税务总局关于完善企业境外所得税收抵免政策问题的通知》（财税〔2017〕84 号）规定填报。在填报本表时，应按照国家税务总局公告 2010 年第 1 号第 13、14 条有关规定，分析填报企业的境外分支机构发生的实际亏损额和非实际亏损额及其弥补、结转的金额。

（1）第 2 列至第 5 列"非实际亏损额的弥补"：填报纳税人境外分支机构非实际亏损额未弥补金额、本年发生的金额、本年弥补的金额、结转以后年度弥补的金额。

（2）第 6 列至第 19 列"实际亏损额的弥补"：填报纳税人境外分支机构实际亏损额弥补金额。

二、表内、表间关系
（一）表内关系
（1）第 5 列 = 第 2＋3－4 列。
（2）第 11 列 = 第 6＋7＋…＋10 列。
（3）第 19 列 = 第 14＋15＋…＋18 列。

（二）表间关系

若选择"分国（地区）不分项"的境外所得抵免方式，第 4 列各行＋第 13 列各行 = 表 A108000 第 4 列相应行次；若选择"不分国（地区）不分项"的境外所得抵免方式，第 4 列合计＋第 13 列合计 = 表 A108000 第 1 行第 4 列。

A108030　　　　　　　　　　跨年度结转抵免境外所得税明细表

行次	国家（地区）	前五年境外所得已缴所得税未抵免余额						本年实际抵免以前年度未抵免的境外已缴所得税额						结转以后年度抵免的境外所得已缴所得税额					
		前五年	前四年	前三年	前二年	前一年	小计	前五年	前四年	前三年	前二年	前一年	小计	前四年	前三年	前二年	前一年	本年	小计
	1	2	3	4	5	6	7（2+…+6）	8	9	10	11	12	13（8+…+12）	14（3-9）	15（4-10）	16（5-11）	17（6-12）	18	19（14+…+18）
1																			
2																			
3																			
4																			
5																			
6																			
7																			
8																			
9																			
10	合计																		

A108030《跨年度结转抵免境外所得税明细表》填报说明

本表适用于取得境外所得的纳税人填报。纳税人应根据税法、《财政部　国家税务总局关于企业境外所得税收抵免有关问题的通知》（财税〔2009〕125 号）、《国家税务总局关于发布〈企业境外所得税收抵免操作指南〉的公告》（国家税务总局公告 2010 年第 1 号）、《财政部　国家税务总局关于我国石油企业从事油（气）资源开采所得税收抵免有关问题的通知》（财税〔2011〕23 号）、《财政部　税务总局关于完善企业境外所得税收抵免政策问题的通知》（财税〔2017〕84 号）规定，填报本年发生的来源于不同国家或地区的境外所得按照我国税收法律、法规的规定可以抵免的所得税额，并按国（地区）别逐行填报。

一、有关项目填报说明

（1）第 2 列至第 7 列"前五年境外所得已缴所得税未抵免余额"：填报纳税人前五年境外所得已缴纳的企业所得税尚未抵免的余额。

（2）第 8 列至第 13 列"本年实际抵免以前年度未抵免的境外已缴所得税额"：填报纳税人用本年未超过境外所得税款抵免限额的余额抵免以前年度未抵免的境外已缴所得税额。

（3）第 14 列至第 19 列"结转以后年度抵免的境外所得已缴所得税额"：填报纳税人以前年度和本年未能抵免并结转以后年度抵免的境外所得已缴所得税额。

二、表内、表间关系

（一）表内关系

（1）第 7 列 = 第 2+3+…+6 列。

（2）第 13 列 = 第 8+9+…+12 列。

（3）第 19 列 = 第 14+15+…+18 列。

（二）表间关系

（1）若选择"分国（地区）不分项"的境外所得抵免方式，第 13 列各行 = 表 A108000 第 14 列相应行次；若选择"不分国（地区）不分项"的境外所得抵免方式，第 13 列合计 = 表 A108000 第 1 行第 14 列。

（2）若选择"分国（地区）不分项"的境外所得抵免方式，第 18 列各行 = 表 A108000 第 10 列相应行次 − 第 12 列相应行次（当表 A108000 第 10 列相应行次大于第 12 列相应行次时填报）；若选择"不分国（地区）不分项"的境外所得抵免方式，第 18 列合计 = 表 A108000 第 1 行第 10 列 − 第 1 行第 12 列（当表 A108000 第 1 行第 10 列次大于第 1 行第 12 列时填报）。

A109000　　　　　　　　跨地区经营汇总纳税企业年度分摊企业所得税明细表

行次	项　目	金额
1	一、实际应纳所得税额	
2	减：境外所得应纳所得税额	
3	加：境外所得抵免所得税额	
4	二、用于分摊的本年实际应纳所得税额（1−2+3）	
5	三、本年累计已预分、已分摊所得税额（6+7+8+9）	
6	（一）总机构直接管理建筑项目部已预分所得税额	
7	（二）总机构已分摊所得税额	
8	（三）财政集中已分配所得税额	
9	（四）分支机构已分摊所得税额	
10	其中：总机构主体生产经营部门已分摊所得税额	
11	四、本年度应分摊的应补（退）的所得税额（4−5）	
12	（一）总机构分摊本年应补（退）的所得税额（11×总机构分摊比例）	
13	（二）财政集中分配本年应补（退）的所得税额（11×财政集中分配比例）	
14	（三）分支机构分摊本年应补（退）的所得税额（11×分支机构分摊比例）	
15	其中：总机构主体生产经营部门分摊本年应补（退）的所得税额（11×总机构主体生产经营部门分摊比例）	
16	五、境外所得抵免后的应纳所得税额（2−3）	
17	六、总机构本年应补（退）所得税额（12+13+15+16）	

A109000《跨地区经营汇总纳税企业年度分摊企业所得税明细表》填报说明

本表适用于跨地区经营汇总纳税的纳税人填报。纳税人应根据税法、《财政部　国家税务总局　中国人民银行关于印发〈跨省市总分机构企业所得税分配及预算管理办法〉的通知》（财预〔2012〕40 号）、《国家税务总局关于印发〈跨地区经营汇总纳税企业所得税征收管理办法〉的公告》（国家税务总局公告 2012 年第 57 号）规定计算企业每一纳税年度应缴的企业所得税、总机构和分支机构应分摊的企业所得税。仅在同一省（自治区、直辖市和计划单列市）内设立不具有法人资格分支机构的汇总纳税企业，省（自治区、直辖市和计划单列市）参照上述文件规定制定企业所得税分配管理办法的，按照其规定填报本表。

一、有关项目填报说明

（1）第 1 行"实际应纳所得税额"：填报表 A100000 第 31 行的金额。

（2）第 2 行"境外所得应纳所得税额"：填报表 A100000 第 29 行的金额。

（3）第 3 行"境外所得抵免所得税额"：填报表 A100000 第 30 行的金额。

（4）第 4 行"用于分摊的本年实际应纳所得税额"：填报第 1－2＋3 行的金额。

（5）第 5 行"本年累计已预分、已分摊所得税额"：填报企业按照税收规定计算的分支机构本年累计已分摊的所得税额、建筑企业总机构直接管理的跨地区项目部本年累计已预分并就地预缴的所得税额。填报第 6＋7＋8＋9 行的合计金额。

（6）第 6 行"总机构直接管理建筑项目部已预分所得税额"：填报建筑企业总机构按照规定在预缴纳税申报时，向其总机构直接管理的项目部所在地按照项目收入的 0.2%预分的所得税额。

（7）第 7 行"总机构已分摊所得税额"：填报企业在预缴申报时已按照规定比例计算缴纳的由总机构分摊的所得税额。

（8）第 8 行"财政集中已分配所得税额"：填报企业在预缴申报时已按照规定比例计算缴纳的由财政集中分配的所得税额。

（9）第 9 行"分支机构已分摊所得税额"：填报企业在预缴申报时已按照规定比例计算缴纳的由所属分支机构分摊的所得税额。

（10）第 10 行"其中：总机构主体生产经营部门已分摊所得税额"：填报企业在预缴申报时已按照规定比例计算缴纳的由总机构主体生产经营部门分摊的所得税额。

（11）第 11 行"本年度应分摊的应补（退）的所得税额"：填报企业本年度应补（退）的所得税额，不包括境外所得应纳所得税额。填报第 4－5 行的余额。

（12）第 12 行"总机构分摊本年应补（退）的所得税额"：填报第 11 行×总机构分摊比例后的金额。

（13）第 13 行"财政集中分配本年应补（退）的所得税额"：填报第 11 行×财政集中分配比例后的金额。

（14）第 14 行"分支机构分摊本年应补（退）的所得税额"：填报第 11 行×分支机构分摊比例后的金额。

（15）第 15 行"其中：总机构主体生产经营部门分摊本年应补（退）的所得税额"：填报第 11 行×总机构主体生产经营部门分摊比例后的金额。

（16）第 16 行"境外所得抵免后的应纳所得税额"：填报第 2－3 行的余额。

（17）第 17 行"总机构本年应补（退）所得税额"：填报第 12＋13＋15＋16 行的合计金额。

二、表内、表间关系

（一）表内关系

（1）第 4 行＝第 1－2＋3 行。

（2）第 5 行＝第 6＋7＋8＋9 行。

（3）第 11 行 = 第 4－5 行。

（4）第 12 行 = 第 11 行×总机构分摊比例。

（5）第 13 行 = 第 11 行×财政集中分配比例。

（6）第 14 行 = 第 11 行×分支机构分摊比例。

（7）第 15 行 = 第 11 行×总机构主体生产经营部门分摊比例。

（8）第 16 行 = 第 2－3 行。

（9）第 17 行 = 第 12＋13＋15＋16 行。

（二）表间关系

（1）第 1 行 = 表 A10000 第 31 行。

（2）第 2 行 = 表 A10000 第 29 行。

（3）第 3 行 = 表 A10000 第 30 行。

（4）第 5 行 = 表 A10000 第 32 行。

（5）第 12＋16 行 = 表 A10000 第 34 行。

（6）第 13 行 = 表 A100000 第 35 行。

（7）第 15 行 = 表 A10000 第 36 行。

A109010　　　　　　　　**企业所得税汇总纳税分支机构所得税分配表**

税款所属期间：　年　月　日至　年　月　日

总机构名称（盖章）：

总机构统一社会信用代码（纳税人识别号）：　　　　　　　　　　　金额单位：元（列至角分）

应纳所得税额		总机构分摊所得税额		总机构财政集中分配所得税额			分支机构分摊所得税额	
分支机构情况	分支机构统一社会信用代码（纳税人识别号）	分支机构名称	三项因素			分配比例	分配所得税额	
			营业收入	职工薪酬	资产总额			
		合计						

A109010《企业所得税汇总纳税分支机构所得税分配表》填报说明

本表适用于跨地区经营汇总纳税的总机构填报。纳税人应根据税法、《财政部 国家税务总局 中国人民银行关于印发〈跨省市总分机构企业所得税分配及预算管理办法〉的通知》(财预〔2012〕40 号)、《国家税务总局关于印发〈跨地区经营汇总纳税企业所得税征收管理办法〉的公告》(国家税务总局公告 2012 年第 57 号)规定计算总分机构每一纳税年度应缴的企业所得税额、总机构和分支机构应分摊的企业所得税额。对于仅在同一省(自治区、直辖市和计划单列市)内设立不具有法人资格分支机构的企业,根据本省(自治区、直辖市和计划单列市)汇总纳税分配办法在总机构和各分支机构分配企业所得税额的,填报本表。

一、具体项目填报说明

(1)"税款所属时期":填报公历 1 月 1 日至 12 月 31 日。

(2)"总机构名称""分支机构名称":填报营业执照、税务登记证等证件载明的纳税人名称。

(3)"总机构统一社会信用代码(纳税人识别号)""分支机构统一社会信用代码(纳税人识别号)":填报工商等部门核发的纳税人统一社会信用代码。未取得统一社会信用代码的,填报税务机关核发的纳税人识别号。

(4)"应纳所得税额":填报企业汇总计算的且不包括境外所得应纳所得税额的本年应补(退)的所得税额。数据来源于《跨地区经营汇总纳税企业年度分摊企业所得税明细表》(A109000)第 11 行"本年度应分摊的应补(退)所得税额"。

(5)"总机构分摊所得税额":对于跨省(自治区、直辖市、计划单列市)经营汇总纳税企业,填报企业本年应补(退)所得税额×25%后的金额;对于同一省(自治区、直辖市、计划单列市)内跨地区经营汇总纳税企业,填报企业本年应补(退)所得税额×规定比例后的金额。

(6)"总机构财政集中分配所得税额":对于跨省(自治区、直辖市、计划单列市)经营汇总纳税企业,填报企业本年应补(退)所得税额×25%后的金额;对于同一省(自治区、直辖市、计划单列市)内跨地区经营汇总纳税企业,填报企业本年应补(退)所得税额×规定比例后的金额。

(7)"分支机构分摊所得税额":对于跨省(自治区、直辖市、计划单列市)经营汇总纳税企业,填报企业本年应补(退)的所得税额×50%后的金额;对于同一省(自治区、直辖市、计划单列市)内跨地区经营汇总纳税企业,填报企业本年应补(退)所得税额×规定比例后的金额。

(8)"营业收入":填报上一年度各分支机构销售商品、提供劳务、让渡资产使用权等日常经营活动实现的全部收入的合计额。

(9)"职工薪酬":填报上一年度各分支机构为获得职工提供的服务而给予各种形式的报酬以及其他相关支出的合计额。

(10)"资产总额":填报上一年度各分支机构在经营活动中实际使用的应归属于该分支机构的资产合计额。

(11)"分配比例":填报经总机构所在地主管税务机关审核确认的各分支机构分配比例,分配比例应保留小数点后十位。

(12)"分配所得税额":填报分支机构按照分支机构分摊所得税额乘以相应的分配比例的金额。

(13)"合计":填报上一年度各分支机构的营业收入总额、职工薪酬总额和资产总额三项因素的合计金额及本年各分支机构分配比例和分配税额的合计金额。

二、表内、表间关系

(一)表内关系

(1)总机构分摊所得税额=应纳所得税额×总机构分摊比例。

(2)总机构财政集中分配所得税额=应纳所得税额×财政集中分配比例。

（3）分支机构分摊所得税额＝应纳所得税额×分支机构分摊比例。

（4）分支机构分配比例＝（该分支机构营业收入÷分支机构营业收入合计）×35％＋（该分支机构职工薪酬÷分支机构职工薪酬合计）×35％＋（该分支机构资产总额÷分支机构资产总额合计）×30％。

（5）分支机构分配所得税额＝分支机构分摊所得税额×该分支机构分配比例。

（二）表间关系

应纳所得税额＝表 A109000 第 11 行。

第十节　施工企业所得税账务处理

一、概述

《企业会计准则第 18 号——所得税》（以下简称"会计准则"）彻底改变了原先的所得税会计处理方法。此前，企业可以采用应付税款法和纳税影响会计法（包括递延法或债务法）核算所得税，这里的债务法为收益表债务法。而新《准则》明确废止了以前的会计核算方法，要求企业一律采用资产负债表债务法核算递延所得税。

利润表债务法和资产负债表债务法的主要变化就是核算理念由时期转变为时点，即利润表债务法是先计算本期递延税款的发生额，然后"期初加减本期发生等于期末"，而资产负债表债务法是先计算期末递延所得税资产和负债，然后"期末减期初等于本期增加或减少"。因此，确认和计算期末递延所得税资产和期末递延所得税负债是进行所得税会计核算的前提。而期末递延所得税资产＝期末可抵扣暂时性差异×税率；期末递延所得税负债＝期末应纳税暂时性差异×税率。所以"暂时性差异"的确认与计量是所得税会计处理的关键。

由于《税法》规定与《会计准则》规定在收入和费用确认的范围和标准上存在不一致，造成按税法计算的应纳税所得额与按准则核算的会计利润存在差异，两者差异按性质不同可分为永久性差异和暂时性差异。永久性差异指基于税收政策、社会政策及经济政策的考虑，有些《会计准则》规定的收入或费用，在《税法》上不属于收入或费用；而有些《会计准则》规定不属于收入的项目，在《税法》上却作为应课税收入，这种差异一旦发生，即永久存在。暂时性差异则是指从资产负债表出发，资产或负债的账面价值与其计税基础之间的差额。其中，账面价值是指按照企业会计准则规定确定的有关资产、负债在企业的资产负债表中应列示的金额；计税基础是指资产负债日后，资产或负债在计算以后期间应纳税所得额时，根据《税法》规定还可以再抵扣或应纳税的剩余金额。由于资产、负债的账面价值与其计税基础不同，产生了在未来收回资产或清偿负债的期间内，应纳税所得额增加或减少并导致未来期间应交所得税增加或减少的情况，对于两者之间的差额就其原因和性质不同又可以分为两种，分别为应纳税暂时性差异与可抵扣暂时性差异，确认相关的递延所得税负债与递延所得税资产，并在此基础上确定每一期间利润表中的所得税费用。

资产负债表债务法下，仅确认暂时性差异的所得税影响，对永久性差异，从资产负债表角度，不会产生资产、负债的账面价值与其计税基础的差异，对企业在未来期间计税没有影响，不产生递延所得税。

企业一般应于每一资产负债表日进行所得税的核算。发生特殊交易或事项时，在确认因交易或事项取得的资产、负债时即应确认相关的所得税影响。企业进行所得税核算一般应遵循以下程序：

（1）确定资产负债表中除递延所得税资产和递延所得税负债以外的其他资产和负债项目的账面价值。

（2）确定资产负债表中除递延所得税资产和递延所得税负债以外的其他资产和负债项目的计税基础。

（3）计算可抵扣暂时性差异和应纳税暂时性差异，确认递延所得税资产和递延所得税负债的金额。

（4）按照适用税收法规的规定进行调整，计算当期应纳税所得额，按照应纳税所得额与适用所得税税率计算确定当期应交所得税。

（5）确定利润表中的所得税费用。

二、科目设置

企业应当设置"所得税费用"科目，核算企业确认的应从当期利润总额中扣除的所得税费用。该科目设置"所得税费用——当期所得税费用""所得税费用——递延所得税费用"进行明细核算。期末，应将"所得税费用"科目的余额转入"本年利润"科目，结转后本科目无余额。同时应设置"应交税费——应交所得税""递延所得税资产""递延所得税负责"等资产负债类会计科目。

三、账务处理

（一）异地施工预缴企业所得税账务处理

为加强对跨地区（是指跨省、自治区、直辖市和计划单列市，下同）经营建筑企业所得税征收管理，国家税务总局在综合了《跨地区经营汇总纳税企业所得税征收管理暂行办法》（国税发〔2008〕28 号）、《关于跨地区经营汇总纳税企业所得税征收管理若干问题的通知》（国税函〔2009〕221 号）以及《关于建筑企业所得税征管有关问题的通知》（国税函〔2010〕39 号）文件的基础上，考虑建筑行业实际情况，发布了《国家税务总局关于跨地区经营建筑企业所得税征收管理问题的通知》（国税函〔2010〕156 号），对建筑企业总机构直接管理的跨地区设立的项目部（包括与项目部性质相同的工程指挥部、合同段等）的企业所得税纳税情况进行了明确规定。

施工企业在异地施工按照税法规定计算确定应交所得税，借记"所得税费用——当期所得税费用"科目，贷记"应交税费——应交所得税"科目。在当地预缴企业所得税，借记"应交税费——应交所得税"科目，贷记"银行存款"等科目。

（二）按月/季预缴企业所得税账务处理

企业根据企业所得税法相关规定分月或者分季预缴企业所得税时，应当按照月度或者季度的实际利润额预缴；按照月度或者季度的实际利润额预缴有困难的，可以按照上一纳税年度应纳税所得额的月度或者季度平均额预缴，或者按照经税务机关认可的其他方法预缴。预缴方法一经确定，该纳税年度内不得随意变更。

企业分月或分季预缴企业所得税时应先计算预缴额，借记"所得税费用——当期所得税费用"科目，贷记"应交税费——应交所得税"科目。预缴企业所得税，借记"应交税费——应交所得税"科目，贷记"银行存款"等科目。

（三）递延所得税资产和递延所得税负责账务处理

1. 递延所得税资产的主要账务处理

账面价值和计税基础不同产生的可抵扣暂时性差异以及特殊项目产生的可抵扣暂时性差异，在估计未来期间能够取得足够的应纳税所得额用以抵减可抵扣暂时性差异时，应以很可能取得的应纳税所得额为限，确认相关的递延所得税资产；在可抵扣暂时性差异转回的未来期间内，企业无法产生足够的应纳税所得额用以抵减可抵扣暂时性差异的影响，使得与递延所得税资产相关的经济利益无法实现的，该部分递延所得税资产不应确认。

（1）企业确认的非企业合并和与直接计入所有者权益的交易或事项相关的递延所得税资产，借记"递延所得税资产"科目，贷记"所得税费用——递延所得税费用"科目。资产负债表日递延所得税资产的应有余额大于其账面余额的，应按其差额确认，借记"递延所得税资产"科目，贷记"所得税费用－递延所得税费用"等科目；资产负债表日递延所得税资产的应有余额小于其账面余额的差额做相反的会计分录。

（2）企业合并中取得资产、负债的入账价值与其计税基础不同形成的可抵扣暂时性差异，应于购买日确认递延所得税资产，借记"递延所得税资产"科目，贷记"商誉""营业外收入"科目。

（3）对会计政策变更采用追溯调整法或对前期差错更正采用追溯重述法调整期初留存收益的，以及其他综合收益事项的相关递延所得税资产，借记"递延所得税资产"科目，贷记"利润分配——未分配利润""盈余公积""资本公积——其他综合收益"等科目。

（4）资产负债表日，预计未来期间很可能无法获得足够的应纳税所得额用以抵扣可抵扣暂时性差异的，按原已确认的递延所得税资产中应减记的金额，借记"所得税费用——递延所得税费用""资本公积——其他综合收益"等科目，贷记"递延所得税资产"科目。递延所得税资产价值恢复时，做相反会计分录。

2. 递延所得税负债的主要账务处理

应纳税暂时性差异在转回期间将增加未来期间的应纳税所得额和应交所得税，导致企业经济利益的流出，从其发生当期看，构成企业应支付税金的义务，应作为递延所得税负债确认。

（1）企业确认的非企业合并和与直接计入所有者权益的交易或事项相关的递延所得税负债，借记"所得税费用——递延所得税费用"科目，贷记"递延所得税负债"科目。资产负债表日递延所得税负债的应有余额大于其账面余额的，应按其差额确认，借记"所得税费用——递延所得税费用"科目，贷记"递延所得税负债"科目；资产负债表日递延所得税负债的应有余额小于其账面余额的做相反的会计分录。

（2）企业合并中取得资产、负债的入账价值与其计税基础不同形成的应纳税暂时性差异，应于购买日确认递延所得税负债，借记"商誉"科目或贷记"营业外收入"等科目（红字），贷记"递延所得税负债"科目。

（3）对会计政策变更采用追溯调整法或对前期差错更正采用追溯重述法调整期初留存收益的，以及其他综合收益事项的相关递延所得税负债，借记"利润分配——未分配利润""盈余公积""其他综合收益"等科目，贷记"递延所得税负债"科目。

（四）所得税费用账务处理

1. 所得税费用的计量

采用资产负债表债务法核算所得税的情况下，利润表中的所得税费用由两个部分组成：当期所得税和递延所得税。

（1）当期所得税。当期所得税，是指企业按照税法规定计算确定的针对当期发生的交易和事项，应交纳给税务部门的所得税金额，即应交所得税，应以适用的税收法规为基础计算确定。

企业在确定当期所得税时，对于当期发生的交易或事项，会计处理与税收处理不同的，应在会计利润的基础上，按照适用税收法规的要求进行调整，计算出当期应纳税所得额，按照应纳税所得额与适用所得税税率计算确定当期应交所得税。

（2）递延所得税。递延所得税，是指企业在某一会计期间确认的递延所得税资产及递延所得税负债的综合结果。即按照企业会计准则规定应予确认的递延所得税资产和递延所得税负债在期末应有的金额相对于原已确认金额之间的差额，即递延所得税资产及递延所得税负债的当期发生额，但不包括计入所有者权益的交易或事项及企业合并的所得税影响。用公式表示即为

递延所得税 =（期末递延所得税负债 – 期初递延所得税负债）–（期末递延所得税资产 – 期初递延所得税资产）

（3）所得税费用。计算确定了当期所得税及递延所得税以后，利润表中应予确认的所得税费用为两者之和，即

$$所得税费用 = 当期所得税 + 递延所得税$$

计入当期损益的所得税费用或收益不包括企业合并和直接在所有者权益中确认的交易或事项产生的

所得税影响。

2. 所得税费用会计核算

资产负债表日，企业按照税法规定计算确定的当期应交所得税，借记"所得税费用——当期所得税费用"科目，贷记"应交税费——应交所得税"科目。根据递延所得税资产的应有余额大于"递延所得税资产"科目余额的差额，借记"递延所得税资产"科目，贷记"所得税费用——递延所得税费用""其他综合收益"等科目；递延所得税资产的应有余额小于"递延所得税资产"科目余额的差额做相反的会计分录。企业应予确认的递延所得税负债，应当比照上述原则调整"所得税费用""递延所得税负债"等有关科目。

（五）汇算清缴账务处理

企业所得税汇算清缴是指纳税人在纳税年度终了后规定时期内，依照税收法律、法规、规章及其他有关企业所得税的规定，计算全年应纳税所得额和应纳所得税额，根据月度或季度预缴的所得税数额，确定该年度应补或者应退税额，并填写年度企业所得税纳税申报表，向主管税务机关办理年度企业所得税纳税申报、提供税务机关要求提供的有关资料、结清全年企业所得税税款的行为。

资产负债表日所确认的所得税金额与汇算清缴确认的所得税金额存在差异的，应依据重要性原则，按照资产负债表日后事项、会计差错更正等相关准则的规定对原确认的所得税费用、递延所得税资产、递延所得税负责、应交所得税进行调整。

1. 财务报告影响重大，采用追溯调整法

（1）汇算清缴后，补缴企业所得税，年度汇算清缴，全年应交所得税额减去已确认税额，正数是应补税额，借记"以前年度损益调整"，贷记"应交税费——应交企业所得税"；缴纳年度汇算清应缴税款，借记"应交税费——应交企业所得"贷记"银行存款"；结转以前年度损益调整，借记"利润分配——未分配利润"贷记"以前年度损益调整"；调整"利润分配"有关数额（如没有计提盈余公积金，不需要该笔分类），借记"盈余公积——法定盈余公积""盈余公积——法定公益金"，贷记"利润分配——未分配利润"。

（2）原确认税额多了，全年应纳所得税额少于已确认税额。冲销已确认税额，借记"应交税费——应交企业所得税"贷记"以前年度损益调整"；结转以前年度损益调整，借记"以前年度损益调整"，贷记"利润分配——未分配利润"；调整"利润分配"有关数额（如没有计提盈余公积金，不需要该笔分类），借记"利润分配——未分配利润"，贷记"盈余公积——法定盈余公积""盈余公积——法定公益金"；多预缴税额两种情况处理：退税或者抵税，经税务机关审核批准退还多缴税款，借记"银行存款"，贷记"应交税费——应交企业所得税"，对多缴所得税额不办理退税，用以抵缴下年度预缴所得税，不用进行账务处理。

（3）报表的调整，调整报告年度资产负债表、利润表、权益变动表以其附表相关项目发生数、年末数；调整本年度资产负债表"应交税金""盈余公积""未分配利润"项目的年初数；调整本年度利润分配表"年初未分配利润"项目的金额。

上述调整中涉及暂时性差异符合计量条件的相应调整递延所得税资产或递延所得税负债。

2. 财务报告影响不重大，采用未来适用法

（1）汇算清缴后，补缴企业所得税，借记"所得税费用"，贷记"应交税费——应交企业所得税"；缴纳企业所得税，借记"应交税费——应交企业所得税"，贷记"银行存款"。

（2）汇算清缴后，全年应纳所得税额少于已确认税额，借记"应交税费——应交企业所得税"贷记"所得税费用"；多预缴税额两种情况处理：退税或者抵税，经税务机关审核批准退还多缴税款，借记"银行存款"，贷记"应交税费——应交企业所得税"，对多缴所得税额不办理退税，用以抵缴下年度预缴所得税，不用进行账务处理。

第四章

施工企业个人所得税管理及会计核算

第一节 纳税义务人

一、纳税人

中国个人所得税同时实行居民税收管辖权和地域税收管辖权,根据《中华人民共和国个人所得税法》负有纳税义务的个人,分为居民纳税人和非居民纳税人。

居民纳税人:在中国境内有住所,或者无住所而在境内居住满一年,从中国境内和境外取得所得的个人。

非居民纳税人:在中国境内无住所又不居住或者无住所而在境内居住不满一年但从中国境内取得所得的个人。

二、关于"住所标准"

在中国境内有住所的个人,是指因户籍、家庭、经济利益关系而在中国境内习惯性居住的个人。所谓习惯性居住,是判定纳税义务人是居民或非居民的一个法律意义上的标准,不是指实际居住或在某一个特定时期内居住地。如因学习、工作、探亲、旅游等而在中国境外居住的,在其原因消除后,必须回到中国境内居住的个人,则中国即为该纳税人习惯性居住地。

三、关于"居住满一年"计算

在境内居住满一年,是指一个纳税年度中在中国境内居住 365 日,在一个纳税年度中一次不超过 30 日或者多次累计不超过 90 日的临时离境不扣减日数。

四、收入来源地原则

从中国境内取得的所得,是指来源于中国境内的所得。从中国境外取得的所得,是指来源于中国境外的所得。

下列所得,不论支付地点是否在中国境内,均为来源于中国境内的所得:

(1)因任职、受雇、履约等而在中国境内提供劳务取得的所得;

(2)将财产出租给承租人在中国境内使用而取得的所得;

(3)转让中国境内的建筑物、土地使用权等财产或者在中国境内转让其他财产取得的所得;

(4)许可各种特许权在中国境内使用而取得的所得;

(5)从中国境内的公司、企业及其他经济组织或个人取得的利息、股息、红利所得。

五、收付实现制原则

个人所得税以所得人为纳税业务人,以支付所得的单位或个人为扣缴义务人。

第二节 应税所得的项目

根据《中华人民共和国个人所得税法》，下列各项个人所得，应纳个人所得税：

（1）工资、薪金所得；

（2）个体工商户的生产、经营所得；

（3）对企事业单位的承包经营、承租经营所得；

（4）劳务报酬所得；

（5）稿酬所得；

（6）特许权使用费所得；

（7）利息、股息、红利所得；

（8）财产租赁所得；

（9）财产转让所得；

（10）偶然所得；

（11）经国务院财政部门确定征税的其他所得。

个人取得的所得，难以界定应纳税所得项目的，由主管税务机关确定。

本书中仅对施工企业涉及代扣代缴业务或可能与个人存在经济业务往来，需由单位代付个人所得税的应收所得项目进行详细介绍。

第三节 应税所得的确定

一、所得形式

个人所得的应纳税所得，包括现金、实物、有价证券和其他形式的经济利益。

（1）所得为实物的，应当按照取得的凭证上所注明的价格计算应纳税所得额；无凭证的实物或凭证上所注明的价格明显偏低的，参照市场价格核定应纳税所得额。

（2）所得为有价证券的，根据票面价格和市场价格核定应纳税所得额。所得为其他形式的经济利益的，参照市场价格核定应纳税所得额。

二、所得为外国货币的换算

各项所得的计算，以人民币为单位。所得为外国货币的，应当按照填开完税凭证上的上一月最后一日中国人民银行公布的外汇牌价，折合成人民币计算应纳税所得额。

在年度终了后汇算清缴的，对已经按月或者按次预缴税款的外国货币所得，不再重新折算；对应当补缴税款的所得部分，按照上一纳税年度最后一日中国人民银行公布的外汇牌价，折合成人民币计算应纳税所得额。

三、分类按次课税原则

纳税义务人兼有税法所列的两项或者两项以上的所得的，按项分别计算纳税。在中国境内两处或者两处以上取得工资、薪金所得，个体工商户的生产、经营所得，对企事业单位的承包经营、承租经营所得的，同项所得合并计算纳税。

两个或者两个以上的个人共同取得同一项目收入的，应当对每个人取得的收入分别按照税法规定减除费用后计算纳税。

第四节　税　收　优　惠

一、免税所得

（一）法律规定的免税所得

（1）省级人民政府、国务院部委和中国人民解放军军以上单位，以及外国组织、国际组织颁发的科学、教育、技术、文化、卫生、体育、环保等方面的奖金。

（2）国债和国家发行的金融债券利息。

（3）按照国家统一规定发给的补贴、津贴。

（4）福利费。注：特指由于某些特定事件或原因而给纳税人本人或家庭的正常生活造成一定困难，其任职单位按国家规定从提留的福利费或工会经费中向其支付的临时性生活补助费。

（5）抚恤金、救济金。

（6）保险赔款。

（7）军人的转业费、复员费。

（8）按照国家统一规定给干部、职工的安家费、退职费、退休工资、离休工资、离休生活补助费。

（9）经国务院财政部门批准免税的所得。

（二）见义勇为的奖金或奖品

（1）对乡、镇（含乡、镇）以上人民政府或经县（含县）以上人民政府主管部门批准成立的有机构、章程的见义勇为基金会或类似组织，奖励将义勇为的奖金或奖品，经主管税务机关核准，免征个人所得税。

（2）个人举报、协查各种违法、犯罪行为而获得的奖金。

（三）生育保险津贴、补贴

生育妇女按照县级以上人民政府根据国家有关规定制定的生育保险办法，取得的生育津贴、生育医疗费或者其他属于生育保险性质的津贴、补贴，免征个人所得税。

（四）代扣代缴税款手续费

个人办理代扣代缴税款手续费，按规定取得的扣缴手续费，暂免征税。

（五）补偿性质的收入

（1）青苗补偿费。乡镇企业的职工和农民取得的青苗补偿费，属于种植业的收益范围，同时，也属经济损失的补偿性收入，因此，对他们取得的青苗补偿费收入暂不征收个人所得税。

征用土地过程中征地单位支付给土地承包人员的补偿费中，对土地承包人取得的青苗补偿费收入，暂免征收个人所得税；取得的转让建筑物等财产性质的其他补偿费收入，应按"财产转让所得"应税项目计征个人所得税。

（2）拆迁补偿款。就成改造过程中，个人因住房被征用而取得的赔偿费，属补偿性质的收入，无论是现金还是实物（房屋），均免征个人所得税。

对被拆迁人按照国家有关城镇房屋拆迁管理办法规定的标准取得的拆迁补偿款，免征个人所得税。

二、不征税收入

企业在销售商品（产品）和提供服务过程中向个人赠送礼品，属于下列情形之一的，不征收个人所得税：

（1）企业通过价格折扣、折让方式向个人销售商品（产品）和提供服务。

（2）企业在个人销售商品（产品）和提供服务的同时给予赠品，如：通信企业对个人购买手机赠话费、入网费，或者购话费赠手机等。

（3）企业对累积消费达到一定额度的个人按消费积分反馈礼品。

三、减征税规定

（一）减征对象

根据个人所得税法规定，下列情形之一的，经批准可以减征个人所得税。减征的幅度和期限由省、自治区、直辖市人民政府规定。

（1）残疾、孤老人员和烈属的所得。

（2）因严重自然灾害造成重大损失的。

（3）其他经国务院财政部门批准减税的。

（二）减征项目

经省级人民政府批准可减征个人所得税的残疾、孤老人员和烈属的所得仅限于劳动所得，具体所得项目为：工资、薪金所得；个体工商户的生产经营所得；对企事业单位的承包经营、承租经营所得；劳务报酬所得；稿酬所得；特许权使用费所得。税法第二条所列的其他各项所得，不属减征照顾的范围。

第五节 税前扣除的规定

一、购买商业健康保险的税前扣除

（一）允许扣除的范围

取得工资薪金所得、连续性劳务报酬所得的个人，以及取得个体工商户的生产经营所得、对企事业单位的承包承租经营所得的个体工商户业主，个人独资企业投资者，合伙企业个人合伙人和承包承租经营者，对其购买符合规定的商业健康保险产品支出，可按照规定标准在个人所得税前扣除。

取得连续性劳务报酬所得，是指个人连续 3 个月以上（含 3 个月）为同一单位提供劳务而取得的所得。

（二）扣除的规定

（1）扣除标准：对个人购买符合规定的商业健康保险产品的支出，允许在当年（月）计算应纳税所得额时予以税前扣除，扣除限额为 2400 元/年（200 元/月）。单位统一为员工购买符合规定的商业健康保险支出，应分别计入员工个人工资薪金，视同个人购买，按上述限额予以扣除。限额扣除为个人所得税法规定减除费用标准之外的扣除。

（2）有扣缴义务人的个人自行购买、单位统一组织为员工购买或者单位和个人共同负担购买符合规定的商业健康保险产品，扣缴义务人在填报《扣缴个人所得税报告表》或《特定行业个人所得税年度申报表》时，应将当期扣除的个人购买商业健康保险支出金额填至申报表"税前扣除项目"的"其他"列中（需注明商业健康保险扣除金额），并同时填报《商业健康保险税前扣除情况明细表》。

其中，个人自行购买符合规定的商业健康保险产品的，应及时向扣缴义务人提供保单凭证，扣缴义务人应当依法为其税前扣除，不得拒绝。个人从中国境内两处或者两处以上取得工资薪金所得，且自行购买商业健康保险的，只能选择在其中一处扣除。

个人未续保或退保的，应于未续保或退保当月告知扣缴义务人终止商业健康保险税前扣除。

（3）个体工商户业主、个人独资企业投资者、合伙企业个人合伙人和企事业单位承包承租经营者购买符合规定的商业健康保险产品支出，在年度申报填报《个人所得税生产经营所得纳税申报表（B表）》、享受商业健康保险税前扣除政策时，应将商业健康保险税前扣除金额填至"允许扣除的其他费用"行（需注明商业健康保险扣除金额），并同时填报《商业健康保险税前扣除情况明细表》。

（4）实行核定征收的纳税人，应向主管税务机关报送《商业健康保险税前扣除情况明细表》，主管税务机关按程序相应调减其应纳税所得额或应纳税额。纳税人未续保或退保的，应当及时告知主管税务机关，终止商业健康保险税前扣除。

（5）个人购买商业健康保险未获得税优识别码的，其支出金额不得税前扣除。税优识别码，是指为确保税收优惠商业健康保险保单的唯一性、真实性和有效性，由商业健康保险信息平台按照"一人一单一码"的原则对投保人进行校验后，下发给保险公司，并在保单凭证上打印的数字识别码。

（6）以上规定自2017年7月1日起施行。

二、公益救济性捐赠扣除

（一）限额扣除的基本规定

个人将其所得通过中国境内的社会团体、国家机关向社会公益事业以及遭受严重自然灾害地区、贫困地区的捐赠。捐赠额未超过纳税义务人申报的应纳税所得30%的部分，可以从其应纳税所得额中扣除。

个人捐赠住房作为公共租赁住房，符合税收法律法规规定的，对其公益性捐赠支出未超过其申报的应纳税所得额30%的部分，准予从其应纳税所得额中扣除。

【案例1】某施工企业员工王某2016年9月份一次性取得劳动报酬收入30 000元，从中拿出2000元通过民政局捐赠给受灾地区，其应纳税额计算为：

$$应纳税所得额 = 30\,000 \times (1 - 20\%) = 24\,000（元）$$
$$捐赠扣除限额 = 24\,000 \times 30\% = 7200（元）$$

由于实际捐赠额小于捐赠扣除限额，因此，2000元捐赠额允许扣除。

$$应纳税额 = (24\,000 - 2000) \times 30\%（税率）- 2000（速算扣除数）= 4600（元）$$

（二）全额扣除的特别规定

（1）对企业、事业单位、社会团体和个人等社会力量，通过非营利性的社会团体和国家机关向红十字事业、农村义务教育、福利性非营利性老年服务机构，以及公益性青少年活动场所的捐赠，在缴纳个人所得税前准予全额扣除。

（2）纳税人通过中国境内非营利性社会团体、国家机关向教育事业的捐赠，准予在个人所得税前全额扣除。

（三）支持灾后重建的措施

财政部、国家税务总局对受灾地区的税收优惠政策内容具有趋同性：

（1）对受灾地区个人取得的各级政府发放的救灾款项、接受捐赠的款项；对抗震救灾一线人员，按照地方各级政府及其部门规定标准取得的与抗震救灾有关的补贴收入，免征个人所得税。

（2）对企业、个人通过公益性社会团体、县级以上人民政府及其部门向受灾地区的捐赠，允许在当年企业所得税前和当年个人所得税前全额扣除。

（3）受灾严重地区因地震灾害失去工作的城镇职工从事个体经营的，以及因地震灾害损失严重的个体工商户，按每户每年8000元的限额扣减其当年实际应缴纳的营业税、城市维护建设税、教育费附加和个人所得税。

第六节 工资、薪金所得

工资、薪金所得，是指个人因任职或者受雇而取得的工资、薪金、奖金、年终加薪、劳动分红、津贴、补贴以及任职或者受雇有关的其他所得。

一、基本规定

（一）计征方法

工资、薪金所得应纳税款，按月计征，适用超额累进税率，税率为3%～45%。

（二）超额累进税率表

工资、薪金所得个人所得税应纳税额＝应纳税所得额×适用税率－速算扣除数

个人所得税税率表见表4-1。

表4-1　　　　　　　　　个人所得税税率表（适用于工资、薪金所得）

级数	全月应纳税所得额（含税级距）	全月应纳税所得额（不含税级距）	税率（%）	速算扣除数
1	不超过1500元	不超过1455元的	3	0
2	超过1500元至4500元的部分	超过1455元至4155元的部分	10	105
3	超过4500元至9000元的部分	超过4155元至7755元的部分	20	555
4	超过9000元至35 000元的部分	超过7755元至27 255元的部分	25	1005
5	超过35 000元至55 000元的部分	超过27 255元至41 255元的部分	30	2755
6	超过55 000元至80 000元的部分	超过41 255元至57 505元的部分	35	5505
7	超过80 000元的部分	超过57 505元的部分	45	13 505

（三）两处以上收入合并纳税自行申报

在中国境内两处或两处以上取得工资、薪金所得的，应合并计算纳税。在两处以上取得工资、薪金所得，或没有扣缴义务人的，纳税人应当自行申报纳税。

二、单位负担税款换算含税所得

（一）应纳税所得的换算原则

单位为纳税人负担税款，即支付给纳税人的报酬是不含税的净所得或称为税后所得，纳税人的应纳税额由单位代为缴纳。这种情况下，应将纳税人的不含税收入换算为应纳税所得额，即含税所得，然后再计算应纳税额。

根据企业所得税和个人所得税的现行规定，企业所得税的纳税人、个人独资和合伙企业、个体工商户为个人支付的个人所得税款，不得在所得税前扣除。

单位为员工负担的个人所得税款，应属于个人工资薪金的一部分。凡单独作为企业管理费列支的，在计算企业所得税时不得税前扣除。

（二）应纳税额的计算

1. 负担全额税款

应将员工取得的不含税收入换算成应纳税所得额后，计算单位应当代付的税款。计算公式为：

（1）应纳税所得额＝（不含税收入额－费用扣除标准－速算扣除数）/（1－税率）　　　　　　（4-1）

（2）应纳税额＝应纳税所得额×适用税率－速算扣除数　　　　　　　　　　　　　（4－2）

在上式中，式（4－1）中的税率，是指不含税所得按不含税级距对应的税率；式（4－2）中的税率，是指应纳税所得额按含税级距对应的税率。对此，在计算过程中应特别注意，不能混淆。

【案例2】 某施工企业职工每月工资7130.4元，其中养老保险439元，失业保险44元，医疗险89元，公积金829元，个人所得税减除标准3500元/月，计算其应纳个人所得税过程。

【案例分析及解答】 应纳税所得额＝7130.4－439－44－89－829－3500＝2229.4（元）

2229.4属于"超过1500元至4500元的部分"范围，对应税率10%，速算扣除额105。

$$应纳税额＝2229.4×10\%－105＝117.94（元）$$

如果税款由个人承担，会计核算如下：

```
借：应付职工薪酬                                      7130.4
    贷：其他应付款——代扣个人所得税                      117.94
        其他应付款——个人承担保险及公积金                  1401
        银行存款                                      5611.46
```

如果税款由企业承担，会计核算如下：

```
借：应付职工薪酬                                      7130.4
    其他应付款——个人承担保险及公积金                      1401
    贷：银行存款                                      5729.4
借：管理费用                                          117.94
    贷：应交税费——个人所得税                            117.94
```

2. 负担部分税款

（1）定额负担部分税款。将员工取得的工资、薪金所得换算成应纳税所得额后，计算单位应当代付的税款。计算公式为：

$$应纳税所得额＝员工取得的工资＋单位代员工负担的税款－费用扣除标准　　　（4－3）$$
$$应纳税额＝应纳税所得额×适用税率－速算扣除数　　　　　　　　　　　　（4－4）$$

（2）定率负担部分税款。是指单位为员工负担一定比例的工资应纳的税款或负担一定比例的实际应纳税款。计算公式为：

$$应纳税所得额＝（未含单位负担税款的收入额－费用扣除标准－$$
$$速算扣除数×负担比例）/（1－税率×负担比例）　　　（4－5）$$
$$应纳税额＝应纳税所得额×适用税率－速算扣除数　　　　　　　（4－6）$$

3. 负担全年一次性奖金税款

（1）全额负担税款。不含税全年一次性奖金换算成含税奖金计征个人所得税的具体方法为：

1）按照不含税的全年一次性奖金收入除以12的商数，查找相应适用税率和扣除数；

2）含税的全年一次性奖金收入＝（不含税的全年一次性奖金收入－速算扣除数）/（1－适用税率）；

3）按含税的全年一次性奖金收入除以12的商数，重新查找适用税率和速算扣除数；

4）应纳税额＝含税的全年一次性奖金收入×适用税率－速算扣除数

如果纳税人取得的不含税全年一次性奖金收入的当月工资、薪金所得，低于税法规定的费用扣除额，应先将不含税全年一次性奖金减去当月工资薪金所得低于税法规定费用扣除额的差额部分后，再按照上述规定处理。

（2）部分负担税款

1）单位为员工负担全年一次性奖金部分个人所得税款，属于员工又额外增加了收入，应将单位负担的这部分税款并入员工的全年一次性奖金，换算成应纳税所得额后，按照规定方法计征个人所得税。

2）将不含税全年一次性奖金换算为应纳税所得额的计算方法。

① 定额负担部分税款：

$$应纳税所得额 = 员工取得的全年一次性奖金 + 单位替员工定额负担的税款 -$$
$$当月工资薪金低于费用扣除标准的差额 \qquad (4-7)$$

② 定比例负担部分税款：

a. 查找不含税全年一次性奖金的适用税率和速算扣除数。

b. 计算含税全年一次性奖金。

$$应纳税所得额 = （未含单位负担税款的全年一次性奖金收入 - 当月工资薪金低于$$
$$费用扣除标准的差额 - 不含税级距的速算扣除数 × 单位负担比例）\qquad (4-8)$$

3）将上述应纳税所得额除以 12，根据其商数找出对应的使用税率和速算扣除数，据以计算税款。计算公式：

$$应纳税额 = 应纳税所得额 × 适用税率 - 速算扣除数 \qquad (4-9)$$
$$实际缴纳税款 = 应纳税额 - 单位为员工负担的税额 \qquad (4-10)$$

三、税前扣除

（一）法定减除费用标准

1. 费用减除标准

工资、薪金所得，以每月输入额减除费用 3500 元后的余额，为应纳税所得额。

2. 附加减除费用

在对中国境内无住所而在中国境内取得工资、薪金所得的纳税义务人和中国境内有住所而在中国境外取得工资、薪金所得的纳税义务人，可以根据其平均收入水平、生活水平以及汇率变化情况确定附加减除费用，附加减除费用适用范围和标准由国务院规定。

（1）适用标准国务院根据平均收入水平、生活水平以及汇率变化情况确定附加减除费用为 1300 元。

（2）适用范围

1）在中国境内无住所而在中国境内取得工资、薪金所得的纳税义务人；

2）在中国境内有住所而在中国境外取得工资、薪金所得的纳税义务人。

每月在减除 3500 元费用的基础上，可以再减除 1300 元附加减除费用的人员具体有：

1）在中国境内的外商投资企业和外国企业中工作的外籍人员；

2）应聘在中国境内的企业、事业单位、社会团体、国家机关中工作的外籍专家；

3）在中国境内有住所而在中国境外任职或者受雇与取得工资、薪金所得的个人；

4）华侨和香港、澳门、台湾同胞；

5）国务院财政、税务主管部门确定的其他人员。

（二）基本养老保险费、医疗保险费、失业保险费

按照国家规定，单位为个人缴付和个人缴付的基本养老保险费、基本医疗保险费、失业保险费、住房公积金，从纳税义务人的应纳税所得额中扣除。

企事业单位按照国家或者省（自治区、直辖市）人民政府规定的缴费比例或办法实际缴付的基本养老保险费、基本医疗保险费和失业保险费，免征个人所得税；个人按照国家或省（自治区、直辖市）人民政府规定的缴费比例或者办法实际缴付的基本养老保险费、基本医疗保险费和失业保险费，允许在个人应纳税所得额中扣除。

企事业单位和个人超过规定比例和标准缴付的基本养老保险费、基本医疗保险费和失业保险费，应将超过部分并入个人当期的工资、薪金收入，计征个人所得税。

个人实际领（支）取原提存的基本养老保险费、基本医疗保险费和失业保险费时，免征个人所得税。

（三）国内人员住房公积金

单位和个人分别在不超过职工本人上一年度月平均工资 12%的幅度内，其实际缴存的住房公积金，允许在个人应纳税所得额中扣除。单位和职工个人缴存住房公积金的月平均工资不得超过职工工作地所在设区城市上一年度职工月平均工资的 3 倍，具体标准按照各地有关规定执行。

单位和个人超过上述规定比例和标准缴付的住房公积金，应将超过部分并入个人当期的工资、薪金收入，计征个人所得税。

个人实际领（支）取原提存的住房公积金时，免征个人所得税。

（四）企业年金

企业年金，是指根据《企业年金试行办法》的规定，企业及其职工在依法参加基本养老保险的基础上，自愿建立的补充养老保险制度。

1. 年金缴费

单位缴费部分：企业根据国家有关政策规定的办法和标准，为本单位任职的全体职工缴付的年金，在计入个人账户时，个人暂不缴纳个人所得税。

个人缴费部分：个人根据国家有关政策规定缴付的年金个人缴费部分，在不超过本人缴费工资计税基数的 4%标准内的部分，暂从个人当期的应纳税所得额中扣除。

以上超过规定的标准缴付的年金单位缴费和个人缴费部分：应并入个人当期的工资、薪金所得，依法计征个人所得税。税款由建立年金的单位代扣代缴，并向主管税务机关申报解缴。

2. 领取年金

第 1 项：个人达到国家规定的退休年龄，在 2014 年 1 月 1 日新企业年金征税政策实施之后按月领取的年金，全额按照"工资、薪金所得"项目适用的税率，计征个人所得税；按年或按季领取的年金，平均分摊计入个月，每月领取额全额按照"工资、薪金所得"项目适用的税率，计征个人所得税。

第 2 项：对单位和个人在 2014 年 1 月 1 日企业年金征税新政实施之前开始缴付年金缴费，个人在 2014 年 1 月 1 日之后领取年金的，允许其从领取的年金中减除在 2014 年 1 月 1 日之前缴付的年金单位缴费和个人缴费且已经缴纳个人所得税的部分，就其余额按第 1 项规定征税。在个人分期领取年金的情况下，可按 2014 年 1 月 1 日企业年金征税新政实施之前缴付的年金缴费金额占全部缴费金额的百分比减计当期的应纳税所得额，减计后的余额，按照第 1 项规定计算缴纳个人所得税。

第 3 项：对个人因出境定居而一次性领取的年金个人账户资金，或个人死亡后，其指定的受益人或法定继承人一次性领取的年金个人账户余额，允许领取人将一次性领取的年金个人账户资金或余额按 12 个月分摊到各月，就其每月分摊额，按照第 1 项和第 2 项的办法计算缴纳个人所得税。对个人除上述特殊原因外一次性领取年金个人账户资金或余额的，则不允许采取分摊的方法，而是就一次性领取的总额，单独作为一个月的工资、薪金所得，按照第 1 项和第 2 项的规定，计算缴纳个人所得税。

3. 年金计划报备

建立年金计划的单位应于建立年金计划的次月 15 日内，向其所在地主管税务机关报送年金方案、人力资源社会保障部门出具的方案备案函、计划确认函以及主管税务机关要求报送的其他相关资料。年金方案、受托人、托管人发生变化的，应于发生变化的次月 15 日内重新向其主管税务机关报送上述资料。

四、税收优惠

（一）免税所得

1. 奖金

省级人民政府、国务院部委和中国人民解放军军以上单位，以及外国组织、国际组织颁发的科学、教育、技术、文化、卫生、体育、环境保护等方面的奖金。

2. 津贴

按照国务院规定发给的政府特殊津贴、院士津贴、资深院士津贴，以及国务院规定免纳个人所得税的其他补贴、津贴。

3. 福利费

免税的福利费是指由于某些特定事件或原因而给纳税人本人或家庭的正常生活造成一定困难，其任职单位按国家规定从提留的福利费或工会经费中向其支付的临时性生活补助费。下列收入不属于免税的福利费范围：

（1）从超出国家规定的比例或基数中提留的福利费或工会经费中支付给个人的各种补贴、补助；

（2）人人有份补贴、补助；

（3）单位为个人购买汽车、住房、计算机等不属于临时性生活困难补助性质的支出。

4. 抚恤金、救济金

救济金，是指各级人民政府民政部门支付给个人的生活困难补助费。

5. 军人的转业费、复员费

包括退役士兵取得的国家和地方政府支付的安置费和一次性补助。

6. 安家费、离退休工资

按照国家统一规定发给干部、职工的安家费、退休工资、离休工资、离休生活补助费免征个人所得税。

对于达到离休、退休年龄，但确因工作需要，适当延长离休退休年龄的高级专家（指享受国家发放的政府特殊津贴的专家、学者；中国科学院、中国工程院院士），其在延长离休退休期间的工资、薪金所得，视同退休工资、离休工资免征个人所得税。

7. 生育保险津补贴

生育妇女按照县级以上人民政府根据国家有关规定制定的生育保险办法，取得的生育津贴、生育医疗费或其他属于生育保险性质的津贴、补贴，免征个人所得税。

8. 工伤保险待遇

对工伤职工及其近亲属按照《工伤保险条例》（国务院令第586号）规定取得的工伤保险待遇，免征个人所得税。

工伤保险待遇，包括工伤职工按照《工伤保险条例》（国务院令第586号）规定取得的一次性伤残补助金、伤残津贴、一次性工伤医疗补助金、一次性伤残就业补助金、工伤医疗待遇、住院伙食补助费、外地就医交通食宿费用、工伤康复费用、辅助器具费用、生活护理费等，以及职工因工死亡，其近亲属按照《工伤保险条例》（国务院令第586号）规定取得的丧葬补助金、供养亲属抚恤金和一次性工亡补助金等。

由于造成伤残的工伤职工可能难以继续工作，雇佣关系紧张，一般双方都倾向于协商解除劳动关系。在解除劳动关系时，同时发放解除劳动关系一次经济补偿金和工伤赔偿金。对工伤职工的赔偿问题，用人单位在代扣代缴个人所得税时特别要把握《税法》原则，谨慎对待。比如：解除劳动关系一次经济补偿金、工伤赔偿金应当如何准确划分计税？对造成伤残需长期治疗、护理的工伤，按照工伤保险条例若不能解决其后续费用，企业为与工伤职工合法解除劳动关系增加赔偿金，是否应当征税？因为工伤职工是低收入的弱势群体，这两个关键问题不弄清楚，工伤职工考虑到今后失业或无保障的情况下，为维护自身权益往往会作出过激行为。

用人单位应当将当月工资、补发以前月份工资、解除劳动关系的补偿补助，以及工伤赔偿金，在项目上清楚分开、准确计算，澄清责任：

（1）对当月工资薪金，依法计算缴纳个人所得税；

（2）对补发以前月份工资，根据当地税务机关规定，一般可与以前月份属期的收入合并计算补缴税款；

（3）对解除劳动关系的补偿、补助，按照解除劳动关系一次性经济补偿金的优惠计税方式计算个人所得税；

（4）对确实属于工伤赔偿性质的项目金额，不征收个人所得税。一是根据《财政部　国家税务总局关于工伤职工取得的工伤保险待遇有关个人所得税政策的通知》（财税〔2012〕40号）规定，对工伤职工及其近亲属按照《工伤保险条例》（国务院令第586号）规定取得的工伤保险待遇，免征个人所得税。二是对超出《工伤保险条例》规定的、由雇佣双方协商的伤害赔偿性质收入，同样不属于个人所得税列举的征税项目范围。有些税务人员担心企业与工伤职工合谋随意调整项目而少缴个人所得税，其实由于这个时候雇佣关系紧张，企业会更加注重法律责任关系，保护企业利益，一般不会因此随意调整减少其法定责任的经济补偿收入金额，而增加自行协商的伤害赔偿金额。换言之，若作出相关赔偿安排，也必然有其合理因素，在征税方法有争议情况下应当根据"有利于纳税人"的原则充分考虑。

（二）不征税收入

对一些由单位发放的，经确定为"不属于工资、薪金性质"的补贴、津贴，不征收个人所得税。

1. 独生子女费

独生子女费是计划生育政策自实施以来，中国对独生子女实行的奖励政策。不同地区发放的标准不同。

2. 公务交通、通信制度改革补贴收入

个人因公务用车和通信制度改革而取得的公务用车、通信补贴收入，扣除一定标准的公务费用后，按照"工资、薪金"所得项目计征个人所得税。按月发放的，并入当月"工资、薪金"所得项目计征个人所得税。按月发放的，并入当月"工资、薪金"所得计征个人所得税；不按月发放的，分解到所属月份并与该月份"工资、薪金"所得合并后计征个人所得税。

公务费用的扣除标准，由省级地方税务局根据纳税人公务交通、通信费用的实际发生情况调查测算，报经省级人民政府批准后确定，并报国家税务总局备案。

因公务用车制度改革而以现金、报销等形式向职工个人支付的收入，包括直接以现金形式发放，在限额内据实报销用车支出，单位反租职工个人的车辆支付车辆租赁费（"私车公用"），单位向用车人支付车辆使用过程中的有关费用等，均应视为个人取得公务用车补贴收入，按照"工资、薪金所得"项目计征个人所得税。

具体计征方法按《国家税务总局关于个人所得税有关政策问题的通知》（国税发〔1999〕58号）第二条"关于个人取得公务交通、通信补贴收入征税问题"的有关规定执行。

公务用车、通信制度改革的相关补贴免税标准，具体应根据当地税务机关发布标准执行。各地对实行公务用车、通信制度改革发放补贴收入，可获得个人所得税一定标准扣除待遇的企事业单位范围，在做法上有差异，多数限于党政机关、事业单位，部分地区规定扩大至国有企业，但也有少数地区明确了其他企事业单位的参照标准。

（1）执行范围限于机关事业单位。管理机关一般趋同意见为：机关事业单位在计划经济向市场经济转轨过程中，职工工资仍由政府指导制度下实行上述改革，由于其原来的固定薪酬并未体现此项公务费用，因此根据公务费用实际发生额测算并发放补贴具有一定合理性，且应予扣除。但若对全部企事业单位实施的改革都纳入免税范围，则意味着费用扣除标准的普遍提高，认为不符合此项政策出发点。类似有：《河南省财政厅　河南省地方税务局关于公务用车制度改革取得补贴收入有关个人所得税扣除标准的通知》（豫财税政〔2015〕82号）规定，自2015年11月1日起，"因公务用车制度改革，省级及以下各级党政机关（包括党委、人大、政府、政协、审判、检察机关，各民主党派和工商联，参照公务员法管理的人民团体、群体团体、事业单位）职工按照规定取得的公务交通补贴收入，允许在计算个人所得税前据实扣除。"

（2）执行范围扩大至企事业单位。一般参照当地行政事业单位的规定并简化扣除标准，在标准内据实扣除；对超过规定限额的，并入当月工资薪金所得计算征收个人所得税。比如，《陕西省财政厅 陕西省地方税务局关于个人因公务用车制度改革取得的补贴收入有关个人所得税问题的通知》（陕财税〔2015〕10 号）规定，"对其他企事业单位职工取得的公车补贴收入，暂按公务费用扣除标准据实扣除，超出部分按'工资薪金'所得项目计征个人所人所得税"，"公务费用扣除标准扣除上限为企业董事、总经理、副总经理等企业高层管理者每人每月 1690 元；企业各部门经理等中层管理者每人每月 1040 元；其他人员每人每月 650 元，自 2015 年 1 月 1 日起执行"。

（3）对尚未实行公务用车、通信制度改革的地区。按照税收法定和公平原则，只要发放相关补贴，即按照所属月份并入工薪所得计征个人所得税。

（4）对当地未列入相关改革补贴扣除范围的企事业单位。建议考虑两种做法：一是提高薪酬标准，将相关公务费用纳入职工薪酬统一安排；二是在支出、核算方面清楚划分公务支出与薪酬支出，对经营所需公务费用可采取实报实销形式（注：据实报销员工外出公务交通费用而不是其名下车辆的日常支出，具体可根据当地税务机关规定），或统一采购公务用车的社会化服务。

3. 误餐补助

不征税的误餐费，是指按财政部门的规定，个人因公在城区、郊区工作，不能在工作单位或返回就餐，确实需要在外就餐的，根据实际误餐顿数，按规定标准领取的误餐费。一些单位以误餐补助名义发放给职工的补贴、津贴，应并入当月工资、薪金所得计征个人所得税。

4. 托儿补助费、差旅费津贴

按国家规定标准发给的托儿补助费、差旅费津贴。

对国家规定标准，一般参照国家或当地财政部门对行政机关事业单位的标准执行，对超过标准的补贴部分并入工资薪金收入征收个人所得税。

（1）托儿补助费。由于托儿所大多属于计划经济时期的产物，目前各地已经鲜有听闻，一般无此发放名目，具体以当地税务机关规定为准。

（2）差旅费津贴。是企业对员工出差给予的津贴性质收入。企业列支差旅费须有出差人员姓名、时间、地点和任务的证明文件，以及相关合法支付凭证，但对"差旅费津贴"支付金额本身不须税务发票，企业列明支付项目即可向个人发放。

五、有关征税规定

（一）全年一次性奖金

1. 除全年一次性奖金以外的奖金

自 2005 年 1 月 1 日起：员工取得除全年一次性奖金以外的其他各种名目奖金，如半年奖、季度奖、加班奖、先进奖、考勤奖等，一律与当月工资、薪金收入合并，按《税法》规定缴纳个人所得税。

2. 全年一次性奖金

（1）概念。全年一次性奖金是指行政机关、企事业单位等扣缴义务人根据其全年经济效益和对员工全年工作业绩的综合考核情况，向员工发放的一次性奖金。上述一次性奖金也包括年终加薪、实行年薪制和绩效工资办法的单位根据考核情况兑现的年薪和绩效工资。

（2）计税方法。纳税人取得全年一次性奖金，单独作为一个月工资、薪金所得计算纳税，并按以下计税办法，由扣缴义务人发放时代扣代缴：

1）先将员工当月内取得的全年一次性奖金，除以 12 个月，按其商数确定适用税率和速算扣除数。

如果在发放年终一次性奖金的当月，员工当月工资薪金所得低于税法规定的费用扣除额，应将全年一次性奖金减除"员工当月工资薪金所得与费用扣除额的差额"后的余额，按上述办法确定全年一次性奖金的适用税率和速算扣除数。

【案例 3】某施工企业员工小张 2016 年 12 月取得全年一次性奖金 20 000 元，当月工资扣除法定费用标准后为 3000 元,小张全年一次性奖金应纳税额是多少?如果小张当月工资扣除法定标准后为 4000 元,全年一次性奖金应纳税额又是多少?

【案例分析及解答】如果小张 2016 年 12 月工资扣除法定费用标准为 3000 元

确定全年一次性奖金的税率和速算扣除数的标准为:20 000/12 -(3500 - 3000)= 1166.67

属于"不超过 1500 元"部分,税率为 3%,速算扣除数为 0

$$应纳税额 = 20\ 000 \times 3\% = 600(元)$$

如果小张 2016 年 12 月工资扣除法定费用标准为 4000 元

确定全年一次性奖金的税率和速算扣除数的标准为:20 000/12 = 1666.67

属于"超过 1500 元至 4500 元的部分",税率为 10%,速算扣除数为 105

$$应纳税额 = 20\ 000 \times 10\% - 105 = 1895(元)$$

2)将员工个人当月内取得的全年一次性奖金,按本条第(1)项确定的适用税率和速算扣除数计算征税,计算公式如下:

① 如果员工当月工资薪金所得高于(或等于)税法规定的费用扣除额的,适用公式为:

$$应纳税额 = 员工当月取得全年一次性奖金 \times 适用税率 - 速算扣除数$$

② 如果员工当月工资薪金所得低于税法规定的费用扣除额的,适用公式为:

$$应纳税额 =(员工当月取得全年一次性奖金 - 员工当月工资$$
$$薪金所得与费用扣除额的差额)\times 适用税率 - 速算扣除数$$

③ 在一个纳税年度内,对每一个纳税人,上述计税办法只允许采用一次。

(3)税收筹划。对全年一次性奖金除以 12 个月确定税率、速算扣除数后,只能扣除 1 次速算扣除数,并不是真正按 12 个月平摊计税,因此在税率级次上,必然存在多发 1 元钱,会缴纳更多税款的问题,因此在发放金额上应当注意合理筹划,避免发放金额除以 12 个月后超出上一级税率级距的临界点,超出部分通过月奖形式列项目发放,或者改在下月发放,即超出部分与当月正常工资薪金合并计算个人所得税,从而避免较大金额的全年一次性奖金在整体上适用上一级的税率档次。

(二)解除劳动关系一次性安置和补偿收入

1. 一次性安置收入

企业依国家有关法律规定宣告破产,企业职工从该破产企业取得的一次性安置收入免征个人所得税。

2. 一次性补偿收入

个人因与用人单位解除劳动关系而取得的一次性补偿收入(含经济补偿金、生活补助、其他补助),在当地上年职工平均工资 3 倍数额以内的部分免征个人所得税。

超过部分按《国家税务总局关于个人因解除劳动合同取得经济补偿金征收个人所得税问题的通知》(国税发〔1999〕178 号)的规定按工资薪金计算缴纳个人所得税。即该收入可视为一次取得数月的工资、薪金收入,允许在一定期限内进行平均。具体平均办法为:以个人取得的一次性经济补偿收入,除以个人在本企业的工作年限数,以其商数作为个人的月工资、薪金收入,按照税法规定计算缴纳个人所得税。个人在本企业的工作年限数按实际工作年限数计算,超过 12 年的按 12 计算。

按照上述方法计算的个人一次性经济补偿收入应纳的个人所得税税款,由支付单位在支付时一次性代扣代缴。

个人在领取一次性补偿收入时,按国家、地方政府规定比例实际缴纳的住房公积金、医疗保险金、基本养老保险金、失业保险金在计税时可扣除(注:应当在发放该款项时,存在向指定机构的实际缴纳行为,而不是预测未来会缴纳的费用额)。

(三)单位低价向职工售房

(1)根据住房制度改革政策的有关规定,国家机关、企事业单位及其他组织(以下简称单位)在住房制度改革期间，按照所在地县级以上人民政府规定的房改成本价格向职工出售公有住房，职工因支付的房改成本价格低于房屋建造成本价格或市场价格而取得的差价收益，免征个人所得税。

（2）除上述规定情形外，单位按低于购置或建造成本价格出售住房给职工，职工因此而少支出的差价部分（职工实际支付的购房价款低于该房屋的购置或建造成本价格的差额），属于个人所得税应税所得，应按照"工资、薪金所得"项目缴纳个人所得税。

对职工取得上述应税所得，比照《国家税务总局关于调整个人取得全年一次性奖金等计算征收个人所得税方法问题的通知》（国税发〔2005〕9号）规定的全年一次性奖金的征税方法，计算征收个人所得税，即先将全部所得数额除以12，按其商数并根据个人所得税法规定的税率表确定适用的税率和速算扣除数，再根据全部所得数额、适用税率和速算扣除数，按照税法规定计算征税。

（四）实物向员工提供福利

根据《个人所得税法》规定，个人取得的应纳税所得，包括现金、实物和有价证券和其他形式的经济利益。所得为实物的，应当按照取得的凭证上所注明的价格计算应纳税所得额；无凭证的实物或凭证上所注明价格明显偏低的，参照市场价格核定应纳税所得额。

（五）离退休人员征税规定

1. 离退休人员工资收入

（1）按照国家统一规定发给干部、职工的安家费、退休工资、离休工资、离休生活补助费免征个人所得税。

（2）对于达到离休、退休年龄，但确因工作需要，适当延长离休退休年龄的高级专家，其延长离休退休期间的工资、薪金所得，视同退休工资、离休工资免征个人所得税。

（3）离退休人员取得实行工效挂钩以来形成的结余工资，应单独作为一个月的工资、薪金收入，按税法规定计征个人所得税。

2. 离退休工资以外奖金补贴

离退休人员除按规定领取离退休工资或养老金外，另从原任职单位取得的各类补贴、奖金、实物，不属于《中华人民共和国个人所得税法》第四条规定可以免税的退休工资、离休工资、离休生活补助费。根据《中华人民共和国个人所得税法》及其实施条例的有关规定，离退休人员从原任职单位取得的各类补贴、奖金、实物，应在减除费用扣除标准后，按"工资、薪金所得"应税项目缴纳个人所得税。

3. 内部退养、提前退休收入

（1）内部退养后工资薪金。企业减员增效实行内部退养办法人员取得的收入，在办理内退手续后至法定离退休年龄之间从原单位取得的工资薪金，不属于免税离退休人员工资，应按"工资、薪金"计缴个人所得税。

个人在办理内部退养手续后从原任职单位取得的一次性收入，应按办理内部退养手续后至法定离退休年龄之间的所属月份进行平均，并于领取当月的工资薪金所得合并后减除当月费用扣除标准，以余额为基数确定适用税率，再将当月工资薪金加上取得的一次性收入，减去费用扣除标准，然后按适用税率计税。

个人在办理内部退养手续后至法定离退休年龄之间重新就业取得的工资所得，应与从原单位取得的同一月份工资薪金合并计缴个人所得税。

（2）提前退休一次性补贴收入。单位对未达到法定退休年龄、正式办理提前退休手续的个人，按照统一标准向提前退休工作人员支付一次性补贴，不属于免税的离退休工资收入，应按照"工资、薪金所得"项目征收个人所得税。

个人因办理提前退休手续而取得的一次性补贴收入，应按照办理提前退休手续至法定退休年龄之间所属月份平均分摊计算个人所得税。

4. 退休人员再任职收入

个人兼职取得的收入应按照"劳务报酬所得"应税项目缴纳个人所得税；退休人员再任职取得的收

入，在减除费用扣除标准后，按"工资、薪金所得"应税项目缴纳个人所得税。

六、员工股权激励所得

认购公司股份、股票而从企业取得折扣、补贴收入

个人认购股票等有价证券，因其受雇期间的表现或业绩，从其单位以不同形式取得的折扣或补贴（指员工实际支付的股票等有价证券的认购价低于当期发行价格或市场价格的数额），属于该个人因受雇而取得的工资、薪金所得，应在员工实际认购股票等有价证券时，按工资薪金所得计算缴纳个人所得税。

因一次取得的折扣、补贴收入较多，全部计入当月工资、薪金所得计算缴纳个人所得税有困难的，可自其实际认购股票等有价证券的当月起，由个人自行选择，在不超过 6 个月的期限内平均分月计入工资、薪金所得计算缴纳个人所得税。个人就上述计算纳税期限一经选定，不得变更。

七、建筑安装业跨地区异地工程作业人员

建筑安装业，包括建筑、安装、修缮、装饰及其他工程作业。从事建筑安装业的个人为个人所得税纳税义务人。其从事建筑安装业取得的所得，应依法缴纳个人所得税。

从事建筑安装业的单位和个人，应依法办理税务登记。在异地从事建筑安装业的单位和个人，必须自工程开工之日前 3 日内，持营业执照、外出经营活动税收管理证明、城建部门批准开工的文件和工程承包合同（协议）、开户银行账号以及主管税务机关要求提供的其他资料向主管税务机关办理有关登记手续。

从事建筑安装业的单位和个人应设置会计账簿，健全财务制度，准确完整地进行会计核算。对未设立会计账簿，或者不能准确、完整地进行会计核算的单位和个人，主管税务机关可根据其工程规模、工程承包合同价款和工程完工进度等情况，核定其应纳税所得额或应纳税额，据以征税。具体核定办法由县以上（含县级）税务机关制定。

建筑安装业单位所在地税务机关和工程作业所在地税务机关双方可以协商有关个人所得税代扣代缴和征收的具体操作办法，都有权对建筑安装业单位和个人依法进行税收检查，并有权依法处理其违反税收规定的行为。但一方已经处理的，另一方不得重复处理。

跨省异地施工单位应就其所支付的工程作业人员工资、薪金所得，向工程作业所在地税务机关办理全员全额扣缴明细申报。凡实行全员全额扣缴明细申报的，工程作业所在地税务机关不得核定征收个人所得税。

建筑安装业省内异地施工作业人员个人所得税征收管理参照以上执行。

第七节　劳务报酬所得

劳务报酬所得是指个人从事设计、装潢、安装、制图、化验、测试、医疗、法律、会计、咨询、讲学、新闻、广播、翻译、审稿、书画、雕刻、影视、录音、录像、演出、表演、广告、展览、技术服务、介绍服务、经纪服务、代办服务以及其他劳务取得的所得。

一、所得项目的区分

工资、薪金所得与劳务报酬所得的区分问题：工资、薪金所得是属于非独立个人劳务活动，即在机关、团体、学校、部队、企事业单位及其他组织中任职、受雇而取得的报酬；劳务报酬所得则是个人独立从事各种技艺、提供各项劳务取得的报酬。两者的主要区别在于，前者存在雇佣与被雇佣的关系，后者则不存在这种关系。

二、应纳税所得额的计算

（一）费用扣除

劳务报酬所得以个人每次取得的收入，定额或定率减除规定费用后的余额为应纳税所得额。每次收入不超过 4000 元的，定额减除费用 800 元；每次收入在 4000 元以上的定律减除 20%的费用。

（二）对取得收入"次"的规定

劳务报酬所得，属于一次性收入的，以取得该项收入为一次；属于同一项目连续性收入的，以一个月内取得的收入为一次。个人兼有劳务报酬所得列巨额具体劳务项目中的不同项目的所得，应当分别减除费用，计算缴纳个人所得税。

三、应纳税额的计算

（一）适用税率

劳务报酬所得适用 20%的比例税率；对于纳税人每次劳务报酬所得的应纳税所得额超过 20 000 元至 50 000 元的部分，适用 30%税率；超过 50 000 元的部分，适用 40%的税率。

（二）计算公式

$$应纳税额＝应纳税所得额×适用税率－速算扣除数$$

劳务报酬所得实际上是按 3 级超额累进税率征收个人所得税，见表 4－2。

表 4－2　　　　　　　　　　　个人所得税税率表（劳务报酬所得适用）

级数	每次应纳税所得额（含税级距）	不含税级距	税率	速算扣除数
1	不超过 20 000 元的	不超过 16 000 元的	20%	0
2	超过 20 000 元至 50 000 元的部分	超过 16 000 至 37 000 元的部分	30%	2000
3	超过 50 000 元部分	超过 37 000 元的部分	40%	7000

（三）单位为个人纳税人代付税款的计算

单位或个人为纳税人的劳务报酬所得代付税款的，应当将纳税人取得的不含税收入额换算成应纳税所得额，再计算应纳税款。计算公式为：

（1）不含税收入额为 3360 元（即含税收入额 4000 元）以下的：

$$应纳税所得额＝（不含税收入额－800）/（1－税率）\qquad(4-11)$$

（2）不含税收入额为 3360 元（即含税收入额 4000 元）以上的：

$$应纳税所得额＝[（不含税收入额－速算扣除数）×（1－20\%）]/[1－税率×（1－20\%）]$$

$$(4-12)$$

（3）应纳税额＝应纳税所得额×适用税率－速算扣除数　　　　　　　　　(4-13)

上述公式中，式（4-11）、式（4-12）中的税率，是指不含税所得按税率表中"不含税收入额"对应税率，式（4-13）中税率，是指应纳税所得额按税率表中"含税所得"对应的税率。

第八节　特许权使用费所得

特许权使用费所得，是指个人提供专利权、商标权、著作权、非专利技术以及其他特许权的使用权取得的所得；提供著作权的使用权取得的所得，不包括稿酬所得。

一、应纳税所得额的计算

以一项特许权的一次许可权使用所得的收入为一次，定额或定律减除规定费用后的余额为应纳税所得额。每次收入不超过 4000 元的，定额扣除费用 800 元；每次收入在 4000 元以上的，定率减除 20%的费用。

二、应纳税额的计算

（一）适用税率

20%的比例税率：

$$应纳税额 = 应纳税所得额 \times 适用税率$$

（二）单位或个人为纳税人代付税款的计算

应当将纳税人取得的不含税收入额换算成应纳税所得额，再计算应纳税款。计算公式为：

（1）不含税收入额为 3360 元（即含税收入额 4000 元）以下的：

$$应纳税所得额 = （不含税收入额 - 800）/（1 - 税率） \tag{4-14}$$

（2）不含税收入额为 3360 元（即含税收入额 4000 元）以上的：

$$应纳税所得额 = [不含税收入额 \times （1 - 20\%）]/[1 - 税率 \times （1 - 20\%）] \tag{4-15}$$

第九节　利息、股息、红利所得

利息、股息、红利所得，是指个人拥有债权、股权而取得的利息、股息、红利所得。

个人拥有"债权""股权"，是界定"利息、股息、红利所得"税目的前提条件。根据税收征管范围的划分，储蓄存款利息所得个人所得税由国家税务局负责征管，其他形式的利息所得个人所得税由地方税务局征管。

一、应纳税所得额的计算

以每次收入额为应纳税所得额。

二、应纳税额的计算

适用比例税率，税率为 20%。

$$应纳税额 = 应纳税所得额 \times 适用税率$$

单位为纳税人负担利息、股息、红利所得个人所得税款的，应将纳税人取得的不含税收入换算成应纳税所得额，计征个人所得税。

$$应纳税所得额 = 不含税收入额/（1 - 20\%）$$
$$应纳税额 = 应纳税所得额 \times 20\%$$

第十节　财产租赁所得

财产租赁所得，是指个人出租建筑物、土地使用权、机器设备、车船以及其他财产取得的所得。

一、应纳税所得额的计算

（一）法定费用扣除

以一个月内取得的收入为一次，定额或定率减除规定费用后的余额为应纳税所得额。每次收入不超过 4000 元的，定额减除费用 800 元；每次收入在 4000 元以上的，定率减除 20%的费用。

（二）其他费用扣除

（1）纳税人在出租财产过程中缴纳的税金、教育费附加，可持完税凭证，从其财产租赁收入中扣除。纳税人提供准确、有效凭证，由纳税人负担的出租财产实际开支的修缮费用，准予扣除。允许扣除的修缮费用，以每次 800 元为限，一次扣除不完的，准予在下一次继续扣除，直至扣完为止。

（2）个人将承租房屋转租取得的租金收入，属于个人所得税应税所得，应按"财产租赁所得"项目计算缴纳个人所得税。取得转租收入的个人向房屋出租方支付的租金，凭房屋租赁合同和合法支付凭据允许在计算个人所得税时，从该项转租收入中扣除。

（3）有关财产租赁所得个人所得税前扣除税费的扣除次序为：

1）财产租赁过程中缴纳的税费；

2）向出租方支付的租金；

3）由纳税人负担的租赁财产实际开支的修缮费用；

4）税法规定的费用扣除标准。

二、应纳税额的计算

（一）适用 20%比例税率

$$应纳税额 = 应纳税所得额 × 适用税率$$

（二）对个人出租房屋取得的所得暂减按 10%的税率征收个人所得税

2016 年 5 月 1 日营业税改增值税后，个人出租住房适用过渡优惠政策减按 1.5%征收增值税。个人出租不动产申请代开发票的，由代征税款的地税局代开增值税专用发票或增值税普通发票（承租方不属于个人的，纳税人缴纳增值税后可以向地税机关申请代开增值税专用发票）。

（三）单位为纳税人财产租赁所得代付税款

应将纳税人取得的不含税收入额换算成应纳税所得额，再计算应纳税款。

（1）不含税收入额为 3360（即含税收入额 4000 元）以下的：

$$应纳税所得额 = （不含税收入额 - 800）/（1 - 税率）$$

（2）不含税收入额为 3360（即含税收入额 4000 元）以上的：

$$应纳税所得额 = [不含税收入 × （1 - 20\%）] / [1 - 税率 × （1 - 20\%）]$$

（3）应纳税额 = 应纳税所得额 × 适用税率

第十一节　财产转让所得

财产转让所得，是指个人换让有价证券、股权、建筑物、土地使用权、机器设备、车船以及其他财产取得的所得。

一、应纳税所得额的计算

（1）以一次转让财产的收入额减除财产原值和合理费用后的余额为应纳税所得额。

（2）财产原值，是指：

1）有价证券，为买入价以及买入时按照规定缴纳的有关费用；

2）建筑物，为建造费或者购进价格以及其他有关费用；

3）土地使用权，为取得土地使用权所支付的金额、开发土地的费用以及其他有关费用；

4）机器设备、车船，为购进价格、运输费、安装费以及其他有关费用。

纳税义务人未提供完整、准确的财产原值凭证，不能正确计算财产原值的，由主管税务机关核定其财产原值。

（3）合理费用，是指卖出财产时按照规定支付的有关费用。

二、应纳税额的计算

（1）适用 20%的比例税率。

$$应纳税额 = 应纳税所得额 \times 适用税率$$

（2）单位为纳税人负担财产转让所得个人所得税款，应将纳税人取得的不含税收入换算成应纳税所得额，计征个人所得税：

1）应纳税所得额 = 不含税收入净额/（1 - 20%）。

2）应纳税额 = 应纳税所得额 × 20%。

第五章

施工企业其他涉税税种管理及会计核算

本章共介绍印花税、房产税、车购税、车船税、契税、资源税、城镇土地使用税和耕地占用税等 8 个小税种。

由于这些税种相对比较简单，而且部分税种诸如车船税、资源税正在面临改革，所以，8 个小税的政策合并在一章分节介绍。

在每个小税种政策讲解结束后，介绍涉税会计的基本操作。

第一节 印花税涉税政策和会计处理

一、征税范围和纳税义务人

（一）征税范围

现行印花税只对《印花税暂行条例》列举的凭证征收，没有列举的凭证不征税。正式列举的凭证分为五类，即经济合同、产权转移书据、营业账簿、权利许可证照和经财政部门确认的其他凭证。具体征税范围如下：

1. 经济合同

税目税率表中列举了 10 大类合同，它们是：

（1）购销合同。包括供应、预购、采购、购销结合及协作、调剂、补偿、易货等合同；还包括各出版单位与发行单位（不包括订阅单位和个人）之间订立的图书、报刊、音像征订凭证。

对于工业、商业、物资、外贸等部门经销和调拨商品、物资供应的调拨单（或其他名称的单、卡、书、表等），应当区分其性质和用途，即看其是作为部门内执行计划使用的，还是代替合同使用的，以确定是否贴花。凡属于明确双方供需关系，据以供货和结算，具有合同性质的凭证，应按规定缴纳印花税。

对纳税人以电子形式签订的各类应税凭证按规定征收印花税。

对发电厂与电网之间、电网与电网之间（国家电网公司系统、南方电网公司系统内部各级电网互供电量除外）签订的购售电合同，按购销合同征收印花税。电网与用户之间签订的供用电合同不征印花税。

（2）加工承揽合同。包括加工、定做、修缮、修理、印刷、广告、测绘、测试等合同。

（3）建设工程勘察设计合同。包括勘察、设计合同的总包合同、分包合同和转包合同。

（4）建筑安装工程承包合同。包括建筑、安装工程承包合同的总包合同、分包合同和转包合同。

（5）财产租赁合同。包括租赁房屋、船舶、飞机、机动车辆、机械、器具、设备等合同；还包括企业、个人出租门店、柜台等所签订的合同，但不包括企业与主管部门签订的租赁承包合同。

（6）货物运输合同。包括民用航空运输、铁路运输、海上运输、内河运输、公路运输和联运合同。

（7）仓储保管合同。包括仓储、保管合同或作为合同使用的仓单、找单（或称入库单）。对某些使用不规范的凭证不便计税的，可就其结算单据作为计税贴花的凭证。

（8）借款合同。包括银行及其他金融组织和借款人（不包括银行同业拆借）所签订的借款合同。

（9）财产保险合同。包括财产、责任、保证、信用等保险合同。

（10）技术合同。包括技术开发、转让、咨询、服务等合同。其中，技术转让合同包括专利申请转让、非专利技术转让所书立的合同，但不包括专利权转让、专利实施许可所书立的合同。后者适用于"产权转移书据"合同。

技术咨询合同是合同当事人就有关项目的分析、论证、评价、预测和调查订立的技术合同，而一般的法律、会计、审计等方面的咨询不属于技术咨询，其所立合同不贴印花。

技术服务合同的征税范围包括技术服务合同、技术培训合同和技术中介合同。

 相关阅读

企业集团内部使用的有关凭证征收印花税问题

《国家税务总局关于企业集团内部使用的有关凭证征收印花税问题的通知》（国税函〔2009〕9号）针对集团内部的凭证的印花税问题明确规定如下：

对于企业集团内具有平等法律地位的主体之间自愿订立、明确双方购销关系、据以供货和结算、具有合同性质的凭证，应按规定征收印花税。对于企业集团内部执行计划使用的、不具有合同性质的凭证，不征收印花税。

2. 产权转移书据

产权转移即财产权利关系的变更行为，表现为产权主体发生变更。产权转移书据是在产权的买卖、交换、继承、赠与、分割等产权主体变更过程中，由产权出让人与受让人之间所订立的民事法律文书。

我国印花税税目中的产权转移书据包括财产所有权、版权、商标专用权、专利权、专有技术使用权共5项产权的转移书据。其中，财产所有权转移书据，是指经政府管理机关登记注册的不动产、动产的所有权转移所书立的书据，包括股份制企业向社会公开发行的股票，因购买、继承、赠与所书立的产权转移书据。其他4项则属于无形资产的产权转移书据。

另外，土地使用权出让合同、土地使用权转让合同、商品房销售合同按照产权转移书据征收印花税。

 相关链接

上述规定出自《财政部国家税务总局关于印花税若干政策的通知》（财税〔2006〕162号）：对土地使用权出让合同、土地使用权转让合同按产权转移书据征收印花税。对商品房销售合同按照产权转移书据征收印花税。

3. 营业账簿

印花税税目中的营业账簿归属于财务会计账簿，是按照财务会计制度的要求设置的，反映生产经营活动的账册。按照营业账簿反映的内容不同，在税目中分为记载资金的账簿（简称资金账簿）和其他营业账簿两类，以便于分别采用按金额计税和按件计税两种计税方法。

（1）资金账簿。是反映生产经营单位"实收资本"和"资本公积"金额增减变化的账簿。

（2）其他营业账簿。是反映除资金资产以外的其他生产经营活动内容的账簿，即除资金账簿以外的，归属于财务会计体系的生产经营用账册。

（二）纳税人

凡在我国境内书立、领受、使用属于征税范围内所列凭证的单位和个人，都是印花税的纳税义务人。包括各类企业、事业、机关、团体、部队，以及中外合资经营企业、合作经营企业、外资企业、外国公司企业和其他经济组织及其在华机构等单位和个人。按照征税项目划分的具体纳税人是：

（1）立合同人。书立各类经济合同的，以立合同人为纳税人。所谓立合同人，是指合同的当事人。当事人在两方或两方以上的，各方均为纳税人。

（2）立账簿人。建立营业账簿的，以立账簿人为纳税人。

（3）立据人。订立各种财产转移书据的，以立据人为纳税人。如立据人未贴印花或少贴印花，书据的持有人应负责补贴印花。所立书据以合同方式签订的，应由持有书据的各方分别按全额贴花。

（4）领受人。领取权利许可证照的，以领受人为纳税人。

对于同一凭证，如果由两方或者两方以上当事人签订并各执一份的，各方均为纳税人，应当由各方就所持凭证的各自金额贴花。所谓当事人，是指对凭证有直接权利义务关系的单位和个人，不包括保人、证人、鉴定人。如果应税凭证是由当事人的代理人代为书立的，则由代理人代为承担纳税义务。

使用人，指在国外书立或领受，在国内使用应税凭证的单位和个人。

二、计税依据

印花税根据不同征税项目，分别实行从价计征和从量计征两种征收方法。

（一）从价计税情况下计税依据的确定

实行从价计税的凭证，以凭证所载金额为计税依据。具体规定如下：

（1）各类经济合同，以合同上所记载的金额、收入或费用为计税依据。

1）购销合同的计税依据为购销金额，不得作任何扣除，特别是调剂合同和易货合同，均应包括调剂、易货的全额。

在商品购销活动中，采用以货换货方式进行商品交易签订的合同，是反映既购又销双重经济行为的合同。对此应按合同所载的购、销金额合计数计税贴花。合同未列明金额的，应按合同所载购、销数量，依照国家牌价或市场价格计算应纳税额。

如甲企业与乙企业签订的易货合同中列明，甲以价值 130 万元的货物与乙公司价值 130 万元的货物交换，则甲乙双方印花税的计税依据均为 260 万元。

2）加工承揽合同的计税依据是加工或承揽收入的金额。

对于由受托方提供原材料的加工、定做合同，凡在合同中分别记载加工费金额和原材料金额的，应分别按"加工承揽合同""购销合同"计税，两项税额相加数即为合同应贴印花；若合同中未分别记载，则应就全部金额依照加工承揽合同计税贴花。

对于由委托方提供主要材料或原料，受托方只提供辅助材料的加工合同，无论加工费和辅助材料金额是否分别记载，均以辅助材料与加工费的合计数，依照加工承揽合同计税贴花。对委托方提供的主要材料或原料金额不计税贴花。

【案例 1】某企业作为受托方签订甲、乙两份加工承揽合同，甲合同约定：由委托方提供主要材料，金额 300 万元，受托方只提供 20 万元的辅助材料，受托方另收取加工费 50 万元；乙合同约定：由受托方提供 200 万元的主要材料并收取加工费 40 万元。试计算印花税额。

【案例分析及解答】加工承揽合同应缴纳的印花税 =（50+20）×0.5‰（加工承揽合同）+200×0.3‰（购销合同）+40×0.5‰（加工承揽合同）=1150（元）

3）建设工程勘察设计合同的计税依据为勘察、设计收取的费用（即勘察、设计收入）。

4）建筑安装工程承包合同的计税依据为承包金额，不得剔除任何费用。如果施工单位将自己承包的建设项目再分包或转包给其他施工单位，其所签订的分包或转包合同，仍应按所载金额另行贴花。

【案例 2】某施工企业与建设单位签订了建筑工程承包合同，合同所载金额 1000 万元，后又将其中的 200 万元工程转包给另一家公司，则甲公司应纳印花税为多少。

【案例分析及解答】1000×0.3‰+200×0.3‰=0.36（万元）

5）财产租赁合同的计税依据为租赁金额（即租金收入）。

6）货物运输合同的计税依据为取得的运输费金额（即运费收入），不包括所运货物的金额、装卸费和保险费等。

对国内各种形式的货物联运，凡在起运地统一结算全程运费的应以全程运费为计税依据，由起运地运费结算双方缴纳印花税；凡分程结算运费的，应以分程的运费作为计税依据，分别由办理运费结算的各方缴纳印花税。

对国际货运，凡由我国运输企业运输的，运输企业所持的运费结算凭证，以本程运费为计税依据计算应纳税额，托运方所持的运费结算凭证，以全程运费为计税依据计算应纳税额。由外国运输企业运输进出口货物的，运输企业所持的运费结算凭证免纳印花税，托运方所持的运费结算凭证，应以运费金额为计税依据缴纳印花税。

7）仓储保管合同的计税依据为仓储保管的费用（即保管费收入）。

【案例3】某施工企业与某运输公司签订了两份运输保管合同：第一份合同载明的金额合计50万元（运费和保管费并未分别记载），第二份合同中注明运费30万元、保管费10万元。

试分别计算第一份、第二份合同应缴纳的印花税税额。

【案例分析及解答】运费和保管费未分别记载，从高适用税率，按仓储保管合同税率计算。

第一份合同应缴纳印花税税额＝500 000×1‰＝500（元）

第二份合同应缴纳印花税税额＝300 000×0.5‰＋100 000×1‰＝250（元）

8）借款合同的计税依据为借款金额。针对实际借贷活动中不同的借款形式，税法规定了不同的计税方法：

① 凡是一项信贷业务既签订借款合同，又一次或分次填开借据的，只以借款合同所载金额为计税依据计税贴花；凡是只填开借据并作为合同使用的，应以借据所载金额为计税依据计税贴花。

② 借贷双方签订的流动资金周转性借款合同，一般按年（期）签订，规定最高限额，借款人在规定的期限和最高限额内随借随还，为避免加重借贷双方的负担，对这类合同只以其规定的最高额为计税依据，在签订时贴花一次，在限额内随借随还不签订新合同的，不再另贴印花。

③ 对借款方以财产作抵押，从贷款方取得一定数量抵押贷款的合同，应按借款合同贴花，在借款方因无力偿还借款而将抵押财产转移给贷款方时，应再就双方书立的产权转移书据，按产权转移书据的有关规定计税贴花。

④ 对银行及其他金融组织的融资租赁业务签订的融资租赁合同，应按合同所载租金总额，暂按借款合同计税。

⑤ 在贷款业务中，如果贷方系由若干银行组成的银团，银团各方均承担一定的贷款数额，借款合同由借款方与银团各方共同书立，各执一份合同正本，对这类合同，借款方与贷款银团各方应分别在所执的合同正本上，按各自的借款金额计税贴花。

⑥ 在基本建设贷款中如果按年度用款计划分年签订借款合同，在最后一年按总概算签订借款总合同，且总合同的借款金额包括各个分合同的借款金额的，对这类基建借款合同，应按分合同分别贴花，最后签订的总合同，只就借款总额扣除分合同借款金额后的余额计税贴花。

9）财产保险合同的计税依据为支付（收取）的保险费金额，不包括所保财产的金额。

10）技术合同的计税依据为合同所载的价款、报酬或使用费。为了鼓励技术研究开发，对技术开发合同，只就合同所载的报酬金额计税，研究开发经费不作为计税依据。单对合同约定按研究开发经费一定比例作为报酬的，应按一定比例的报酬金额贴花。

（2）产权转移书据以书据中所载的金额为计税依据。

（3）记载资金的营业账簿，以实收资本和资本公积的两项合计金额为计税依据。

对跨地区经营的分支机构的营业账簿在计税贴花时，为了避免对同一资金重复计税，规定上级单位记载资金的账簿，应按扣除拨给下属机构资金数额后的其余部分计算贴花。

 实务解惑

【相关咨询1】地区经营的分支机构使用的营业账本，应由各个分支机构在其所在地缴纳印花税。对上级单位核拨的账面资金数额计税贴花，对上级单位不核拨资金的分支机构只就其他账本按定额贴花。这是不是说如果一个分支机构没有上级核拨资金，但有其他各项应纳印花税的行为，就不用缴税了？

【参考解答】这种观点是错误的，这里只是规范了"实收资本"和"资本公积"的印花税问题，没有规范其他应税事项。上级单位不核拨资金的分支机构不需要为"实收资本"和"资本公积"缴纳印花税，但其他账簿仍需要依法缴纳印花税。

2002年1月28日，国税函〔2002〕104号批复规定，外国银行在我国境内设立的分行，其境外总行须拨付规定数额的"营运资金"，分行在账户设置上不设"实收资本"和"资本公积"账户。根据《印花税暂行条例》第二条的规定，外国银行分行记载由其境外总行拨付的"营运资金"账簿，应按核拨的账面资金数额计税贴花。

企业执行《两则》启用新账簿后，其实收资本和资本公积两项的合计金额大于原已贴花资金的，就增加的部分补贴印花。凡"资金账簿"在次年度的实收资本和资本公积未增加的，对其不再计算贴花。

【相关咨询2】注册资本与实收资本是否相同呢？

【参考解答】一般情况下，注册资本与实收资本的金额相同。《中华人民共和国公司法》规定，有限责任公司的注册资本为公司登记机关登记的全体股东认缴的出资额。公司全体股东的首次出资额不得低于注册资本的百分之二十，也不得低于法定注册资本的最低限额，其余部分由股东自公司成立之日起两年内缴足；其中，投资公司可以在五年内缴足。这样，在有限责任公司成立初期，可能注册资本与实收资本不一致。但在法律允许这段时期以后，两者应该是一致的。

（4）在确定合同计税依据时应当注意的一个问题是，有些合同在签订时无法确定计税金额，如技术转让合同中的转让收入，是按销售收入的一定比例收取或是按实现利润分成，财产租赁合同只是规定了月（天）租金标准而无期限，对于这类合同，可在签订时先按定额5元贴花，以后结算时再按实际金额计税，补贴印花。

（二）从量计税情况下计税依据的确定

实行从量计税的其他营业账簿和权利许可证照，以计税数量为计税依据。

现行印花税采用比例税率和定额税率两种税率，见表5-1。

表5-1　　　　　　　　　　　　　现行印花税的征收范围及税率

税　目	范　围	税　率	纳税人	说　明
1. 购销合同	包括供应、预购、采购、购销结合及协作、调剂、补偿、易货等合同	按购销金额0.3‰贴花	合同人	
2. 加工承揽合同	包括加工、定作、修缮、修理、印刷广告、测绘、测试等合同	按加工或承揽收入0.5‰贴花	合同人	
3. 建设工程勘察设计合同	包括勘察、设计合同	按收取费用0.5‰贴花	合同人	
4. 建筑安装工程承包合同	包括建筑、安装工程承包合同	按承包金额0.3‰贴花	合同人	
5. 财产租赁合同	包括租赁房屋、船舶、飞机、机动车辆、机械、器具、设备等合同	按租赁金额1‰贴花。税额不足1元，按1元贴花	合同人	
6. 货物运输合同	包括民用航空运输、铁路运输、海上运输、内河运输、公路运输和联运等合同	按运输费用0.5‰贴花	合同人	单据作为合同使用的，按合同贴花

续表

税 目	范 围	税 率	纳税人	说 明
7. 仓储保管合同	包括仓储、保管合同	按仓储保管费用1‰贴花	合同人	仓单或栈单作为合同使用的，按合同贴花
8. 借款合同	银行及其他金融组织和借款人（不包括银行同业拆借）所签订的借款合同	按借款金额0.05‰贴花	合同人	单据作为合同使用的，按合同贴花
9. 财产保险合同	包括财产、责任、保证、信用等保险合同	按保险费收入1‰贴花	合同人	单据作为合同使用的，按合同贴花
10. 技术合同	包括技术开发、转让、咨询、服务等合同	按所载金额0.3‰贴花	合同人	
11. 产权转移书据	包括财产所有权和版权、商标专用权、专利权、专有技术使用权等转移书据、土地使用权出让合同、土地使用权转让合同、商品房销售合同	按所载金额0.5‰贴花	据人	
12. 营业账簿	生产、经营用账册	记载资金的账簿，按实收资本和资本公积的合计金额0.5‰贴花。其他账簿按件贴花5元。 自2018年5月1日起，对按万分之五税率贴花的资金账簿减半征收印花税，对按件贴花五元的其他账簿免征印花税	账簿人	

三、应纳税额的计算方法

（1）按比例税率计算应纳税额的方法应纳税额＝计税金额×适用税率

（2）按定额税率计算应纳税额的方法应纳税额＝凭证数量×单位税额

（3）计算印花税应纳税额应当注意的问题：

1）按金额比例贴花的应税凭证，未标明金额的，应按照凭证所载数量及市场价格计算金额，依适用税率贴足印花。

2）应税凭证所载金额为外国货币的，按凭证书立当日国家外汇管理局公布的外汇牌价折合人民币，计算应纳税额。

3）同一凭证由两方或者两方以上当事人签订并各执一份的，应当由各方所执的一份全额贴花。

4）同一凭证因载有两个或两个以上经济事项而适用不同税率，分别载有金额的，应分别计算应纳税额，相加后按合计税额贴花；未分别记载金额的，按税率高的计税贴花。

5）已贴花的凭证，修改后所载金额增加的，其增加部分应当补贴印花税票。

6）按比例税率计算纳税而应纳税额又不足1角的，免纳印花税，应纳税额在1角以上的，其税额尾数不满5分的不计，满5分的按1角计算贴花。对财产租赁合同的应纳税额超过1角但不足1元的，按1元贴花。

四、减免优惠和征管

（一）减免

根据《印花税暂行条例》及其实施细则和其他有关税法的规定，下列凭证免纳印花税：

（1）已缴纳印花税的凭证副本或抄本。由于这种副本或抄本属于备查性质，不是正式文本，对外不发生法律效力，所以对其不应再征收印花税。但副本或者抄本作为正本使用的，应另行贴花。

（2）财产所有人将财产赠给政府、社会福利单位、学校所立的书据。其中，社会福利单位是指扶养孤老伤残的社会福利单位。

（3）国家指定的收购部门与村民委员会、农民个人书立的农业产品收购合同。

（4）无息、贴息贷款合同。

（5）外国政府或国际金融组织向我国政府及国家金融机构提供优惠贷款所书立的合同。

（6）房地产管理部门与个人订立的租房合同，凡房屋属于用于生活居住的，暂免贴花。

（7）军事货物运输、抢险救灾物资运输，以及新建铁路临管线运输等的特殊货运凭证。

（8）对国家邮政局及所属各级邮政企业，从 1999 年 1 月 1 日起独立运营新设立的资金账簿，凡属在邮电管理局分营前已贴花的资金免征印花税，1999 年 1 月 1 日以后增加的资金按规定贴花。

◎ 行业快讯

邮政系统印花税有新规

财政部国家税务总局在 2010 年 10 月 25 日发布《关于明确中国邮政集团公司邮政速递物流业务重组改制过程中有关契税和印花税政策的通知》（财税〔2010〕92 号），针对印花税作出规定：

规定中国邮政速递物流股份有限公司及其子公司在重组改制过程中新启用的资金账簿记载的资金或因建立资本纽带关系而增加的资金，凡原已贴花的部分不再贴花，未贴花的部分和以后新增加的资金按规定贴花。

中国邮政速递物流股份有限公司及其子公司改制前签订但尚未履行完的各类应税合同，改制后需要变更执行主体的，对仅改变执行主体、其余条款未作变动且改制前已经贴花的，不再贴花。

中国邮政集团及其所属邮政企业与中国邮政速递物流公司、中国邮政速递物流股份有限公司及其子公司因重组改制签订的产权转移书据免予贴花。

（9）自 2004 年 7 月 1 日起，对经国务院和省级人民政府决定或批准进行的国有（含国有控股）企业改组改制而发生的上市公司国有股权无偿转让行为，暂不征收证券（股票）交易印花税。对不属于上述情况的上市公司国有股权无偿转让行为，仍应收证券（股票）交易印花税。

（10）企业改制前签订但尚未履行完的各类应税合同，改制后需要变更执行主体的，对仅改变执行主体，其余条款未作变动且改制前已贴花的，不再贴花。

（11）企业因改制签订的产权转移书据免予贴花。

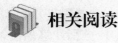 相关阅读

中国烟草总公司改制印花税问题

财政部国家税务总局《关于中国烟草总公司理顺资产管理体制过程中有关印花税问题的通知》财税〔2009〕127 号规定：

一、根据财政部、国家税务总局《关于企业改制过程中有关印花税政策的通知》（财税〔2003〕183 号规定，对中国烟草总公司下属单位原列为"实收资本"和"资本公积"科目，改制时计入中国烟草总公司和省级公司"资本公积"科目的资金，原已贴花的部分不再贴花。

二、对中国烟草总公司下属单位原列为"盈余公积"和"未分配利润"科目，改制时计入中国烟草总公司和省级公司"资本公积"科目的资金涉及的资金账簿印花税予以免征。

1. 对投资者（包括个人和机构）买卖封闭式证券投资基金免征印花税。

2. 对国家石油储备基地第一期项目建设过程中涉及的印花税予以免征。

3. 证券投资者保护基金有限责任公司发生的下列凭证和产权转移书据享受印花税的优惠政策：

（1）新设立的资金账簿免征印花税；

（2）与中国人民银行签订的再贷款合同、与证券公司行政清算机构签订的借款合同，免征印花税；

（3）接收被处置证券公司财产签订的产权转移书据，免征印花税；

（4）以保护基金自有财产和接收的受偿资产与保险公司签订的财产保险合同，免征印花税。

值得注意的是：与保护基金有限责任公司签订上述应税合同或产权转移书据，只是对保护基金有限责任公司免征印花税，对应税合同或产权转移书据相关的其他当事人应照章征收印花税。

4. 对廉租住房、经济适用住房经营管理单位与廉租住房、经济适用住房相关的印花税以及廉租住房承租人、经济适用住房购买人涉及的印花税予以免征。

上述规定源于《关于廉租住房经济适用住房和住房租赁有关税收政策的通知》（财税〔2008〕24号）第一条第四款。

5. 经国务院批准，对有关国有股东按照《境内证券市场转持部分国有股充实全国社会保障基金实施办法》（财企〔2009〕94号）向全国社会保障基金理事会转持国有股，免征证券（股票）交易印花税。

上述规定源于2009年8月18日财政部国家税务总局《关于境内证券市场转持部分国有股充实全国社会保障基金有关证券（股票）交易印花税政策的通知》（财税〔2009〕103号）规定。

（二）印花税的缴纳方法

印花税的纳税方法较其他税种不同，是由纳税人根据税法规定，自行计算应纳税额，自行购买印花税票，自行贴花和画销，自行完成纳税义务。同时，对特殊情形采取特定的纳税贴花方法。

1. 一般纳税方法

印花税通常由纳税人根据规定自行计算应纳税额，购买并一次贴足印花税票，完纳税款。纳税人向税务机关或指定的代售单位购买印花税票，就税务机关来说，印花税票一经售出，国家即取得印花税收入。但就纳税人来说，购买了印花税票，不等于履行了纳税义务。因此，纳税人将印花税票粘贴在应税凭证后，应即行注销，注销标记应与骑缝处相交。所谓骑缝处，是指粘贴的印花税票与凭证之间的交接处。

对国家政策性银行记载资金的账簿，一次贴花数额较大、难以承担的经当地税务机关核准，可在3年内分次贴足印花。

2. 简化纳税方法

为简化贴花手续，对那些应纳税额较大或者贴花次数频繁的，税法规定了以下三种简化的缴纳方法：

（1）以缴款书或完税证代替贴花的方法。

某些应税凭证，如资金账簿、大宗货物的购销合同、建筑工程承包合同等，如果一份凭证的应纳税额数量较大，超过500元，贴用印花税票不方便的，可向当地税务机关申请填写缴款书或者完税证，将其中一联粘贴在凭证上或者由税务机关在凭证上加注完税标记，代替贴花。

（2）按期汇总缴纳印花税的方法。

同一种类应税凭证若需要频繁贴花的，纳税人可向当地税务机关申请按期汇总缴纳印花税。经税务机关核准发给许可证后，按税务机关确定的期限（最长不超过1个月）汇总计算纳税。应纳税凭证在加注税务机关指定的汇缴戳记、编号，并装订成册后，纳税人应将缴款书的一联粘附册后，盖章注销，保存备查。

（3）代扣税款汇总缴纳的方法。

税务机关为了加强源泉控制管理，可以委托某些代理填开应税凭证的单位（如代办运输、联运的单位）对凭证的当事人应纳的印花税予以代扣，并按期汇总缴纳。

3. 纳税贴花的其他具体规定

纳税人贴花时，必须遵照以下规定办理纳税事宜：

（1）在应纳税凭证书立或领受时即行贴花完税，不得延至凭证生效日期贴花。

（2）印花税票应粘贴在应纳税凭证上，并由纳税人在每枚税票的骑缝处盖戳注销或画销，严禁揭下重用。

（3）已经贴花的凭证，凡修改后所载金额增加的部分，应补贴印花。

（4）对已贴花的各类应纳税凭证，纳税人须按规定期限保管，不得私自销毁，以备纳税检查。

（5）凡多贴印花税票者，不得申请退税或者抵扣。

（6）纳税人对凭证不能确定是否应当纳税的，应及时携带凭证，到当地税务机关鉴别。

（7）纳税人同税务机关对凭证的性质发生争议的，应检附该凭证报请上一级税务机关核定。

（8）纳税人对纳税凭证应妥善保存。凭证的保存期限，凡国家已有明确规定的，按规定办理；其他凭证均应在履行纳税义务完毕后保存 10 年。

（三）违章处理

自 2004 年 1 月 29 日起，印花税纳税人有下列行为之一的，由税务机关根据情节轻重予以处罚：

（1）在应纳税凭证上未贴或者少贴印花税票的或者已粘贴在应税凭证上的印花税票未注销或者未画销的，由税务机关追缴其不缴或者少缴的税款、滞纳金，并处不缴或者少缴的税款 50% 以上 5 倍以下的罚款。

（2）已贴用的印花税票揭下重用造成未缴或少缴印花税的，由税务机关追缴其不缴或者少缴的税款、滞纳金，并处不缴或者少缴的税款 50% 以上 5 倍以下的罚款，构成犯罪的，依法追究刑事责任。

（3）伪造印花税票的，由税务机关责令改正，处以 2000 元以上 1 万元以下的罚款；情节严重的，处以 1 万元以上 5 万元以下的罚款，构成犯罪的，依法追究刑事责任。

（4）按期汇总缴纳印花税的纳税人，超过税务机关核定的纳税期限，未缴或少缴印花税款的，由税务机关追缴其不缴或者少缴的税款、滞纳金，并处不缴或者少缴的税款 50% 以上 5 倍以下的罚款，情节严重的，同时撤销其汇缴许可证，构成犯罪的，依法追究刑事责任。

（5）纳税人违反以下规定的，由税务机关责令限期改正，可处以 2000 元以下的罚款；情节严重的，处以 2000 元以上 1 万元以下的罚款：

1）凡汇总缴纳印花税的凭证，应加注税务机关指定的汇缴戳记，编号并装订成册后，将已贴印花或者缴款书的一联粘附册后，盖章注销，保存备查。

2）纳税人对纳税凭证应妥善保存。凭证的保存期限，凡国家已有明确规定的，按规定办；没有明确规定的其余凭证，均应在履行完毕后保存 1 年。

（四）纳税环节和纳税地点

1. 纳税环节

印花税应当在书立或领受时贴花。具体是指，在合同签订时、账簿启用时和证照领受时贴花。如果合同是在国外签订，并且不便在国外贴花的，应在将合同带入境时办理贴花纳税手续。

2. 纳税地点

印花税一般实行就地纳税。对于全国性商品物资订货会（包括展销会、交易会等）上所签订合同应纳的印花税，由纳税人回其所在地后及时办理贴花完税手续；对地方主办、不涉及省际关系的订货会、展销会上所签合同的印花税其纳税地点由各省、自治区、直辖市人民政府自行确定。

五、印花税的会计处理

（一）印花税的账户设置

印花税核算较为简单，一般企业涉税金额较小，通过"税金与附加"科目计提，通过"应交税费——应交印花税"科目缴纳。

（二）会计核算处理

企业计提印花税的会计处理，借记"税金与附加"科目，贷记"应交税费——应交印花税"科目。上交印花税或购买印花税票时，借记"应交税费——应交印花税"科目，贷记"银行存款"或"现金"科目。

【案例 4】某施工企业 2016 年度有关资料如下……建筑安装工程承包合同印花税税率为 0.03%，借款合同印花税税率为 0.005%，运输合同印花税税率为 0.05%，技术合同印花税税率为 0.03%，试计算印花税并进行会计处理。

（1）2 月 8 日与机械厂签订设备安装合同一份，支付安装费用 25 万元；

【答案及解析】企业签订安装设备合同，应该适用"建筑安装工程承包合同"的税率，0.03%。

$$应纳印花税 = 25 \times 0.03\% \times 10\,000 = 75（元）$$

（2）5 月 5 日与某专业银行签订贴息贷款合同一份，注明借款 5000 万元；与某财务公司签订贷款合同，注明借款 6000 万元，利率 5%；

【答案及解析】企业贴息贷款合同按政策目前免征印花税；与某财务公司签订贷款合同，比照借款合同贴花计税。

$$应纳印花税 = 6000 \times 0.005\% \times 10\,000 = 3000（元）$$

（3）8 月 10 日，实收资本比上年增加 2000 万元；当年新设其他账簿 10 本；

【答案及解析】有关账簿一般按本贴花，每本 5 元；实收资本，按资金贴花，适用 0.05%。

$$应纳印花税 = 2000 \times 0.05\% \times 10\,000 + 10 \times 5 = 10\,050（元）$$

（4）10 月 12 日自境外运进一台设备，由境外运输公司运入境内，合同注明，运费 150 万元；

【答案及解析】国际货运合同，因为境内需要使用，所以也是贴花范围。由外国运输企业运输进出口货物的，托运方所持的一份运费结算凭证应缴纳印花税。也即外国运输企业运输进出口货物的，外国运输企业所持的一份运费结算凭证免纳印花税。

$$应纳印花税 = 150 \times 0.05\% \times 10\,000 = 750（元）$$

（5）10 月 18 日与某企业签订合同，委托其开发某产品技术，技术成功后双方共有，约定该单位提供专项资金 1\,000 万元用于购买研发设备和专业耗材，支付开发企业的研发报酬为 280 万元。

【答案及解析】技术合同是印花税征收范围，但是对于技术合同的计算依据，为合同所载的报酬，研究开发经费不作为计税依据。

$$应纳印花税 = 280 \times 0.03\% \times 10\,000 = 840（元）$$

会计处理：

2 月 8 日

借：税金及附加　　　　　　　　　　　　　　　　　　　　　　　　　75

　　贷：应交税费　　　　　　　　　　　　　　　　　　　　　　　　　75

借：应交税费　　　　　　　　　　　　　　　　　　　　　　　　　　75

　　贷：银行存款　　　　　　　　　　　　　　　　　　　　　　　　　75

5 月 5 日

借：税金及附加　　　　　　　　　　　　　　　　　　　　　　　　3000

　　贷：应交税费　　　　　　　　　　　　　　　　　　　　　　　　3000

借：应交税费　　　　　　　　　　　　　　　　　　　　　　　　　3000

　　贷：银行存款　　　　　　　　　　　　　　　　　　　　　　　　3000

8 月 10 日

借：税金及附加　　　　　　　　　　　　　　　　　　　　　　　　　　　10 050
　　贷：应交税费　　　　　　　　　　　　　　　　　　　　　　　　　　　　 10 050

借：应交税费 10 050
　　贷：银行存款　　　　　　　　　　　　　　　　　　　　　　　　　　　　 10 050

10 月 12 日

借：税金及附加　　　　　　　　　　　　　　　　　　　　　　　　1590（750＋840）
　　贷：应交税费　　　　　　　　　　　　　　　　　　　　　　　 1590（750＋840）

借：应交税费　　　　　　　　　　　　　　　　　　　　　　　　　1590（750＋840）
　　贷：银行存款　　　　　　　　　　　　　　　　　　　　　　　 1590（750＋840）

第二节　房产税的涉税政策和会计核算

一、征税范围和纳税人

（一）征税范围

《房产税暂行条例》规定，房产税在城市、县城、建制镇和工矿区征收。其中：城市是指经国务院批准设立的市。城市的征税范围为市区、郊区和市辖县县城，不包括农村。县城是指县人民政府所在地。

（二）纳税人

房产税以在征税范围内的房屋产权所有人为纳税人。其中：

（1）产权属国家所有的，由经营管理单位纳税；产权属集体和个人所有的，由集体单位和个人纳税。

（2）产权出典的，由承典人纳税。所谓产权出典，是指产权所有人将房屋、生产资料等的产权，在一定期限内典当给他人使用，而取得资金的一种融资业务。由于在房屋出典期间，产权所有人已无权支配房屋，因此税法规定由对房屋具有支配权的承典人为纳税人。

（3）产权所有人、承典人不在房屋所在地的由房产代管人或者使用人纳税。

（4）产权未确定及租典纠纷未解决的亦由房产代管人或者使用人纳税。所谓租典纠纷，指产权所有人在房产出典和租赁关系上，与承典人、租赁人发生各种争议，特别是权利和义务的争议悬而未决的。对租典纠纷尚未解决的房产，规定由代管人或使用人为纳税人，主要目的在于加强征收管理，保证房产税及时入库。

产权出典的房产，由承典人依照房产余值缴纳房产税。

 相关链接

上述规定源于财政部国家税务总局《关于房产税城镇土地使用税有关问题的通知》（财税〔2009〕128号）第二条。

无租使用其他房产的问题。纳税单位和个人无租使用房产管理部门、免税单位及纳税单位的房产，应由使用人代为缴纳房产税。

自 2009 年 1 月 1 日起，对外资企业及外籍个人的房产征收房产税，在征税范围、计税依据、税率、税收优惠、征收管理等方面按照《中华人民共和国房产税暂行条例》（国发〔1986〕90 号）及有关规定执行。各地要及时了解外资企业及外籍个人房产税的征收情况，对遇到的问题及时反映，确保相关政策落实到位。

 相关链接

上述规定源于财政部国家税务总局《关于对外资企业及外籍个人征收房产税有关问题的通知》（财税〔2009〕3号）。

二、应纳税额的计算

（一）计税依据

房产税采用从价计征。计税办法分为按房产余值计税和按租金收入计税两种。

1. 对经营自用的房屋，以房产的计税余值作为计税依据

所谓计税余值，是指依照税法规定按房产原值一次减除10%至30%的损耗价值以后的余额。其中：

（1）房产原值是指纳税人按照会计制度规定，在账簿"固定资产"科目中记载的房屋原价。因此凡按会计制度规定在账簿中记载有房屋原价的，应以房屋原价按规定减除一定比例后的房产余值计征房产税；没有记载房屋原价的，按照上述原则，并参照同类房屋，确定房产原值，按规定计征房产税。

（2）房产原值应包括与房屋不可分割的各种附属设备或一般不单独计算价值的配套设施。主要包括：暖气、卫生、通风、照明、煤气等设备；各种管线，如蒸汽、压缩空气、石油、给水排水等管道及电力、电信、电缆导线；电梯、升降机、过道、晒台等。属于房屋附属设备的水管、下水道、暖气管、煤气管等应从最近的探视井或三通管起，计算原值；电灯网、照明线从进线盒联结管起，计算原值。

为了维持和增加房屋的使用功能或使房屋满足设计要求，凡以房屋为载体，不可随意移动的附属设备和配套设施，如给排水、采暖、消防、中央空调、电气及智能化楼宇设备等，无论在会计核算中是否单独记账与核算，都应计入房产原值，计征房产税。

（3）纳税人对原有房屋进行改建、扩建的，要相应增加房屋的原值。

（4）对于更换房屋附属设备和配套设施的，在将其价值计入房产原值时，可扣减原来相应设备和设施的价值，对附属设备和配套设施中易损坏，需要经常更换的零配件，更新后不再计入房产原值，原零配件的原值也不扣除。

（5）自2006年1月1日起，凡在房产税征收范围内的具备房屋功能的地下建筑，包括与地上房屋相连的地下建筑以及完全建在地面以下的建筑、地下人防设施等，均应当依照有关规定征收房产税。

对于与地上房屋相连的地下建筑，如房屋的地下室、地下停车场、商场的地下部分等，应将地下部分与地上房屋视为一个整体按照地上房屋建筑的有关规定计算征收房产税。

（6）在确定计税余值时，房产原值的具体减除比例，由省、自治区、直辖市人民政府在税法规定的减除幅度内自行确定。这样规定，既有利于各地区根据本地情况，因地制宜地确定计税余值，又有利于平衡各地税收负担，简化计算手续，提高征管效率。

如果纳税人未按会计制度规定记载原值，在计征房产税时，应按规定调整房产原值；对房产原值明显不合理的，应重新予以评估；对没有房产原值的，应由房屋所在地的税务机关参考同类房屋的价值核定。在原值确定后，再根据当地所适用的扣除比例，计算确定房产余值。对于扣除比例一定要按由省、自治区、直辖市人民政府确定的比例执行。

 实务解惑

【相关咨询3】无法考究原值的应税房产如何确定房产税的计税价格？

【参考解答】属无法考究原值的应税房产，包括纳税人未按财务会计制度规定核算，房产原值不实和没有房产原值的房产，其房产税计税价格由房产所在地税务机关参考同时期同类房产核定。

2. 对于出租的房屋，以租金收入为计税依据

房屋的租金收入，是房屋产权所有人出租房屋使用权所取得的报酬，包括货币收入和实物收入。对以劳务或其他形式作为报酬抵付房租收入的，应根据当地同类房屋的租金水平，确定租金标准，依率计征。

如果纳税人对个人出租房屋的租金收入申报不实或申报数与同一地段同类房屋的租金收入相比明显不合理，税务部门可以按照《税收征管法》的有关规定，采取科学合理的方法核定其应纳税款。具体办法由各省级地方税务机关结合当地实际情况制定。

自 2009 年 12 月 1 日起，无租使用其他单位房产的应税单位和个人，依照房产余值代缴纳房产税。

 相关链接

上述规定源于财政部国家税务总局《关于房产税城镇土地使用税有关问题的通知》（财税〔2009〕128号）第一条。

3. 投资联营及融资租赁房产的计税依据

（1）对投资联营的房产，在计征房产税时应予以区别对待。对于以房产投资联营，投资者参与投资利润分红，共担风险的，按房产的计税余值作为计税依据计征房产税；对以房产投资，收取固定收入，不承担联营风险的，实际是以联营名义取得房产租金，应根据《房产税暂行条例》的有关规定，由出租方按租金收入计算缴纳房产税。

（2）对融资租赁房屋在计征房产税时应以房产余值计算征收。

融资租赁的房产，由承租人自融资租赁合同约定开始日的次月起依照房产余值缴纳房产税。合同未约定开始日的，由承租人自合同签订的次月起依照房产余值缴纳房产税。

上述规定源于财政部国家税务总局《关于房产税城镇土地使用税有关问题的通知》（财税〔2009〕128号）第三条。

4. 居民住宅区内业主共有的经营性房产的计税依据

对居民住宅区内业主共有的经营性房产，由实际经营（包括自营和出租）的代管人或使用人缴纳房产税。其中自营的，依照房产原值减出 10%～30%后的余值计征，没有房产原值或不能将共有住房划分开的，由房产所在地地方税务机关参照同类房产核定房产原值；出租的，依照租金计征。

（二）税率

房产税采用比例税率，根据房产税的计税依据分为两种：

依据房产计税余值计税的，税率为 1.2%；

依据房产租金收入计税的，税率为 12%。

对个人居住用房出租仍用于居住的，其应缴纳的房产税暂减按 4%的税率征收。对其他单位出租给个人用于居住的房屋，按 4%征税。

（三）应纳税额计算

（1）地上建筑物房产税应纳税额的计算公式为：

$$应纳税额 = 房产计税余值（或租金收入）× 适用税率$$

其中：
$$房产计税余值 = 房产原值 × （1 - 原值减除比例）$$

（2）地下建筑物房产税应纳税额的计算公式为：

1）工业用途房产，以房屋原价的 50%～60%作为应税房产原值。

$$应纳税额 = 应税房产原值 × （1 - 原值减除比例）× 1.2\%$$

2）商业和其他用途房产，以房屋原价的 70%～80%作为应税房产原值。

$$应纳税额 = 应税房产原值 × （1 - 原值减除比例）× 1.2\%$$

房屋原价折算为应税房产原值的具体比例由各省、自治区、直辖市和计划单列市财政和地方税务部门在上述幅度内自行确定。

（3）出租的地下建筑，按照出租地上房屋建筑的有关规定计算征收房产税。

【案例 5】王某自有一栋楼房，共 16 间，其中用于个人生活居住的 3 间，用于个人开餐馆的 4 间（房屋原值为 10 万元）。2016 年 1 月 1 日，王某将其中的 4 间出典给李某，取得出典价款收入 10 万元，将剩余的 5 间出租给某公司，每月收取租金 5000 元。已知该地区规定按照房产原值一次扣除 20% 后的余值计税，计算王某 2016 年应纳房产税额。

【案例分析及解答】

（1）用于个人开餐馆的房产应纳房产税 = 100 000 ×（1 − 20%）× 1.2% = 960（元）；

（2）房屋产权出典的，承典人为纳税人，王某作为出典人无需缴纳房产税；

（3）出租房屋应纳房产税 = 5000 × 12 × 12% = 7200（元）

（4）2016 年王某应纳房产税 = 960 + 7200 = 8160（元）。

三、减免和征管

（一）免征

依据《房产税暂行条例》及有关规定，下列房产免征房产税：

（1）国家机关、人民团体、军队自用的房产。

（2）国家财政部门拨付事业经费单位自用的房产。

（3）宗教寺庙、公园、名胜古迹自用的房产。

（4）个人拥有的非营业用的房产。

（二）征管

1. 纳税义务发生时间

将原有房产用于生产经营的，从生产经营之月起，计征房产税。

自建的房屋用于生产经营的，自建成之日的次月起，计征房产税。

委托施工企业建设的房屋，从办理验收手续之日的次月起，计征房产税。对于在办理验收手续前已使用或出租、出借的新建房屋，应从使用或出租、出借的当月起按规定计征房产税。

购置新建商品房，自房屋交付使用之次月起计征房产税。

购置存量房，自办理房屋权属转移、变更登记手续，房地产权属登记机关签发房屋权属证书之次月计征房产税。

出租、出借房产，自交付出租、出借房产之次月起计征房产税。

房地产开发企业自用、出租、出借本企业建造的商品房，自房屋使用或交付之次月起计征房产税。

2. 纳税期限

房产税实行按年征收，分期缴纳。纳税期限由省、自治区、直辖市人民政府规定。

3. 纳税地点

房产税在房产所在地缴纳。房产不在同一地方的纳税人应按房产的坐落地点分别向房产所在地的税务机关缴纳

四、会计核算

1. 账户设置

为了反映和核算企业应缴、已缴、多缴或欠缴的房产税的情况，企业应在会计上设置"应交税费——应交房产税"科目进行核算。该科目贷方反映按规定计算应缴的房产税数额，借方反映实际缴纳的房产税数额；若有贷方余额，表示企业欠缴或需补缴的房产税款，若有借方余额，表示企业实际多缴纳的房

产税的税款。

2. 会计核算

当企业计算出应缴的房产税时，借记"税金及附加"账户科目，贷记"应交税费——应交房产税"科目；当按规定实际上缴房产税时，借记"应交税费——应交房产税"科目，贷记"银行存款"等科目。

【案例6】北京某企业公司拥有 A、B、C 三栋房产，三栋房产在年初的原值分别为 2000 万元、1500 万元、1000 万元，2016 年 4 月 1 日起将 B 栋房产出租，租赁期到 2016 年 10 月 31 日，每月租金为 25 万元。2016 年 5 月 1 日起，对 C 栋房产开始进行大修，当年 8 月 1 日完工。地方政府确定按房产原值减除 20% 后的余值计税。假定该公司年底一次缴纳房产税。试针对该公司上述业务计算房产税并进行会计处理。

【案例分析及解答】纳税人未用于出租的应税房产，其应纳税额应按应税房产的原值减除规定比例后的余值计征。纳税人出租的房产，其应纳税额应按纳税人取得的租金收入为计算依据。应税房产大修停用六个月以上的，在大修期间可免征房产税。该公司 C 栋房产大修仅 3 个月，没有超过半年，不免税。

应纳的房产税 = $2000 \times (1-20\%) \times 1.2\% + 1500 \times (1-20\%) \times 1.2\% + 12 \times (3+2)$（未出租：1—3 月，11—12 月，共 5 个月）$+ 25 \times 7 \times 12\%$（出租 7 个月）$+ 1000 \times (1-20\%) \times 1.2\% = 55.80$（万元）。

会计处理如下：

年末核算房产税时

借：税金及附加 558 000
    贷：应交税费——应交房产税 558 000

缴纳房产税时

借：应交税费——应交房产税 558 000
    贷：银行存款 558 000

第三节　城镇土地使用税的涉税政策和会计核算

一、征税范围和纳税人

（一）征税范围

城镇土地使用税的征税范围为城市、县城、建制镇和工矿区。

（二）纳税人

凡在城市、县城、建制镇、工矿区范围内使用土地的单位和个人，为城镇土地使用税的纳税义务人。单位包括国有企业、集体企业、私营企业、股份制企业、外商投资企业、外国企业以及其他企业和事业单位、社会团体、国家机关、军队以及其他单位。个人包括个体工商户及其他个人。

对纳税人的具体规定：

（1）城镇土地使用税由拥有土地使用权的单位或个人缴纳；

（2）土地使用权未确定或权属纠纷未解决的，由实际使用人纳税；

（3）土地使用权共有的，由共有各方分别纳税。

二、应纳税额计算

（一）适用税额

城镇土地使用税实行分级幅度税额，每平方米土地年税额规定如下：

（1）大城市 1.5 元至 30 元；

（2）中等城市 1.2 元至 24 元；

（3）小城市 0.9 元至 18 元；

（4）县城、建制镇、工矿区 0.6 元至 12 元。

上述大、中、小城市是以登记在册的非农业正式户口人数为依据，其中，市区及郊区非农业人口在 50 万以上的，称为大城市；市区及郊区非农业人口在 20 万至 50 万的，称为中等城市；市区及郊区非农业人口在 20 万以下的称为小城市。

根据《城镇土地使用税暂行条例》规定，各省、自治区、直辖市人民政府应当在法定税额幅度内，根据市政建设状况、经济繁荣程度等条件，确定所辖地区的适用税额幅度。市、县人民政府应当根据实际情况，将本地区土地划分为若干等级，在省、自治区、直辖市人民政府确定的税额幅度内，制定适用税额标准，报省、自治区、直辖市人民政府批准执行。

经省、自治区、直辖市人民政府批准，经济落后地区的城镇土地使用税适用税额标准可以适当降低，但降低额不得超过规定的最低税额的 30%，经济发达地区城镇土地使用税的适用税额标准可以适当提高，但须报经财政部批准。

（二）计税依据

城镇土地使用税以纳税人实际占用的土地面积（平方米）为计税依据。

纳税人实际占用的土地面积，以房地产管理部门核发的土地使用证书与确认的土地面积为准，尚未核发土地使用证书的，应由纳税人据实申报土地面积，据以纳税，待核发土地使用证以后再作调整。

对在城镇土地使用税征税范围内单独建造的地下建筑用地，按规定征收城镇土地使用税。其中，已取得地下土地使用权证的，按土地使用权证确认的土地面积计算应征税款；未取得地下土地使用权证或地下土地使用权证上未标明土地面积的，按地下建筑垂直投影面积计算应征税款。

对上述地下建筑用地暂按应征税款的 50% 征收城镇土地使用税。

（三）应纳税额的计算

城镇土地使用税的应纳税额依据纳税人实际占用的土地面积和适用单位应纳税额计算。

计算公式如下：

$$应纳税额 = 计税土地面积（平方米）× 适用税额$$

土地使用权由几方共有的，由共有各方按照各自实际使用的土地面积占总面积的比例，分别计算缴纳土地使用税。

三、减免和征管

（一）减免税优惠的基本规定

（1）国家机关、人民团体、军队自用的土地；

（2）由国家财政部门拨付事业经费的单位自用的土地；

企业办的学校、医院、托儿所、幼儿园，其用地能与企业其他用地明确区分的，可以比照由国家财政部门拨付事业经费的单位自用的土地，免征城镇土地使用税。

（3）宗教寺庙、公园、名胜古迹自用的土地；

（4）市政街道、广场、绿化地带等公共用地；

（5）直接用于农、林、牧、渔业的生产用地；

（6）开山填海整治的土地。

自行开山填海整治的土地和改造的废弃土地，从使用的月份起免缴城镇土地使用税 5 年至 10 年。开山填海整治的土地是指纳税人经有关部门批准后自行填海整治的土地，不包括纳税人通过出让、转让、划拨等方式取得的已填海整治的土地。

（二）减免税优惠的特殊规定

1. 城镇土地使用税与耕地占用税的征税范围衔接

为避免对一块土地同时征收耕地占用税和城镇土地使用税，《税法》规定，凡是缴纳了耕地占用税的，从批准征用之日起满1年后征收城镇土地使用税，征用非耕地因不需要缴纳耕地占用税，应从批准征用之次月起征收城镇土地使用税。

2. 免税单位与纳税单位之间无偿使用的土地

对免税单位无偿使用纳税单位的土地（如公安、海关等单位使用铁路、民航等单位的土地），免征城镇土地使用税；对纳税单位无偿使用免税单位的土地，纳税单位应照章缴纳城镇土地使用税。

3. 房地产开发公司开发建造商品房的用地

房地产开发公司开发建造商品房的用地，除经批准开发建设经济适用房的用地外，对各类房地产开发用地一律不得减免城镇土地使用税。

4. 缴纳农业税的土地

凡在开征范围内的土地，除直接用于农、林、牧、渔业，按规定免予征税以外，不论是否缴纳农业税，均应照章征收城镇土地使用税。

5. 企业的铁路专用线、公路等用地

对企业的铁路专用线、公路等用地除另有规定者外，在企业厂区（包括生产、办公及生活区）以内的，应照章征收城镇土地使用税；在厂区以外、与社会公用地段未加隔离的，暂免征收城镇土地使用税。

6. 企业的绿化用地

对企业厂区（包括生产、办公及生活区）以内的绿化用地，应照章征收城镇土地使用税，厂区以外的公共绿化用地和向社会开放的公园用地，暂免征收城镇土地使用税。

7. 人民银行自用的土地

对行使国家行政管理职能的中国人民银行总行（含国家外汇管理局）及其所属分支机构自用的土地，免征城镇土地使用税。

8. 铁路行业自用的土地

9. 对廉租住房、经济适用住房建设用地以及廉租住房经营管理单位按照政府规定价格、向规定保障对象出租的廉租住房用地，免征城镇土地使用税。

10. 对公租房建设用地及公租房建成后占地免征城镇土地使用税。在其他住房项目中配套建设公租房，依据政府部门出具的相关材料，可按公租房建筑面积占总建筑面积的比例免征建造、管理公租房涉及的城镇土地使用税。上述政策自2010年9月27日发文之日起执行，执行期限暂定三年。

 相关链接

上述规定源于《关于支持公共租赁住房建设和运营有关税收优惠政策的通知》（财税〔2010〕188号）第一条。

四、会计核算

（一）账户设置

为了正确核算企业的生产经营成果，准确反映城镇土地使用税的计提和解缴情况，企业应在"应交税费"账户下设置"应交城镇土地使用税"明细账户进行核算。

（二）会计核算

【案例7】河南某企业2016年年初实际占地面积共为30 000平方米，其中企业子弟学校面积2000平方米，医院占地1000平方米。6月底经批准新占用耕地和非耕地各20 000平方米用于扩大生产经营。企业所在地城镇土地使用税单位税额每平方米3元，新征土地所在地城镇土地使用税单位税额每平方米

2 元，耕地占用税单位税额为每平方米 25 元。试针对企业 2016 年应缴纳的城镇土地使用税进行会计处理。

【案例分析及解答】企业内部子弟学校、医院占地面积不缴纳城镇土地使用税，新征用的耕地在满一年时开始征收城镇土地使用税，所以本年不征。该企业 2016 年应纳土地使用税 =（30 000 - 2000 - 1000）× 3 + 20 000 × 2 × 6/12 = 101 000（元）。

会计处理如下：

按规定计算出应缴的土地使用税

借：税金及附加   101 000

    贷：应交税费——应交城镇土地使用税   101 000

实际将土地使用税款上缴税务机关

借：应交税费——应交城镇土地使用税   101 000

    贷：银行存款   101 000

第四节　车辆购置税涉税政策和会计核算

一、纳税人和征税范围

（一）纳税义务人

车辆购置税的纳税人是指在我国境内购置应税车辆的单位和个人。其中购置是指购买使用行为、进口使用行为、受赠使用行为、自产自用行为、获奖使用行为以及以拍卖、抵债、走私、罚没等方式取得并使用的行为，这些行为都属于车辆购置税的应税行为。

（二）征税范围

车辆购置税以列举的车辆作为征税对象，未列举的车辆不纳税。其征税范围包括汽车、摩托车、电车、挂车、农用运输车。

为了体现税法的统一性、固定性、强制性和法律的严肃性特征，车辆购置税征收范围的调整，由国务院决定，其他任何部门、单位和个人无权擅自扩大或缩小车辆购置税的征税范围。

二、应纳税额的计算

（一）税率和计税依据

1. 税率

车辆购置税实行统一比例税率，税率为 10%。

2. 计税依据

（1）购买自用应税车辆计税依据的确定，纳税人购买自用的应税车辆的计税依据为纳税人购买应税车辆而支付给销售方的全部价款和价外费用（不含增值税）。

购买的应税自用车辆包括购买自用的国产应税车辆和购买自用的进口应税车辆，如从国内汽车市场、汽车贸易公司购买自用的进口应税车辆。

价外费用是指销售方价外向购买方收取的手续费、基金、违约金、包装费、运输费、保管费、代垫款项、代收款项和其他各种性质的价外收费，但不包括增值税税款。

（2）进口自用应税车辆计税依据的确定。

纳税人进口自用的应税车辆以组成计税价格为计税依据，组成计税价格的计算公式为：

$$组成计税价格 = 关税完税价格 + 关税 + 消费税$$

进口自用的应税车辆是指纳税人直接从境外进口或委托代理进口自用的应税车辆，即非贸易方式进口自用的应税车辆。而且进口自用的应税车辆的计税依据，应根据纳税人提供的、经海关审查确认的有关完税证明资料确定。

提示：进口小汽车应缴纳的税种：关税、增值税、消费税、车辆购置税。

（3）其他自用应税车辆计税依据的确定。纳税人自产自用、受赠使用、获奖使用和以其他方式取得并自用的应税车辆一般以国家税务总局核定的最低计税价格为计税依据。

（4）最低计税价格作为计税依据的确定。

现行车辆购置税条例规定："纳税人购买自用或者进口自用应税车辆，申报的计税价格低于同类型应税车辆的最低计税价格，又无正当理由的，按照最低计税价格征收车辆购置税"。也就是说，纳税人购买和自用的应税车辆，首先应分别按前述计税价格、组成计税价格来确定计税依据。当申报的计税价格偏低，又无正当理由的，应以最低计税价格作为计税依据。实际工作中，通常是当纳税人申报的计税价格等于或高于最低计税价格时，按申报的价格计税；当纳税人申报的计税价格低于最低计税价格时，按最低计税价格计税。

最低计税价格由国家税务总局依据全国市场的平均销售价格制定。根据纳税人购置应税车辆的不同情况，国家税务总局对以下几种特殊情形应税车辆的最低计税价格规定如下：

对已缴纳并办理了登记注册手续的车辆，其底盘和发动机同时发生更换，其最低计税价格按同类型新车最低计税价格的70%计算。

1）免税、减税条件消失的车辆，其最低计税价格的确定方法为：

$$最低计税价格＝同类型新车最低计税价格 \times [1-（已使用年限 \times 10\%）] \times 100\%$$

其中，规定使用年限为：按10年计算，超过使用年限的车辆，不再征收车辆购置税。

2）非贸易渠道进口车辆的最低计税价格，为同类型新车最低计税价格。

车辆购置税的计税依据和应纳税额应使用统一货币单位计算。纳税人以外汇结算应税车辆价款的，按照申报纳税之日中国人民银行公布的人民币基准汇价，折合成人民币计算应纳税额。

（二）应纳税额计算

车辆购置税实行从价定率的方法计算应纳税额，计算公式为：

$$应纳税额＝计税依据 \times 税率$$

三、减免和征管

（一）车辆购置税减免税规定

我国车辆购置税实行法定减免，减免税范围的具体规定是：

（1）外国驻华使馆、领事馆和国际组织驻华机构及其外交人员自用车辆免税。

（2）中国人民解放军和中国人民武装警察部队列入军队武器装备订货计划的车辆免税。

（3）设有固定装置的非运输车辆免税。

（4）有国务院规定予以免税或者减税的其他情形的，按照规定免税或减税。

根据现行政策规定，上述"其他情形"的车辆，目前主要有以下几种：

（1）防汛部门和森林消防部门用于指挥、检查、调度、报汛（警）、联络的设有固定装置的指定型号的车辆。

（2）回国服务的留学人员用现汇购买1辆自用国产小汽车。

（3）长期来华定居专家1辆自用小汽车。

（二）征收管理

根据2006年1月1日开始试行的《车辆购置税征收管理办法》，车辆购置税的征收规定如下：

1. 纳税申报

车辆购置税实行一车一申报制度。纳税人在办理纳税申报时应如实填写《车辆购置税纳税申报表》，同时提供车主身份证明、车辆价格证明、车辆合格证明及税务机关要求提供的其他资料的原件和复印件，经车购办审核后，由税务机关保存有关复印件。

2. 纳税环节

车辆购置税的征税环节为使用环节，即最终消费环节。具体而言，纳税人应当在向公安机关等车辆管理机构办理车辆登记注册手续前，缴纳车辆购置税。

3. 纳税地点

纳税人购置应税车辆，应当向车辆登记注册地的主管税务机关申报纳税；购置不需办理车辆登记注册手续的应税车辆，应当向纳税人所在地主管税务机关申报纳税。车辆登记注册地是指车辆的上牌落籍地或落户地。

4. 纳税期限

纳税人购买自用的应税车辆，自购买之日起 60 日内申报纳税；进口自用的应税车辆，应当自进口之日起 60 日内申报纳税；自产、受赠、获奖和以其他方式取得并自用的应税车辆，应当自取得之日起 60 日内申报纳税。

这里的"购买之日"是指纳税人购车发票上注明的销售日期；"进口之日"是指纳税人报关进口的当天。

四、会计核算

车购税是在上牌前缴纳的，一般不需要通过应交税费科目核算。企业购置（包括购买、进口、自产、受赠、获奖或者以其他方式取得并自用）应税车辆，按规定交纳的车辆购置税，借记"固定资产"等科目，贷记"银行存款"科目。

【案例 8】中韩合资北京鸿家制药公司 2009 年 3 月份，从国外进口 1 辆宝马公司生产的某 730X 小轿车自用。该公司报关进口这批小轿车时，经报关地海关对有关报关资料的审查，确定关税完税价格为每辆 185 000 元人民币，海关按关税政策规定征收了关税 203 500 元，并按消费税、增值税有关规定分别代征了每辆小轿车的进口消费税 11 655 元和增值税 66 045 元。根据以上资料，计算应纳车辆购置税并进行相关会计处理。

【案例分析及解答】该公司进口自用的应税车辆，按规定，车购税以组成计税价格为计税依据，组成计税价格的计算公式为：组成计税价格＝关税完税价格＋关税＋消费税，则计税依据＝185 000＋203 500＋11 655＝400 155（元），应纳税额＝400 155×10%＝40 015.5（元）进口环节缴纳的三税和上牌前缴纳的车购税，按规定均记入固定资产的价值。合计＝400 155＋66 045＋40 015.5＝506 215.50（元）会计处理如下：

借：固定资产　　　　　　　　　　　　　　　　　　　　　　　　506 215.50
　　贷：银行存款　　　　　　　　　　　　　　　　　　　　　　　506 215.50

第五节　车船税的涉税政策和会计核算

一、纳税人和征税范围、税目、税率

（一）纳税义务人

车船税的纳税义务人，是指在中华人民共和国境内，车辆、船舶（以下简称车船）的所有人或者管理人，应当依照《中华人民共和国车船税暂行条例》的规定缴纳车船税。

（二）征税范围

车船税的征收范围，是指依法应当在我国车船管理部门登记的车船（除规定减免的车船外）。

1. 车辆

车辆，包括机动车辆和非机动车辆。机动车辆，指依靠燃油、电力等能源作为动力运行的车辆，如汽车、拖拉机、无轨电车等；非机动车辆，指依靠人力、畜力运行的车辆，如三轮车、自行车、畜力驾驶车等。

2. 船舶

船舶，包括机动船舶和非机动船舶。机动船舶，指依靠燃料等能源作为动力运行的船舶，如客轮、货船、气垫船等；非机动船舶，指依靠人力或者其他力量运行的船舶，如木船、帆船、舢板等。

（三）税目与税率

车船税实行定额税率。

国务院财政部门、税务主管部门可以根据实际情况，在《车船税税目税额表》（表5-2）规定的税目范围和税额幅度内，划分子税目，并明确车辆的子税目税额幅度和船舶的具体适用税额。车辆的具体适用税额由省、自治区、直辖市人民政府在规定的子税目税额幅度内确定。

表5-2　　　　　　　　　　　　车 船 税 税 目 税 额 表

税目	计税单位	每年税额（元）	备　　注
载客汽车	每辆	60～660	包括电车
载货汽车专项作业车	按自重每吨	16～120	包括半挂牵引车、挂车
三轮汽车低速货车	按自重每吨	24～120	
摩托车	每辆	36～180	
船舶	按净吨位每吨	3～6	拖船和非机动驳船分别按船舶税额的 50%计算

 相关阅读

国务院常务会议原则通过车船税法（草案）

2010 年 10 月 12 日召开的国务院常务会议讨论并原则通过《中华人民共和国车船税法（草案）》。据悉，草案按照税负公平和节能环保的原则，完善了征税范围和计税依据，调整了税负结构，规范了税收优惠。会议决定，该草案经进一步修改后，由国务院提请全国人大常委会审议。有关立法专家向记者表示，全国人大常委会近期将对车船税法进行首次审议。

专家指出，此次全国人大对车船税立法，在实现提高原税法法律级次目标的同时，更重要的是对现行车船税税制进行改革，使车船税的征收与乘用车的排量挂钩，从而体现出鼓励节能减排的导向。该专家表示，在他了解到的车船税改革方案中，车船税新政策主要体现为：乘用车将分为 7 个梯度按照排量进行征税，其中，排量在 1.0 升及以下的乘用车税负减轻，主体乘用车车型税额适当提高，大排量乘用车税负则大幅增加。按照不同排量实施阶梯式征税，其目的就在于鼓励发展小排量汽车，引导消费者节能减排。

1. 载客汽车

（1）大型客车，480～660 元。

（2）中型客车，420～660 元。

（3）小型客车，360～660 元。

（4）微型客车，60～480 元。

凡发动机排气量小于或者等于 1 升的载客汽车，都应按照微型客车的税额标准征收车船税。

（5）客货两用汽车按照载货汽车的计税单位和税额标准计征车船税。

2. 三轮汽车

《车船税税目税额表》中的三轮汽车，是指在车辆管理部门登记为三轮汽车或者三轮农用运输车的机动车。

3. 低速货车

《车船税税目税额表》中的低速货车，是指在车辆管理部门登记为低速货车或者四轮农用运输车的机动车。

4. 专项作业车

《车船税税目税额表》中的专项作业车，是指装置有专用设备或者器具，用于专项作业的机动车；轮式专用机械车是指具有装卸、挖掘、平整等设备的轮式自行机械。

专项作业车和轮式专用机械车的计税单位为自重每吨，每年税额为 16～120 元。具体适用税额由省、自治区、直辖市人民政府参照载货汽车的税额标准在规定的幅度内确定。

5. 船舶

《车船税税目税额表》中的船舶，具体适用税额为：

（1）净吨位小于或者等于 200 吨的，每吨 3 元。

（2）净吨位 201～2000 吨的，每吨 4 元。

（3）净吨位 2001～10 000 吨的，每吨 5 元。

（4）净吨位 10 001 吨及其以上的，每吨 6 元。

二、应纳税额的计算

（一）计税依据

（1）纳税人在购买机动车交通事故责任强制保险时，应当向扣缴义务人提供地方税务机关出具的本年度车船税的完税凭证或者减免税证明。不能提供完税凭证或者减免税证明的，应当在购买保险时按照当地的车船税税额标准计算缴纳车船税。

（2）拖船按照发动机功率每 2 马力❶折合净吨位 1 吨计算征收车船税。

（3）《车船税暂行条例》及细则所涉及的核定载客人数、自重、净吨位、马力等计税标准，以车船管理部门核发的车船登记证书或者行驶证书相应项目所载数额为准。纳税人未按照规定到车船管理部门办理登记手续的，上述计税标准以车船出厂合格证明或者进口凭证相应项目所载数额为准；不能提供车船出厂合格证明或者进口凭证的，由主管地方税务机关根据车船自身状况并参照同类车船核定。

（4）车辆自重尾数在 0.5 吨以下（含 0.5 吨）的，按照 0.5 吨计算；超过 0.5 吨的，按照 1 吨计算。船舶净吨位尾数在 0.5 吨以下（含 0.5 吨）的不予计算，超过 0.5 吨的，按照 1 吨计算。1 吨以下的小型船，一律按照 1 吨计算。

（5）《车船税暂行条例》及其细则所称的自重，是指机动车的整备质量。

（6）对于按照《车船税暂行条例实施细则》的规定，无法准确获得自重数值或自重数值明显不合理的载货汽车、三轮汽车、低速货车、专项作业车和轮式专用机械车，由主管税务机关根据车辆自身状况并参照同类车辆核定计税依据。对能够获得总质量和核定载质量的，可按照车辆的总质量和核定载质量的差额作为车辆的自重；无法获得核定载质量的专项作业车和轮式专用机械车，可按照车辆的总质量确定自重。

（二）应纳税额计算

购置的新车船，购置当年的应纳税额自纳税义务发生的当月起按月计算。计算公式为：应纳税额＝年

---

❶ 马力，旧功率单位。1 马力=75 千克力·米/秒。

应纳税额/12×应纳税月份数。

【案例9】 某施工企业拥有自重吨位为 2 吨的货车挂车 5 辆，5 吨的载货卡车 10 辆，4 吨的汽车挂车 5 辆。当地车船税的年税额为：载货汽车自重每吨 60 元。计算该公司的车船税。

【案例分析及解答】

$$挂车应纳车船税 = 2 \times 5 \times 60 = 600（元）$$
$$载货卡车应纳车船税 = 5 \times 10 \times 60 = 3000（元）$$
$$汽车挂车应纳车船税 = 4 \times 5 \times 60 = 1200（元）$$
$$合计应纳车船税 = 600 + 3000 + 1200 = 4800（元）$$

三、减免和征管

（一）减免

（1）非机动车船（不包括非机动驳船）。非机动车是指以人力或者畜力驱动的车辆，以及符合国家有关标准的残疾人机动轮椅车、电动自行车等车辆；非机动船是指自身没有动力装置，依靠外力驱动的船舶；非机动驳船是指在船舶管理部门登记为驳船的非机动船。

（2）拖拉机。拖拉机是指在农业（农业机械）部门登记为拖拉机的车辆。

（3）捕捞、养殖渔船。捕捞、养殖渔船是指在渔业船舶管理部门登记为捕捞船或者养殖船的渔业船舶，不包括登记为捕捞船或者养殖船以外类型的渔业船舶。

（4）军队、武警专用的车船。军队、武警专用的车船是指按照规定在军队、武警车船管理部门登记，并领取军用牌照、武警牌照的车船。

（5）警用车船。警用车船，是指公安机关、国家安全机关、监狱、劳动教养管理机关和人民法院、人民检察院领取警用牌照的车辆和执行警务的专用船舶。

（6）按照有关规定已经缴纳船舶吨税的船舶。

（7）依照我国有关法律和我国缔结或者参加的国际条约的规定应当予以免税的外国驻华使馆、领事馆和国际组织驻华机构及其有关人员的车船。

省级人民政府可以根据当地实际情况，对城市、农村公共交通车船给予定期减税、免税。

（二）征管

1. 纳税期限

车船税的纳税义务发生时间，为车船管理部门核发的车船登记证书或者行驶证书所记载日期的当月。纳税人未按照规定到车船管理部门办理应税车船登记手续的，以车船购置发票所载开具时间的当月作为车船税的纳税义务发生时间。对未办理车船登记手续且无法提供车船购置发票的，由主管地方税务机关核定纳税义务发生时间。

车船税按年申报缴纳。纳税年度，自公历 1 月 1 日起至 12 月 31 日止。具体申报纳税期限由省级人民政府确定。

2. 纳税地点

车船税由地方税务机关负责征收。纳税地点，由省级人民政府根据当地实际情况确定。跨省、自治区、直辖市使用的车船纳税地点为车船的登记地。

3. 申报缴纳

（1）车船的所有人或者管理人未缴纳车船税的，使用人应当代为缴纳车船税。

（2）从事机动车交通事故责任强制保险业务的保险机构为机动车车船税的扣缴义务人，应当依法代收代缴车船税。

（3）机动车车船税的扣缴义务人依法代收代缴车船税时纳税人不得拒绝。由扣缴义务人代收代缴机动车车船税的，纳税人应当在购买机动车交通事故责任强制保险的同时缴纳车船税。

（4）纳税人在购买机动车交通事故责任强制保险时缴纳车船税的，不再向地方税务机关申报纳税。

（5）扣缴义务人在代收车船税时，应当在机动车交通事故责任强制保险的保险单上注明已收税款的信息，作为纳税人完税的证明。除另有规定外，扣缴义务人不再给纳税人开具代扣代收税款凭证。纳税人如有需要，可以持注明已收税款信息的保险单，到主管地方税务机关开具完税凭证。

（6）地方税务机关应当按照规定支付扣缴义务人代收代缴车船税的手续费。税务机关付给扣缴义务人代收代缴手续费的标准由国务院财政部门、税务主管部门制定。

四、会计核算

车船税通过"应交税费——应交车船使用税"账户核算，计提时借记"税金及附加"科目，贷记"应交税费——应交车船使用税"科目，缴纳时借记"应交税费——应交车船仅用税"，贷记"银行存款"等科目。

【案例10】某施工企业 2009 年拥有载货汽车 25 辆、挂车 10 辆，自重吨位均为 20 吨；3 辆四门六座客货两用车，载货自重吨位为 3 吨；四座小轿车 2 辆。该公司所在省规定载货汽车年纳税额每吨 30 元，9 座以下乘人汽车年纳税额每辆 420 元。试计算该公司 2009 年应缴的车船税并进行会计处理。

【案例分析及解答】载货汽车应纳税 $= 25 \times 20 \times 30 = 15\,000$（元）；挂车应纳税 $= 10 \times 20 \times 30 = 6000$（元）；客货两用车应纳税 $= 3 \times 30 \times 3 = 270$（元），小轿车应纳税 $= 2 \times 420 = 840$（元）。合计应纳车船税 $= 15\,000 + 6000 + 840 + 270 = 22\,110$（元）。

会计处理如下：

（1）借：税金及附加　　　　　　　　　　　　　　　　　　　　　22 110
　　　　贷：应交税费——应交车船使用税　　　　　　　　　　　　　22 110
（2）借：应交税费——应交车船使用税　　　　　　　　　　　　　　22 110
　　　　贷：银行存款　　　　　　　　　　　　　　　　　　　　　22 110

 行业快讯

中汽协驳车船税草案：不应该按排量收

在 2010 年 11 月 15 日举行的 10 月份汽车工业产销发布会上，中国汽车工业协会（下称中汽协）对车船税草案提出反驳意见。中汽协副秘书长熊传林表示，不应该按汽车排量大小征收车船税，目前正在听取意见的车船税草案不合理。

根据 2010 年 10 月 25 日提请全国人大常委会首次审议的车船税法草案，乘用车车船税的计税依据，将由现行统一计税，调整为按发动机排气量大小分七档计征。对此，各方争议很大。

熊传林表示，车船税按排量征收，不能体现财产税的性质，不能体现出使用环节的税负，财产税征税的依据应该是财产的价值，按排量征收很不合理，中国汽车工业协会并不赞成。"按汽车排量分档征税，不能促进节能减排的作用，大排量豪华车的用户对于车船税不敏感，如此征税也起不到抑制作用。"

此外，熊传林建议，车船税法草案能够差异化征税，应该明显体现对农村地区的减免，鼓励农村消费。他认为，随着汽车下乡的进展加快，车船税的增加会给农民购车增加负担。

第六节　契税的涉税政策和会计核算

一、征税范围、纳税人

（一）征税范围

契税的征税对象为发生土地使用权和房屋所有权权属转移的土地和房屋。具体征税范围包括：国有土地使用权出让；土地使用权转让，包括出售、赠与和交换；房屋买卖。即以货币为媒介，出卖者向购买者过渡房产所有权的交易行为。以下几种特殊情况，视同买卖房屋：

1. 以房产抵债或实物交换房屋

经当地政府和有关部门批准，以房抵债和实物交换房屋，均视同房屋买卖，应由产权承受人按房屋现值缴纳契税。

2. 以房产作投资或作股权转让

这种交易业务属房屋产权转移，应根据国家房地产管理的有关规定，办理房屋产权交易和产权变更登记手续，视同房屋买卖，由产权承受方按投资房产价值或房产买价缴纳契税。

以自有房产作股投入本人经营企业，免纳契税。

3. 买房拆料或翻建新房应照章征收契税

4. 房屋赠与

由于房屋是不动产，价值较大，故法律要求赠与房屋应有书面合同（契约），并到房地产管理机关或农村基层政权机关办理登记过户手续才能生效。如果房屋赠与行为涉及涉外关系，还须公证处证明和外事部门认证才能有效。房屋的受赠人要按规定缴纳契税。

以获奖方式取得房屋产权的，其实质是接受赠与房产，应照章缴纳契税。

5. 房屋交换

房屋产权相互交换，双方交换价值相等，免纳契税，办理免征契税手续。其价值不相等的，按超出部分由支付差价方缴纳契税。

6. 企业改革中有关契税政策

为了促进国民经济持续健康发展，推动企业改革的逐步深化，2001年10月31日，财政部和国家税务总局发布财税〔2001〕161号通知，就企业改革中有关转制重组的契税政策规定如下：

（1）在公司制改革中，对不改变投资主体和出资比例改建成的公司制企业承受原企业土地、房屋权属的，不征契税；对独家发起、募集设立的股份有限公司承受发起人土地、房屋权属的，免征契税；对国有、集体企业经批准改建成全体职工持股的有限责任公司或股份有限公司承受原企业土地、房屋权属的，免征契税；对其余涉及土地、房屋权属转移的，征收契税。

（2）企业合并中，新设方或者存续方承受被解散方土地、房屋权属，合并前各方为相同投资主体的，不征契税，其余征收契税。

（3）企业分立中，对派生方、新设方承受原企业土地、房屋权属的，不征契税。

（4）公司制企业在重组过程中，以名下土地、房屋权属对其全资子公司进行增资，属同一投资主体内部资产划转，对全资子公司承受母公司土地、房屋权属的行为，不征收契税。

在股权转让中，单位、个人承受企业股权，企业的土地、房屋权属不属于转移，不征契税；在增资扩股中，对以土地、房屋权属作价入股或作为出资投入企业的，征收契税。

（5）企业破产清算期间，对债权人（包括破产企业职工）承受破产企业土地、房屋权属以抵偿债务的，免征契税；对非债权人承受破产企业土地、房屋归属的，征收契税。

（6）房屋附属设施有关契税政策。

对于承受与房屋相关的附属设施（包括停车位、汽车库、自行车库、顶层阁楼以及储藏室，下同）所有权或土地使用权的行为，按照契税法律、法规的规定征收契税；对于不涉及土地使用权和房屋所有权转移变动的，不征收契税。

对承受国有土地使用权应支付的土地出让金，要征收契税。不得因减免出让金而减免契税。

土地使用者转让、抵押或置换土地，无论其是否取得了该土地的使用权属证书，无论其在转让、抵押或置换土地过程中是否与对方当事人办理了土地使用权属证书变更登记手续，只要土地使用者享有占有、使用、收益或处分该土地的权利，且有合同等证据表明其实质转让、抵押或置换了土地并取得了相应的经济利益，土地使用者及其对方当事人应当依照税法规定缴纳契税。

（二）纳税人

在中华人民共和国境内转移土地、房屋权属，承受的单位和个人为契税的纳税人。

二、应纳税额的计算

（一）税率

契税实行幅度比例税率，税率幅度为 3%～5%。具体执行税率，由各省、自治区、直辖市人民政府在规定的幅度内，根据本地区的实际情况确定。

（二）计税依据

契税的计税依据按照土地、房屋交易的不同情况确定：

（1）土地使用权出售、房屋买卖，其计税依据为成交价格。这样规定的好处：一是与城市房地产管理法和有关房地产法规规定的价格申报制度相一致，二是在现阶段有利于契税的征收管理。

（2）土地使用权赠与、房屋赠与，其计税依据由征收机关参照土地使用权出售、房屋买卖的市场价格核定。这是因为土地使用权赠与、房屋赠与属于特殊的转移形式，无货币支付，在计征税额时只能参照市场上同类土地、房屋价格计算应纳税额。

（3）土地使用权交换、房屋交换，其计税依据是所交换的土地使用权、房屋的价格差额。对于成交价格明显低于市场价格且无正当理由的，或者所交换的土地使用权、房屋的价格差额明显不合理且无正当理由的，由征收机关参照市场价格核定。其目的是为了防止纳税人隐瞒、虚报成交价格。

（4）出让国有土地使用权的，其契税计税价格为承受人为取得该土地使用权而支付的全部经济利益。

1）以协议方式出让的，其契税计税价格为成交价格。成交价格包括土地出让金、土地补偿费、安置补助费、地上附着物和青苗补偿费、拆迁补偿费、市政建设配套费等承受者应支付的货币、实物、无形资产及其他经济利益。

没有成交价格或者成交价格明显偏低的征收机关可依次按下列两种方式确定：

① 评估价格：由政府批准设立的房地产评估机构根据相同地段、同类房地产进行综合评定，并经当地税务机关确认的价格。

② 土地基准地价：由县以上人民政府公示的土地基准地价。

2）以竞价方式出让的，其契税计税价格，一般应确定为竞价的成交价格，土地出让金、市政建设配套费以及各种补偿费用应包括在内。

3）先以划拨方式取得土地使用权，后经批准改为出让方式取得该土地使用权的，应依法缴纳契税，其计税依据为应补缴的土地出让金和其他出让费用。

4）已购公有住房经补缴土地出让金和其他出让费用成为完全产权住房的，免征土地权属转移的契税。

（5）房屋买卖的契税计税价格为房屋买卖合同的总价款，买卖装修的房屋，装修费用应包括在内。

（6）采取分期付款方式购买房屋附属设施土地使用权、房屋所有权的，应按合同规定的总价款计征契税。

（7）承受的房屋附属设施权属单独计价的，按照当地确定的适用税率征收契税；与房屋统一计价的，适用与房屋相同的契税税率。

（三）应纳税额的计算

$$应纳税额＝计税依据×税率$$

应纳税额以人民币计算。转移土地、房屋权属以外汇结算的，按照纳税义务发生之日中国人民银行公布的人民币市场汇率中间价，折合成人民币计算。

【案例 11】2010 年，王某获得单位奖励房屋一套。王某得到该房屋后又将其与李某拥有的一套房屋进行交换。房地产评估机构评估奖励王某的房屋价值 30 万元，李某房屋价值 35 万元，协商后，王某实际向李某支付房屋交换价格差额款 5 万元。税务机关核定奖励王某的房屋价值 28 万元。（已知当地规定的契税税率为 4%）

试计算王某应缴纳的契税税额。

【案例分析及解答】根据契税法律制度的规定，以获奖方式取得房屋权属的应视同房屋赠与征收契税，计税依据为税务机关参照市场价格核定的价格，即 28 万元。房屋交换且交换价格不相等的，应由多支付货币的一方缴纳契税，计税依据为所交换的房屋价格的差额，即 5 万元。因此

王某获奖承受房屋权属应缴纳的契税税额 = 280 000 × 4% = 11 200（元）

王某房屋交换行为应缴纳的契税税额 = 50 000 × 4% = 2000（元）

王某实际应缴纳的契税税额 = 11 200 + 2000 = 13 200（元）

三、减免和征管

（一）契税减免的基本规定

（1）国家机关、事业单位、社会团体、军事单位承受土地、房屋用于办公、教学、医疗、科研和军事设施的，免征契税。

（2）因不可抗力丧失住房而重新购买住房的，酌情准予减征或者免征契税。

土地、房屋被县级以上人民政府征用、占用后，重新承受土地、房屋权属的，由省级人民政府确定是否减免。

（3）承受荒山、荒沟、荒丘、荒滩土地使用权，并用于农、林、牧、渔业生产的，免征契税。

（4）经外交部确认，依照我国有关法律规定以及我国缔结或参加的双边和多边条约或协定，应当予以免税的外国驻华使馆、领事馆、联合国驻华机构及其外交代表、领事官员和其他外交人员承受土地、房屋权属的，免征契税。

（5）对国有控股公司以部分资产投资组建新公司，且该国有控股公司占新公司股份 85%以上的，对新公司承受该国有控股公司的土地、房屋权属免征契税。

（二）财政部规定的其他减征、免征契税的项目

（1）对拆迁居民因拆迁重新购置住房的，对购房成交价格中相当于拆迁补偿款的部分免征契税，成交价格超过拆迁补偿款的，对超过部分征收契税。

（2）根据《契税暂行条例》及其实施细则的有关规定，对承受国有土地使用权所应支付的土地出让金，要计征契税。不得因减免土地出让金，而减免契税。

（3）对国家石油储备基地第一期项目建设过程中涉及的契税予以免征。

以上经批准减税、免税的纳税人，改变有关土地、房屋用途的，不再属于减免税的范围，应当补缴已经减免的税款。纳税义务发生时间为改变有关土地、房屋用途的当天。

符合减免税规定的纳税人，应在土地、房屋权属转移合同生效的 10 日内向土地、房屋所在地的征收机关提出减免税申报。自 2004 年 10 月 1 日起，计税金额在 10 000 万元（含 10 000 万元）以上的，由省级征收机关办理减免手续，办理完减免手续后 30 日内报国家税务总局备案。

（4）对廉租住房经营管理单位购买住房作为廉租住房、经济适用住房经营管理单位回购经济适用住房继续作为经济适用住房房源的，免征契税。对个人购买普通住房、经济适用住房，在法定税率基础上减半征收契税。普通住房标准：住宅小区建筑容积率在 1.0 以上、单套建筑面积在 120 平方米以下、实际成交价格低于同级别土地上住房平均交易价格 1.2 倍以下。各省、自治区、直辖市根据本地区享受优惠政策普通住房的具体标准，允许单套建筑面积和价格标准适当浮动，但向上浮动的比例不得超过上述

标准的 20%。

（三）征收管理

（1）契税的纳税义务发生时间是纳税人签订土地、房屋权属转移合同的当天，或者纳税人取得其他具有土地、房屋权属转移合同性质凭证的当天。

（2）纳税人应当自纳税义务发生之日起 10 日内，向土地、房屋所在地的契税征收机关办理纳税申报，并在契税征收机关核定的期限内缴纳税款。

（3）契税在土地、房屋所在地的征收机关缴纳。

四、会计核算

由于契税是在办理房屋权属之前一次性交纳的，不存在与征税机关清算和结算的问题，因此企业按规定交纳的契税，可以不通过"应交税费"账户核算，发生时根据情况直接计入 "固定资产"账户或"投资性房地产"账户。

第七节　资　源　税

一、资源税计征规定

（1）资源税纳税人是在中国境内开采应税资源的矿产品或者生产盐的单位和个人；

在国外开采的，不在中国计缴资源税；相应的出口应税产品也不退（免）已纳的资源税；

资源税的税目（征税范围）目前 7 大类，它们是：

1）原油。是指开采的天然原油，不包括人造石油。

2）天然气。是指专门开采或与原油同时开采的天然气，煤矿生产的天然气暂不征税。

3）煤炭。是指原煤，不包括洗煤、选煤及其他煤炭制品。

4）其他非金属矿原矿。

5）黑色金属矿原矿。

6）有色金属矿原矿。

7）盐。包括固体盐（海盐、湖盐原盐和井矿盐）和液体盐（卤水）。

（2）资源税是对开采或生产应税资源进行销售或自用的单位和个人，在出厂销售或移作自用时一次性征收，而对已税产品批发、零售的单位和个人不再征收资源税。

（3）中外合作开采石油、天然气，按照现行规定，只征收矿区使用费，暂不征收资源税。

（4）独立矿山、联合企业和其他收购未税矿产品的单位为资源税的扣缴义务人。

（5）资源税的课税数量——销售数量、自用数量。

1）销售的，以销售数量为准。

2）自用的，以自用数量为准。

3）不能准确提供销售数量或移送数量的，以应税产品的产量或主管税务机关确定的折算比换算。

4）原油中的稠油、高凝油与稀油划分不清或不易划分的，一律按原油的数量课税。

5）煤炭：按加工产品的综合回收率还原成原煤数量。

6）金属和非金属矿产品原矿，因无法准确掌握纳税人移送使用原矿数量的，可将其精矿按选矿比折算成原矿数量，以此作为课税数量。

7）纳税人以自产液体盐加工固体盐，按固体盐税额征税；纳税人以外购的已税液体盐加工固体盐，其加工固体盐所耗用液体盐的已纳税额准予抵扣。

（6）纳税义务发生时间

1）分期收款，为销售合同规定的收款日期的当天。

2）预收货款结算方式，为发出应税产品的当天。

3）其他结算方式的，为收讫销售款或者取得索取销售款凭据的当天。

4）自产自用，为移送使用应税产品的当天。

5）代扣代缴，为支付货款的当天。

（可以参照增值税纳税义务发生时间）

（7）纳税地点——开采或生产所在地主管税务机关包括 3 个概念：开采地、生产地、收购地。具体情况：

1）凡是缴纳资源税的纳税人，都应当向应税产品开采或者生产地主管税务机关缴纳。

2）如果纳税人应纳的资源税属于跨省开采，其下属生产单位与核算单位不在同一省、自治区、直辖市的，对其开采的矿产品一律在开采地纳税。

3）扣缴义务人代扣代缴的资源税，也应当向收购地主管税务机关缴纳。

（8）纳税税率

计算课税对象每一单位应征资源税额的比例。现行资源税税率采用定额税率，简称为税额或单位税额。

资源税在税额方面的规定，其主要内容一是如何确定税额，二是由谁确定税额。

资源税税额基本上是按照应税产品的资源等级并兼顾企业的负担能力确定的。

资源税资源等级的划分，主要是组织行业专家按照不同矿山或矿区的资源赋存及开采条件、选矿条件、资源自身的优劣及稀缺性、地理位置等多项经济、技术因素综合确定的。

资源等级的高低比较全面、客观地反映了各矿山资源级差收入的高低，所以资源税就根据资源等级相应确定了级差税额。等级高的，税额相对高些；等级低的，税额相对低些。另外，部分税目资源税税额的确定同 1994 年流转税负的调整是统筹考虑的，如铁矿石、镍矿石、铝土矿、盐等。因为一部分矿产品原矿和盐的深加工产品实施规范化增值税后降低的税负过多，为稳定财政收入，这部分税负需要前移并通过征收资源税的方式拿回来。通过对原矿征收资源税，推动矿产品价格的提高，拿回其深加工产品降低的税负，但确定资源税额有一个限度，即某一矿产品的国内市场价格加上资源税税额，不高于进口同类产品的价格。资源税依照应税产品的品种或类别共设有 7 个税目和若干个子目，并规定了相应的定额税率（简称税额）。

考虑到资源税的税目多（还涉及划分矿产品等级的问题）、税额档次多，而且随着资源条件的变化需要适时调整税额，这样，资源税税额的核定权限就不宜高度集中。因此，资源税现行税额采用了分级核定的办法。

1）资源税税目、税额幅度的确定和调整，由国务院决定；

2）纳税人具体适用的税目（即子目）、税额，由财政部有关部门，在国务院规定的税额幅度内确定，并可根据纳税人资源条件及级差收入的变化等情况适当进行定期调整。

3）一部分子目和一部分纳税人具体适用的税额授权省级人民政府确定（含调整），并报财政部和国家税务总局备案。

"一部分子目"是指在财政部规定的《资源税税目税额明细表》中未列举名称的其他非金属矿原矿、其他有色金属矿原矿，这些子目由省（自治区、直辖市，下同）人民政府决定征收或暂缓征收资源税。

"一部分纳税人"是指在财政部规定的《几个主要品种的矿山资源等级表》中未列举名称的纳税人适用的税额，由省级人民政府根据纳税人的资源状况，参照表中确定的邻近矿山的税额标准，在浮动 30% 的幅度内核定。为确保不同的应税品目都能执行其相应的规定税额，如果纳税人开采或者生产不同的应税产品，未按规定分别核算或者不能准确提供不同税目应税产品的课税数量，从高确定其适用税额。现行资源税税目税额幅度规定如下：

① 原油 8.00～30.00 元/吨。

② 天然气 2.00～15.00 元/吨。

③ 煤炭 0.30～5.00 元/吨。

④ 其他非金属矿原矿 0.50～20.00 元/吨。

⑤ 黑色金属矿原矿 2.00～30.00 元/吨。

⑥ 有色金属矿原矿 0.40～30.00 元/吨。

⑦ 盐：固体盐 10.00～60.00 元/吨。

液体盐 2.00～10.00 元/吨。

资源税应纳税额的计算，应纳税额＝课税数量×单位税额。

二、会计核算

科目设置：企业交纳的资源税，通过"应交税金——应交资源税"科目进行核算。该科目贷方反映企业应交纳的资源税税额；借方反映企业已经交纳或允许抵扣的资源税税额；余额在贷方表示企业应交而未交的资源税税额。

会计处理方法

1. 企业销售应税产品的会计处理

月底，企业计提外销售应纳资源税产品应纳的资源税时，应作如下会计分录：

借：税金及附加

　　贷：应交税金——应交资源税

企业按规定实际缴纳资源税税款时，作如下会计分录：

借：应交税金——应交资源税

　　贷：银行存款

2. 企业自产自用应税产品的会计处理

对企业自产自用应税产品，其应纳资源税的会计处理与销售应税产品会计处理有所不同，即其应交纳的税金不计入产品销售税金，而是计入产品的生产成本，即：

借：生产成本

　　或制造费用

　　贷：应交税金——应交资源税

企业按规定实际缴纳资源税应纳税款时，作如下会计分录：

借：应交税金——应交资源税

　　贷：银行存款

3. 收购未税矿产品代扣代缴资源税的会计处理

为加强资源税的征管，税法对税源小、零散、不定期开采、易漏税等情况，由收购未税矿产品的单位在收购时代扣代缴资源税。企业在收购未税矿产品时，按实际支付的收购款，记：

借：材料采购

　　贷：现金或银行存款

按代扣代缴的资源税税额，记：

借：材料采购

　　贷：应交税金——应交资源税

企业按规定缴纳代扣的资源税时：

借：应交税金——应交资源税

　　贷：银行存款

4．收购液体盐加工固体盐的会计处理

按照税法规定，纳税人以外购的液体盐加工固体盐，其加工固体盐所耗用的液体盐的已纳税额准予扣除。

企业在购入液体盐时：

借：应交税金——应交资源税

　　材料采购

　　贷：银行存款

企业将液体盐加工成固体盐出售时，按计算出的固体盐应交缴的资源税，记：

借：税金及附加

　　贷：应交税金——应交资源税

企业按规定缴纳税金时，应按销售固体盐应纳资源税税额抵扣液体盐已纳资源税税额后的余额，记：

借：应交税金——应交资源税

　　贷：银行存款

5．纳税人与税务机关结算税款时补缴或退税的会计处理

按照规定，纳税人以 1 日、3 日、5 日、10 日或者 15 日为一期纳税的，自期满之日起 5 日内预缴税款，于次月 1 日起 10 日内申报纳税并结算上月税款。纳税人与税务机关结算上月税款时，对于少缴的税款，应于补缴时作如下分录：

借：应交税金——应交资源税

　　贷：银行存款

对于多缴的税款，按规定可于下月退回或者抵缴。

实际退回税款时，作如下会计分录：

借：银行存款

　　贷：应交税金——应交资源税

第八节　耕　地　占　用　税

一、征税范围和纳税人

所称耕地，是指用于种植农作物的土地。

占用耕地建房或者从事非农业建设的单位或者个人，为耕地占用税的纳税人，应当依照规定缴纳耕地占用税。

二、应纳税额的计算

（一）计税依据

耕地占用税以纳税人实际占用的耕地面积为计税依据。

（二）税率

耕地占用税适用从量定额税率。

（1）人均耕地不超过 1 亩的地区（以县级行政区域为单位，下同），每平方米为 10 元至 50 元。

（2）人均耕地超过 1 亩但不超过 2 亩的地区，每平方米为 8 元至 40 元。

（3）人均耕地超过 2 亩但不超过 3 亩的地区，每平方米为 6 元至 30 元。

（4）人均耕地超过 3 亩的地区，每平方米为 5 元至 25 元。

国务院财政、税务主管部门根据人均耕地面积和经济发展情况确定各省、自治区、直辖市的平均税额。

各地适用税额，由省、自治区、直辖市人民政府在规定的税额幅度内，根据本地区情况核定。各省、自治区、直辖市人民政府核定的适用税额的平均水平，不得低于规定的平均税。

经济特区、经济技术开发区和经济发达且人均耕地特别少的地区，适用税额可以适当提高，但是提高的部分最高不得超规定的当地适用税额的50%。占用基本农田的，适用税额应当在规定的当地适用税额的基础上提高50%。

（三）应纳税额的计算

$$应纳税额＝实际占用耕地面积（平方米）×适用定额税率$$

三、减免和征管

（一）减免

下列情形免征耕地占用税：

（1）军事设施占用耕地。

（2）学校、幼儿园、养老院、医院占用耕地。

（3）减征耕地占用税。

1）铁路线路、公路线路、飞机场跑道、停机坪、港口、航道占用耕地，减按每平方米2元的税额征收耕地占用税。

根据实际需要，国务院财政、税务主管部门商国务院有关部门并报国务院批准后，可以对前款规定的情形免征或者减征耕地占用税。

2）农村居民占用耕地新建住宅，按照当地适用税额减半征收耕地占用税。

农村烈士家属、残疾军人、鳏寡孤独以及革命老根据地、少数民族聚居区和边远贫困山区生活困难的农村居民，在规定用地标准以内新建住宅缴纳耕地占用税确有困难的，经所在地乡（镇）人民政府审核，报经县级人民政府批准后，可以免征或者减征耕地占用税。

按照规定免征或者减征耕地占用税后，纳税人改变原占地用途，不再属于免征或者减征耕地占用税情形的，应当按照当地适用税额补缴耕地占用税。

（二）征管

耕地占用税由地方税务机关负责征收。

土地管理部门在通知单位或者个人办理占用耕地手续时，应当同时通知耕地所在地同级地方税务机关。获准占用耕地的单位或者个人应当在收到土地管理部门的通知之日起30日内缴纳耕地占用税。土地管理部门凭耕地占用税完税凭证或者免税凭证和其他有关文件发放建设用地批准书。

纳税人临时占用耕地，应当依照规定缴纳耕地占用税。纳税人在批准临时占用耕地的期限内恢复所占用耕地原状的，全额退还已经缴纳的耕地占用税。

占用林地、牧草地、农田水利用地、养殖水面以及渔业水域滩涂等其他农用地建房或者从事非农业建设的，比照规定征收耕地占用税。

建设直接为农业生产服务的生产设施占用前款规定的农用地的，不征收耕地占用税。

 实务解惑

【相关咨询】对于农村居民经批准搬迁、占用其他农用地从事非农业建设以及临时占用耕地的情况，如何缴纳耕地占用税？

【参考解答】农村居民经批准搬迁，原宅基地恢复耕种，凡新建住宅占用耕地不超过原宅基地面积的，不征收耕地占用税；超过原宅基地面积的，对超过部分按照当地适用税额减半征收耕地占用税。

占用园地建房或者从事非农业建设的，视同占用耕地征收耕地占用税。占用林地、牧草地、农田水利用地、养殖水面及渔业水域滩涂等其他农用地建房或者从事非农业建设的，比照当地占用耕地适用税额的 80% 征收。

纳税人临时占用耕地，应当按照《条例》的规定纳税。纳税人在批准临时占用耕地的期限内恢复所占耕地原状的，全额退还已征耕地占用税税款。污染、采矿塌陷等原因损毁耕地耕种，比照临时占用耕地的情况，由造成污染、塌陷的单位和个人缴税。2 年内未恢复耕地原状的，税款不予退还。

四、会计核算

由于耕地占用税是在实际占用耕地之前一次性交纳的，不存在与征税机关清算和结算的问题，因此企业按规定交纳的耕地占用税，可以不通过"应交税费"科目核算。企业为购建固定资产而交纳的耕地占用税，作为固定资产价值的组成部分，记入"在建工程"科目。

【案例 12】北京顺义区李村镇红海药业股份公司，为了扩张，经过批准，2010 年 11 月，正式占用鱼塘 14 万平方米建造厂房，所占耕地适用的定额税率为 10 元/平方米。该企业当月一次缴纳耕地占用税，试进行会计核算。

【案例分析及解答】占用林地、牧草地、农田水利用地、养殖水面以及渔业水域滩涂等其他农用地建房或者从事非农业建设的，按规定征收耕地占用税。该企业建造花园式厂房占地属于从事非农业建设，应缴纳耕地占用税 = 14 × 10 = 140（万元）。耕地用于建厂房，缴纳税金进入在建工程账户。

会计处理如下：
借：在建工程   1 400 000
　　贷：银行存款   1 400 000